KB275826

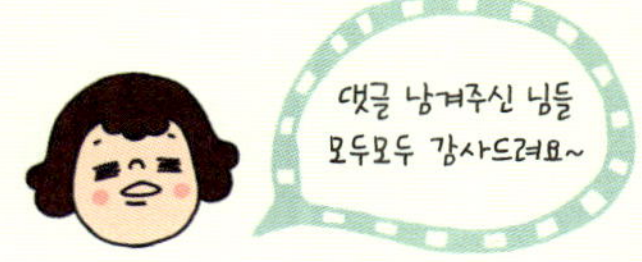

쪼코마멜 첫번째 책 캐릭캐릭 헤수니 다꾸도 책장에 고이 모셔두고 다이어리 쓰다가 막힐 때 마다 보곤 하는데 두번째 책도 꼭 사야겠네요+_+ 정말 축하드려요♡ㅎㅎ **바이올렛그린블루** 와우~ 두번째 책이 나온다는 소식에 벌써 기대되네요. 다이어리 꾸밀때 정말많은걸 배우게되어 정말 기쁩니다. 축하드려요!! **벼리** 두번째책까지! 헤수니님 다꾸책도 한번 구매해보고싶었는데.. 두번째책도 같이구매해야겠네요. *어떤구성일지기대됩니다! 쨋든 축하드립니다:)♡ **꺄아 토루묵** 우와 책만드셨어요?정말대단하세요^^두번째책완성 축하드려요' ^^ **치즈바나나** 우와 헤수님 두번째 책 출간 정말정말 축하드려요!!! **호구언니마우** 첫번째 책은 아직 사지못했는데 두번째 책은 꼭 사고싶다는 열정(이글이글) 두번째 책 발간 진심으로 축하드려요♡! **윤팅이** 우와~@@또 나오다니~@@헤수님 축하드려요~@@ **블하** 우와 정말 대단하시네요 ㅎㅎ 축하드려요~!! 근데 학생이라 꼭 사고 싶지만 못 사네요ㅠㅠ 제가 쓴 댓글이 나오는걸 보고싶지만 말이에요!ㅜㅜㅜㅜㅜ 엄마 한 번 꼬셔봐야겠네요 ㅋㅋㅋ **오렌지맛머핀** 헉 헤수니님 책 또내시네요.!부럽다~첫번째 책 정말 많이읽었는데..앞에 제 이름있는거보고 좋았어요ㅋㅋㅋㅋ이번책도 대박나세요.!uvu **HANALYN** 두번째 책 출간 경축!!합니다.~!!!! **칸쵸화연** 우왕 오랜만에 들어왔더니 이런 기쁜 소식이!! 1권과 2권을 함께 지르러 서점 가야겠어용!! 나도 다꾸의 신이 되리라!! 축하드려요~! **레인보우** 책보고 많은 도움받았는데 ㅎㅎ 헤수님은 다꾸 하시는분들중 다이어리를 제일 잘만드시는거 같애요 손글씨가 젤 맘에드는데 ㅎㅎ 축하드리고 대박터지세요! **사차원소녀** 다꾸도좋아하지만 손글씨에도관심이많은데 기대되네요 :> 저번책에도 유용한정보가많았는데 이번책은또어떨까 궁금해요ㅎㅎ 축하드려요~ **뽀듕뽀듕** 항상 헤수니님에게 많은거 배우고 있는데 책이 또 나온다니! 축하드려요@' ㅁ' @ 분명히 이번에도 대박나실꺼에요! 화이팅! **나의사랑** 우와~헤수님 두번째 책 출간 축하드려요!! 너무 기대되네요♥ 두번째 책도 꼭 사서 다이어리 쓸때 봐야겠어요ㅋㅋㅋ **올리비아** 항상 책 잘봤는데 또 나왔네요!! 추카드려요ㅡㅡㅡ 요번에도 서점으로 후다닥 달려가야 겠어용 so b2st! **달비니** 차근차근 하나씩 꿈을 이루어가시는 헤수님 너무 멋지세요.두번째 책 출간 너무 축하드립니다. 열심히 응원합니다! v **뎅이뎅이v** 헤수니님 너무 새로운책 기대되요^^ 손글씨 디자인~ 그리고 다양한 캐릭터까지 못하는게 뭐여요~ㅋㅋ **쿠몽이** 첫번째책, "캐릭캐릭헤수니다꾸" 도 열심히 보고 배우고, 뒤에스티커들도 유용하게 썼어요!! 두번째책 너무많이기대되는데요?! 꼭사야겠네요! 두번째책출간 축하드려요♡, ♡ **나봄** 벌써 두번째 책이라니 정말정말 축하드립니다^o^ 요즘 도서문화상품권에 먼지가 쌓여가는데, 곧 지르러 가야겠어요ㅋㅋㅋ **CY** 축하드려요!! 자기가 하고 싶은 일을 멋지게 이루는 모습이 정말 멋져요~다이어리 포스팅 초기 때부터 이웃이었는데 점점 발전해나가는 모습에 저도 놀랍네요!ㅎㅎㅎ **미니지** 첫번째책도 못 읽어본 채로 헤수니님의 두번째 책을 맞이하게 되네요~ 너무너무 축하드려요~ 나의 롤모델님 ^^ **푸딩** 우와 책도내신다니 부러워요..! 꼭! 사겠습니다~! +ㅁ^ **효민** 정말기대기대되요 ㅎㅎ 헤수니님책은 섬세하고 그냥 모든게 맘에들어서 이번에내신책도 절대놓치고싶지않네요. 꼭사서볼게요! **연분이** 헤수니님 책 출간 진심으로 축하 드립니다 정말 정말 축하드려요 **달코만** 헤수니 디자인을 정말! 좋아라하는 팬입니다 :) 이번 헤수니 두번째 책 기대돼요! 두번째 출간 축하드려요! ♥ **알페로제** 두번째 책! 축하드립니다 ㅎ_ㅎ! 그림쪽에는 소질이 없어서 다이어리에 어떤 그림을 그려넣을까 많이 고민했었는데, 요 책을 보고 배워야겠어요! 앞으로도 많은 유용한 정보로 저를 가르쳐주시길 바래요 ㅋㅋㅋ **l정꼬l** 우와~축하합니다!!첫번째책에이어두번째 책까지!!! 대박나시구요!전 꼭살꺼에요.!!!설날지나구요....ㅎㅎㅎ 다시한번죽하하구요!대박 납니다!!!!헤수니님은!!스룽합니다...다♥ **스위트피** 헤수니님 첫번째도 너무 유용하게쓰고있어요 두번째 나오면 또 사서 다꾸에 예쁘게 활용해야겠어요 ! 감사드려요 :) **혜은이** 축하해요!! 저도 맨날 첫번째 책 보면서 두번째 책을 기다렸는데!! **곰돌이** 벌써 두번째 책이 나왔네요!!! 축하드려요 헤수니님^^ 첫번째책에서도 많이 배웠는데 이번책도 사서 열심히 배워야겠어요!! **미프** 첫번째 책도사보았었는데유용하고정말좋았습니다ㅎㅎ두번째도나온다니까기대가정말되네요^^앞으로도좋은다꾸보여주시고두번째책진심으로축하드려요~ **반채하** 벌써!!2번째 책이라니!!정말 축하드려요:) **나무** 두번째 책이라니!! 언제 꼼지락꼼지락 준비하셨나요ㅎㅎㅎ 헤수니 손그림 손글씨 버전 두번째책 흥해랏~! **꾸니양** 와우♥,♥ 헤수니님 정말 팬입니당!!!!!^^ 시즌1에이어 시즌2까지!! 1도있는데 2도꼭살게요ㅎㅎ헤수니님 쫘랑합니당♥♥ ㅠㅠ 대박나실거에용?ㅁㅎ **눈썹달** 손글씨교본계(?)의 멋진 지침서가 되길 바랍니다!신간 넘 기대되네요~^^ **젤리푸딩** 저도 사야겠네용 쿠헹 헤수니다꾸 파이팅♥♥♥ **뱅아피** 정말 축하드려요!! 마침 다꾸책 하나 사려고 했는데 이렇게 좋은게 나오다니!!! 꼭 구입할게요.!:D 쫘랑해요~ㅁ ㅋㅋㅋㅋ 두번째 책 출간 축하드려요~ 기대됩니다!!ㅎㅎ **은혜은혜김은혜** 축하드립니당^^ 이번책대박터지세요! **쯈쓰** 와우! ^_^ 헤수니님 만의 독특한 매력으로 넘치는 책을 기대하며 축하드립니다. **김다란** 캐릭캐릭헤수니다꾸 사서 도움이 많이 되었는데 이번에도 기대할게요~ **히아가** 두번째책도 정말 잘 읽을께요~유용한 다꾸방법 감사해요♡♡ **옹냐** 헤수니님 두번째책축하드리구요 다이어리 책등을 정말유용하게썼습니다! 이번책도 놓치않을게요!! **롤리팝** 두번째 책도 좋은 내용으로 알차게 꾸며져 있길 바랍니다^^ 축하드려요!!!! **하낫** 캐릭캐릭헤수니다꾸도 유용하게 썼는데 이번에도 기대해 볼게요! 헤수니님 화이팅! **l th으에이** 두번째책 내신거 축하드리구요~대박나세요~!! **미상** 축하드립니다 ! ^^ **현이** 캐릭캐릭헤수니 다꾸도 정말 열심히 봐서 다꾸열심히 했는데!! 이렇게 책이 또나오네요!!이번에는 손글씨, 손그림인만큼!! 열심히 그림그려 다꾸 열심히 할게요!!헤수니님 고맙습니다!^^ **꽃피동** 항상 좋은정보 주시는 헤수니님의 두번째 책 출간을 축하드립니다:) **똥쟁이** 두번째책책이벌써나오시는군요!축하드립니다!!벌써기대가됩니다! 많은분들이보고 도움되시면좋겠습니다 전도움많이받았답니다^^ **산들애현아** 첫번째 책도 사서 도움많이 됬었는데..두번째 책도 꼭!!사겠습니다.0-0 **Lady몬느** 축하드려요! **마이쮸이** 2번째 책도사야겠네요~ 과연어떻게 손글씨손그림을 알려주실지 기대해봐요ㅎ **미묘** 저번에도 샀는데~ 더 퀄리티가 올랐죠? 저번에도 충분히 좋았지만 1년이나 준비하셨다니 정말 뿌듯하겠어요~ 지인들한테도 많이많이 알려 줄게요~ **파란토끼** 두번째 책 축하드리고요!좋은정보주시는 헤수님!이번 두번째 책! 대박나시길 기도할게요^^ **최봉** 멋진 헤수님의 책 발간을 축하드립니다. 실력출중하신 헤수님이 직접 쓰신 책이라면 완전 유용할 것 같네요~♥^ ♥ **에리미** 이번에도 좋은 정보 가득 담긴 알찬 책의 출간을 축하드려요^^ **우연** 벌써 두번째책!!정말 대단하세요 ㅎㅎ 요번책도 정말 유용하고 좋은 책일것같애요!! **뉴뉴** 이벤트중 축하드립니다 ^^ 정말 기분 좋으실것 같아요~ 대박 나시길 바랍니다. **쥬이안** 우와ㅠㅠ책 출간 정말 축하드립니다! 다이어리 꾸밀 때 좋은 칼럼도 써 주셔서 많은 참고가 됐는데, 직접 꾸미는 노하우가 담긴 책이 나온다니 더 많은 도움이 될 것 같아요. 다시 한번 더 축하드립니다! **밍들레** 이렇게 하나하나 이뤄나가는 모습이 멋있어요~! 누군가에겐 꿈이 될 헤수니님이 부럽습니다! **서지니** 이번에도 사야겠네요~2번째 책출간하시는것 진심으로 축하드려요^^ **히진** 두번째책축하드려요! 매일블로그 확인하고 있습니다♥ 항상 좋은정보 남겨주셔서 감사해요 축하드립니다! **탱글이** 축하드려요 :) 헤수니님 책 대박터지시길 바랄게요 !! '♡' **쩡윤** 두번째 책!! 출간 축하드려요~ 항상 좋은정보를 내어주시는 헤수니님! 대박나시길 바랍니다~!! **스위트 걸** 우와♥진짜진짜 축하드려요ㅎㅎ 책 나오면 제가 꼭 살게요~수고하셨습니다!^^ **구름** 첫번째것도 샀는데..두번째것도 사야겠어요+_+후후후후(내용돈..ㅠㅠ) 책 대박나시길~~~~!!!!!!>K **백곰이** 헤수니님의 2번째 책, 정말정말 기다려집니다>_<♥♥♥♥♥ 축하드려요!!!!! **HEEJU** 또 이쁜 헤수니 책이 출판되는 건가요^-:D 너무 기대되네요!ㅎㅎ 얼른 출판돼서 사고싶네요!ㅎㅎ **쏘아** 고이고이 잘 모셔서 써야겟네유!!!!!!!! 빨리 책 출간하기를 :-D **새벽달빛** 우와.....항상 헤수님 보면서 많이배우고있어요~! 이번 책도 기대할게요~! ♥ **자봉아굴먹자** 첫번째 책도 사서 너무너무 유용하게 썼는데 벌써 두번째라니요!?역시 능력자십니다!^^ 저도 헤수니 언니처럼 이쁘게 꾸밀 줄 알았으면 조겠는데ㅠㅠ조금이라도 배우기 위해 이번 책도 사야겠네요!^쏘왕 기대되요!^^ **안경잡이** 우와! 헤수니님 진짜 대단한것같아요ㅎㅎ 저 그 책 사고싶지만 학생신분이라서ㅠㅠ 암튼! 책 내신거 진-심으로 축하드립니다♥ **momo** 축하드려요ㅎㅎ꼭 읽어볼게요 헤수니님 항상 응원합니다:-D **한푸린** 두번째책도나왔군요.!!이번책도 꼭 사야겠어요!! 출간 축하드립니다! 기대하겠습니다!♥ **우울증** 두 번째 출간 축하드립니당 :) 손글씨손그림이 책이라니..

제가 관심있는 분야인데 꼭 사겠습니다. 책 출간하신거 진심으로 축하 드리고요. 책 대박나시기 바래용 :-> **간티** 와 첫번째 책도 구매해서 많은 도움 됐었는
데 두번째책이 나온다니... 축하드려요^^ **디올라** 다이어리 본격적으로 시작은 안했지만...그동안 많은정보 봐왔어요..ㅎㅎ항상 좋은 다꾸법 알려주시는 헤
수니 두번째 책 출간 축하드립니다:> **쫑아** 축하드립니다~꼭 사서 읽어볼게요! 헤수니님 정말 대단하신 거 같아요^~^ **별이벨** 두번째책 축하드립니다!!!!기대
되네요!!:D **한소녀** 축하드려요~`역시 해내실줄알았어요 꼭 사서 볼게요~ **서현** 항상좋는책 감사드리고 앞으로 더욱 좋은활동 기대할께요^^ **반지** 책 하나 내
기도 힘든데 무려 두개의 책이나 내셨다니 정말부러워요 ^^* 앞으로도 좋은글 많이 올려주세요 ~ **꿈나무소녀** 우와~! 대단하시네요^^ 책내신거 축하합니다^^
헤수니님 더 많은 책 내길바라고~ 항상 응원하고 있어요 **민츄** 첫번째책 구입해서 너무 좋았는데 두번째책이 나오는군요!! 꼭사야겟어요^^축하드립니다!~ **에
이블** 두 번째책 출간을 축하드립니다 짝짝짝! 이번엔 또 무슨 내용이 담겨있을지 벌써부터 궁금해지네요. 새로운 아이디어,꼼꼼한 설명까지, 정말 손글씨손
그림의 교과서로 불릴만큼 정말 잘 담겨있는 책 같아요. 두번째 책도 대박나시길! **무아** 축하드려요♥!!캐릭캐릭헤수니다꾸도 매우 유용해서 좋았는데 더 기
대되네요!! 얼른 나오길바래요^—^헤수니님 다꾸는 정말 짱이에요!!첫번째 책보다 더 도움이 많이될것같아요♥♥ **Mini** 축하드려용~ㅎㅎ **쿠키** 우왕~~ 축하
드려요~~> **멜라꼴리** 책이 또 나온다니!!!! 대단하시네요~ 이렇게 바쁜와중에도 다꾸팁많이 올려주셔서 감사해요^^ 그리구 책 나오면 이번에도 살게요!! **다
외** 축하드립니다! 이건 꼭 사야해! +ㅅ+ **세렌디피티** 우와~ 두번째책 출판 축하드려요! 새로운마음가짐으로 다이어리 꾸미기를 헤수니님의 책을 활용해서 열
심히해볼께요!! 대박터지세용~>_<♥ **지쑤** 두번째 책 출간을 축하드립니다!! 항상 다꾸에 관한 좋은 지식을 알려주셔서 감사합니다 ;) **이지** 축하드려요!!!헤
수니님책정말재밋게봣는데,이번책도기대되요화이팅^0^ **까칠녀** 캐릭캐릭헤수니다꾸도 정말 유용하게 잘봤었는데 2번째책도 기대되요^_^축하드립니다~ **수
끽이** 우왕ㅋ헤수니님두번째책출간추카드려용ㅎ첫번째에이어두번째도살수잇음살께용ㅎ **제아** 젱//으앟ㅎ!!!!!!!!나오는 즉ㄱ시 다 팔려서 제ㄱㅏ못사는거
아닌ㄴ가 걱정도....ㅡ흐흫ㅎ흐ㅡ..항상 헤수니님의 팁도 유용했는ㄴ데 책으로 나오면 바로 사야겠네염!!진짜ㅠㅠㅠㅠㅠㅠㅠㅠㅠㅠ이책 안사믄 안되여:)ㅋㅋ
ㅋㅋ헤수니님 다이어리 짜ㅏㅏ아아ㅏ아앙!!! **환상의딸쵸** 축하드려요!ㅎ이건 꼭 사야겠어요>< **보배** 첫번째책도 많은도움이 됐었는데 이번에두 구입해서 많
은정보알아가야겠어요~^^ 꾸준히 좋은정보알려주셔서 감사합니다!! 출판 대박나세욤~ 두번째책 홍해랏!!♥ **에로린** 못쓰는 손글씨에 대한 지식을 마음껏 주
셔서 고맙습니다^_^ 2번째책 출간도 축하드려요~ **니카찡** 우왕 축하드려용♥♥♥ 헤수니님 글씨나 꾸미시는거 정말 좋아하는데 도움되는 책이 나온다
니!!!! 정말 기쁠따름입니다아앙♥♥ **매력옹다** 와와 추카드려욥@.@♥ 멋지세욤 빨리나왔으면좋겟네욥 **하늘애플아가** 우와우와 축하드려요!ㅎㅎ기대하겠습
니다아아 **보르미** 대박 조짐!!! 언니 축하해요!!♥♥♥♥ **윤소망** 축하드립니다:~) 헤수니님의 손글씨 어떻게 하는지 정말 신기했는데 알수있게됐네요! 정말
축하드리구요, 앞으로도 많은 책들 출간해주세요^^ **가을방학** 너무너무 축하드려요~항상 한결같이 다이어리 쓰는 헤수니님 일상과 블로그포스팅을 보며 배
우고 다짐했던 날이 떠오르네요ㅎㅎ 늘 좋은 일만 있길 바랄게요:) **츠키** 축하드립니다! 항상 헤수니님의 예쁜 다이어리 보면서 두근두근하답니다♥ 앞으로
도 이 두근거림을 계속 전파해주세요! **엄지수지** 헤수니님 축하드려요 ! 책 출간되면 꼭 읽어볼게요 ~ 이번에도 대박나시고 !! 화이팅 ~ ♡ **오몽** 두번째책 출
간을 축하드립니다!! 이번엔 어떤 팁들이 나올까 궁금하네요+_+ 이번 책도 대박나시길바래요@@@ **참방이** 축하드려요!!책사가지고 열심히 배워서 다이어리를
예쁘게 꾸며봐야겠어요!!ㅎㅎ **필호** 헤수니님♥ 두번째 책 출간을 축하드려요!!! 언제나 헤수니님을 응원해요!! **뽀잉뿌** 헤수니님 두번째 책 출간 정말 축하
합니다♥ 다꾸 노하우가 담긴 책 구입해서 도움을 많이 받아야 겠어요~! **엽기냥이** 정말축하해요!!벌써2권이나! 다이러리를막꾸며보고싶은마음이불끈불
끈!! **도도연** 헤수니님의 두번째 책출간 축하드려요♡ **웅카** 완전 축하드려용~~ 그리고 ^^ 일찍 메리 크리스마스!! ^^ **베티** 정말 축하드립니당!! 벌써 두번째
책이네요:) **동글빵** 우와♥축하드려요 이번에도 책 사서 손 그림 열심히 그릴게요! **Sherlock Homes Love** 두번째 책! 축하드려요:) 항상 꿈을 향해 열심히 달
려나가는 헤수니님의 모습 정말 존경스러워요~^^ 앞으로도 좋은책, 좋은모습 기대할게요! **꼬마별** 오우! 벌써 2번째 책이 나왔네요ㅎㅎ 기대되는데여! 이번
에는 진짜 이뿐 해수니님 손글씨비법까지 있다는 것에 느므 반해버렸어용♪(´ε｀*) **하늘엔젤** 헤수니님의 두번째책 출간을 축하드려요~책 출간되면 꼭!
읽어볼께요^o^책 대박나세요~화이팅!*o* **율아** 두번째책 출간을 진심으로 축하드려요! 다이어리 꾸미시는거 보면 매일 감탄 한답니다~^^ 프롬다이어리와
함께 잘되길 응원하겠습니다! **나니리** 벌써 두번째 책이라니!! 진심으로 축하드리고요. 앞으로도 좋은책 많이많이 내주세요!! 그리고 대박나세요^^ **샤단미
꽃** 헤수니님의 초특급 일급비밀 팁들이 가득 담긴 책 출간 진심으로 축하드립니다*^^* **깐순이** 헤수니님의 책 기다렸는데..^^ 정말로 축하드려요!! **제나** 헤수
니 님의 두번 째 책 발간을 축하드려요 :-) 항상 알찬 다이어리로 기쁨을 주시는 데 책으로도 헤수니님을 뵐 수 있는 게 기쁘네요~ 축하드립니다 **라미냐** 헤수
니님 책 꼭 사야겠어요^^ㅎㅎ 얼마나기대했는데요~♥첫번째책도 이미있답니다~ 많은 팁들이 기대되네요^^ㅎㅎ **8차원 지원** 책 출간 너무너무 축하드리고, 앞
으로도 헤수니님 광팬이에요~>< **여신유니** 드디어 헤수니님의 두번째책이로군요♥♥축하드리고 대박나시길 바랄게요!♥ **탬냥** 이번에도 좋은 책 출간 해 주
신 헤수니님 감사합니다~ **아띠** 초특급 팁들!!~ 정말 기대하겠습니다~^^* **Hyomni** 헤수니님의 멋진 손글씨와 손그림 이제 저도 배울 수 있게 되는건가
요!!!!! 기대가 됩니당^^ 책 나오면 연습해서 저도 헤수니님처럼 예쁜 손글씨와 손그림으로 다이어리 꾸며야겠어요!!! **콩냥** 헤수니님 짝짝짝! 축하드려요~
♥ 사실 첫번째 책은 살 기회가 안되서 못샀거든요! 2권 나오면 두 권 다 질러야겠어요 히히히! 두 번째 책, 기대할께요♡ **이지한VIP빅뱅** 두번째 책 발간 축
하드려요! 첫번째책 샀었는데 이번것도 사서 손그림 열심히 배워야 겠어요ㅎㅎ **혜리** 헤수니책드디어아빠쫄라서샀는데 진짜조아요♥♥헤수니 대박나세
요!!ㅎ_ㅎ **귀염둥이** 헤수니 언니~ 2번째 책 기대할께요~!! **맛없는짬뽕** 역시 노력의 결과는 사람을 실망시키지 않네요^,~♥ **레인** 축하드려요!!! 책사려고햇
는데이것도나오면같이사야겠어요ㅎㅎ **해울** 헤수니님 정말로축하드려요! 저번책을 못샀는데 이번책을사서 다꾸를 더욱 열심히해야겠어요!! 꼭 대박나시길
바랍니다^^ **Sohyun** 축하드려요^^ 캐릭캐릭 헤수니다꾸도 요번에 살려구했는데 둘다사면 정말 좋겠네요^^ **하예라** 완전축하드려용♥♥ 완전 기대할께요~^^
시크한 유메양 축하드립니다! 이번책도기대되네요ㅠㅠ! 출판되면 꼭 사서 봐야겠어요+_+ **Seba** 오와아아아아!!벌써 2권!!이런 사고싶게만드네요ㅋㅋ 기
회되면사리라 **솜샤** 벌써 어느새 두번째 책이 출간이 됐네요~ㅎㅎ 항상 헤수니님 자료에 도움을 많이 받고 있었는데 저같은 다꾸 초보들에게 도움이 많이 될
듯 싶어요ㅎㅎ 책 출간 축하드려요~:-) **여우곰** 항상 다꾸에 도움주시는 헤수니님 책 너무 기대되요! 출간 축하드려요~.~ **현수** 추카합니다~~~~~~두번째책
보고싶네요~!비록첫번째책은못봤지만~~~ **리본예라** 우와>.<벌써헤수니님의두번째책이라닛+ㅂ+기대되요히히 1권은 못샀는데 2권은 꼭 사겠어요! :D **바이
누나** 헤수니님의 두번째 책 출간을 축하드립니다:D! 대박 팡팡 터지시길 바래요v(*ㅅ*v)ㅎㅎㅎ **지윤** 우아 역시. 헤수니님 2탄왜 안내시나했어요! ㅎㅎ축하
드리구용 ^,^♥ 꼭 사서 다꾸할때 참고할게요 *.*♥ **강덜렁** 와!~기대되요! 마음은 벌써 인터넷쇼핑몰로 들어가있네요ㅋㅋ첫번째책은 표지만 봐도 딱!눈에
띄고 재밌어보였어요 다꾸를 쉽게표현한것같아서 다꾸 초보자들에게 적극!추천하고싶네요ㅎㅎ 너무사고싶어요!^^ **하랑** 아기다리고기다리던 헤수니님의
책이 나오는군요~ 꼭 사서 볼께요! **에띠양** 오...!축하드려요♥ 지난번책도 잘 도움이되었어요ㅎ 이번에도 사도록 노력할거에요ㅎ **바나별** +ㅁ+축하드려요~
빠밤빠밤!첫번째책얼렁구매하고 두번째책도구매를ㅋㅋㅋ3권나왔음좋겠어요ㅋ 아참그리고손글씨팁이라니!!제게꼭필요한책인듯.ㅋ **Lim** 축하드립니다:)
올해도 다이어리는 헤수니님의 책과 함께 해야겠어요^~^ **유농이** 축하드립니다^^ 이번책도 대박나시길 바래요^^ 다이어리 하면 헤수니!ㅋㅋㅋ **김국희** 우아
정말 축하드려요!ㅎㅎ 헤수니님 블로그 포스팅 항상 잘보고있어요 ㅎ 제가 악필인지라 손글씨교본같은게 엄청 도움될것같아요~ 꼭 한번 사보고 싶네요!^^*
주디베리 헤수니님의 손글씨를 보면 진짜 깔끔하다는 생각이 들어요..다이어리 꾸밀때 빛을 발하는 손글씨 책으로 만나보면 더 재밌게 배울수 있을 것 같아
기대됩니다+_+ **buble0613** 헤수니님!! 다꾸계의 전설★ 1권을 살려다가 망설였는데 2권까지 출간도 하앍하앍*_*너무너무 축하드리고 이번에도 이 책을 통해
서 또 한번 2013년 다이어리를 꾸며보는것이 어떠신가요? **모율** 와~~헤수니님의 삐뚤빼뚤한 매력적인 손글씨를 배울 수 있다니... 꿈만 같아요~책2번째 출
간!!축하드려요♥ **씌이** 우왕축하드려요 첫번째책은친구가빌려가서아직도안주네요ㅠㅠ 두번째책도꼭살게요ㅎㅎ **나이스분이** 오우 축하드립니다:) 헤수니
책2권! 대박나세요ㅎㅎ **유리** 첫번째책 캐릭캐릭헤수니다꾸 에서 정말 다이어리의 기본을 알고,정말많은 정보 얻었는데,두번째라니!헤수언니!너무 축하드
려요^.^ **미누** 오~헤수니님책나오면 함사서봐야겟는데용?!ㅋㅋㅋㅋ축하드립니다^3^ **모모** 벌써 2번째책 출간이라니~ 정말 축하드려요!! 저도 나중에 꼭 캐릭
터 관련 책을 출간해보고싶어요!! **치즈** 축카축하♥저도 저번에헤수니책1 봤어요~ 이번에도 기대할께요! 나두 배워야지~ **벨이** 1권도 너무 잘 읽었는데 2권까
지 꼭 봐야겟네요♥ 축하드려요 헤수니님♥ **코난겸둥** 와~~두번째책출간축하드려요~앞으로도좋은다꾸팁많이알려주세요^^ **주꾸** 축하드려요ㅎ헤수니님은

강좌를잘가르쳐주시니 책도잘될것같네요ㅎ 기회가된다면꼭읽겠습니다~ **최빵** 혜수니님축하드려요ㅎㅎ 1권사서재밌게읽었는데 2권이 나온다니!!! 나오면 꼭 사서봐야겠어요~ **은비크림** 두번째책출간축하드려요!첫번째책에구매했는데너무좋더라구요!두번째책도구매해야겠어요^!혜수니님취미를직업으로가지셔서너무부럽고축하드려요~ **그림쟁이** 우왕 1권산지얼마 안됐는데 2권이라니 ㅋㅋㅋㅋㅋㅋㅋ기대되요ㅎㅎ! 꼭 읽어볼게요~ **By린쿠** 정말정말 축하드려요~ㅎㅎㅎ 혜수니님 첫번째책에는 제 댓글이 못들어갔지만은이번에는 들어가게되네요~ 혜수니님! 요번에도 책꼭사서 읽어볼게요 ♥ **뮤리** 항상 첫번째 책 보면서 사고싶었는데 새로나오는 두번째책은 반드시가지고싶네요~ 축하드립니다~ **혜미** 축하드려요, 빠빰♡혜수니님포스팅만보고는잘못그리고그랬었는데..이책하나면뚝딱해결되겠어요!! 함 혜수니님!!그동안수고많으셨구요ㅎ두번째출간축하드려요!!ㅎㅎ **모리민트** 맨처음책나왔을때 구입하고 제 이름찾아서 기뻐한게 벌써 2년?정도라는 시간이흘렀네요ㅜㅜ 다꾸할때면 늘 옆에늘고다니던 책이었는데 진심으로 축하합니다! ♥ 횅쇼!! **NOEL** 두번째 책출간! 축하드려요~× **두봉** 축하드려요^^ **큐트애플** 2번째 책출간 축하드립니당~ **초록고양이** 두번째로 책 출간하신거 정말 축하드려요~ 앞으로도 많은 정보들 부탁드릴께요~ㅎㅎ **빈티떡** 축하드려요 **화리** 축하축하드려요!! 혜수니님 대박터지세요♥ **별 헤는 밤** 축하드려요^_^ 1권에 이어 2권까지!!혜수니님 대단하세요!! **여우별** 두번째 책 출간 축하드려요~☆ **해운** 혜수니책응원해!! 빨라씨 와~!!!! 추카드려요!!! **꽃듀** 우와 꼭 사봐야겠어요 ~ 두번째 책 출간 축하드리고 대박나세요용 ~ 언제나 항상 건강하세요 ^^ **소이** 혜수니님 정말 대단하시네요.다이어리 꾸미기부터 책까지…언젠간 사서 손글씨 연습 해봐야겠어욧 출간 축하드려요~ 영원한 팬 드림…… **일식좋아요** 너무 축하드려요>< 앞으로도 더 좋은내용의 책 기대할게요!! **하히후해히호** 혜수니님 두번째 책 출간을 진심으로 축하드립니다~ 항상 보기만 하고 댓글은 달아드리지 못했는데..ㅜㅜ 첫번째책 구매해서 잘보고있습니다~!!! 된다면 또 구매하고 싶습니다!!ㅎㅎ **그림소녀** 우와~한번사서읽어보고싶어용~! **크리스티나** 매일 눈팅하고 댓글은 안달았는데ㅜㅜ나 책출간하신다니 너무 축하드려요! 꼭 보고싶네요× **지윤** 캐릭캐릭혜수니다꾸구매했던독자이자 혜수니님블로그이웃으로써너무이쁘구축하드려요^^ 이번에도대박나시길비어용:D **여환** 다이어리에 대해서, 그리고 예쁜 글씨에 대해서 알려주신 혜수니님. 너무 감사하고요, 두번째 책 출간 너무너무 축하드려요! :D **고라** 축하드려요!이번 책이 너무너무 기대되요~♥ 책 대박나시길 빌께요~^_^ **길뚱이** 1권사서재밌게읽었는데 벌써2권이라니!! 2권도재밌게읽을게요ㅎㅎ~책출간을축하합니다~^^ **설연** 지난번책에서 얻었던 정보들처럼 이번에도 많은 정보를얻을 수 있으려같이 좋고 축하드립니다! 이번에도 대박나시고, 예쁜글씨, 저도 이제 도전해봐야겠어요! **빙그레** 책 출간 축하드려요! 혜수니님의 손글씨! 흐흐.. 기대되네요!! **현지니** 저번에 1권을 사서 열심히있는데 요번에 2권도 나오네요!! 정말로 축하드리고요 요번에도 사서 열심히 읽도록 할게요~ 축하드립니다!!♥ **휠라** 두번째 책 출간하신것 정말 축하드려요~ 혜수니님께서 출간하실 책 꼭 구입할게요ㅎㅎ 혜수니님의 좋은 정보가 담긴 책, 대박 나시길 바랄게요♥ **사라니**우와!!진짜 축하드려요!!!!대박나세용! **작은소녀** 손글씨팁을 책으로 만나볼 수 있다니 기대되요! **201호훈녀**캐릭캐릭 혜수니다꾸 책을 보고 정말 저한테 도움이 되는 내용이 많아서 놀랐어요! 이번 책도 기대기대되요! ㅎㅎ **인아** 다이어리 꾸미기라는 저에게 새로운 취미를 주신 혜수니님~ 이번 책 출간 정말 축하드리고요, 대박나세요^^~ **맨이** 오오~일년간 열심히하시던게 드디어나오네요 축하드려요^^!! **피노키오** 항상 많은 도움주셔서 감사합니다 ^^ 이번에도 이쁜책내요 !!!! **chibi** 축하드립니다.2권도 1권처럼 꼭 사러갈게요:D **지렁이** 첫번째 책을 산지 엇그제 같은데 벌써 두번째 책이 나올 예정이라니 가슴이 선덕선덕 거리네요 ㅎㅎ 이번 책도 꼭 살테니 기대하세요 ㅎㅎ 축하드립니다 ㅎㅎ **다님쭈니** 2번째 책 출간 축하드리구요! 그 책 꼭 살게요!! 책 대박나세요:-) **빡애봉** 2번째 책 내신거 진심으로 축하드려요' _' * 항상 좋은 포스팅 감사합니다♥ **화진씨** 정말 저에게 필요한 손글씨 교본이 있다는 말에 바로 구매 욕구가 뿅뿅!! 다이어리도 혜수니! 다꾸책도 혜수니ㅋㅋㅋㅋ 이러다가 혜수니 월드되겠어요 ㅋㅋ **해바리기** 너무너무 축하드려요!!!!!!혜수니님의 책을 빨리 보고시픈걸요?????ㅎㅎㅎ 아~!!돈모아야겠다 히히 빨리베스트셀러 되시길..ㅋㅋ **민트빛초코맛 츄설백** 축하드려요 혜수니님!! 앗싸 서점ㄱㄱ 혜수니님책사야징+_+ **유주** 혜수니님덕분에 다이어리꾸미기가 즐거워졌어요!ㅎㅎ두번째책 출간 축하드려요~ **초대상** 축하드려요^^.혜수니님 1권도 2권처럼 재미있었으면 좋겠어요^^ 2권나오면 바로 사러 갈게요 \/ **멍** 혜수니님 두번째 책 출간하신거 축하드려요 첫번째꺼는 못 봤는데 이번꺼는 진짜보고싶어오ㅎㅎ **스로니** 저는혜수니 빠순이입니다!!! 책나오면꼬옥살거에요~~ **청유** 벌써 2번째 책이라니.. 축하드려요! 2권에는 어떤 독특하고 즐거운 내용이 가득한지 꼭 한번 읽고 싶어요ㅎㅎ **띨다** 혜수니님~진심으로축하드려요^^ 앞으로도좋은책많이써주세용^.^ **다향** 축하합니다!! 자신이 직접 작업했던 결과물을 책 한권으로 보게 된다면 정말 기쁠 것 같아요^^ 앞으로도 좋은 책, 좋은 자료 많이 부탁드려요:-) **한벼리불낙지 머거요** 와웅 능력잇는 20대~축하드려용 ㅎㅎ 포스트가 자주안올라와서 섭섭햇는데 책으로 갚아주시네요 ㅎㅎ 축축 ★★ **강민** 혜수니님~ 두번째 책 발간 축하드려요~^^ 앞으로도 세권, 네권 많이많이 발간하시고 좋은 정보 여러분들과 공유하시며 1000부 10000부돌파 하시길 바래요^^ **dlwngus1123** 축하드려요!! 항상 블로그 잘 보고 있어요 꼭 사서 볼게요!^^ **민트** 벌써 두번째이 나오시네요~저도 손그림과 손글씨를 잘하게 되면 혜수니님처럼 책을 내고 싶어요^^혜수니님은 영원한 저의 롤모델이에요ㅎㅎ **민디** 책 발간 축하드려요! 블로그 못지않게 책내용도 당연히 알차겠죠? 손글씨 교본이라니! 너무 궁금해요!! **경빵** 혜수니님의 손글씨를 책을 통해만날수있는 좋은기회^^ 항상 감사합니다 덕분에 다이어리꾸미는 노하우가생겼어요 **혜댜** 혜수니님 일년동안 준비하신 혜수니다꾸두번째 책!!! 혜수니님 덕에 많은 것도 알고 직접도전해보았었는데 이번 두번째 책이 나왔다니!! 정말 축하드려요~ **꼬마J** 우와~!너무 기대되네요!!ㅎㅎ 혜수니님 책 1권 사서 읽었는데!!너무 좋았어요!!이젠 손글씨?ㅎㅎ님 기대되요~ㅎㅎ축하드려요!! **Emmarian** 혜수니님의 기다리고 기다리던 두번째 책!!꼭 보고말게요!!혜수니 책 파이팅!! **소소날다** 책 출간 축하드려요!! 항상 혜수니님 일상 보면서 두근거렸던게 생각나네요ㅎ 첫번째 책에 이어서 두번째 책도 대박나길 바랄게요:)화이팅~ **하이디** 혜수니님이 1년동안 준비했다니 기대되네요! 꼭 보고싶어요. 축하드려요! **다꾸새라** 책 출간 축하드려요. 꼭 대박나시길 바라며, 저도 이책을 구입할 구입자입니다. 앞으로도 영원하세요~ ♥~:) **재귤재귤** 책 출간 진심으로 축하드려요!!블로그에서도 많이배웠는데 책으로 더 배울수있겠네요:) 이번 책도 대박나길 바랄게요~ **green tea** 우와~ 혜수니님의 캐릭캐릭 혜수니 다꾸에도 빠졌는데ㅜㅜ 와~ 손그림이라니~^* 저번에 제 친구랑 펜팔(소소담)을 하며 혜수니님 손그림에서 팁을 얻어 열심히 그림을 그렸더니! 친구가 매우 좋아하더군요!!!!!! 저 또 지갑털어서 서점으로 고고씽해야겠네요ㅎ 기대할게요~ **우니** 저두꼭구입할게요♥ **롱예** 다꾸의 신 혜수니 님! 벌써 두번째 책 출간, 정말 축하드려요~ 앞으로도 예쁘고 깔끔한 혜수니님만의 디자인 많이 보여주세요~ **초코쏭이** 첫번째 책도 구입해서 봤는데 너무 유용하고 좋았어요~혜수니 두번째책 출간 축하해요!!^^ **연칠** 너무너무축하드려요!앞으로도좋은활동부탁드립니당~ **다요이** 혜수니님♥ 책출간 축하드려요 캐릭캐릭다꾸로 많이배우고 예쁘기 꾸밀 수 있었는데~^^두번째책도 기대됩니다 **카엘양** 손글씨손그림부족한부분을 더채울수 있을거에요~진심으로축하드려요♥ **아이린** 혜수니님!! 정말정말 축하드려요!! **시미떼루** 너무 축하드려요 혜수니님~ 다꾸에 관심이 많은데 언제나 도움 많이 받고 갑니당♥ **라뱐** 우와왕 구매해야겟담 ㅎㅎ 어디서 팔아요?? **베이비** 벌써부터 기대 엄청되네요ㅎㅎ 축하드립니다 다 팔리길 기원♥ **휘 애** 두번째 책 출간 축하드립니다! 책 판매 대박나시고 앞으로 더 좋은 책 만나볼수있기를 기대할게요!ㅎ **violet** 두번째 책 내신것도 축하드려요~ **히닌** 벌써 두번째 책이라니 너무너무 축하드려요^^ 손글씨 손그림이라니 너무 기대되는걸요? 항상 혜수니 손글씨체 너무 부러워했는데 조금이나마 혜수니님의 글씨체를 닮을수있을것같아요~ **아련** 혜수니 언니 만큼 예쁜 책의 탄생을 축하드려요♡ **비넬** 우와~축하드려요^^ **타라** 추카추카!! 꼭 살게요~ **람이** 완존팬이에용~!!♥꼭사서봐야징!ㅎ **하늘별** 두번째 책 출간 정말 축하드려요~ 캐릭캐릭다꾸는 못봤는데 두 번째책은 꼭 볼래요!! 책 꼭 대박나세요~ **블랙코인** 첫번째 책 친구꺼 빌려서 재밌게 봤었는데!! 이번에 두번째 책이 출간되네요<3혜수니님 블로그 열심미 보구 갑니당~ **해깅이** 드디어 두번째 책이 나오는군요! 어떨지 기대되는데요ㅎㅎ 이번에는 꼭! 사야겠어요ㅎㅎ **아띠** 사각사각 소리가 날것같은 혜수니님의 예쁜 손글씨와 손그림 책이 출간되는군요! 축하축하드립니다! 그림그리고 글씨쓰는데 큰 도움이 될꺼라고 생각해요♥ **푸네** 혜수니님의 두번째 책출간 너무 축하드려요 ~^^! 다이어리등 꾸미기 관련 관심이 많은데 너무너무 좋은것같아요! 많이 출간되어 완판되셨으면 좋겠습니다! 앞으로도 수고해주세요~ **준비중** 이번에 ver.2 다이어리도 샀는데, 벌써 막막~하더라구요ㅋㅋ꼭 참고해야겠어요!그리고 축하드립니다♥ **아롬씨** 혜수니언나완전조아해용♥ 이번에도도서서봐야지!♥ **순이** 우히 ㅎ첫번째책샀었는뎅 이번것무사야겠네영ㅎ축하드려엉~ **작은별** 저같은 세상의 악필러들에게 꿈과 희망을 주시는 혜수니님의 책 출간 축하드려요.. 손글씨 교본이 확 땡깁니다^^ **뽀글곰과 냐옹씨** 와정말축하드려요 기대할게요^^♥♥ **요섭** 완전 축하드려용~ㅎㅎ 대박나세영~♥ **suga0906** 우와!! 너무 축하드려요!! 이번 책 사서 다이어리 꾸밀때 꼭 참고해야겠어요^^ 혜수니님 축하드려요~! **뽀뽀뽀** 블로그 방문할 때마다 두번 째 책 소식 기대했던대뒹>< 넘넘 이쁜 다

이어리 팁이랑 도구를 소개해주시니 매번 감사합니닷!! 열혈적인 블로그 독자로서 이번 책 대박나시길 빌게요♥ **냥닝늉** 다꾸 입문중인 초보자에게도 정말 도움이 많이 될 것 같아요 ~ 보고싶은 책 리스트에 추가입니다^^ **눈코입** 일단 출간 축하드립니다. 그동안 힘드셨을 텐데 수고 많이 하셨어요 올해를 얼마 남기지 않고 출간일이 다가오니 더욱 더 의미가 뜻깊을 듯 해요 올해 말이나 내년 초에 나오겠지요? 말이나 초라의 의미가 남다르네요 ~ 축하드립니다 ~ **기쁘미** 너무 축하드려요!!!손글씨손그림 책이라니 꼭사고싶네요!언제나블로그에 좋은포스트올려주시는헤수니님이책도 대박나시길빌게요~ **신조** 이번에도 책쓰신거 너무축하드려요~^0^ 2013년에도 열심히 노력하셔서 헤수니브랜드도, 헤수니님도 한층더 성장하시길 바래요! 항상 응원합니다♥ **융꽥꽥** 그래서 바쁘셨군요!! 기대되네요 교본까지 나온다니 고생 많으셨고 축하드려요× 얼른 1월돼서 이번에 구매한 헤수니 다이러리를 쓰고싶어요 영영 **디듀** 좋은책이 또나오네요! 축하드려요♡^ **아이린** 교본까지 나온다니 너무 기대되네요ㅎㅎ 얼른 사서 연습해보고 싶네요^^ **츠이니** 저는 초등학교 6학년 꿈많은 아이인데, 저두 헤수니님 처럼 손그림 책을 출간하고 싶어요 ><ㅎ **토토나** 우와~ 축하드려요!! 저같은 초보들에게 정~말 많이 도움될꺼 같아요!! **체리** 헤수니님 두번째 책 출간 정말 축하드려요♥ 손재주 없는 저에게 재주가 생기길 기대하면서 +_+ㅋㅋ다시 한번 더 축하드립니다>< **딸기소녀** 두번째 책나오신거 진심으로 축하드려요♥ 첫번째 책도 무척이나 유용했는데 더 기대요 책이 꼭 완판되었으면 하구 헤수니님으로 부터 다구 많이 배워갑니다♥ **은퐁** 오! 축하해요~!!첫 번째 책사려고했었는데 책 한권이 더 나올 것 같아서 그때 보고사려고 생각했는데! 아 너무 좋네요×글씨연습하면서 저만의 글씨체를 만들수있을것같아요다이어리쓰기 행복해 질것같아요~3 **알럽1D** 헤수니님 두번째책 축하드려요~ 꼭 사고싶네요!! 대박나세요♥ **꿍냥** 두번째 책도 너무 기대되네요!!!정말축하드립니다^^ **윤슬** 우와!!제가 원하는 손글씨손그림!!!♥_♥ 한권사야하나...분BLUE MOON 와~ 두번째라니!!! 축하드려요~×, 앞으로 세번째, 네번째~쭉!!! 더 번창하시길 바래요~ 헤수니님~^^ **에이브나** 축하드려요~축하드려요~축하드려요~헤수니님~★ 저는꼭 사야겠어요 그리고 헤수니책2에관한이벤트도했으면좋겠네요~^^ 저 기억 해주세요 에이브나입니다~일본어로 평범한사람~ **남극곰** 두 번째 책 너무 기대되요!이제 손글씨가 블링블링해지겠네요^ᄂ^ **삐야** 정말 축하드려요~!! 헤수니님의 두번째 다구 책 정말 기대되요 !! 저번 처럼 정말 도움 많이 되는 내용 많이 많이 실려 있으면 좋겠네요~ㅎ 대박나세요~ **Lovely 해빵** 와 헤수니님 정말 축히드립니당^^♥ 기대되용 **한이봄** 서점에서 새로 들어온 책 코너에서 본 것이 얼마 전 같은데 벌써 새책이 나왓네요!! 다구 하나로 책을 쓸수있다는 것이 완전 멋있어요!! 앞으로도 계속계속 저 같은 다이러리 초짜를 위해 책 써주시고 축하드려요♥ **땅딸** 우왕~기대되고 나오면 꼭 사서보고 싶어요!!! **노란색불빛** 우왕 2번째 책 만드신거 정말축하드려요 ㅎㅎ 당장 서점으로 달려가서 사야겠용~! **돌앙** 헤수니님의 두번째 책이 출간된다는 소식만으로도 벌써부터 기대되네요ㅎㅎ 저의 새해 다이어리인 프롬다이어리Ver.2와 꼭 함께 하고싶어집니다~ **래아** ㅎㅎ축하드려요× **평온한초록사과** 와~1번째에 이어 2번째 책 출간이라니!! 넘넘 축하드려요! ㅎㅎ 역시 헤수니님 이네요! 최고!! 손글씨 라서 넘넘 기대되네요! ㅎㅎ 2번 책 출간 축하드립니다♡♥ **버블이** 우웃~!!!!헤수니님의 이쁜 손글씨와 손그림이 있다면~ 헤수니 블로그에 관심있으신 이웃님들도 좋아하실것같아~!!!축하드립니다~^ **푸른향기** 우왕♥♥ 요번에 헤수니 다이어리도 샀는데 책도 같이 보면서 다꾸폭풍 연습해야겠네요^^ 축하드려용♥♥ **러브홀릭** 제가 글씨가 더러워서 ㅜㅜ 이 책 완전 사고 싶어요ㅜㅜ 제가 그림이랑 글씨는 워낙 못 써서 ㅜㅜ 헤수니님의 두 번째 책 꼭 사야할 거 같아요~ㅜㅜ 헤수니님의 두 번째 책!!대박 나시고 두번째 책의 출간에 축하드려요~ **DREAM** 헤수니님 고생하셨습니다 :) 그리고 너무 대단하세요. 저도 나 담에 책 한 권 출판해보고 싶어요 ^0^ 대단하시다는 생각해보며, 축하드립니다!!! **미야코** 두번째 책 축하드려요! 항상 제 그림이랑 글씨체 보면서 어떻게 해야 나도 저렇게 예쁘게 할 수 있지 생각했었는데~, 이렇게 두번째 책으로 만나볼 수 있다니 기쁘네요ㅜㅜ **정주안** 책출간축하드려요~ 요번책도 쭈주주죽 올라가서! 베스트셀러?!?완전완전 대박예감~ㅋㅋ 항상 힘내시구! 너무 무리하지마세요~ **다솜이** 우왓! 늦으면 큰일날뻔 했네요! 제가 쓴 덧글이 헤수니님의 책에 나온다니! 뜻밖의 행운이에요(-ㅂ-)> 헤수니님! 제 장래희망은 헤수니님처럼 되는것이고 제 롤모델도 헤수니님이랍니다! 존경합니다! 댓글, 좀 길지만 넣어주실꺼죠? 축하드려요~ **MELynn** ㅎㅎ새책 출간하시것 축하드리고요~ 돈모아서 꼭 사볼게요^^ **다솜이** 우왓! 축하드려요! 제 롤모텔은 항상 헤수니님이에요! 너무 황홀하네요(-ㅂ-)> 이젠 두권의 책을 올려놓고 다구하겠네요! 책 꼭 살게요~ **기술하나** 두번째 책 출간하신거 축하드려요 ~^^ 첫번째 책도 잘 봤었는데, 이번 책도 대박나세요ㅋㅋ **로즈** 새 책 출간하신거 너무 축하드립니다 그 책을 보고 앞으로 손글씨와 손그림을 모르는 이들이 많은걸 배웠으면 좋겠습니다! 힘내세요! **메이** 책출간하신거축하드려요!^^첫번째책에서도정말도움많이받았는데 두번째책도출간된다니기대되네요!^^ **원걸 포에버** 진짜 축하드려요^^ 헤수니님의 첫번째 책 보면서 그 감사댓글 쪽에 끼고 싶었는데! 그 행운이 오다니 영광이네요^^ 축하드리고요 정말 기대되네요!! 첫번째 책도 유용하게 썼는데 두번째 책의 내용이 어떨지 정말 궁금해요^^ 대박나시고~ 꼭 사서 제 댓글이 있는지 찾아보겠어요!! 없으면 반품할 꼬에요!! ㅋㅋ 힘내시고, 진심으로 축하드려요~ **냥이** 두번째 책 출간하신거 정말 축하드려요^^첫번째 책에서 도움 많이 받았는데 이번엔 어떤 책일지 기대되요~ **살빼는판다** 두번째책은꼭구입하겠습니다!!!!! 축하드려요~ **미리** 두번째 책도 드디어 나왔군요! 정말 축하드려요~ **혜진** 책출간하신거정말축하드려요~!!ㅎㅎ **별샴** 책 출간 하신거 축하드려요^^ 이번엔 돈이 없지만 꼭 사야 할 것 같네요!!!!!ㅋㅋㅋㅋ **나른씨** 축하드려요! 이번에도 알찬 내용 기대해 봅니다:-) **다올** 헤수니님의 다가올 앞날을 더 환하게 비춰주는 두번째 책이 되기를...~ **이윤지** 축하드려요^^ **햇담** 두번째책출간하빈것축하드리고다구분들을위해언제나노력해주셔서감사합니다♥ **김뽕뽕** 헤수니님2번째책 출간 축하드립니다!^^1권 넘나 도움되었어요~ 이번에도 대박나실 바랄게요!^^ **위풍당당권리다** 첫번째 책도 봤는데 2번째 책이 나온다니..목빠지게 기다리고 있었습돠!!책 대박나실거에용>< **싹튼감자** 축하드려요:-)흥하시길바라요 **솔방울** 책 출간 축하드려요~ **바라기** 깔끔하고 이쁜 헤수니님의 다구팁이 돋보일꺼같은 두번째 책 출간 축하드려요^^ **II효댕II** 주변에 펜이나 다이어리 등에 관심있는 친구들치고 '헤수니' 님 이 세글자를 모르는 아이는 없었는데, 이번에 새 책까지 나온다니! 캐릭캐릭헤수니다꾸처럼 재미있고 유익한 책 기대하겠습니다^_^ **지니** 정말 축하드립니다 :D ♥ 헤수니님의 첫번째 책도 저에게 정말 많은 도움이 되었었는데 두번째 책이 나온다니 정말 기대가 됩니다× 두번째책도 대박나시길바랍니다♥ **너구리** 항상 대박나길 기원합니다~♥ 화이팅 꼬꼬마 헤수니님 책 출간 진짜 축하드려요~ 이번 책도 대박나시구 앞으로도 좋은 글 많이 올려주세요~ **동원여자라고** 헤수니 첫번째 책 살려고했었는데!! 망설였는데, 두번째책이 나온다니!!! 너무 기대가 되요! 제가 꼭 사드릴게요♥♥ 언제나 다이어리를 위해서 열심히 정보를 제공해주시는 헤수니님 화이팅하시고! 매일 행복하세요~ **아다민** 헤수니님~ 책 출간 진심으로 축하드려요 :) <캐릭캐릭 헤수니 다꾸>에 이어 다구관련팁을 배울수있겠네요! 멋지게 꾸며져있는 헤수니님의 다이어리가 항상 부러워었는데 이번 책을 통해 연습해볼수있겠네요ㅎㅎ 정말정말 축하드리고 이번 책도 대박나시길바랄게요~! **송중기LOVE** 헤수니 님 책 나오면 용돈을 털어서 꼭 사러 가야겠어요.♥축하드려요.✿^ **현지니** 1권도 재미있게보았는데 2권도 기대하며 사서 볼게요~ 헤수니님 축하드려요~! **감생쥐** 책 출간 진심으로 축하드려요! 앞으로도 예쁘고 알찬 다구,손그림 기대할게요~ **쿠니** 헤수니님 다이어리를 책으로 따로 볼수있다니 기대됩니다 ^^ 언제나 행복하시고, 이번에도 대박나세요♥ **누비** 헤수니님정말~므흣카드려용ㅜㅜ♥평소때묘기와서다구정보많이얻어가지고가는데유용한정보감사합니당앞으로도더부탁해용꼭살계영 대박나라♡' **@다솜이** 우와~ 축하드려요^^ 3권도 다음에 내실꺼요? 3권이든4권이든5권이든! 100권도 넘게 나와도 항상 챙겨보도록 하겠습니다^^ **가치** 앗, 1권 서점에서 표지보고 반해서 사서 안에 내용보고 '2권 나오면 꼭 사야지!' 했는데 드디어 2권이 나왔네요!ㅎㅎ 올해 다이어리 꾸밀 소재가 떨어져서 고민할 일은 없겠어요.><♥ **하루** 정말 축하드려요. 이번 책도 정말 기대되요 **YDE** 2번째 책 출간 축하드려요~~~ 요번책도 꼭 볼게요 2번째 책도 기대할게요~~ **후야** 두번째 책이라서 더욱 기대되용~ 이쁜 다꾸하게 도와주셔서 감사합니다!ㅎㅎ **쪼으네** 두번째 책 출간을 축하드려요!! 항상 블로그 보면서 저도 저만의 다이어리를 만들고 꾸미는 재미에 폭 빠졌답니다~ 부족하나마 조금씩 따라하면서 제 다이어리도 점점 예뻐지는 것 같아서 너무 좋아요^^~ **하나** 첫 캐릭캐릭다구 책도 알찬 내용이던데 이번에도 정말 기대되요! 헤수니님 항상 힘내세요:) **은유** 헤수니님의 책소식이 들려오다니! 너무 기뻐네요!! 이번에는 또 어떤 내용으로 가득할지 무척이나 기대되네요!! 두번째 책 출간 진심으로 축하드립니다 **positive** 항상 헤수니님 포스팅을 눈으로 보다가 두번째 책을 출간하셨다는 말에 기쁨마음으로 축하드리러 왔습니다^^ 항상 포스팅 잘 보고 있고, 두 번째 책 출간에 대해 진심으로 축하드립니다!! **렌탈이** 정성가득한 포스팅 감사합니다~ 알찬 하루 되세요~ **Bonnie** 다이어리 쓰는 데에 있어 뜻깊은 본보기인 헤수니님♥ 책 출간 첫번째에도 너무 기뻤는데 이번에도^^ 진심으로 축하드리며 청춘, 우리의 기록 - 다이어리 뽀에버에용♥✿^ ~기억하실지모르지만 전 닉넴 한웅♥- 늘 응원합니다. ★ **히나** 우왕~ 두번째 책 출간을 진심으로 축하드립니다^^ 많은 사람들에게 도움이 될만한 책이 될것 같습니다!ㅎㅎ 이번책도 대박나시길 바랄게요 ㅎㅎ

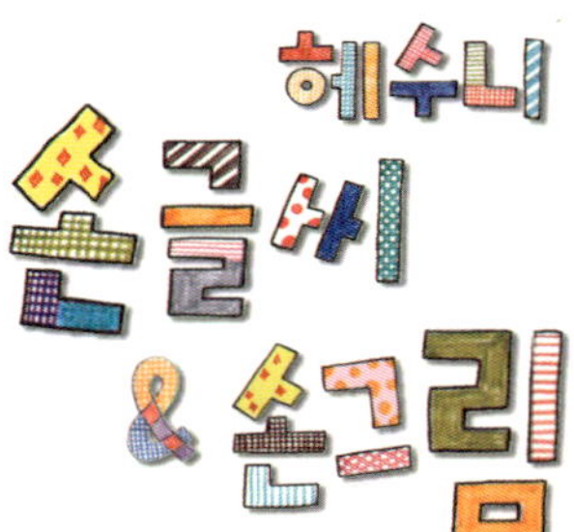

혜수니
손글씨
& 손그림

나만의 다꾸를 위한 it item
헤수니 손글씨 & 손그림

1판 1쇄 발행 2012년 12월 22일
1판 8쇄 발행 2017년 10월 27일

지은이 박혜선
펴낸이 안광욱
펴낸곳 도서출판 비엠케이

편집 상현숙
디자인 아르떼203 김민주
제작진행 (주)꽃피는청춘

출판등록 2006년 5월 29일(제313-2006-000117호)
주소 서울시 마포구 성산동 240-24 화이트빌 1F
전화 (02)323-4894
팩스 (070)4157-4893
이메일 arteahn@naver.com

값은 표지에 있습니다.
ISBN 978-89-965605-1-7 13630

일원화 공급처 (주)북새통
주소 서울시 마포구 서교동 465-4 광림빌딩 2층
전화 (02)338-0117
팩스 (02)338-7161
이메일 bookmania@booksetong.com

혜수니 손글씨 손그림

박혜선 지음

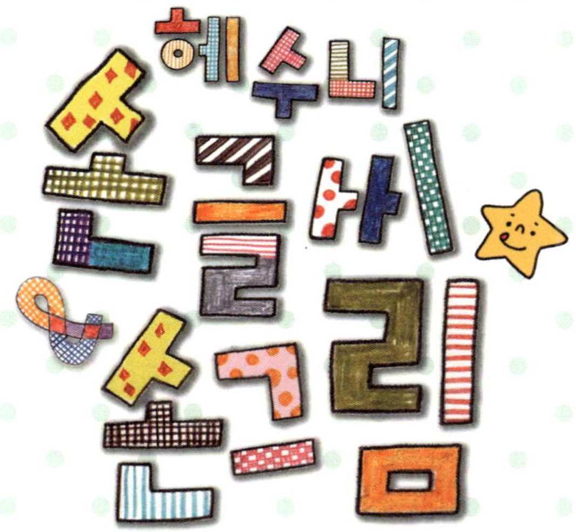

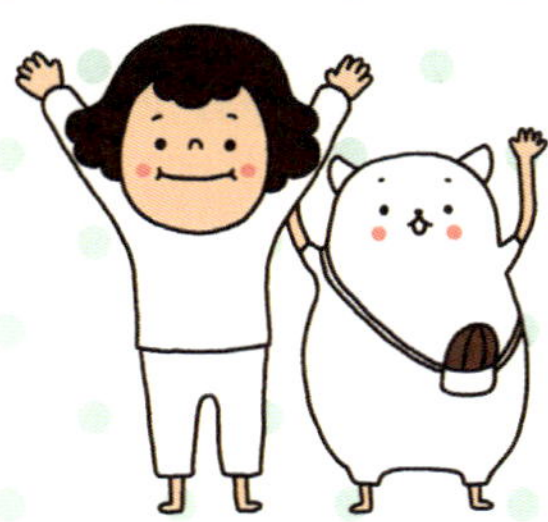

Bmk
magazine&publishing

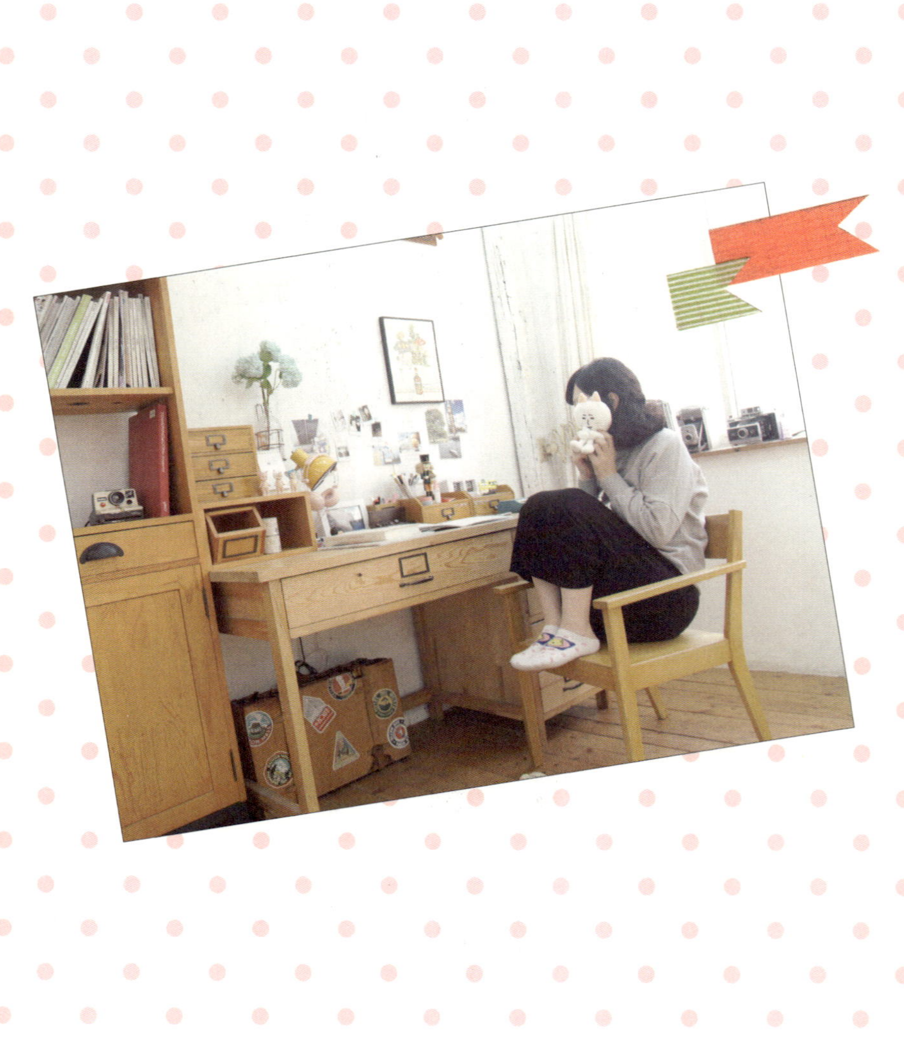

프롤로그

안녕하세요? 하루하루 꿈과 목표를 향해 걸어가고 있는 헤수니입니다.

어렸을 때부터 다이어리가 좋아서 항상 다이어리를 들고 다녔는데 이제는 다이어리를 만드는 사람으로 행복한 시간들을 기록하며 살고 있습니다. 가만히 생각해보면 저는 항상 기록을 하고 있었던 것 같아요. 꿈과 목표를 A4 용지에 크게 써 벽에 붙여놓고 행복해하던 기억, 학교에서 글씨가 예쁘다고 친구들에게 주목을 받아서 더 열심히 노트필기를 했던 기억, 다이어리를 구입해서 들뜬 마음으로 정성들여 일기를 썼던 기억, 시험에 대비해 처음 시험대비 일정을 기록했던 기억, 유독 손으로 쓰는 편지를 좋아해서 크리스마스 날 친구들을 위해 직접 카드를 수십 개 만들었던 기억 등 기록을 하면서 즐거운 일상을 보낸 기억이 많네요.

기록은 해야 할 일을 잊지 않도록 도와주고, 목표와 힘을 주는 명언을 기록하면 볼 때마다 마음을 다잡게 되죠. 또 암기가 잘 되도록 도와주며 지난 기록을 보면 반성하고 더 나아갈 수 있습니다.

우리의 일상은 기록의 연속인 것 같아요. 그런 일상을 좀 더 즐겁게 할 수 있도록 기록하는 방법의 가장 기본인 손글씨, 손그림을 한 권의 책에 모두 담아보았습니다. 손글씨, 손그림에 대한 지식부터 쓰는 방법까지 최대한 자세히 알려드리기 위해 노력하였고 가장 유용하게 사용할 수 있는 예제들 위주로 실었습니다.

손글씨 & 손그림을 필요로 하는 모든 분들에게
이 책이 조금이라도 도움이 되었으면 합니다.
감사합니다.

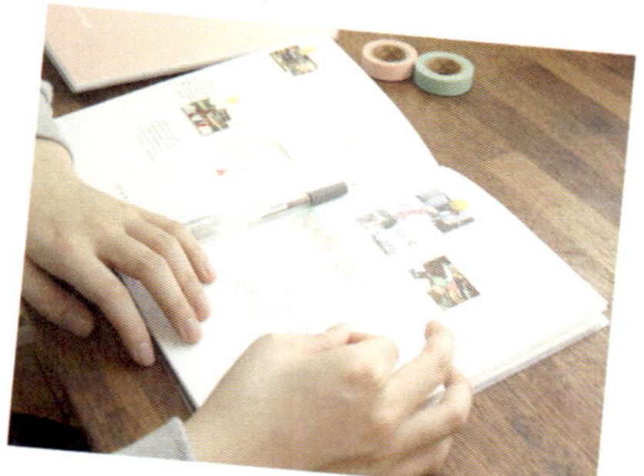

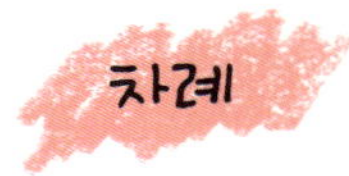 차례

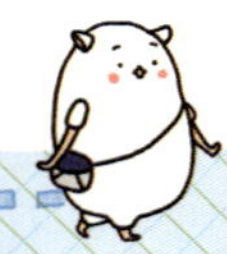

PART1 손글씨&손그림으로 무엇을 할까?

PART2 기본 손글씨

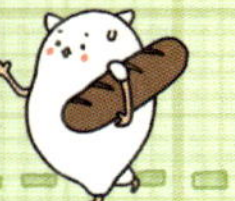

PART3 포인트 손글씨

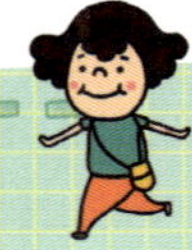

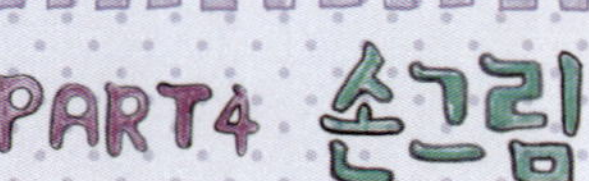 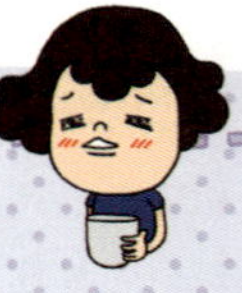

PART4 손그림

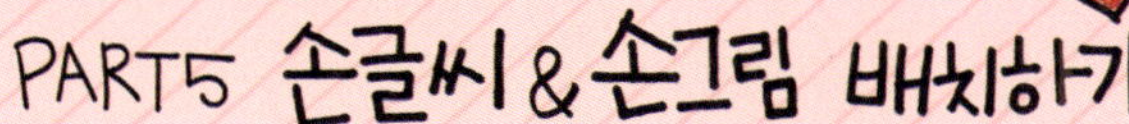

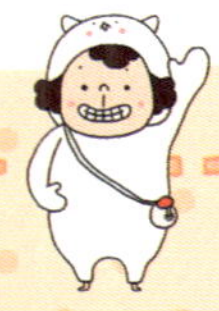

손그림 & 손글씨 외 자주 받는 질문 / 헤수니가 다이어리를 꾸미는 이유 헤수니 블로그를 소개합니다.

PART1

손글씨 & 손그림으로 무엇을 할까?

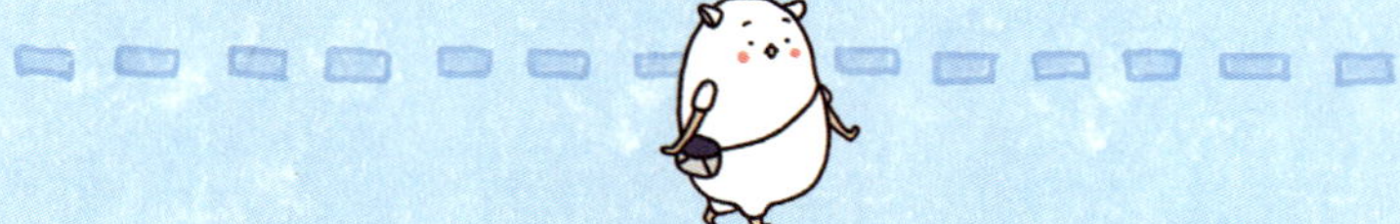

손글씨 & 손그림 이런 점이 좋아요.

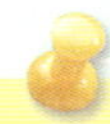

기록하는 즐거움을 알 수 있습니다

우리는 살면서 많은 기록을 합니다. 노트 필기를 하고 플래너나 다이어리를 작성합니다. 친구나 동료에게 작은 메모를 남기고 자주 연락하지 못했던 사람에게 편지를 쓰기도 하고 때로는 낙서도 하지요. 손글씨 & 손그림을 사용하면 이렇게 우리 삶의 큰 부분을 차지하고 있는 기록을 좀 더 즐겁게 할 수 있습니다.

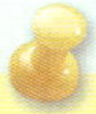

손을 움직이면 정리와 암기가 잘 됩니다

시험공부를 할 때 노트정리를 하고 암기를 하시나요? 노트정리를 하면서 암기가 잘 되는 사람이 있고 아닌 사람이 있다고 합니다. 자신의 공부방법에 맞게 암기하고 이해하는 것이 가장 중요하겠죠. 하지만 저처럼 평소 노트정리를 하면서 암기를 하고 정리를 한다면 손을 움직이면서 필기를 하는 것이 익숙하고 자신에게 잘 맞는 방법일 겁니다. 많은 사람들이 노트정리를 하면서 암기를 하고 이해를 합니다. 손을 움직이는 것이 암기와 이해에 도움이 된다는 증거가 될 수 있겠죠?

나만의 기록 스타일을 만들 수 있습니다

기록하는 방법과 스타일은 정말 다양합니다. 처음부터 나에게 딱 맞는 스타일을 찾을 수는 없습니다. 충분한 노력에 시간이 더해져 조금씩 자신에게 맞는 방법을 찾아가면 됩니다. 자신만의 기록하는 스타일을 찾으면 조금 더 잘 이해되고 암기가 되며 기록하는 자체가 즐거워집니다.

딱딱한 일상에 활력을 불어넣어줍니다

친구나 직장동료에게 '먼저 점심 먹고 올게'라고 글자만 적은 메모지를 놓는 것보다는 점심이라는 단어 옆에 숟가락과 포크를 귀엽게 그려주면 메모를 주는 나도 메모를 받는 상대방도 더 기분이 좋아질 것입니다. 어떻게 보면 작은 부분이지만 그 효과는 생각보다 큽니다.

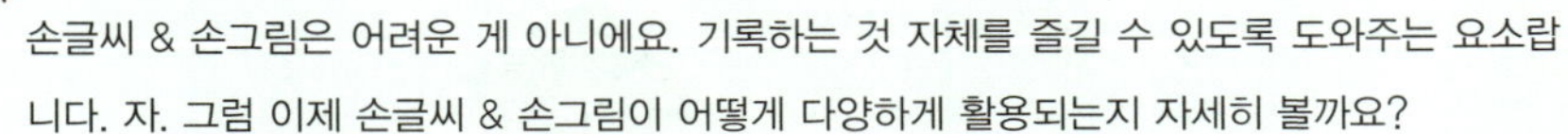

손글씨 & 손그림은 어려운 게 아니에요. 기록하는 것 자체를 즐길 수 있도록 도와주는 요소랍니다. 자. 그럼 이제 손글씨 & 손그림이 어떻게 다양하게 활용되는지 자세히 볼까요?

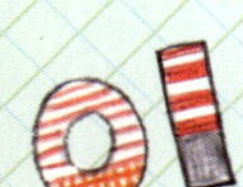 다이어리 꾸미기

다이어리는 아날로그 감성을 가지고 있기 때문에 손글씨와 손그림이 잘 어울려요. 다이어리를 꾸미는 방법은 많지만 특별한 재료 없이 가장 쉽게 꾸미는 방법이 손글씨 & 손그림을 사용해 꾸미는 방법이랍니다! 나만의 다이어리를 꾸미고 싶을 때도 손글씨 & 손그림을 이용해 꾸며주면 좋아요.

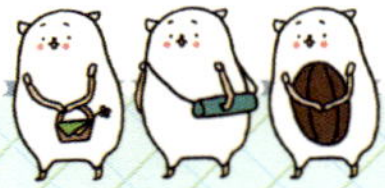

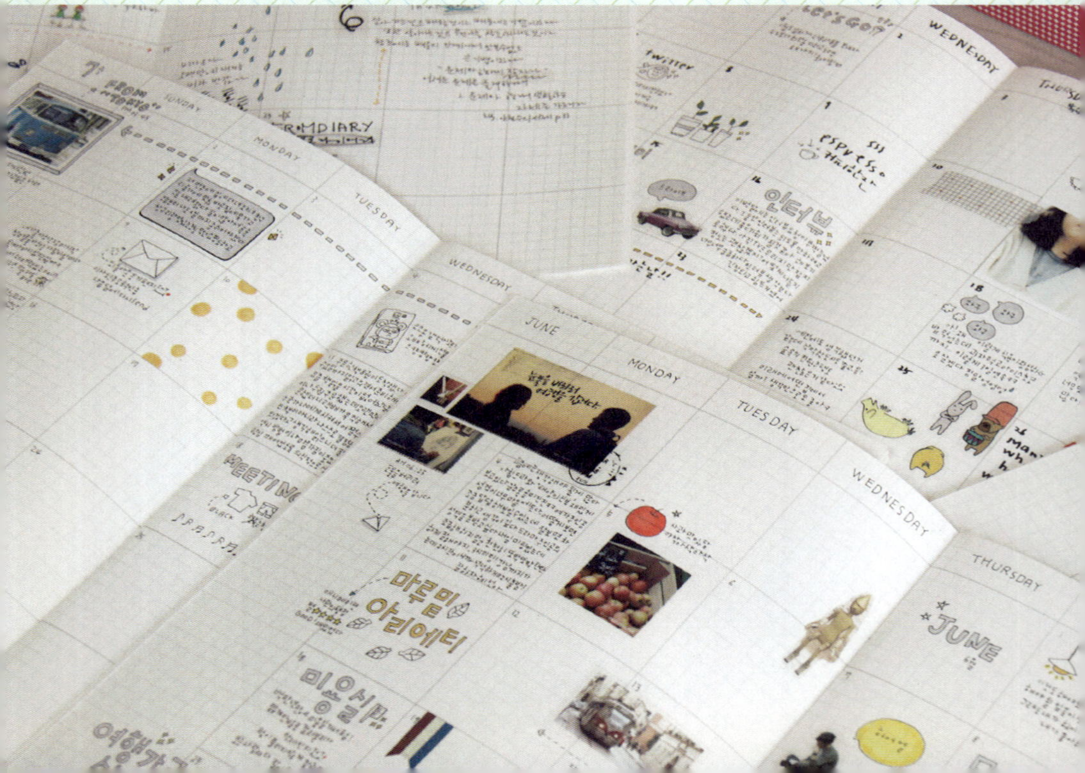

① 다이어리를 시작하기 전에 내가 원하는 다이어리 분위기를 한번 생각해보세요

'다이어리는 그냥 꾸미기 나름 아닌가?'라고 생각했다면 더 발전할 수 있는 기회를 놓치는 거예요. 자신의 다이어리가 '빈티지한 느낌이 났으면 좋겠다' 또는 '아기자기한 그림으로 가득 채워졌으면 좋겠다' 등의 구체적인 느낌이 있으면 다이어리꾸미기는 훨씬 쉬워져요. 워낙 다양한 꾸미기 방법과 재료가 있기 때문에 이렇게 원하는 스타일을 딱 정해놓으면 그 분위기에 맞는 다꾸 재료 선택도 용이하고 어떤 손그림 & 손글씨가 제격인지 쉽게 알 수 있어요.

② 펜의 개수는 중요하지 않아요!

펜이 많은 것보다는 자신에게 꼭 필요한 펜이 있는 게 중요해요. 손글씨 & 손그림으로 다이어리를 쓰는 데 솔직히 펜의 개수는 상관없어요. 나에게 맞는 검정색 펜 하나만 있더라도 충분히 다이어리를 꾸밀 수 있어요. 간단하게 예를 들면 밑그림을 그리고 손글씨를 쓸 수 있는 기본 검정펜 한 개와 포인트를 주는 빨간펜 그리고 컬러링을 해주는 펜 몇 개만 있으면 돼요.
색연필이나 마커펜도 색이 여러 개면 더 응용하기 좋겠지만 자신이 주로 사용하는 색상으로 몇 개만 있어도 상관없어요. 펜이 많으면 무조건 다이어리를 잘 꾸밀 거라는 생각은 편견이랍니다.

③ 다이어리에 계획을 세울까? 일기를 쓸까?

다이어리는 자신에 맞게 사용하면 되기 때문에 일기와 계획을 다이어리와 스케줄러에 각각 쓰기도 하고 다이어리에 일기와 계획을 함께 쓰는 사람도 있어요. 만약 먼슬리에 일기와 계획이 섞여 있다면 한눈에 파악하기도 힘들고 오늘은 무슨 내용을 써야 하나라는 고민이 생길 거예요 제가 추천하는 방법은 일기나 계획 중 한 개를 선택해서 먼슬리에 쓰고 위클리를 나머지 용도로 사용하는 거예요. 이렇게 정리를 하면 하나의 다이어리에 일기도 쓰고 계획도 세울 수 있고 한눈에 파악하기 좋아요. 다이어리를 쓰기 전에 어느 정도 공간을 어떻게 쓸 것인지 체계적으로 생각하고 쓰면 좀 더 알찬 공간 활용을 할 수 있어요.

④ 손그림 & 손글씨에 적당한 다이어리

직접 그림을 그리고 다양하게 포인트글씨를 쓰기 위해선 심플 다이어리가 가장 좋아요.

일러스트 다이어리처럼 미리 그림이 그려져 있으면 내가 그림을 그렸을 때 서로 스타일이 달라 전체적인 분위기가 이상해질 때가 많아요. 그래서 손글씨 & 손그림으로 다이어리를 꾸미는 사람들은 아무런 그림이 그려져 있지 않은 심플 다이어리를 선택해 자신만의 손글씨와 손그림으로 다이어리를 채워나가죠.

⑤ 매일매일 다이어리를 써야 한다는 부담감! 이제는 떨쳐내세요

매일매일 다이어리를 쓴다면 정말 좋겠지만 막상 써보면 매일매일 다이어리를 쓰고 꾸민다는 게 생각보다 어렵다는 걸 금방 알 수 있을 거예요. 오늘은 정말 다이어리가 쓰기 싫을 수도 있고 다른 일이 생겨 다이어리를 쓸 시간이 없는데 오늘도 다이어리를 써야 된다는 생각에 마음이 답답하다면 이제는 매일 다이어리를 써야 한다는 부담감을 떨쳐내세요. 그건 점점 나에게서 다이어리를 멀어지게 할 테니까요. 다이어리는 꼭 매일 쓰지 않아도 돼요. 나에게 특별한 날 또는 시간적으로 여유가 있어 다이어리 정리를 할 수 있는 날 그렇게 2~3일에 한 번도 좋고 일주일에 한 번도 좋아요. 부담없이 기록하는 자체를 즐기는 게 가장 중요하답니다.

손그림 & 손글씨로 꾸미기 좋은 다이어리 선택 요령

❶ 일러스트 다이어리보다는 심플 다이어리가 좋아요

일러스트 다이어리는 이미 페이지마다 다양한 그림이 들어가 있기 때문에 따로 꾸밀 필요가 없어요. 일러스트가 가득한 다이어리에 손그림을 그린다면 오히려 역효과가 나타나기도 해요. 반대로 심플 다이어리는 아무런 그림이 그려져 있지 않기 때문에 내 그림을 넣을 수 있어서 다이어리에 나만의 스타일을 불어넣고 싶은 사람들은 거의 심플다이어리를 사용하고 있답니다.

❷ 작은 다이어리는 피해주세요

손그림의 스타일도 다양하고 사이즈도 다르지만 일반적으로 작은 다이어리보다는 큰 다이어리가 좋아요. 작은 다이어리를 사용하면 글도 써야 하고 그림도 그려야 하기 때문에 작은 칸이 더 작게 느껴져요. 아무리 손그림을 작게 그려도 판매하고 있는 스티커보다 크기 때문에 너무 작은 다이어리를 선택한다면 글씨만으로도 벅찰 거예요. 요즘에는 나만의 손글씨 & 손그림으로 다이어리를 꾸미는 사람들이 많기 때문에 큰 사이즈의 다이어리도 많이 출시되고 있답니다.

❸ 컬러링을 하려면 속지의 두께도 중요해요

다이어리에 컬러링을 하게 되면 글씨 쓰는 펜과 다르게 색상이 진해서 뒷장이 쉽게 비쳐요. 스티커나 잡지를 오려 붙이는 것과는 다르게 뒷장에 큰 타격을 주기 때문에 다이어리 속지의 두께도 꼼꼼히 고민해보고 선택해야 돼요. 다이어리마다 종이의 재질은 다르기 때문에 조금만 자세히 본다면 어느 종이가 얇고 두꺼운지 알 수 있어요. 150g 이상으로 제작된 다이어리가 손그림 컬러링하기에 좋아요.

④ 꼼꼼히 봐야 하는 속지 레이아웃

심플 다이어리도 속지 레이아웃이 모두 다르다는 것 알고 있었나요? 가로로 된 레이아웃이 있고 세로형으로 된 레이아웃이 있어서 나에게 맞는 레이아웃을 선택한다면 더 효율적인 다이어리를 꾸밀 수 있어요. 포장이 되어 오프라인에서 확인이 어렵다면 온라인에서 먼저 속지를 확인하고 구입하는 게 좋아요. 어떻게 보면 '그렇게까지 해야 하나'라는 생각이 들겠지만 한 번 구입한 다이어리는 나와 1년을 함께하기 때문에 중요한 선택이랍니다.

⑤ 심플 다이어리 추천 대상!

- 나만의 스타일로 다이어리를 꾸미고 싶은 분
- 꾸미기에 자신 있는 분
- 깔끔하게 다이어리를 쓰고 싶은 분

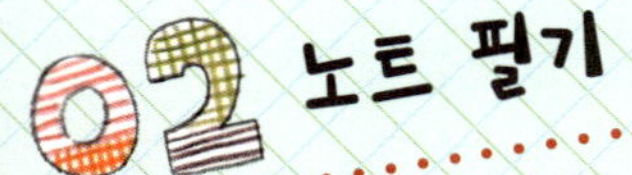

노트 필기

다이어리 블로그를 운영하고 있지만 노트 필기에 대해서도 심심찮게 문의가 와요. 이번 책에서는 그 동안 나름 베일에 싸여 있던 제 노트 필기 관련 이야기를 풀어놓을까 해요. 학생 때는 다이어리만큼 노트 필기에 관심이 많았어요. 노트 필기 하는 게 저와 잘 맞았기 때문에 노트 필기를 하면서 암기와 이해를 했답니다. 분명 노트 필기가 맞는 사람이 있고 아닌 사람이 있을 거예요. 하지만 저처럼 계획 세우는 것 좋아하고 쓰고 꾸미는 것을 재밌어 하는 사람이라면 대부분 노트 필기를 좋아할 것이라고 생각합니다. 무조건 예쁘게 노트 필기를 하는 게 아니라 좀더 효율적으로 노트 필기를 하고 포인트를 줄 수 있는 손글씨와 손그림을 보여드릴게요. 또 어떻게 해야 노트 필기를 잘 하고 잘 정리할 수 있는지도 함께 이야기할게요.

노트 필기와 손글씨 & 손그림이 어울릴까요? 많은 분들이 아니라고 생각할 것 같아요. 하지만 생각을 조금만 바꿔보면 실제로 노트 필기에는 다양한 손글씨 & 손그림이 들어간답니다. 먼저 각 단원의 큰제목과 작은제목은 일반 글씨보다 좀 더 눈에 잘 띄게 꾸밀 수 있어요. 단순하게 굵은 펜으로만 쓴다고 해도 그건 내가 좀 더 잘 알아볼 수 있게 손글씨를 활용하는 게 되는 거죠. 손글씨 & 손그림이라고 해서 거창하게 그림을 그리는 것이 아니라 이렇게 작은 부분 하나하나도 손글씨 & 손그림이 될 수 있다는 이야기랍니다. 그리고 의외로 많은 부분에 손그림이 들어가요. 예를 들면 사회과목의 지도나 수학의 그래프 및 도표, 그리고 과학도 중요한 실험 같은 그림은 노트에 그려야겠죠? 우리가 알게 모르게 그 동안 노트에 다양한 손그림을 그리고 있었답니다. 포인트가 되는 손글씨 & 손그림은 노트 필기할 때 중요한 부분이 어디인지 눈에 확 들어오게 도와주기도 하고 이해력을 높여주기도 해요. 손글씨 & 손그림을 노트에 잘 활용하면 공부에 정말 많은 도움을 줄 거예요.^^

❶ 가장 먼저! 노트 필기가 과연 나에게 도움이 될까 생각해보자

학생 때는 노트 필기를 하는 게 누구에게나 도움이 되는 줄 알았어요. 그래서 당연히 모두 노트를 쓰고 정리하면서 시험공부를 하는구나 생각했는데 제가 고등학교 2학년 때 짝꿍이 남자 애였어요. 그 아이는 반에서 1~2등을 하는 아이였는데 남학생이라서 그런지 틈만 나면 운동을 하는데 어떻게 반에서 1~2등을 할 수 있을까 생각하면서 주의 깊게 본 적이 있어요. 근데 그 친구는 특이하게 노트 필기를 전혀 안 하는 거예요. 중요한 게 있으면 책에다 바로 몇 자 적고 또 그냥 선생님이 하시는 말씀 듣다가 또 책에다 적고. 야간학습을 할 때도 노트정리를 하지 않고 그냥 책만 보고 있더라고요. 근데 공부는 상위권이에요. 자! 제가 무슨 말을 하고 싶은 건지 아시겠나요? 모든 사람에게 노트 필기가 최고의 공부방법이 될 순 없어요. 노트 필기 방법을 실천하기 전에 우선 자신의 공부 패턴을 잘 알고 있어야 해요. 그게 제일 첫 번째입니다 !!

❷ 노트에 사용할 색의 가짓수를 미리 정한다(최대 5개 이하가 좋다)

노트에 사용할 펜의 색상을 미리 정하고 각 펜마다 어떻게 사용할 것인지 생각해 보세요. 노트 필기할 때 많은 색상을 사용하면 눈이 피로하고 오히려 집중력이 떨어진답니다. 어디가 중요한지 잘 모르고 펜의 역할도 없어져요. 어떻게 펜을 정해야 할지 모르는 분들을 위해 제가 정한 방법을 알려드릴게요. 저는 노트 필기할 때 3가지의 펜을 사용합니다. 가장 많이 사용하는 검정, 빨강, 초록이에요. 기본 내용을 쓸 때는 눈이 피로하지 않게 당연히 검정색을 사용했어요. 공부를 하다가 중요한 부분은 빨간색으로 밑줄을 긋거나 글씨를 씁니다. 그리고 그 외의 필기는 모두 초록색을 사용했어요. 주로 부가설명이나 모르는 부분이라 나중에 다시 정리해야 될 때 주로 사용합니다. 그리고 시험기간에 꼭 외워야 할 부분은 형광펜을 사용했고요. 이렇게 자신이 정한 펜의 역할은 노트뿐만 아니라 스케줄러나 다이어리에도 같은 의미로 사용해도 좋습니다.

❸ 손그림의 사이즈는 내가 알아볼 수 있을 정도로만 작게 그린다

노트 필기할 때의 손글씨 & 손그림과 연습장에 그리는 손글씨 & 손그림은 많이 다릅니다. 손글씨 & 손그림의 목적이 다르기 때문에 노트 필기할 때는 그 목적에 맞게 손글씨 & 손그림을 사용하는 게 좋아요. 노트필기 손글씨 & 손그림의 가장 이상적인 크기는 자신이 알아볼 수 있을 정도입니다.

❹ 노트 필기는 그냥 받아 적는 것이 아니라 쓰면서 이해하고 외우는 것

노트 필기할 때 책에 있는 내용이나 수업시간에 필기한 내용을 그냥 그대로 쭉- 받아 적는 것보다는 쓰면서 이해하고 외우는 것이 중요합니다. 표를 그릴 때도 자신이 이해를 했는지 혹은 암기를 했는지 점검한다는 생각으로 노트 필기를 해보세요. 어디에 포인트를 줘야 좋을지 어디에 색상펜으로 강조를 해야 될지 전체적인 것이 조금씩 보일 거예요. ^^

⑤ 애정을 쏟은 만큼 소중해진다

다이어리가 자신이 애정을 쏟은 만큼 더 소중한 것처럼 노트 필기도 똑같습니다. 얼마만큼 열심히 노력했고 노트와 함께했는지 그 안을 들여다보면 알 수 있어요. 애정을 쏟는 만큼 노트 필기를 하는 데 집중을 하게 되고 내가 공부를 하는 데 즐거움이 생깁니다. 나만의 방식으로 내가 알아보기 쉬운 노트가 잘 정리된 노트라고 생각해요. 노트 필기를 하면서 '이렇게 표를 그리니 나와 잘 맞네? 옆에 부가설명으로 손그림을 그려주니 이해가 잘 되네!'라는 생각이 든다면 나에게 잘 맞는 노트 필기법이 될 수 있어요.

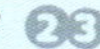

03 스케줄러 (=스터디플래너, 플래너)

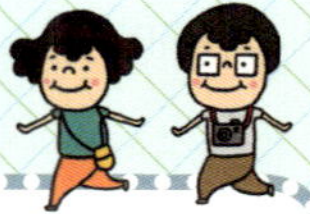

스케줄러는 시간, 계획을 좀 더 철저하게 관리하는 사람들이 사용하는 다이어리예요. 그렇기 때문에 스케줄러를 사용하는 사람들 대부분은 꾸미는 것보다는 계획을 잘 세우고 관리하는 데 더 관심이 많은 편입니다. 많은 사람들이 이렇게 글씨로만 꽉! 꽉! 채워진 스케줄러를 많이 접하다 보니 스케줄러나 플래너는 손글씨 & 손그림으로 꾸미지 않는 게 당연하다고 생각하고 있어요. 또는 스케줄러를 꾸미고 싶은데 어떻게 꾸며야 될지 모르겠다는 이야기도 종종 하시더라고요.

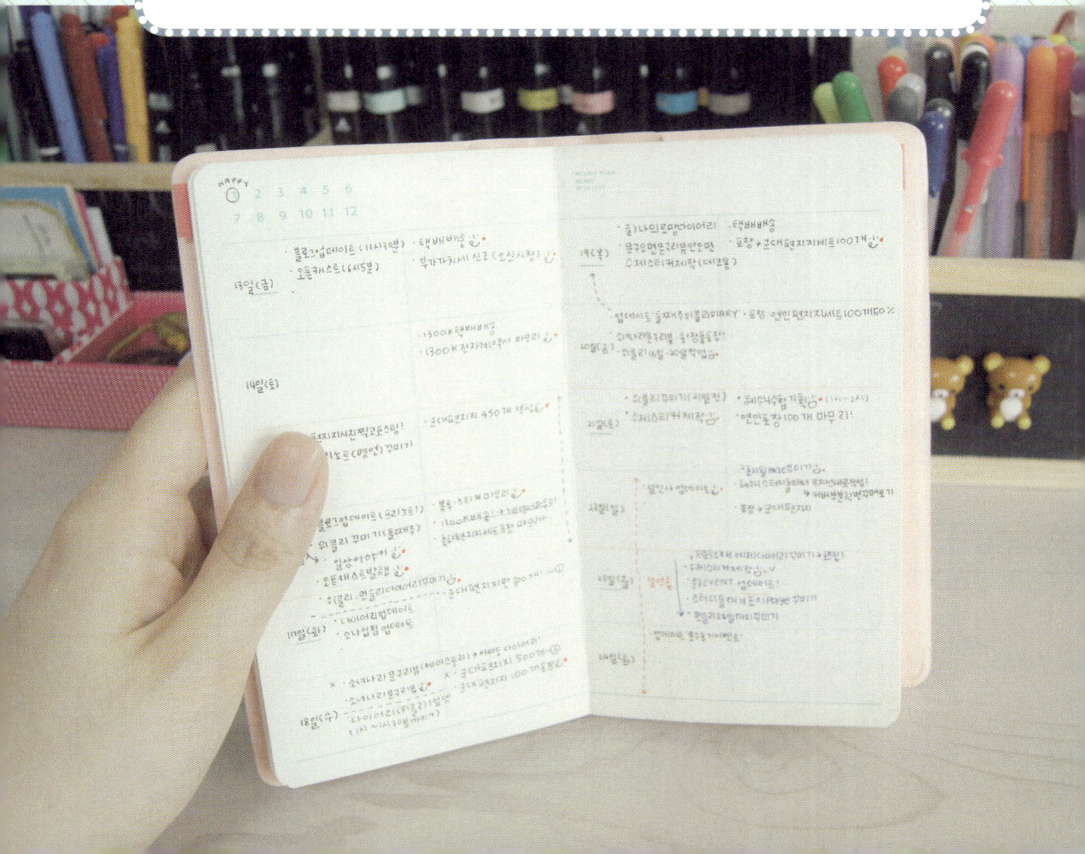

스케줄러는 사이즈가 다양하기도 하고 디자인의 영역도 넓습니다. 그렇기에 자신이 사용하는 스케줄러의 패턴을 잘 이해하고 구입하는 게 중요합니다. 작은 스케줄러를 구입했다면 손글씨 & 손그림으로 꾸미기가 힘들겠죠? 그렇기에 자신이 예쁘게 꾸미면서 시간관리를 하고 싶다면 사이즈가 넉넉한 스케줄러를 구입하는 게 좋습니다. 스케줄러도 손글씨 & 손그림으로 예쁘게 꾸미면서 관리를 할 수 있습니다. 하지만 주 목적이 시간관리, 계획을 점검하는 용도이기 때문에 주 목적을 잊지 않는 선에서 예쁘게 활용하는 것이 가장 좋은 방법입니다.

❶ 어떻게 스케줄러를 사용할 것인지 미리 생각하고 구입한다

스케줄러는 사이즈와 스타일이 다양하기 때문에 자신이 어떻게 스케줄러를 활용할 것인지 미리 생각하고 그에 맞는 스케줄러를 선택하면 중간에 다른 스케줄러로 갈아탈 일이 줄어들어요. 스케줄러를 조금이라도 꾸미고 싶다면 작은 사이즈의 스케줄러보다는 손글씨 & 손그림이 들어갈 만큼 공간이 있는 스케줄러를 선택하세요.

❷ 주로 사용하는 손그림이나 손글씨를 정해두면 편하다

계획을 다 완료했을 때 공통적으로 그리는 손글씨 & 손그림이라든가 '오늘은 쉬는 날'처럼 주기적으로 빈 공간에 그려넣는 손글씨 & 손그림 또는 시험 디데이를 표시하는 손그림 등 자신의 스케줄러에 자주 사용되는 손그림을 정해두면 스케줄러를 쓰는 데 재미가 붙어 더 능률적으로 스케줄러를 쓸 수 있어요.

❸ 색상은 다양하지 않게 사용하는 것이 좋다

스케줄러도 노트 필기와 마찬가지로 펜의 색상을 다양하게 사용하는 것보다는 최대 5개 이하로 사용하는 게 좋아요. 색상이 많으면 집중력이 떨어지고 무엇이 중요한지 잘 확인이 안 되기 때문에 꼭 필요한 색상 몇 가지를 어떻게 사용할지 정하고 나중에 봤을 때도 한 눈에 알 수 있도록 쓰는 것이 좋답니다.

④ 스케줄러의 본래 목적인 시간 계획을 잊지 않도록 한다

스케줄러는 꾸미는 게 목적이 아닌 시간 계획과 관리가 주 목적이기에 스케줄러의 주 목적을 잊어버리고 꾸미기에 치중하면 절대 안 돼요. 처음 스케줄러를 구입하고 나는 예쁘게 써야지~ 하면서 매일 밤 스케줄러를 잡고 있다면! 정말 큰일납니다. 스케줄러를 처음 사용하거나 스케줄러가 익숙하지 않은 분들에게 주로 나타나는 현상이에요. 그럴 때는 먼저 계획을 세우고 빈 공간이나 자신이 정해둔 손글씨 & 손그림을 추가하는 식으로 꾸며나가는 게 스케줄러를 알차게 쓰는 데 도움이 될 거예요.

⑤ 공부에 관련된 명언이나 좋은 글귀를 적어두면 좋다

스케줄러의 빈 공간이 있다면 공부에 대한 명언이나 글귀를 쓰면 좋아요. 저도 다이어리나 스케줄러의 빈 공간에는 주로 저에게 감명을 준 글들을 적어놓는데 스케줄러를 정리할 때마다 읽으면 순간순간 힘이 난답니다. 명언뿐만 아니라 자신이 이루고 싶은 꿈에 대한 것도 좋고 좌우명을 적어도 좋아요! 빈 공간을 나에게 활력을 주는 공간으로 꾸며주면 스케줄러가 내 꿈과 연결되어 보이면서 더 소중해질 거예요.

다이어리와 스케줄러의 차이점

지금까지 스케줄러와 다이어리의 이름이 왜 다른지 생각해본 적 있으세요? 제가 10년 이상 다이어리를 쓰면서 생각해보니 다이어리와 스케줄러는 목적부터 다른 것 같아요. 다이어리는 일기를 쓰면서 자신을 돌아볼 수 있도록 도와주는 역할을 한다면 스케줄러는 미래를 위해 오늘 어떻게 시간을 보내야 하는지 계획을 할 수 있도록 도와주는 역할을 한답니다.

많은 분들이 다이어리와 스케줄러를 구분하지 않고 다이어리에 일기를 쓰고 시간을 관리하고 계획을 세우는데 그러면 '먼슬리에는 무슨 내용을 써야 할까? 위클리에는 뭘 쓰지?'라는 물음이 갑자기 생길 거예요 만약 그렇다면 제 이야기를 잘 듣고 실행해보세요. 먼저! 다이어리를 일기 쓰는 용도로 사용할 것인지, 계획을 세우는 용도로 사용할 것인지 고민해볼 필요가 있어요. 꼭 하나로 용도를 정해야 하는 건 아니지만 일기를 쓸 것인지, 계획을 세울 것인지 정하면 다이어리를 쓰는 내내 헷갈릴 일이 없어요. 어느 칸에는 일기를 쓰다가 또 어느 칸에는 오늘 할 일을 적어두고 매일 그렇게 뒤죽박죽 쓰다 보면 점점 다이어리를 손에서 놓게 될 거예요. 만약 하나의 다이어리에 일기와 계획 두 가지 모두 적고 싶다면 먼슬리와 위클리를 나눠서 사용하세요.

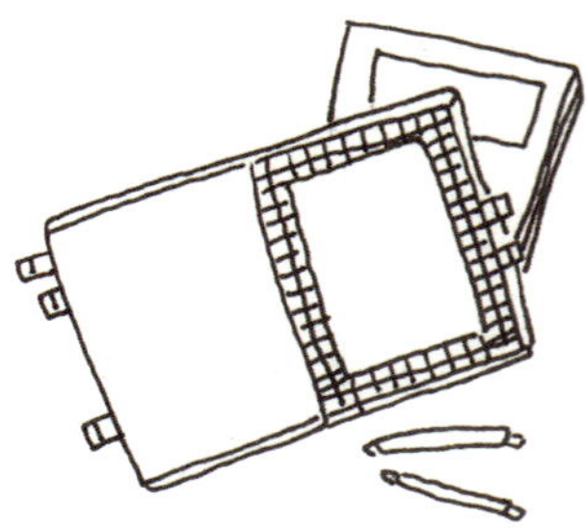

| 어떻게 쓰는 것이 좋을까? |

다이어리와 스케줄러의 기능, 하나로 통합하는 게 좋다?

한 마디로 말하면 YES!!! 다이어리의 일기 기능과 스케줄러의 계획·시간관리 기능을 하나로 통합하면 관리하기 쉽고 편하게 쓸 수 있어요. 다이어리 하나 쓸 시간도 없는데 두 개, 세 개를 관리하기는 생각보다 훨씬 힘들어요. 헤수니처럼 블로그에 다이어리를 보여줘야 하는 특수상황이 아닌 한두 가지 기능을 하나에 통합하는 걸 추천해요. 저도 다이어리를 처음 쓸 때에는 다이어리에 일기+계획을 모두 적었어요. 일을 하게 되고 다이어리에 적을 게 많아지면서 일기 기능이 점점 없어지는 걸 느끼고 다이어리와 스케줄러를 따로 적고 있지만 대학교 졸업할 때까지 다이어리와 스케줄러를 하나로 사용했어요. 다이어리에는 먼슬리와 위클리 두 가지 페이지가 있으니 이 두 공간을 잘 활용해서 계획과 일기 두 가지 모두 잡으시길! 만약 한 가지 기능만 사용하고 싶다면 그렇게 해도 상관은 없어요. 자신에게 맞는 기능을 선택하고 나에게 맞춰가는 게 중요해요. :)

블로그 기획연재에서는 스케줄러와 다이어리의 기능을 통합하는 게 좋다고 했는데 그 이유는 다이어리를 한 개 관리하기도 힘든데 두 개를 관리하다 보면 지칠 수 있기 때문이에요. 그렇기에 먼슬리와 위클리 두 공간에 다이어리의 기능과 스케줄러의 기능을 함께 사용하는 것을 추천해드렸어요.

다이어리 기능은 위클리에 스케줄러 기능은 먼슬리에!

플래너에 중점을 둔다면 다이어리의 먼슬리, 위클리 모두 시간, 계획 위주로 작성하는 게 좋아요. 그런데 만약 다이어리에 일기와 계획을 모두 쓰고 싶다면 먼슬리에는 스케줄러의 시간, 계획관리 위주로 작성하세요. 그날그날 해야 할 일들을 목록별로 적어놓고 체크하면 돼요. 그리고 위클리에는 하루 있었던 일들을 일기형식으로 쭉 써간다면 두 가지 기능을 모두 사용할 수 있을 거예요.

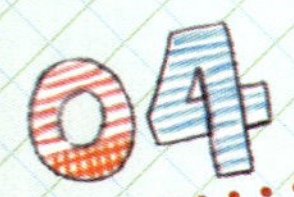

04 포스트잇 (= 메모지)

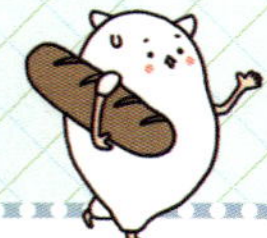

포스트잇도 다이어리처럼 다양한 이야기를 적을 수 있는 제품이기 때문에 다이어리를 사용하는 분들은 포스트잇도 즐겨 사용할 것이라고 생각합니다. 또는 포스트잇만 사용하는 사람들도 있을 거예요. 작은 종이지만 어떻게 사용하느냐에 따라 포스트잇의 활용도가 높아집니다.

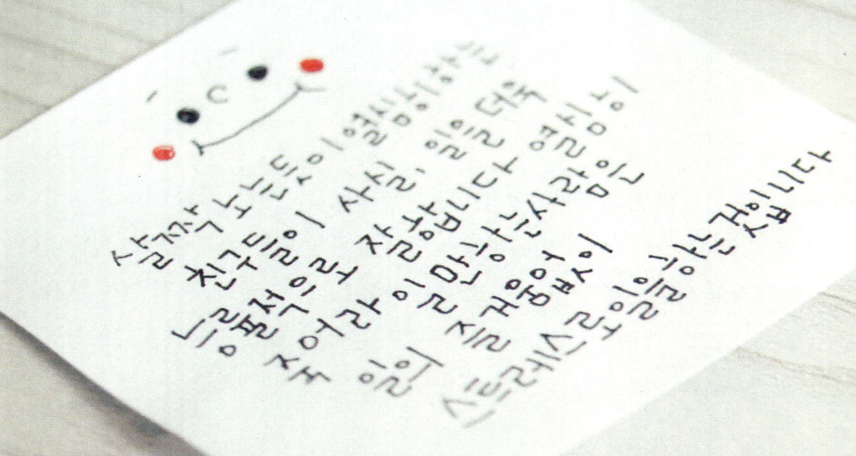

저는 다양한 방법으로 포스트잇을 즐겨 사용하고 있어요. 다이어리에 일기를 쓰면서 예쁘게 꾸며줄 때 포스트잇의 다양한 색상을 이용해 포인트를 주기도 하고 스케줄러를 관리할 때 좋은 글귀나 꼭 해야 될 일들을 포스트잇에 따로 정리해 오늘 날짜에 붙여두기도 합니다. 또 모니터 옆에 급히 처리해야 할 일의 목록을 적어놓고 체크하기도 하고요. 책상 한쪽 벽면에 다양하게 포스트잇을 꾸며 붙여 인테리어 효과도 내고 있어요. 이렇게 포스트잇은 우리 일상의 정말 많은 곳에 쓰인답니다. 그 동안 포스트잇에 글씨만 쭉- 나열했다면 손글씨 & 손그림으로 보기 좋은 포스트잇을 만들어보세요. 포스트잇에 글귀나 명언이 예쁘게 적혀 있으면 매일매일 보고 싶어질 거예요. 예쁜 포스트잇은 벽면에 가득 붙여놓는 것만으로도 기분이 좋아지고 읽을 때마다 나에게 힘을 주는 존재가 됩니다.

❶ 쓰임에 따른 포스트잇의 선택

포스트잇은 사이즈가 다양해서 자신이 어떻게 사용할지 생각해보고 구입하는 게 기본이에요. 다이어리나 책 중간중간에 인덱스로 사용하려면 작고 기다란 포스트잇을 선택하고 어느 정도 길이가 있는 글을 쓰려면 사이즈가 있는 포스트잇을 선택하는 게 좋겠죠?

❷ 꾸미기 좋은 포스트잇은 흰색

손글씨 & 손그림으로 꾸미기 가장 좋은 포스트잇은 흰색 포스트잇이에요. 그리고 일러스트가 그려진 포스트잇보다는 무지로 된 포스트잇이 좋습니다.

❸ 색상별로 적어야 할 주제를 정해놓으면 좋다

만약 노랑, 연두, 분홍, 하늘 등 다양한 색상의 포스트잇을 구입했다면 색상별로 무엇을 적어야 할지 정해놓는 것도 도움이 됩니다. 예를 들면 노란색에는 나에게 힘을 주는 명언을 적어놓고 분홍색에는 오늘 해야 할 일을 적어놓고 연두색에는 공부하다 노트에 붙일 부가설명을 적어놓는 거예요. 이렇게 계속 같은 주제를 같은 색상의 포스트잇에 적어놓으면 나중에 헷갈리지 않고 바로 원하는 내용을 찾을 수 있습니다. 또 뭘 적을까라는 고민이 없어지기 때문에 시간관리에도 도움이 되고요.^^

④ 포스트잇의 접착력도 신경쓰자

포스트잇의 접착력이 약하면 포스트잇을 사용하는 내내 신경 쓰일 거예요. 붙였는데 떨어지고 또 붙였는데 계속 떨어지면 그대로 휴지통에 들어갈 수도 있어요. 이렇게 불필요한 데 힘쓰는 것을 덜기 위해서는 처음부터 접착력이 좋은 포스트잇을 구입하는 것이 좋습니다. 개인적으로 저는 다양한 포스트잇을 구입하는 편인데 포스트잇으로 가장 유명한 3M 포스트잇도 사용하고 있고 디자인문구회사에서 제작하는 일러스트가 예쁜 포스트잇도 종종 구입하는 편입니다. 예전에는 일러스트로 된 포스트잇이 정말 접착력이 없었는데 요즘은 많이 개선되었더라고요. 하지만 제 생각에는 아직도 3M 포스트잇이 가장 접착력이 좋은 것 같아요.

⑤ 자주 읽어볼 수 있도록 간단하게 작성한다

포스트잇을 긴 글로 가득 채웠다면 나중에 다시 그 글을 정독할 확률이 얼마나 될까요? 포스트잇에 쓰인 긴 글은 어느 정도 공부를 해야겠다는 마음을 먹고 들여다봐야 눈에 들어올 겁니다. 노트 필기나 다이어리에 내용을 정리하는 용도가 아닌 벽에 붙여놓거나 계획을 세울 때 쓰는 포스트잇은 지나가면서 또는 다른 일을 하면서 슬쩍- 보고 생각과 마음을 정리할 수 있도록 짧고 강하게 중점단어 위주로 써내려가는 게 좋습니다. 책이나 노트에 부가설명이나 예제를 적는 포스트잇은 그 목적이 다르기 때문에 긴 내용을 적을 수도 있습니다.^^

포스트잇 꾸미기

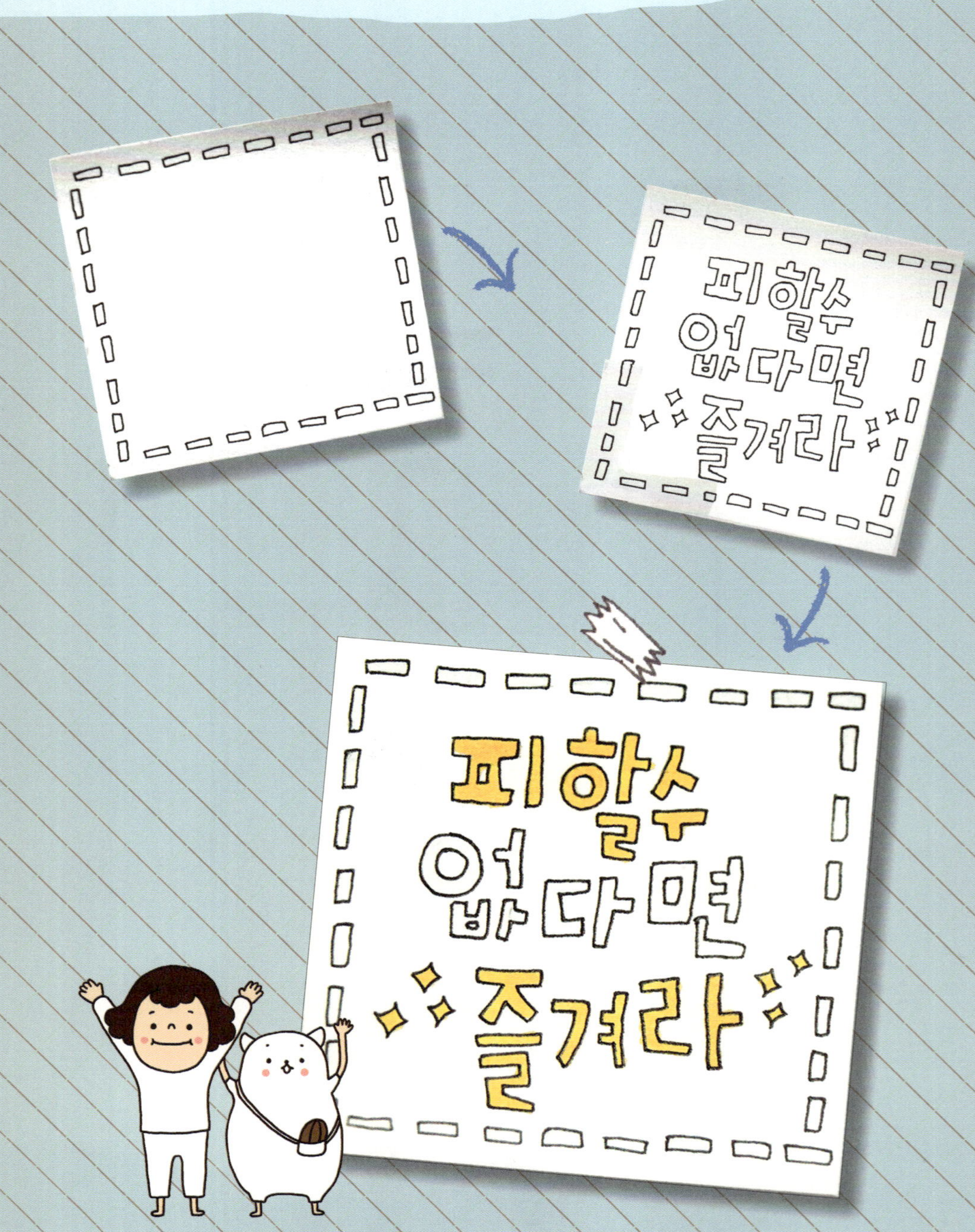
피할수
없다면
즐겨라

피할수
없다면
즐겨라

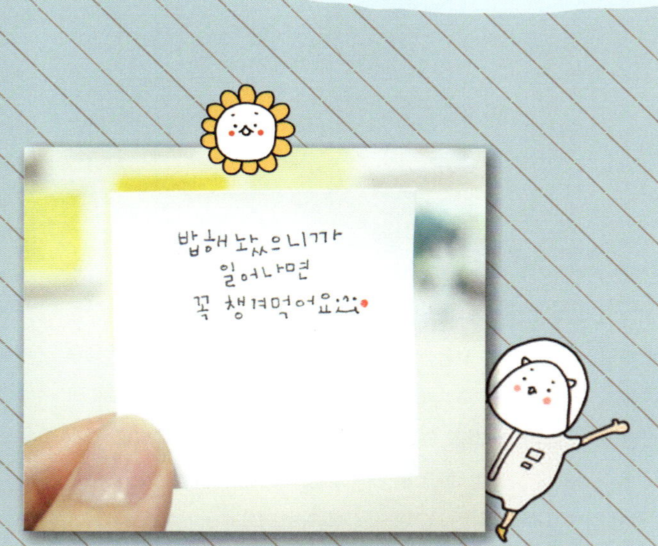
밥해놨으니까
일어나면
꼭 챙겨먹어요^^

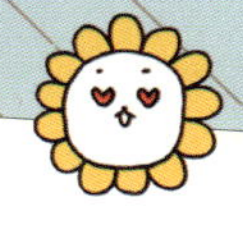

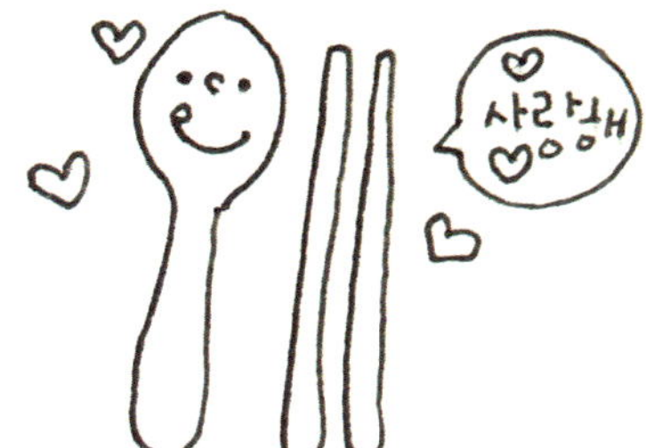
밥해놨으니까
일어나면
꼭 챙겨먹어요^^
사랑해

 스크랩북

스크랩북은 사용하는 목적에 맞게 다양하게 표현이 돼요. 영화를 보거나 여행을 다녀왔을 때 가져온 티켓을 붙여 티켓스크랩북으로 사용할 수 있고 영수증을 모아두었다가 가계부처럼 스크랩북을 만들 수도 있답니다. 그리고 사진이 취미라면 자신이 찍은 사진을 모아두어도 좋고요. 패션에 관심이 많다면 잡지를 오려 붙여 자신만의 패션 스크랩북을 완성할 수도 있습니다. 이렇게 다양하게 응용할 수 있는 게 스크랩북만의 장점이에요! 스크랩북을 어떻게 사용할지 먼저 정하고 그에 맞는 크기와 스타일의 스크랩북을 선택합니다.

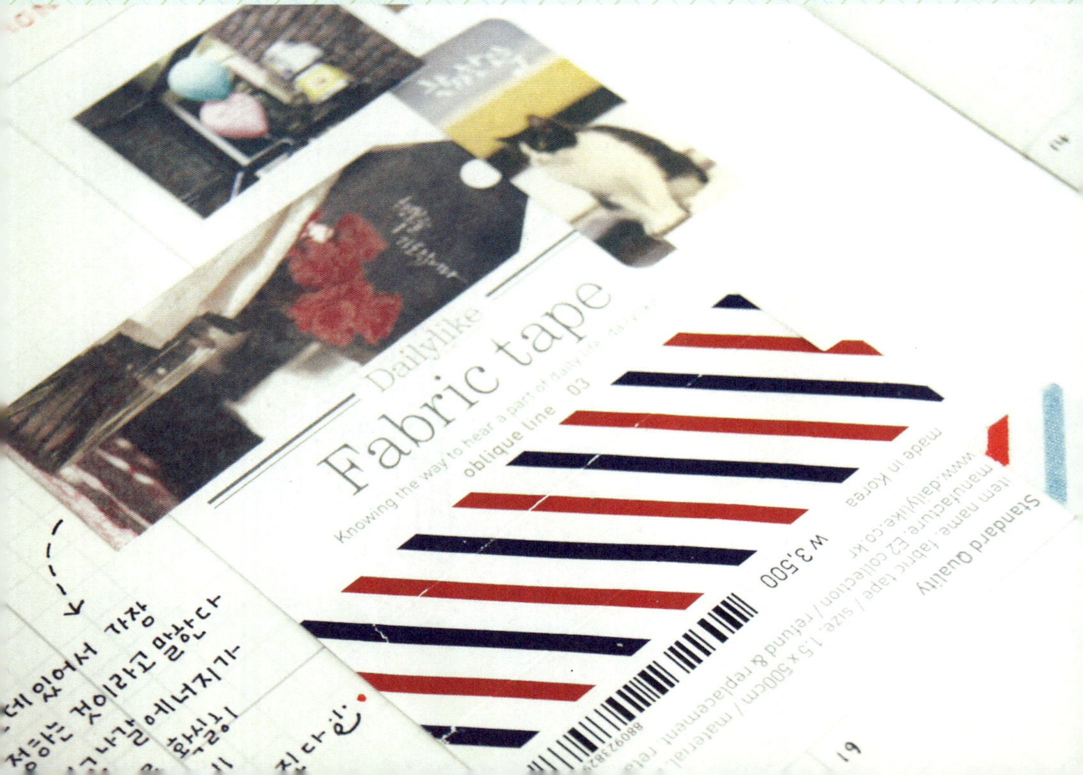

스크랩북은 다이어리랑 성향이 비슷하기 때문에 같은 맥락으로 생각하는 게 꾸미기 편해요. 다이어리에도 티켓이나 영수증 또는 잡지에서 오린 사진을 붙이는데 스크랩북은 그 부분만 따로 모아놓은 것이라 생각하면 돼요. 손글씨 & 손그림으로 스크랩북을 꾸밀 때 중요한 점은 손글씨 & 손그림과 얼마나 잘 어울리게 배치를 하고 꾸몄는지랍니다. 열심히 꾸민 티켓과 손그림이 전혀 어울리지 않다면 손그림을 그린 게 의미가 없겠죠?

❶ 어떻게 스크랩북을 쓸지 주제를 정하자

스크랩북은 다양한 주제로 사용할 수 있어요. 그렇기 때문에 어떻게 사용할지 주제를 정해놓고 시작하면 스크랩북을 쓰는 데 큰 도움이 될 거예요.

❷ 스크랩북에 붙여야 할 게 많다면 스프링노트가 좋다

여행을 다녀오거나 그 동안 모은 영수증이 쌓여 스크랩북에 붙여야 할 게 많다면 스프링노트의 스크랩북을 선택하세요. 스크랩북의 왼쪽페이지에 영수증을 붙이고 오른쪽페이지에 글을 쓰면 영수증으로 인해 올록볼록한 부분을 최대한 줄여 글씨쓰기가 수월해진답니다.

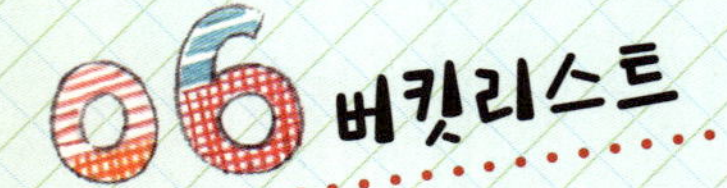 버킷리스트

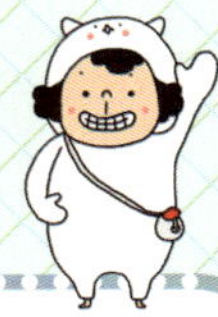

요즘 유행하는 버킷리스트를 손글씨 & 손그림을 이용해 만들어볼게요. 버킷리스트는 죽기 전에 꼭 해야 할 일이나 하고 싶은 일들에 대한 리스트랍니다. 나의 꿈과 관련된 손그림으로 꾸민 버킷리스트는 적당한 긴장감을 주기 때문에 더 좋은 결과를 얻을 수 있을 거예요.

◆ 버킷리스트 만들기

❶ 종이에 세로로 긴 직사각형을 그려주세요.

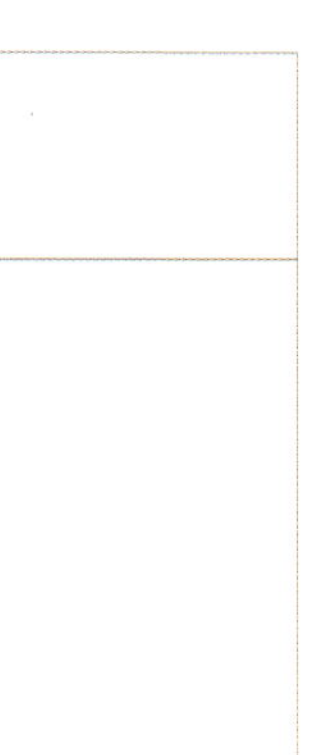

❷ 위에서 5cm 떨어진 곳에 가로로 선을 긋습니다. 윗부분은 손그림을 그릴 부분이고 아래는 버킷리스트를 작성할 공간이에요.

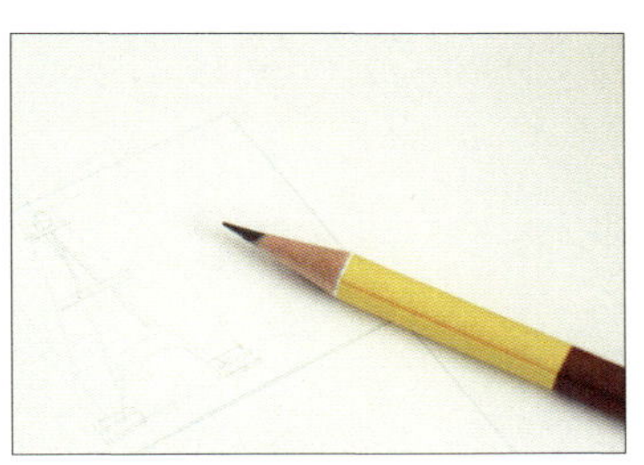

❸ 위의 작은 사각형에 자신의 꿈과 관련된 특별한 손그림을 그려줍니다. 저는 목표 중에 하나인 프랑스 파리 여행을 항상 기억하기 위해 파리의 에펠탑을 그려볼 게요.

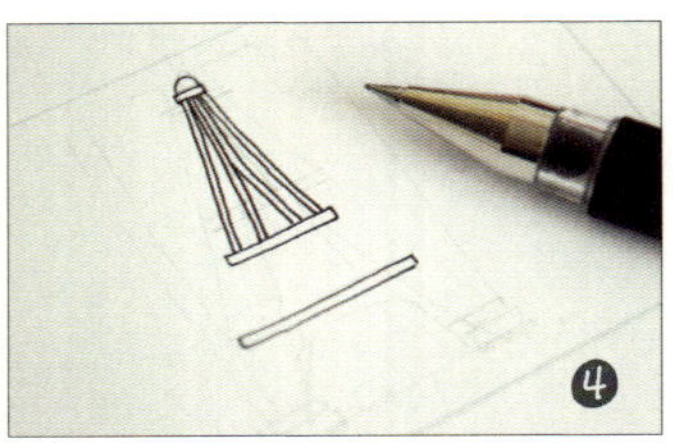 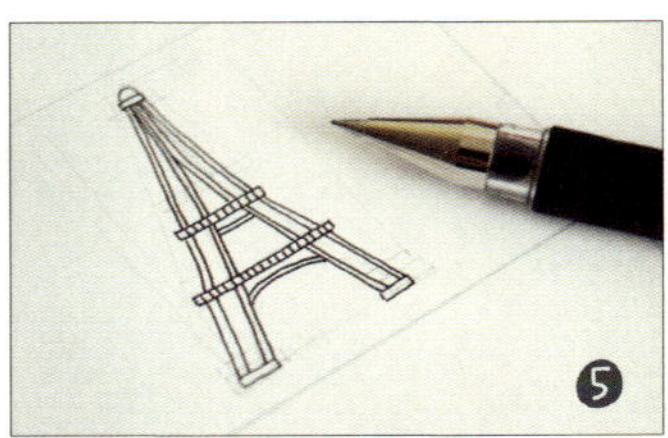 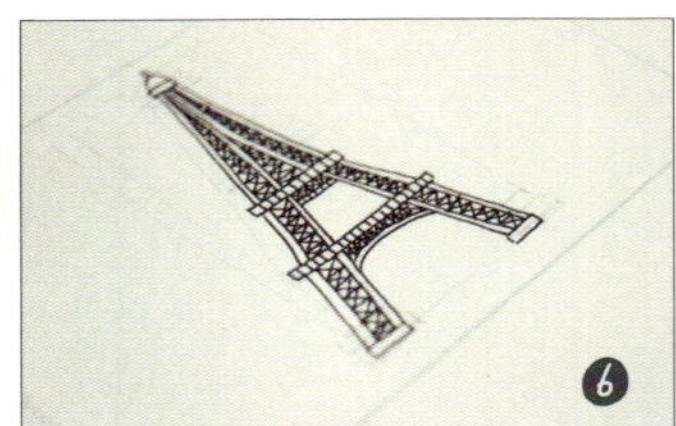

④⑤⑥ 에펠탑을 그리는 과정입니다.

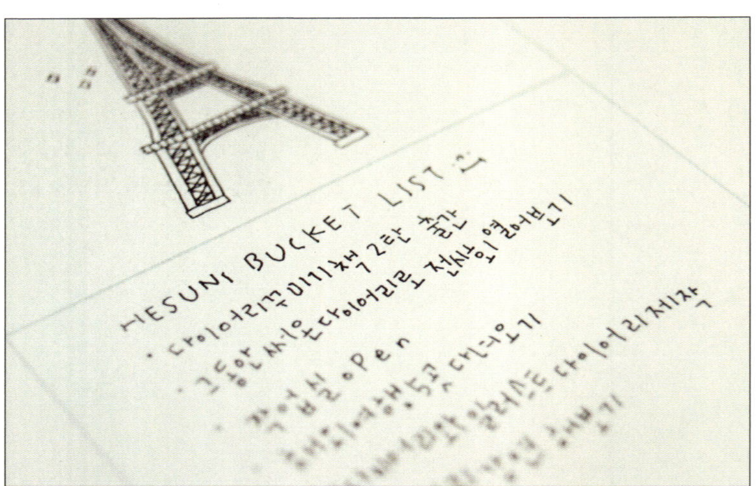

❼ 원하는 에펠탑을 다 그렸으면 리스트 작성할 곳을 꾸며주는데 그냥 두어도 되고 체
크무늬를 넣어도 예쁩니다. 리스트를 적을 때는 확인이 잘 되도록 앞쪽에 점을 찍
고 써줍니다.

07 생활계획표

누구나 한번쯤은 생활계획표를 만들어봤을 것 같아요. 저 역시도 학생 때는 방학전용 생활계획표를 만들고 개학하고 학교생활을 시작할 때는 학교생활에 맞는 생활계획표를 만들어 사용했어요. 사회생활을 하고 있는 지금도 사회생활에 맞게 생활계획표를 만들어 사용중인데 이렇게 오랜 시간 나의 시간을 관리해주는 고마운 생활계획표를 손글씨 & 손그림을 이용해 만들어볼게요!

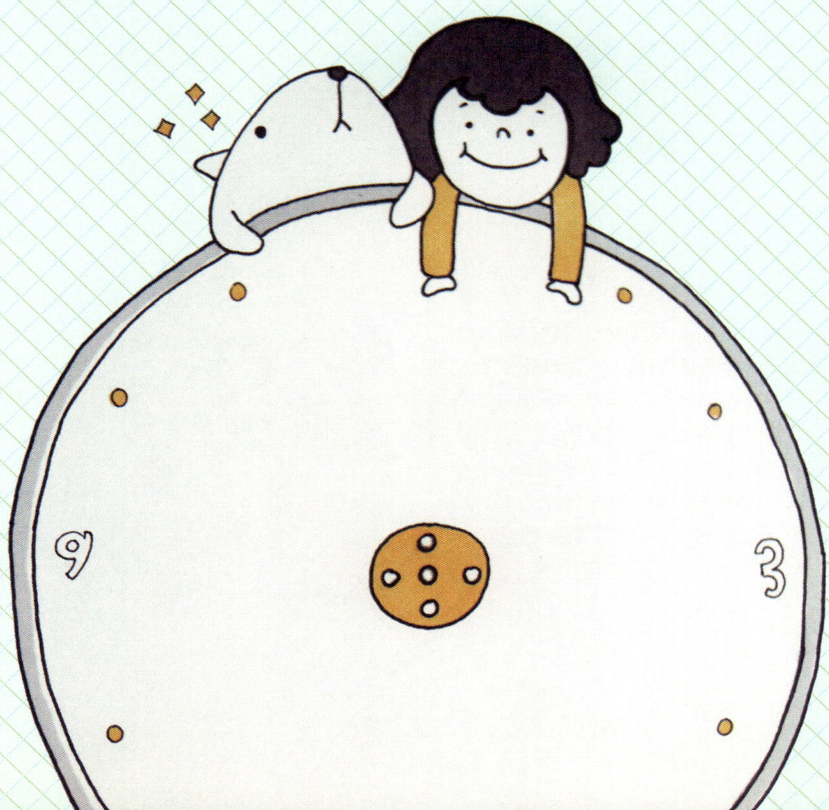

◆ 생활계획표 만들기

01 생활계획표를 본격적으로 만들기 전에 먼저 자신의 생각을 연필로 살짝 스케치합니다.

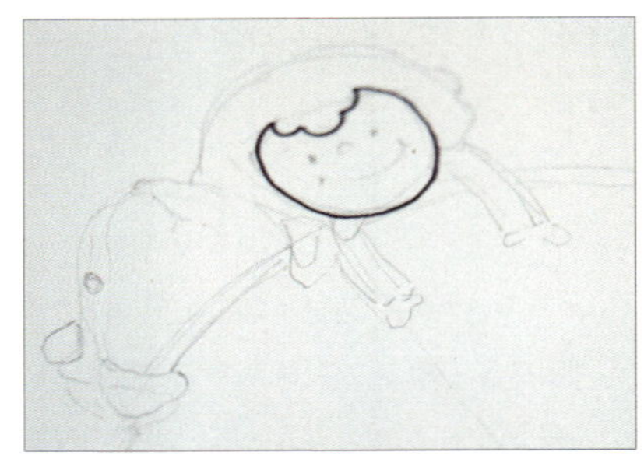

02 동그라미 위에 귀여운 햄스터와 헤수니 캐릭터를 그릴 거예요. 먼저 전체적인 모습을 그립니다. 그릴때는 세부적인 것보다는 큰 형태를 먼저 완성시키고 조금씩 세세한 부분을 그리면서 완성해나가요. 동그라미는 햄스터가 좋아하는 쳇바퀴로 표현을 했어요.

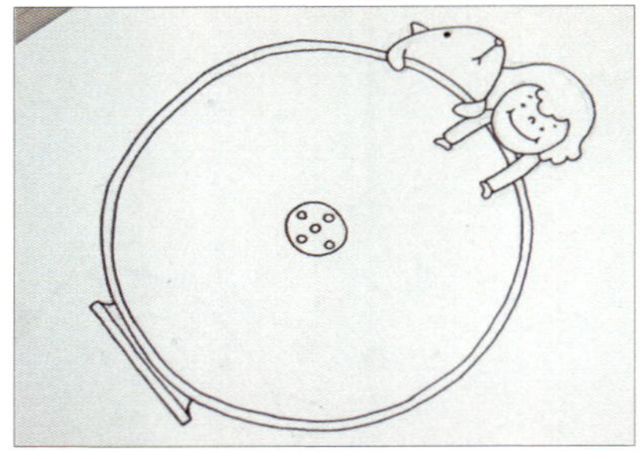

03 쳇바퀴 모습을 더 자세히 표현하기 위해 동그라미 아래에 받침대를 그려줍니다. 쳇바퀴는 분위기만 내고 너무 자세하게 그리지 않습니다. 주객전도 현상은 금물입니다. 귀여움을 표현하기 위해 주 컬러를 노란색으로 사용했어요. 동그라미 안을 칸으로 나누고 자신의 하루 계획을 적어서 완성합니다!

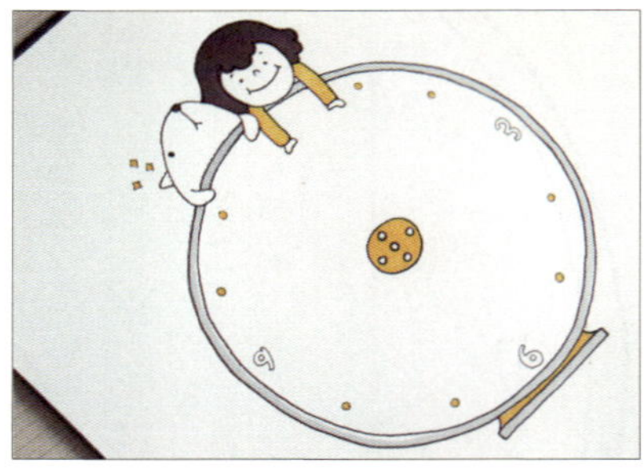

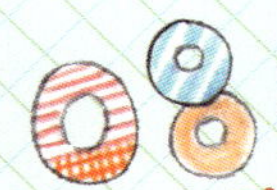 선물포장

선물포장을 할 때에도 손글씨 & 손그림을 이용할 수 있어요. 간단한 opp봉투 포장에서부터 직접 상자를 만드는 방법까지 다양하게 활용이 가능하답니다. 늘 똑같은 방법으로 포장을 해서 선물했었다면 손글씨 & 손그림을 사용해 나만의 방법으로 포장해서 선물해보세요. 선물을 받는 사람만큼 주는 사람도 더 행복할 거예요~ ^^

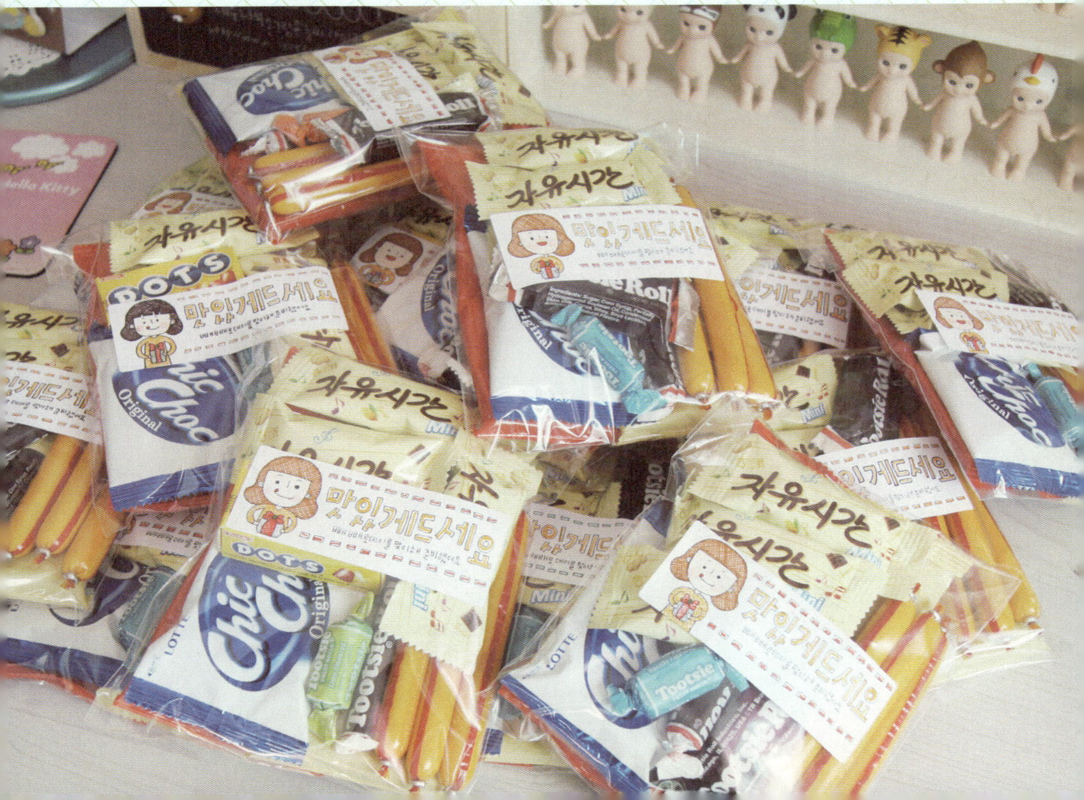

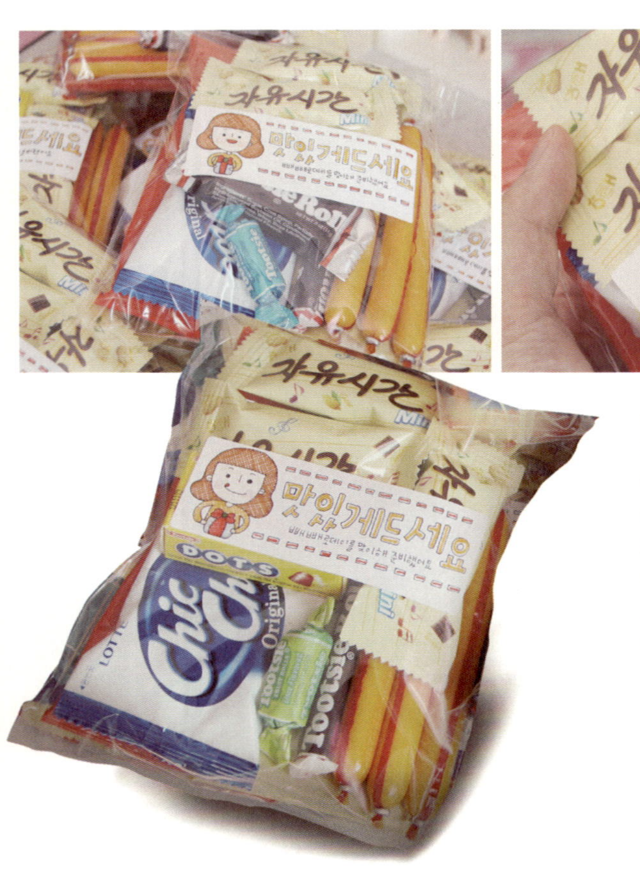

손글씨 & 손그림을 이용해 선물포장을 해보았어요. opp봉투에 맛있는 먹거리를 넣고 그 위에 라벨지에 직접 손그림을 그려 opp봉투에 붙입니다. 간단한 포장법인데 정말 예쁘죠? 과자뿐만 아니라 다양한 제품을 귀엽게 포장할 수 있어요. 손그림 옆에는 간단한 편지도 적어보세요.

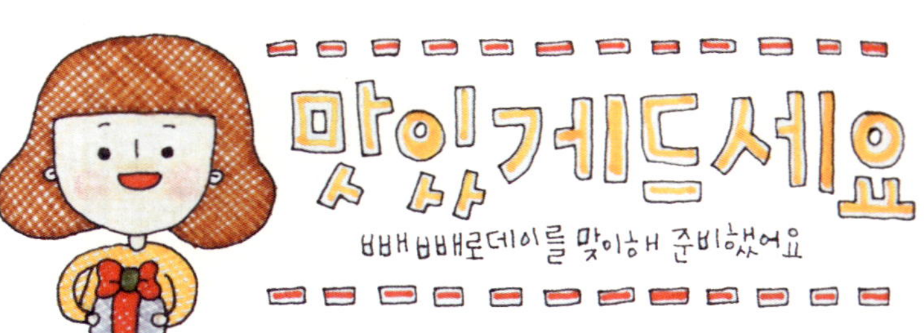

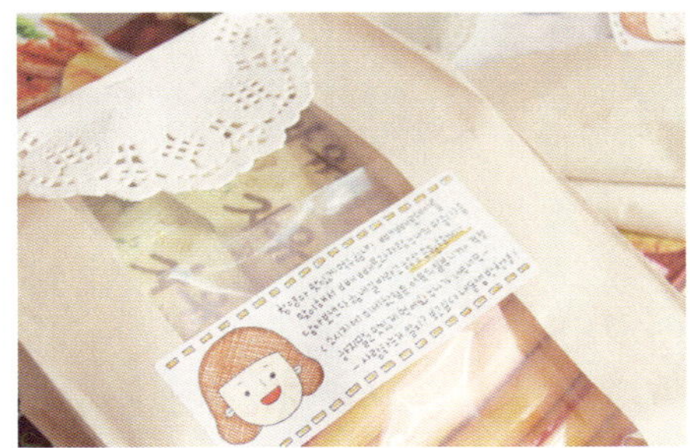

꼭 opp봉투가 아니어도 됩니다. 주위에 있는 다양한 봉투를 응용해보세요.

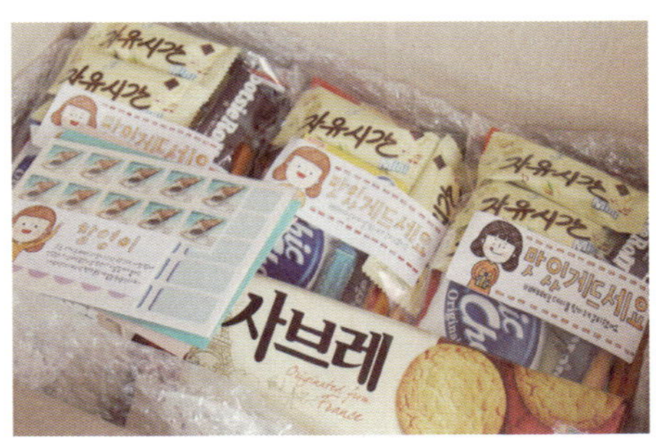

이렇게 차곡차곡 넣어서 열심히 나라를 지키고 있는 동생에게 전달하기 위해 군대로 보냈어요. 하나하나 그리고 만드는 정성과 노력. 시간이 필요하지만 그만큼 동생의 어깨가 쓰윽- 올라갔으면 좋겠네요.^^

같은 방법을 조금 응용하여 화장품을 포장해보았어요. 마찬가지로 opp봉투에 화장품을 넣고 테이프로 입구 부분을 단단히 막습니다. 그 위에 직접 손글씨 & 손그림으로 꾸민 라벨지를 붙이면 완성!

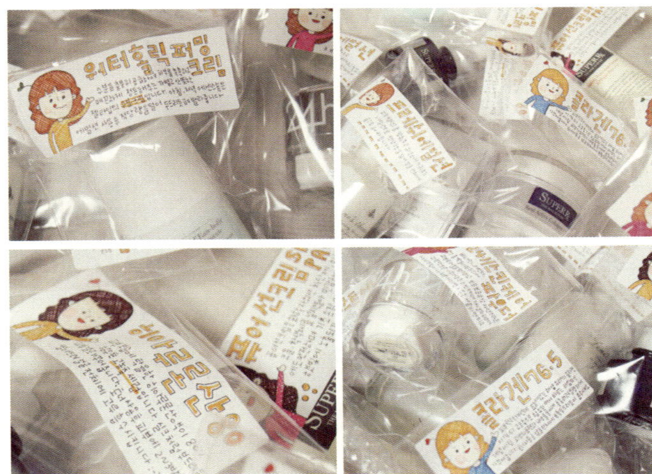

09 스티커

다이어리를 꾸며본 사람이라면 수제스티커를 한 번쯤 접해봤을 거예요. 저 역시도 처음 다이어리를 시작할 때 '이게 뭐지?'로 시작해서 수제스티커를 직접 만들어 보기도 했고 현재는 많은 사람들과 수제스티커를 공유하고 있어요. 수제스티커는 시중에서 판매하고 있는 일반 스티커처럼 내가 직접 작은 그림들을 다양하게 그려 스티커를 만드는 거예요. 직접 만드는 스티커라고 해서 '수제스티커'라고 불린답니다. 수제스티커는 A4용지에 그려도 좋지만 스티커 종이라고 하는 '라벨지'에 그리거나 프린트하면 실제 스티커처럼 바로 뒷부분을 제거하고 붙일 수 있어요. 내가 그린 그림을 스티커로 활용할 수 있으니 나만의 다이어리나 노트를 꾸밀 때 정말 좋겠죠?

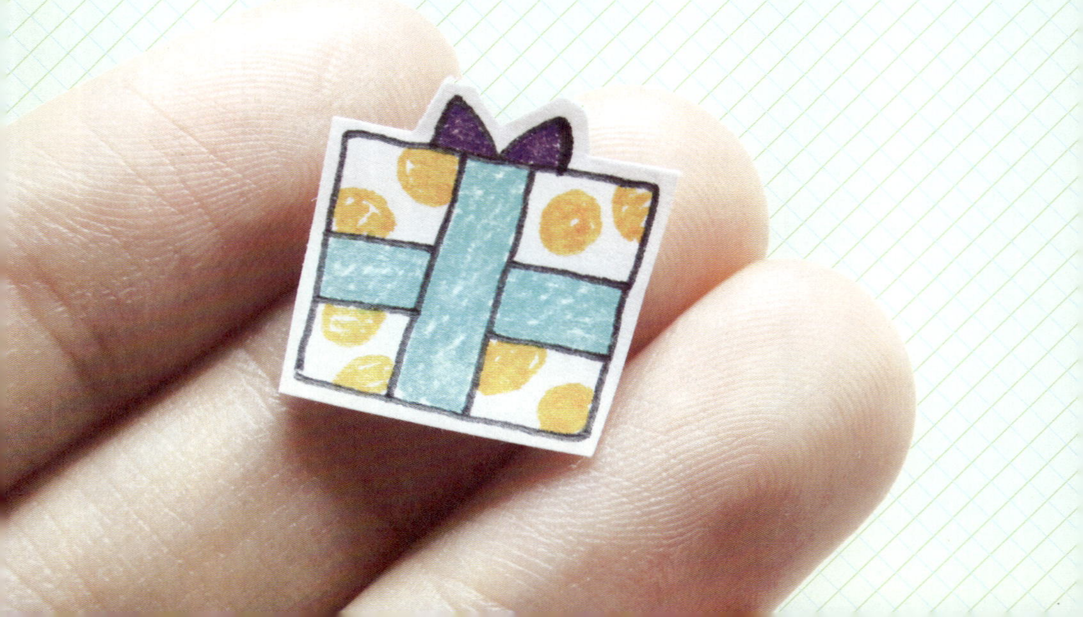

◆ 수제스티커 알아두면 좋아요

내가 사용하는 노트에 따라 수제스티커 사이즈도 달라져요

수제스티커를 만들기 전에 내가 사용하고 있는 다이어리 및 노트 사이즈를 확인하는 것이 중요합니다. 수제스티커를 만든다고 A4용지에 크게 그림을 그려서 컬러링까지 마쳤는데 다이어리에 붙이려니 수제스티커 하나 붙이고 난 뒤 자리가 없을 수도 있어요. 만약 그렇다면 지금까지 열심히 그린 수제스티커를 사용하기 어렵겠죠? 내 다이어리가 작다면 수제스티커도 다이어리 칸에 맞춰 작게 그려주세요. 그래야 꾸미기도 편하고 나중에 볼 때 수제스티커로 꾸민 부분이 자연스럽게 느껴진답니다.

수제스티커를 만드는 종이를 알아보자

앞에서도 잠깐 언급했듯 수제스티커를 만드는 종이는 다양해요. 그 중 가장 대표적인 게 A4용지랑 라벨지인데 처음 수제스티커를 접한 분들은 라벨지가 생소할 거예요. 스티커를 만드는 가장 쉬운 방법은 A4용지에 그림을 그리거나 프린트해 풀로 붙여 스티커로 사용하면 됩니다. 그 다음 방법이 라벨지에 만드는 것입니다. 그런데 수제스티커용 라벨지를 구입하려고 문구점에 가면 정말 많은 종류의 라벨지를 보고 헉! 하실 수도 있어요. 라벨지는 A4용지처럼 통으로 된 것도 있고 작은 사각형으로 이루어진 것도 있으니 잘 확인해보는 것이 중요해요. 라벨지는 알파문구나 교보문고에서 구입이 가능합니다.

◆ 손그림으로 수제스티커 만들기!

다이어리꾸미기 블로그를 운영하면서 가장 많은 질문을 받았던 수제스티커 만들기를 자세히 알려드릴게요! 수제스티커를 만드는 방법은 다양하지만 가장 기본적으로 두 가지가 있어요. 종이에 직접 손그림을 그리는 방법과 컴퓨터로 그려 프린트하는 방법이에요. 방법에 따라 다른 스타일의 수제스티커를 만들 수 있어요. 자신이 원하는 스타일을 좀 더 잘 보여줄 수 있는 방법을 선택해 나만의 수제스티커를 제작해보세요.^^

◆ 종이에 직접 손그림을 그리는 방법

준비물 : 라벨지, 볼펜, 컬러링을 할 수 있는 펜(색연필 or 라이브컬러 or 마커)

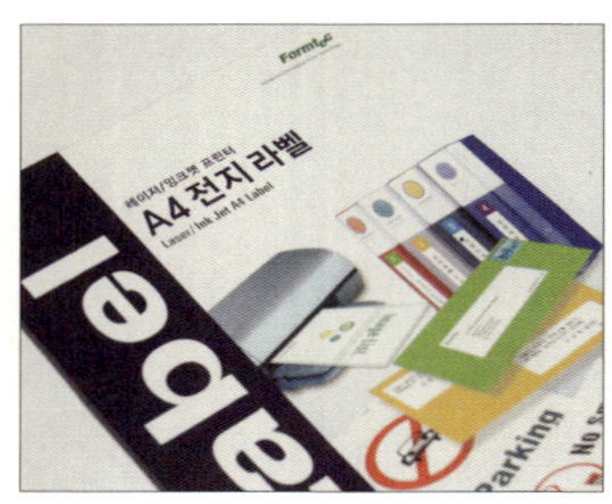

❶ 먼저 스티커로 바로 사용할 수 있는 라벨지를 준비합니다.

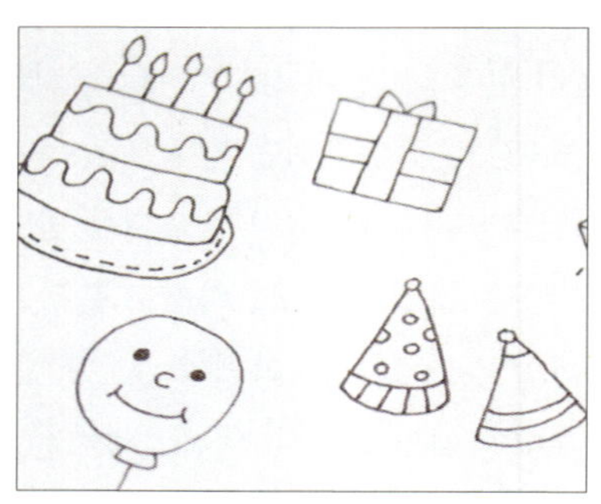

❷ 펜으로 라벨지에 원하는 손그림을 그립니다.

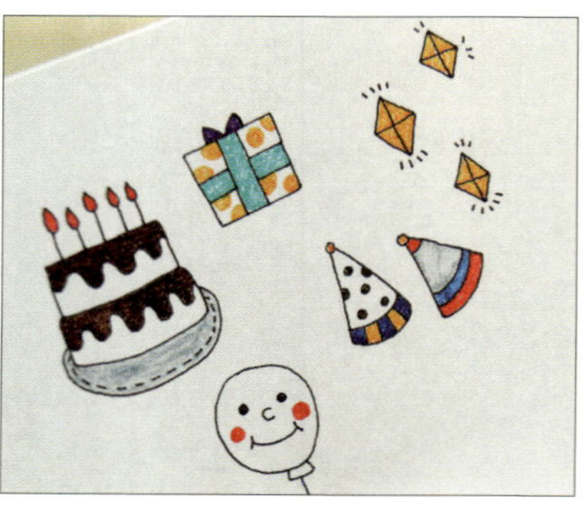

❸ 5분 정도 후 펜이 완전히 마르면 컬러링 펜으로 색을 입혀주세요.

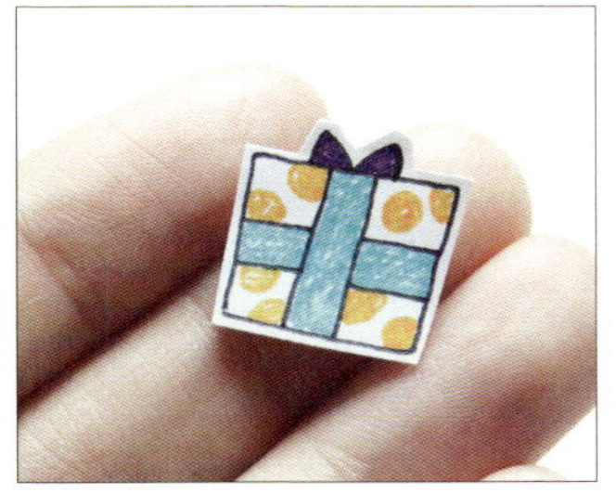

❹ 손그림에 맞춰 가위로 슥- 슥- 오려주세요. 이 때 손그림의 검정 펜 라인에 딱 맞춰 자르는 것보다는 1~3mm 정도 여유를 두고 자르면 더 예뻐요.

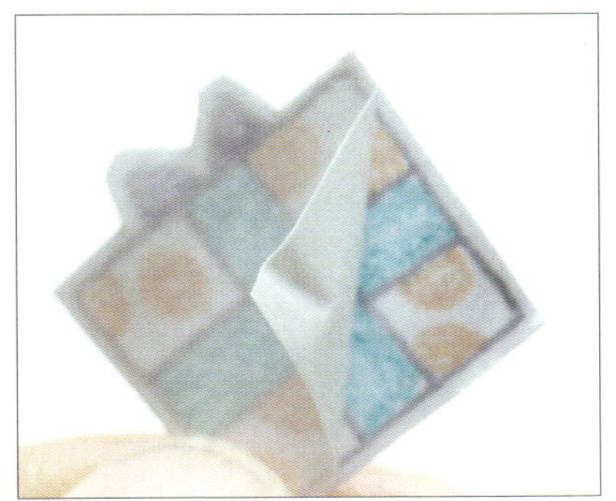

❺ 짜잔! 요렇게 라벨지 뒷부분을 뗍니다.

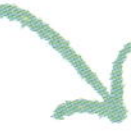

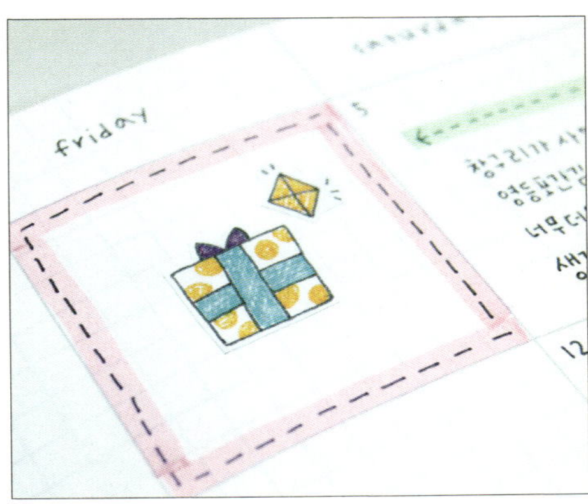

❻ 다이어리에 붙이면 손 느낌이 가득 나는 나만의 수제스티커가 완성됩니다.

◆ 컴퓨터로 그리는 방법

준비물 : 포토샵(or일러스트), 라벨지

❶ 종이에 원하는 손그림을 그려 스캔해주세요. 이때 스캐너가 있어야 컴퓨터로 그림을 옮길 수 있어요.

❷ 포토샵에서 그림을 불러옵니다.

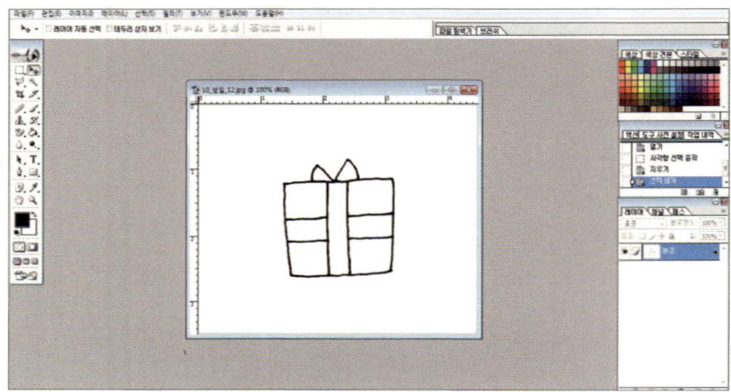

❸ 편집 – 조정 – 자동레벨을 눌러 그림을 좀 더 선명하게 해주세요.

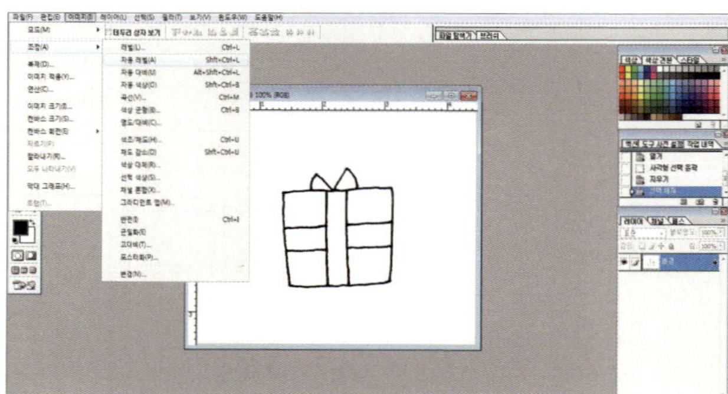

❹ 이미지 — 조정 — 곡선을 선택합니다.

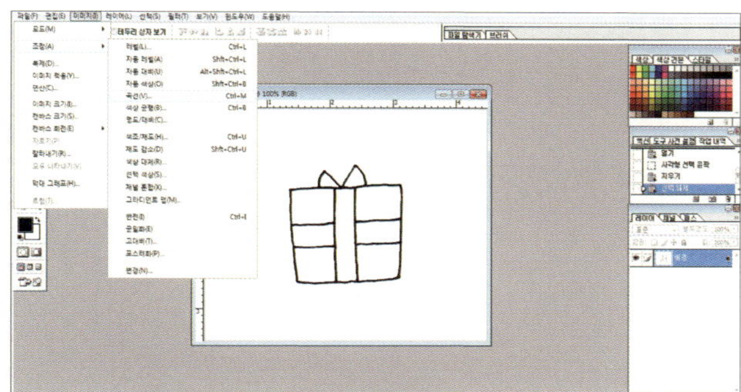

❺ 곡선을 위 사진처럼 설정해주면 손그림 주위의 연한 선들이 좀 더 정리되고 손그림을 더 선명하게 만들 수 있어요.

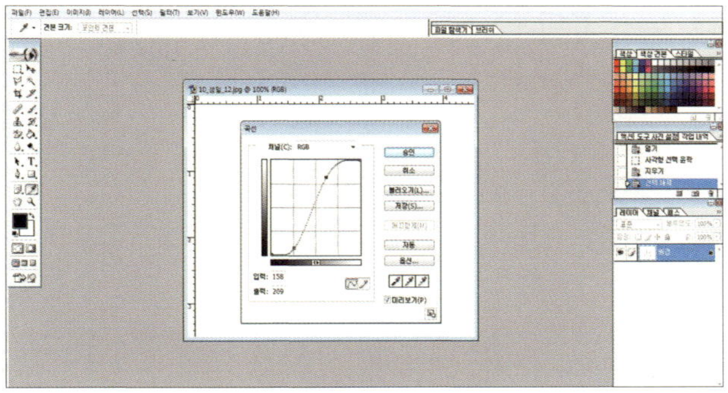

❻ 오른쪽 레이어에 있는 그림을 두 번 클릭해서 새 레이어 창이 뜨면 승인을 누릅니다.

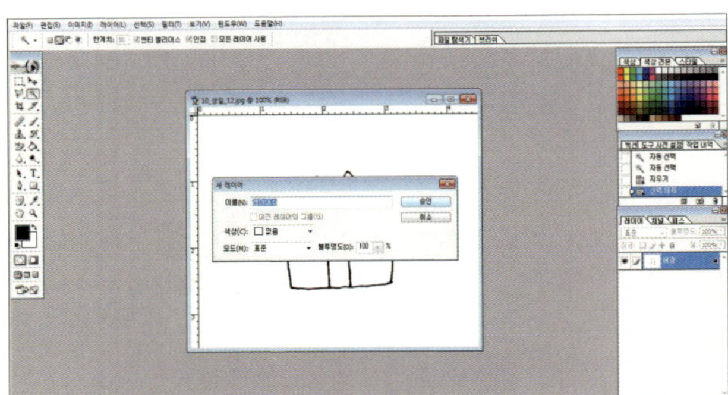

❼ 마술봉 툴로 흰 부분을 클릭해 지워줍니다.

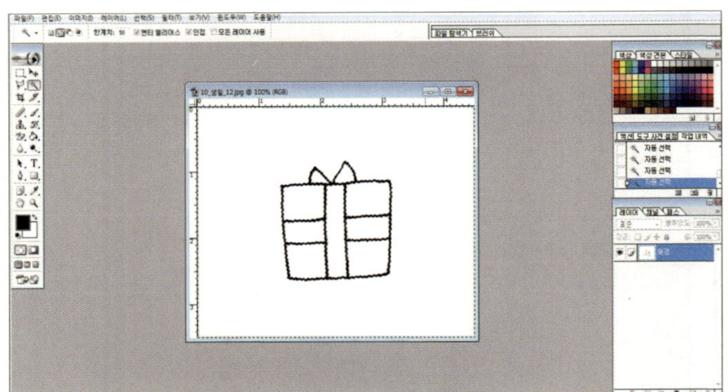

❽ 흰 부분을 지우면 이렇게 체크무늬가 나타나요.

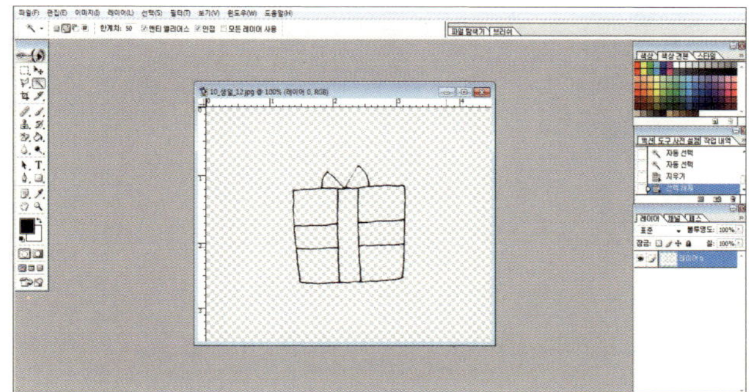

❾ 마술봉툴로 원하는 부분을 선택해 색을 입힙니다.

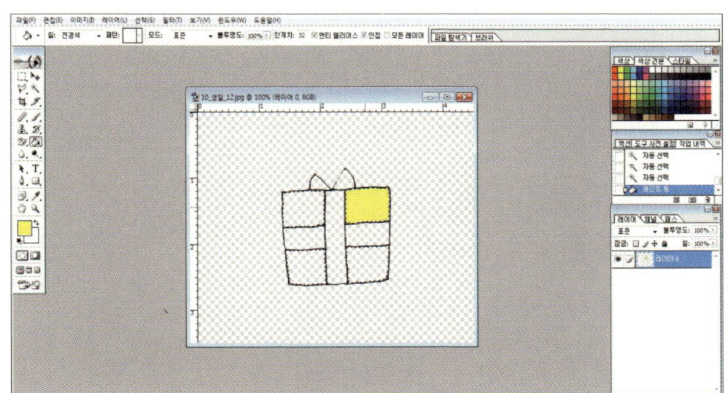

❿ 색을 입히고 라벨지에 프린트하면 깔끔한 수제스티커를 만들 수 있습니다.

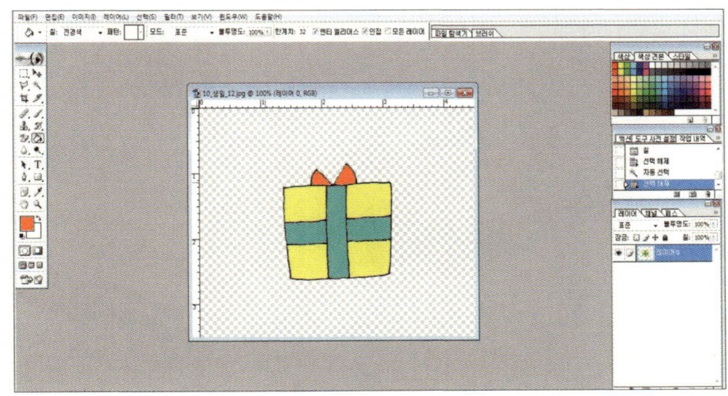

헤수니가 추천하는 손글씨 & 손그림 펜

사라사클립

사라사펜은 '줄줄 또는 술술 써내려간다'라는 뜻을 가지고 있는 펜이에요.
보통 꾸미기 펜으로 클립펜은 뚜껑펜보다 인기가 없는데 사라사클립은 디자인뿐
만 아니라 필기할 때 라바그립으로 인해 손에 무리를 주지 않고 심도 뾰족해서 참
좋아요. 잉크양은 넘치거나 적지 않은 딱 적당한 잉크양이 일정한 간격으로 잘 나
오고 잉크 끊김현상이 없어요. 다이어리꾸미기에도 좋지만 노트필기에도 참 좋은
펜입니다. 굵기는 0.3부터 1.0까지 다양하고 클립펜과 멀티펜뿐만 아니라 뚜껑이
있는 사라사스틱도 있어요.

> 헤수니가 사용하는 심 굵기 : 0.4
>
> 추천대상 : 글씨를 쓸 때 손에 피로감을 많이 느끼는 분
>
>   선명한 잉크의 글씨를 원하는 분
>
>   유성펜을 좋아하는데 펜 심은 중성펜을 원하는 분

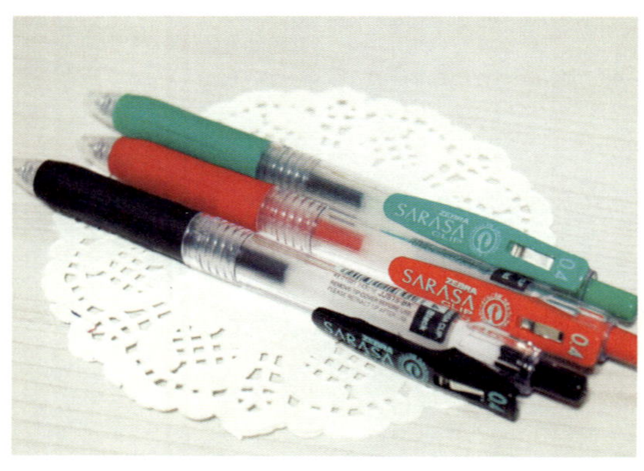

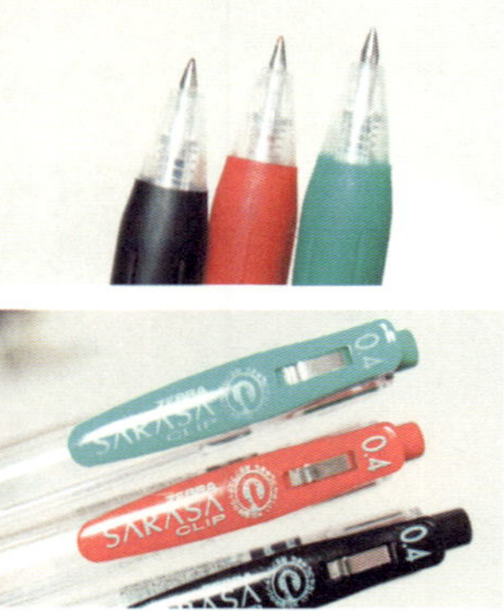

하이테크-C

얇고 가는 글씨를 쓸 때는 하이테크가 좋아요. 하이테크 펜의 심은 0.25, 0.3, 0.4, 0.5 총 4가지가 있고 0.3과 0.4가 다양한 색상으로 출시되었어요. 같은 굵기를 사용해도 하이테크펜을 사용했을 때 글씨가 더 얇은 느낌이 들어요. 펜의 촉이 얇기 때문에 글씨를 쓰면 전체적으로 깨끗해 보이는 경향이 있습니다. 글씨가 작은 분들은 촉이 두꺼우면 글씨가 뭉쳐 보이기 때문에 하이테크의 얇은 심으로 필기를 하는 게 도움이 돼요. 하지만 하이테크는 값이 비싸고 촉이 약해 쉽게 구부러지는 단점이 있으니 조심해서 사용해야 합니다.

> 혜수니가 사용하는 심 굵기 : 0.3
>
> 추천대상 : 얇은 글씨를 원하는 분, 깨끗한 필기를 하고 싶은 분
>
> 　　　　글씨가 작은 분

하이퍼 젤

다른 꾸미기 펜에 비해 잉크양이 많은 펜에 속해요. 아직 꾸미기 펜으로 알려진 펜은 아니지만 하이퍼 젤은 특징이 분명하기 때문에 잘 어울리는 글씨체가 있어요. 내수성이 뛰어난 수성안료로 만든 젤 잉크로 발색력이 뛰어나요. 또박또박한 글씨체인데 가는 글씨가 싫으신 분들은 하이퍼 젤 펜을 사용해보세요. 아기자기 귀여우면서도 예쁜 글씨를 쓸 수 있답니다.

> 혜수니가 사용하는 심 굵기 : 0.5 or 0.7
>
> 추천대상 : 잉크가 선명한 글씨를 원하는 분
>
> 　　　　글씨체가 귀여운 분
>
> 　　　　두꺼운 잉크를 원하는 분

시그노

긴 글을 쓸 때는 시그노로 자주 쓰는데 깔끔해 보이기 때문이기도 하지만 글씨를 쓸 때 사각사각하는 느낌이 좋은 펜이에요. 얇은 촉의 시그노로 쓴 글씨는 전체적으로 깔끔해 보이고 깨끗한 느낌을 가지고 있어요. 단점은 펜 잉크가 다른 펜보다 빨리 닳아 글씨 양이 많은 분들은 생각보다 자주 바꿔야 돼요.

혜수니가 사용하는 심 굵기 : 0.28
추천대상 : 글씨 쓸 때 '사각사각' 느낌을 좋아하는 분
얇은 촉에 부드러운 필기감을 원하는 분
그립감이 좋은 펜을 원하는 분

겔리롤 0.4

겔리롤은 전체적으로 심이 두꺼워서 다이어리꾸미기 포인트 펜으로 유명한데 글씨쓰기에 좋은 버전인 0.4도 있어요. 겔리롤인데 얼마나 얇겠어라고 생각하시는 분도 있을 거예요. 하지만 정말! 그동안 포인트펜으로 쓴 굵은 겔리롤과 차이가 크답니다! 겔리롤 0.4는 글씨 쓰기에 딱 좋은 굵기예요. 다이어리꾸미기 펜뿐만 아니라 필기용으로도 추천해요. 발색력도 좋고 겔리롤 시리즈만의 부드러운 느낌을 그대로 느낄 수 있답니다. 현재는 빨강, 파랑, 검정색의 기본 색상만 출시되었어요.

혜수니가 사용하는 심 굵기 : 0.4
추천대상 : 부드러운 필기감을 원하는 분
얇고 선명한 펜을 원하는 분
볼펜 촉이 뾰족하면서 튼튼한 펜을 원하는 분

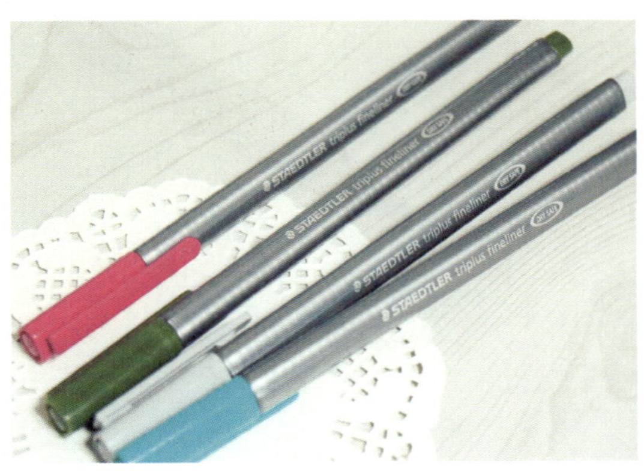

헤수니가 추천하는 손그림 컬러링 펜

라이브컬러

1.2mm와 0.4mm의 두가지 촉이 하나의 펜 양쪽에 있어서 두 가지 굵기를 사용할 수 있는 데코펜이에요. 발색력이 좋아서 꾸미기 데코펜으로 활용하기 좋아요. 종이 재질에 따라 비침 정도는 다른데 일반 사인펜보다는 비침이 약해요. 다이어리나 노트에 사인펜 느낌의 컬러링을 하고 싶다면 수성펜인 라이브컬러를 추천해요.

파인라이너

라이브컬러보다 얇은 0.3mm의 선 굵기를 표현할 수 있는 데코펜이에요. 인체공학적 삼각 바디가 오랜 시간 필기할 때 오는 피로감을 최소화해줘요. 굵은 글씨 쓸 때나 포인트글씨 쓸 때 손그림 컬러링할 때 사용하면 좋아요. 잉크가 줄줄 흐르는 펜이 아닌 드라이세이프 방식으로 며칠 뚜껑을 열어놓아도 마르지 않고 색상이 선명하고 얇기 때문에 섬세하게 꾸밀 수 있는 게 장점이랍니다.

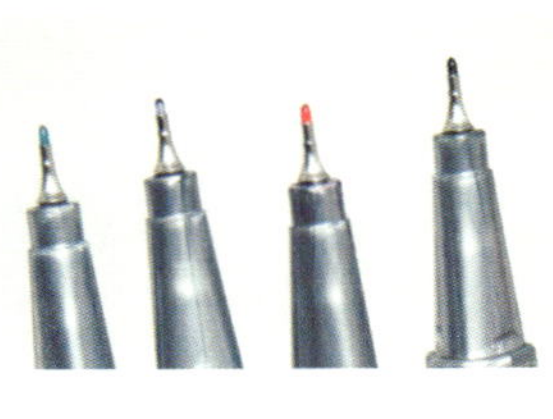

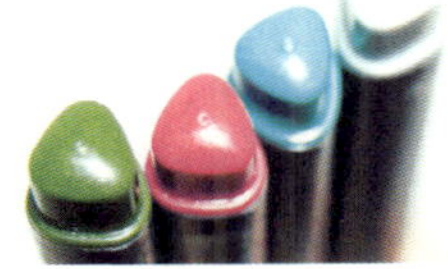

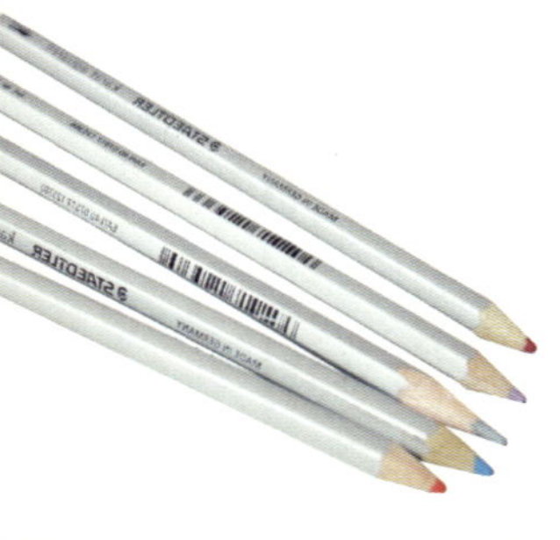

색연필

색연필은 뚜렷한 특징을 가진 꾸미기 데코 펜 중에 하나예요. 힘을 얼마나 주고 사용하였나에 따라 색연필이 표현하는 분위기가 많이 달라져요. 힘을 덜 주면 부드러운 느낌이 나고, 강하게 주면 거친 느낌이 나기도 해요. 또한 힘을 세게 주었다가 약하게 주면 그라데이션 효과가 되는데 이런 효과는 꾸미기 손그림 컬러링을 할 때 유용하게 사용되는 방법이랍니다.

마커펜

색연필보다 선명한 컬러링을 할 수 있는 데코펜으로는 너무 유명한 마커펜이 있죠! 발색력이 뛰어나고 다양한 컬러링 방법이 있어 만족을 주지만 뒷장에 비침이 심하기 때문에 다이어리나 노트에 바로 사용하기에는 좋지 않아요. 이런 아쉬운 점 때문에 마커는 보통 스티커용지인 '라벨지'에 컬러링을 해서 수제스티커로 만들어 사용하는 데 주로 쓰여요.

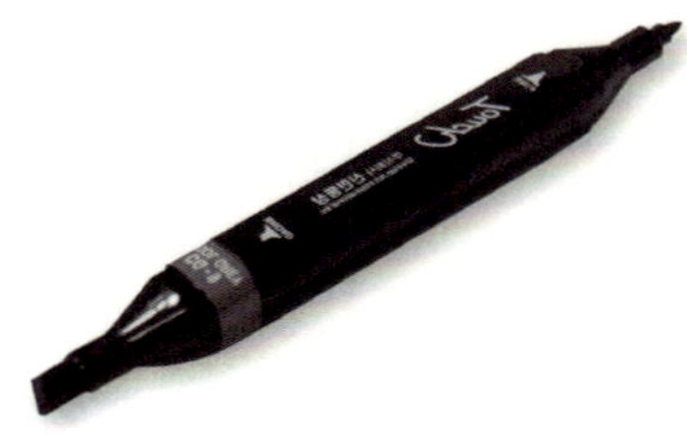

모두가 궁금했던 손글씨 & 손그림 BEST Q&A

Q 손글씨 손그림 펜이 많아야 좋은 건가요?

A 처음 다이어리꾸미기를 시작할 때 '펜이 많으면 더 다양하게 꾸밀 수 있을텐데'라고 생각했어요. 하지만 막상 펜의 개수가 많아지면 그만큼 안 쓰는 펜도 많아지더라고요. 펜은 무조건 많은 것보다는 내가 사용하는 펜이 많은 게 좋아요. 그리고 같은 종류의 펜이 다양한 것보다는 폭 넓게 다른 스타일을 낼 수 있는 펜이 한두 개 있는 게 도움이 된답니다. 색상도 자신이 즐겨 사용하고 좋아하는 색상 위주로 먼저 구입하세요. 그렇게 조금씩 펜의 개수를 늘려가는 게 좋아요. 처음부터 세트로 구입하다 보면 금전적으로도 부담이 되고 '이 펜을 다 사용해야 하는데…'라는 마음의 부담도 생겨요. 펜은 나에게 꼭 필요한 몇 개만 있어도 충분히 예쁜 손그림과 손글씨를 쓸 수 있어요.

Q 펜이 글씨에 영향을 주나요?

A 100%라고 단정짓기는 힘들지만 어느 정도 영향은 있어요. 한 사람이 쓴 글씨인데도 어느 펜을 쓰느냐에 따라 다른 느낌을 주기도 하거든요. 하지만 그 차이가 심하지는 않아요. 펜을 바꾸면 내 글씨가 180도 바뀌겠지라고 생각했다면 마음가짐을 바꾸는 게 좋아요. 펜이 글씨에 영향을 주기는 하지만 내 글씨를 바꿔줄 만큼은 아니에요. 글씨를 잘 쓰고 싶다면 펜을 바꾸기 전에 원하는 글씨체를 위해 충분히 연습하고 노력하는 게 중요해요.

Q 글씨를 썼는데 마음에 들지 않아요.

A 먼저 사용하고 있는 다이어리나 노트 분위기에 잘 어울리는 글씨를 생각해보세요. 아기자기 일러스트가 가득한 다이어리에 붓글씨를 이용해 궁서체의 글씨를

썼다면 잘 어울릴까요? 너무 과한 예일지도 모르지만 이렇게 생각해보면 잘 이해가 되실 거예요. 내가 원하는 다이어리 분위기에 맞는 글씨를 쓴다면 다이어리는 더 그 분위기를 잘 살려줄 거예요. 하지만 서로 다른 분위기의 글씨를 쓰게 된다면 오히려 역효과가 눈에 보일 거예요. 귀여운 다이어리를 꾸미고 싶다면 그에 맞는 글씨체를 생각해보고 어떤 글씨가 잘 어울릴까 생각하고 고민하는 시간을 가져보는 것도 도움이 돼요.

Q 다이어리나 노트를 꾸밀 때 꼭 글씨가 예뻐야 되나요?

A 아니요. 글씨가 꼭 예쁘지 않아도 돼요. 하지만 자기만족이라고 생각해요. 글씨가 예쁘면 다이어리나 노트가 전체적으로 그만큼 예뻐 보이기 때문에 스스로 만족감이 더 들더라고요. 다른 사람에게 보여주기 위한 글씨가 아닌 스스로 만족하는 글씨를 쓰는 게 중요해요. 스스로 만족하는 글씨를 쓰다 보면 더 발전하게 될 거예요.

Q 어떻게, 얼마나 노력해야 예쁜 글씨를 쓸 수 있나요?

A 글씨를 잘 쓰려면 노력과 시간이 필요해요. 한 순간에 뿅! 하고 좋아진다면 누구나 잘 쓸 수 있겠죠? 쉽게 얻을 수 없기에 그만큼 더 예쁜 글씨가 쓰고 싶고 간절하다고 생각해요. 내가 정말 원하는 글씨체가 어떤 느낌인지 생각해보고 찾아보고 열심히 따라 써보는 게 가장 정확한 방법이라고 생각해요. 원하는 글씨를 쓰기까지 걸리는 시간은 내가 노력한 만큼 단축되기도 하고 늘어나기도 할 거예요. 우리 모두 나만의 매력 있는 글씨를 쓸 때까지 화이팅!

Q 손그림을 그릴 때 밑그림을 그려야 되나요?

A 한 마디로 정리하면 밑그림을 그리고 본 스케치에 들어가는 게 좋아요. 내공이 쌓인 사람들은 그림을 그리면서 자신이 원하는 방향대로 그림을 이어나갈 수 있지만 아직 내가 더 노력해야 한다면 전체적으로 밑그림을 옅게 그려보고 본 그림을 시작하는 게 좋아요. 그래야 그림의 완성도를 높일 수 있답니다.

Q 나만의 캐릭터를 만들고 싶은데 어떻게 해야 하나요?

A 나만의 캐릭터를 만드는 건 생각보다 어렵습니다. 먼저 사람으로 표현할 것인지 동물로 표현할 것인지 그리고 내 모습을 반영할 것인지 아니면 새롭게 표현할 것인지를 정하고 자신이 생각하고 있는 캐릭터의 모습을 조금씩 맞춰가면서 나만의 캐릭터를 완성하면 됩니다.

Q 손그림을 잘 그리고 싶은데 어떤 노력을 해야 하나요?

A 정말로 많이 보고 많이 그려보는 게 가장 도움이 돼요. 못 그리더라도 꾸준히 그리고 주위에 있는 사물을 관찰하고 내 방식대로 그려보세요. 예를 들어 오늘 내가 쓴 다이어리 내용에 맞는 손그림이 무엇인지 생각해보는 시간을 갖는 것도 충분히 도움이 되겠죠?

나에게 맞는 손글씨 & 손그림 스타일 찾기

손글씨 스타일

다이어리를 꾸밀 때 전체적인 분위기를 가장 잘 표현할 수 있는 방법은 그 분위기에 맞는 손글씨를 쓰는 것이랍니다. 이처럼 손글씨는 다이어리에 큰 영향력을 가지고 있어요. 자신이 표현하고 싶은 분위기가 어떤 분위기인지 한번 생각해보세요. 아기자기 귀여운 스타일인가요? 아니면 감성적인 사진과 글귀가 적혀 있는 빈티지한 느낌을 원하시나요? 다이어리 분위기를 크게 4가지로 나눠볼게요. 깔끔한 스타일, 빈티지 스타일, 귀여운 스타일, 개성 있는 스타일로 나눌 수 있는데 이렇게 스타일별로 그에 어울리는 글씨가 있답니다. 좀 더 자세히 알아볼까요?

깔끔한 스타일_ 깔끔한 분위기의 다이어리를 꾸미고 싶다면 한 글자 한 글자 또박또박 쓰는 글씨가 어울려요. 날림글씨나 삐뚤빼뚤한 글씨는 반듯한 다이어리와 반대되기 때문에 이런 글씨는 되도록 피해주세요.

빈티지 스타일_ 빈티지 스타일의 다이어리를 꾸미고 싶다면 날림글씨나 삐뚤빼뚤 글씨를 사용해보세요. 손에 힘을 주지 말고 마치 붓글씨를 쓰는 것처럼 자연스럽게 쓰는 게 중요해요. 그리고 펜촉이나 캘리그래피 펜도 잘 어울린답니다.

귀여운 스타일_ 제가 가장 자주 연출하는 스타일이에요. 귀여운 분위기가 좋으면 반듯하면서도 빈 공간을 줄여 따닥따닥 붙여 글씨를 써줍니다. 빈티지 스타일과 완전히 반대라고 생각하면 좋아요. 글자의 크기를 작게 조절해 주는 것도 도움이 돼요.

개성 있는 스타일_ 일반적인 다이어리 꾸미기 분위기에서 나만의 개성을 표현하는 스타일이에요. 정해지지 않은 방법들을 사용해 서로 잘 어울리게 표현해주면 돼요. 타자체나 동그라미 포인트체 등 다른 사람이 쉽게 사용하지 않는 글씨를 써주면 더 효과가 좋겠죠? (Part3 포인트손글씨 참고)

손그림 스타일

손글씨와 마찬가지로 손그림도 어떻게 그리느냐에 따라 스타일이 다양하게 바뀌어요. 그것은 선을 쓰는 방법에 따라 달라질 수도 있고 형태와 사이즈에 따라 달라질 수도 있고 컬러링에 따라 달라질 수도 있어요. 손그림도 크게 4가지로 분류해서 분위기를 보여드릴게요.

깔끔한 스타일_ 깔끔한 스타일의 손그림을 그리려면 선을 한 번에 긋도록 노력하세요. 기본적으로 선만 깔끔하게 해도 손그림이 깔끔해 보여요. 선을 덧그리지 않는 게 정말 중요하답니다. 손그림의 비율은 가로 세로 1:1 정 사이즈로 그려주세요.

빈티지 스타일_ 빈티지 스타일의 손그림은 선에 힘을 주어 반듯하게 그리지 말고 힘을 풀어 느슨하게 그려주세요. 선이 자유로우면 빈티지 느낌과 손 느낌이 강하게 난답니다. 선을 자유롭게 쓰면서 사물의 세세한 부분도 모두 표현하세요. 깔끔한 스타일이 더 섬세하게 표현해야 할 것 같은데 오히려 빈티지 스타일에서 자세히 표현해 주어야 된다는 거 잊지 마세요~

귀여운 스타일_ 귀여운 스타일은 직선보다는 곡선을 잘 활용하는 게 포인트예요. 사물의 모서리를 둥글게 처리하고 전체적으로 좀 더 통통하거나 둥글둥글하게 그려주세요. 귀여운 스타일의 손그림은 어느 글씨나 잘 어울리기 때문에 익혀두면 다양하게 응용이 가능하답니다.

개성 있는 스타일_ 요즘은 개성있는 그림체가 많은 사랑을 받고 있죠. 영역을 한정 짓지 않고 자신의 마음대로 표현하는 스타일입니다. 손그림의 비율을 일부러 늘리기도 하고, 정말 섬세하게 특정 부분만 표현하기도 하죠. 그리고 일부러 못 생기게 그리기도 해요. 이 세상에는 많은 스타일이 있기 때문에 자신만의 스타일을 찾는 게 무엇보다 중요해요.

● **기본글씨**

다이어리꾸미기의 가장 기본이 되는 손글씨에 대해 자세히 알아보겠습니다.
다이어리 손글씨는 두 가지 분류에 따라 기본글씨와 포인트글씨로 나눠져요. 기본글씨는 다이어리에 바탕이 되는 글씨를 말하고 포인트글씨는 바탕이 되는 글씨에 주제나 중요한 부분을 강조하기 위해 포인트를 주는 글씨를 말해요.

● **다이어리꾸미기 대표 기본글씨**

자신의 꾸미는 방법에 따라 다이어리 분위기가 달라지듯 글씨도 어떻게 쓰느냐에 따라 분위기가 많이 달라져요. 그리고 글씨체가 다이어리 전체의 분위기에 영향을 많이 줘요.
요즘에는 워낙 글씨체가 다양해서 일일이 나열하기도 힘든데 가장 기본이 되는 테마별로 설명할게요.

PART2

기본 손글씨

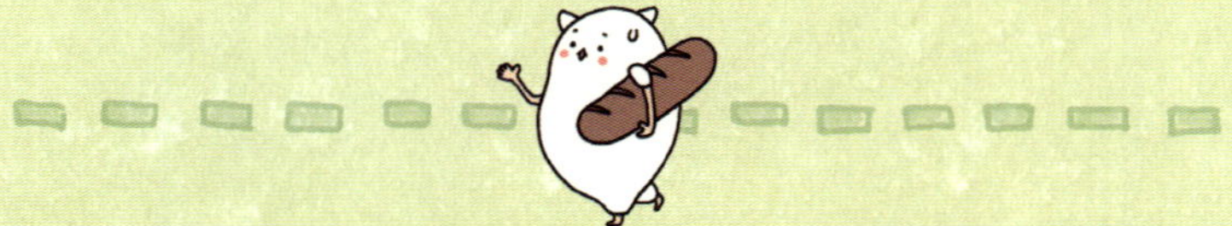

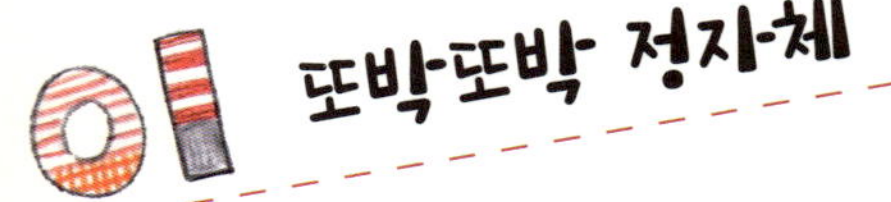

01 또박또박 정자체

정자체는 가로, 세로 획을 반듯하게 긋고 한 글자 한 글자 또박또박 쓰는 글씨예요. 정자체를 사용해 다이어리를 꾸미면 깨끗하고 깔끔한 느낌이 나요. 정자체는 빈티지 분위기하고도 잘 어울리고 귀여운 느낌의 다이어리꾸미기 방법하고도 찰떡궁합이에요. 다이어리를 볼 때 한눈에 들어와 가독성도 있고 밑바탕이 되는 글씨가 깔끔하기 때문에 데코하기에도 편한 글씨랍니다.

쓰는 방법 : 정자체는 손에 힘을 주고 한 글자 한 글자 또박또박 쓴다는 느낌을 가지고 정성 들여 쓰는 게 중요해요. 처음에는 손에 익지 않아서 필기할 때마다 불편하고 시간도 오래 걸리지만 시간이 지나면 익숙해지니 너무 조급하게 생각하지 않는 게 좋아요.

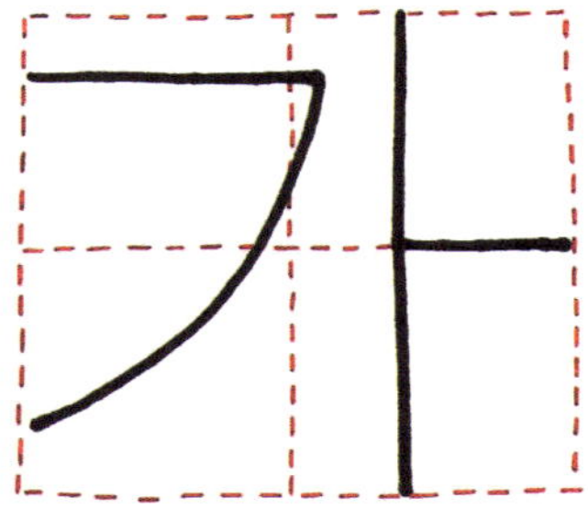

추천 펜 : 하이테크-c, 사라사클립, 시그노

정자체 기본

가나다라마바사아자차카타파하

가나다라마바사아자차카타파하
ABCDEFGHIJKLMNOPQRSTUVWXYZ
1234567 8910

굵은 펜으로 쓴 정자체

성공의 비결은 목적의 불변에 있다.
하나의 목표를 가지고 꾸준히 나아간다면 성공한다.
그러나 사람들이 성공하지 못하는 것은
처음부터 끝까지 한길로 나가지 않았기 때문이다.
최선을 다해서 나아간다면 만물을 굴복시킬 수 있다.
: 벤자민 디즈레일리

일반펜으로 쓴 정자체

성공의 비결은 목적의 불변에 있다.
하나의 목표를 가지고 꾸준히 나아간다면 성공한다.
그러나 사람들이 성공하지 못하는 것은
처음부터 끝까지 한길로 나가지 않았기 때문이다.
최선을 다해서 나아간다면 만물을 굴복시킬 수 있다.
: 벤자민 디즈레일리

정자체로 다이어리 꾸미기

창구리 4박5일 일병 휴가 나왔당!
내동생 역시 자랑스러워ㅋㅋㅋㅋ
일병진급 축하해! 화이팅ㅋㅋ

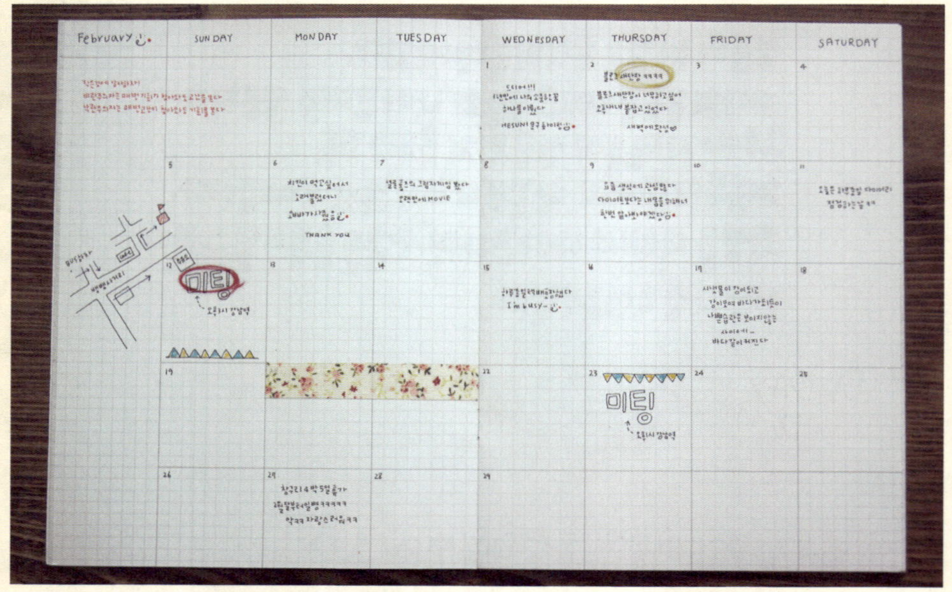

정자체를 이용해 심플한 다이어리를 꾸며보았습니다. 다이어리의 본래 목적을 살려 일기나 계획 위주로 다이어리를 쓰는 다꾸법이에요. 꾸미기에 자신이 없거나 처음 다이어리를 시작하는 분들 에게 추천하는 다꾸방법입니다. 이렇게 심플하게 다이어리를 꾸밀 때는 글씨가 다이어리 분위기 의 90% 이상을 좌우하기 때문에 글씨에 더 신경을 써 주는 게 좋습니다.

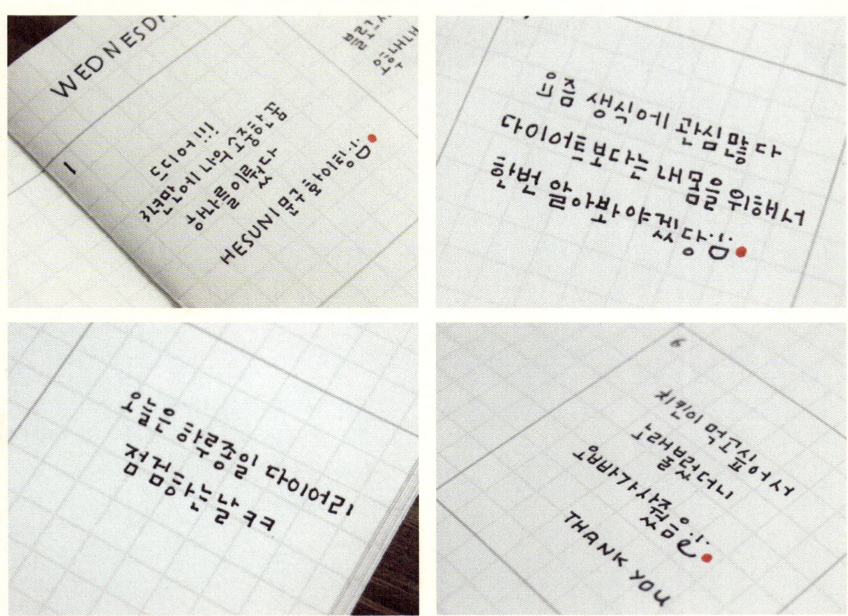

❂ 정자체를 쓰면 특별히 데코를 하지 않아도 그 자체로 반듯하고 깔끔한 분위기를 연출하기 때문에 글씨만으로도 충분히 다이어리를 꾸밀 수 있어요.

❂ 다이어리 내용뿐만 아니라 월이나 영어도 전체적인 분위기와 어울리게 반듯하게 적어줍니다.

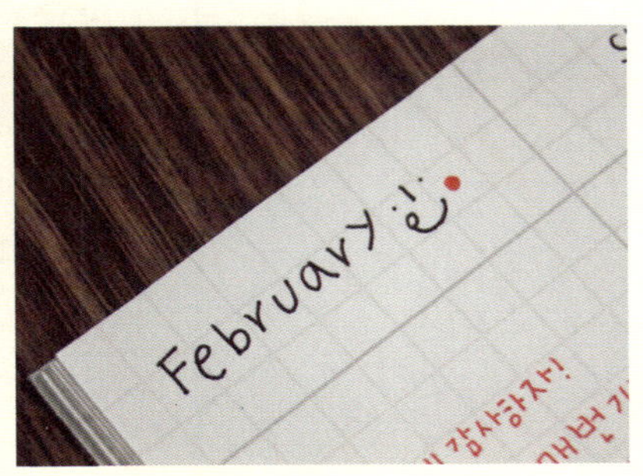

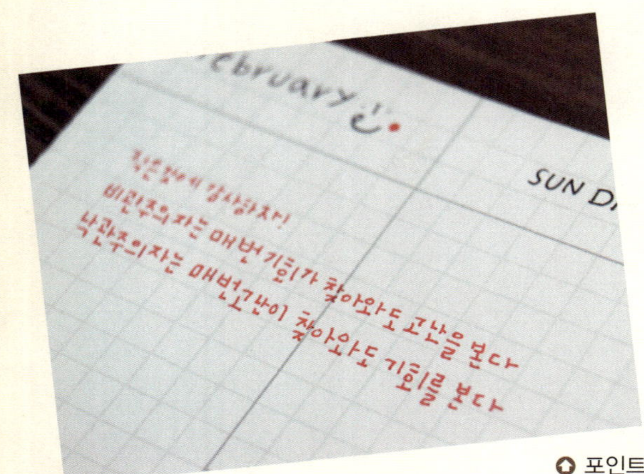

◐ 포인트를 주고 싶다면 볼펜의 색상을 바꿔보세요. 펜 색상만 바꿔도 다른 분위기를 연출할 수 있습니다. 전체적으로 검은색이 많은데 빨간색이나 파란색이 있으면 눈에 확 들어오겠죠?

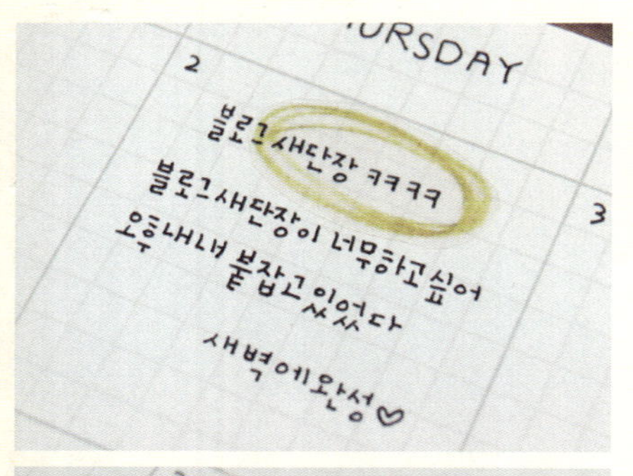

◐ 글씨만으로 뭔가 부족하다 싶은 부분에는 살짝 데코를 해주어도 좋습니다. 색연필로 중요한 단어에 동그라미를 그려주었어요. 많은 부분에 데코를 하는 것보다는 2~3곳에 포인트로 하는 게 좋답니다.

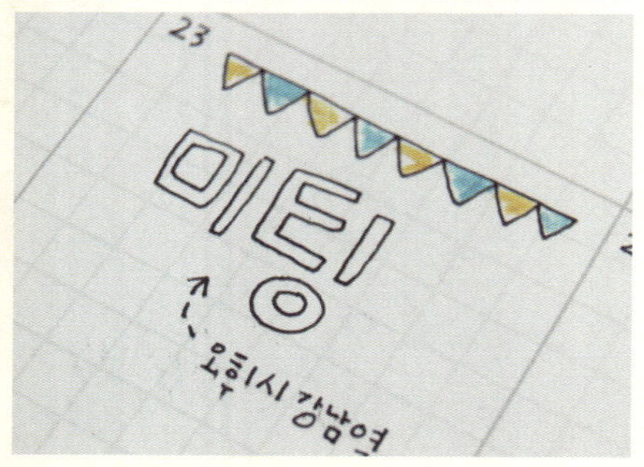

◐ 두께가 있는 두께글씨도 반듯하게 적으면 좋은 효과를 볼 수 있어요.

정자체로 포스트잇 꾸미기

❶ 포스트잇에 네모를 크게 하나 그려주세요.

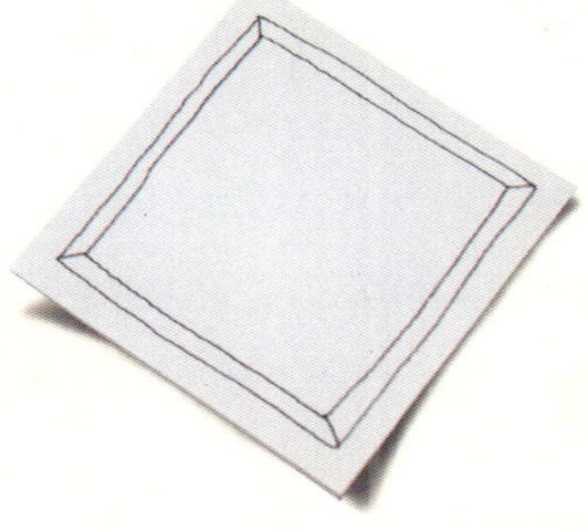

❷ 네모 안에 작은 네모를 하나 더 그리고 바깥 네모와 안쪽 네모의 모서리를 이어 프레임을 완성합니다. 포스트잇이나 메모에 바로 글씨를 써도 좋지만 간단한 프레임을 그려주면 훨씬 예쁜 기록을 할 수 있습니다.

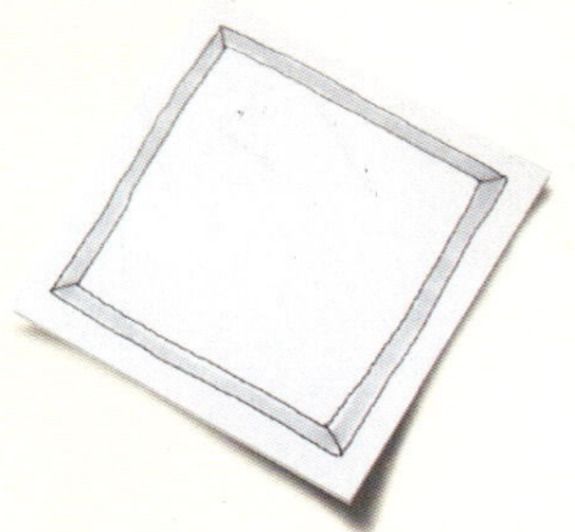

❸ 프레임을 컬러링합니다. 저는 마커를 이용해 깔끔한 느낌을 주었어요.

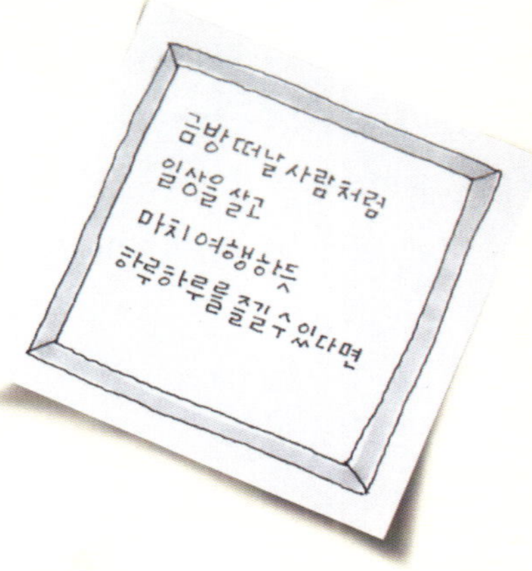

❹ 안에 정자체로 글씨를 써주면 군더더기 없이 심플한 메모를 할 수 있습니다.

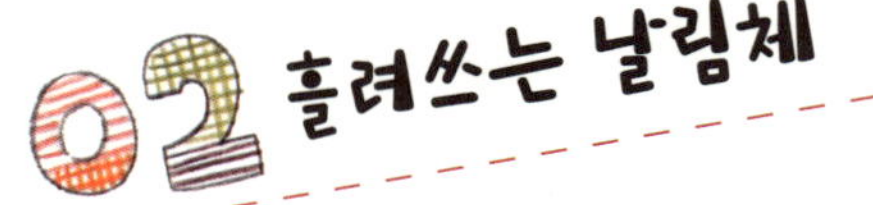 02 흘려쓰는 날림체

또박또박 쓰는 정자체와 정반대의 느낌을 가진 글씨체가 날림체예요. 손에 힘을 주지 않고 날려쓰듯 쓰는 글씨인데 빈티지 분위기와 포토 다이어리에 잘 어울려요. 날림체는 기본글씨로도 좋지만 포인트글씨로도 자주 사용해요. 날림체를 기본으로 쓰면 다이어리나 노트의 분위기가 어른들이 쓴 것처럼 전문적인 느낌이 나면서 감성적으로 느껴져요. 펜의 굵기에 따라서도 다양한 분위기가 난답니다.

혜수니의
다이어리꾸미기

쓰는 방법 : 날림체는 손에 힘을 완전히 빼는 것보다는 힘의 강약조절을 잘 하는 게 중요해요. 힘을 주었다 뺐다 하면서 손의 힘을 이용한다면 조금 더 분위기 있는 날림체를 쓸 수 있을 거예요. 글씨를 한 쪽 방향으로 기울이거나 자음을 일부러 크게 쓰는 등 자신만의 날림글씨 특징을 만들 수도 있어요.

추천 펜 : 사라사클립, 스라리펜

날림체 기본

가나다라마바사아자차카타파하
가나다라마바사아자차카타파하
ABCDEFGHIJKLMNOPQRSTUVWXYZ
1 2 3 4 5 6 7 8 9 10

굵은 펜으로 쓴 날림체

위대한 사랑은 단번에 그와같이 높은곳에 뛰어오른 것이 아니다.
많은 사람들이 밤에 단잠을 잘 적에 그는 일어나서
괴로움을 이기고 일에 몰두했던 것이다.
인생은 자고 쉬는데 있는것이 아니라
　　한 걸음 한 걸음 걸어가는 그 속에 있고
성공의 일순간은 실패했던 몇 년을 보상하여준다.
　　　　　　　　- 로버트 브라우닝 -

일반 펜으로 쓴 날림체

위대한 사랑은 단번에 그와같이 높은곳에 뛰어오른 것이 아니다.
많은 사람들이 밤에 단잠을 잘 적에 그는 일어나서
괴로움을 이기고 일에 몰두했던것이다.
인생은 자고 쉬는데 있는것이 아니라
　　한 걸음 한 걸음 걸어가는 그 속에 있다.
성공의 일순간은 실패했던 몇 년을 보상하여준다.
　　　　　　　　- 로버트 브라우닝 -

날림체로 다이어리 꾸미기

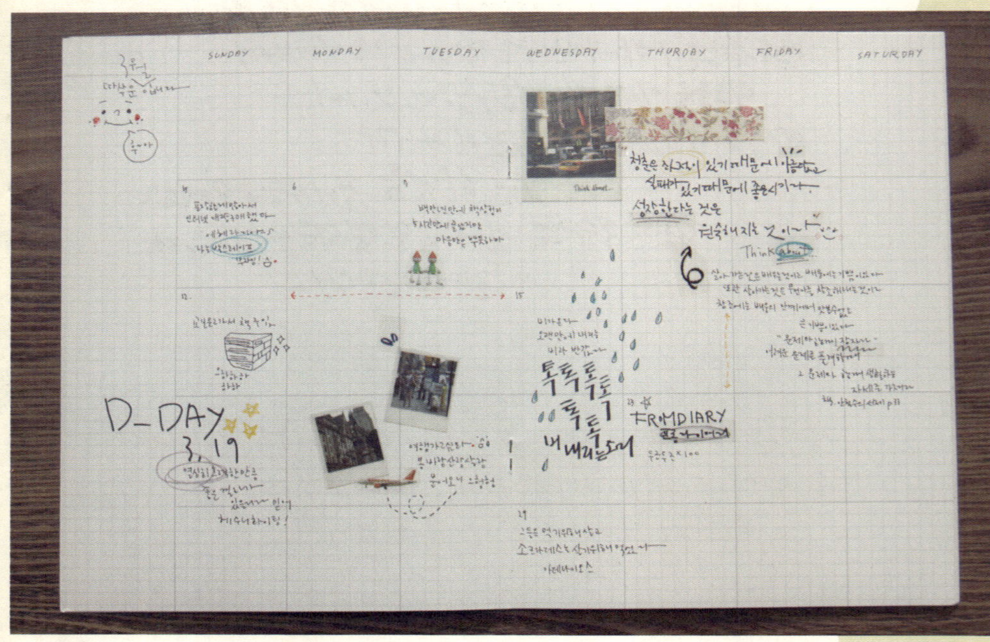

날림체를 사용해 꾸민 다이어리는 낙서한 듯 자연스러운 느낌을 줍니다. 날림체를 쓸 때 펜을 다양하게 사용해 단조롭지 않게 해주었어요. 날림체는 특히 색연필로 효과를 주면 잘 어울리기 때문에 색연필과 사진을 중간중간 사용하였답니다. 자세히 살펴볼까요?

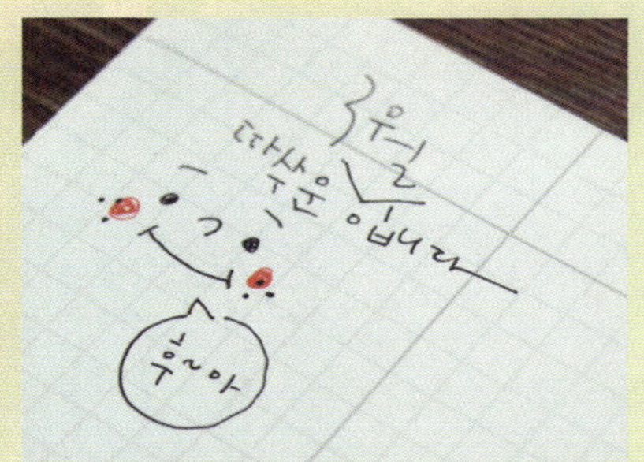

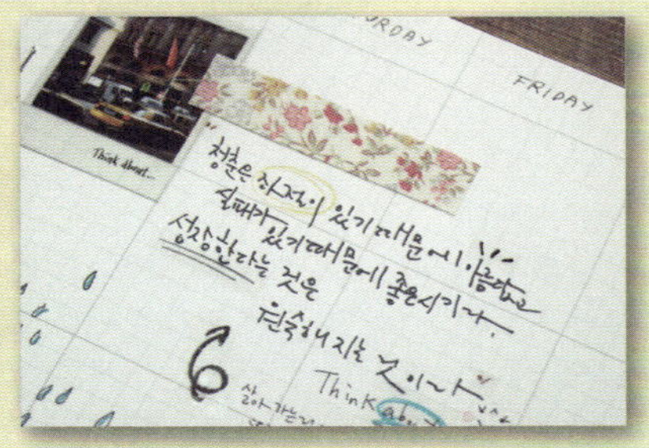

◐ 월을 표시한 부분은 일반펜으로 글씨를 쓰고 표정 손그림을 그려주었어요. 손그림을 그릴 때도 손에 힘을 주기보다는 살짝 풀어서 글씨와 잘 어울리게 러~프한 느낌을 주었답니다. 볼에 빨간색으로 칠한 부분을 보면 펜 자국이 그대로 나는 걸 볼 수 있어요. 이렇게 손그림도 그 글씨체와 어울리게 그려주면 좋습니다.

◐ 날림체로 꾸민 다이어리에 포인트를 주기 위해 굵은 펜을 사용해서 글귀를 써주었습니다. 먼저 사진을 붙이고 패브릭 테이프를 길게 하나 붙여줍니다. 그 아래 일반펜보다 굵은 펜을 이용해 글귀를 써주는데 너무 짧은 것보다는 3~4줄 정도 길이가 있는 글귀가 더 예쁩니다. 이렇게 빈 공간에 포인트를 주면 다이어리가 더 풍성해 보인답니다.

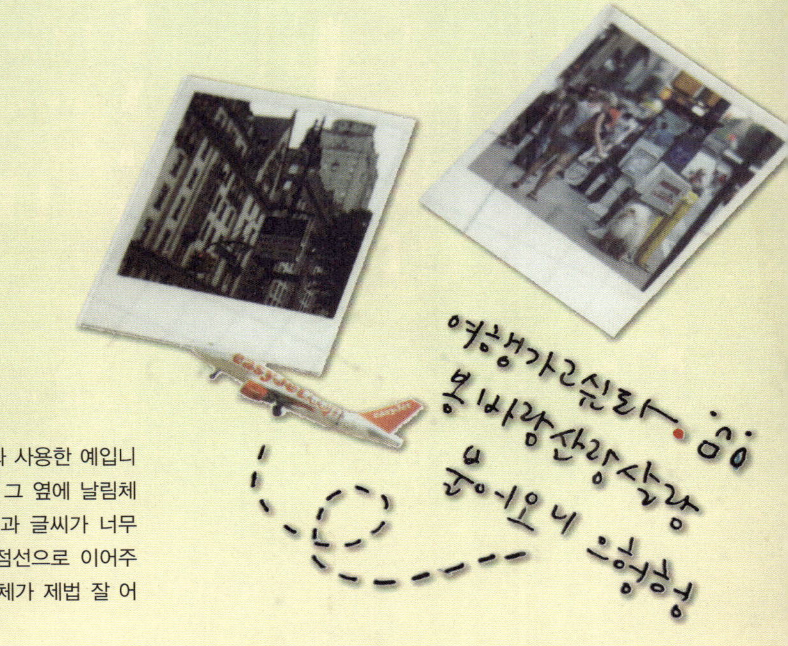

◐ 날림체를 사진과 사용한 예입니다. 사진을 붙이고 그 옆에 날림체를 써줍니다. 사진과 글씨가 너무 떨어져 보인다면 점선으로 이어주세요. 사진과 날림체가 제법 잘 어울리죠?

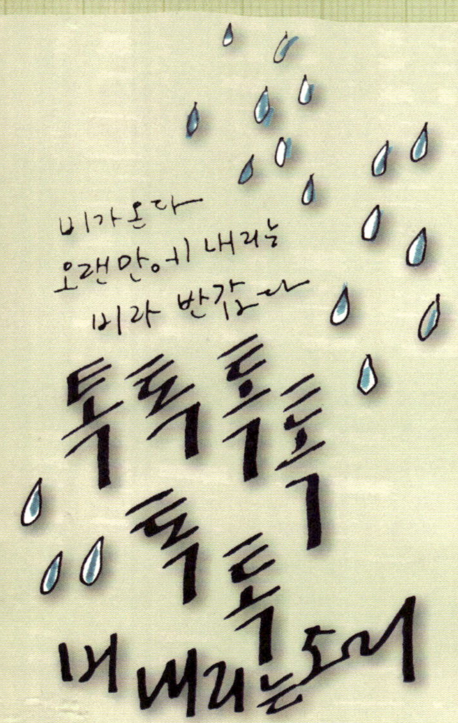

● 손그림과 같이 사용해보았어요. 비와 관련된 일기를 썼기에 그에 맞게 주위에 빗방울을 그리고 색연필로 컬러링을 했습니다. 이때도 글씨와 어울리게 손그림에 컬러링을 완벽히 하지 않고 색연필로 한번씩만 터치해주어 자연스런 느낌을 주는 데 포인트를 뒀습니다.

● 날림체는 다양한 기호와도 잘 어울린답니다. 글씨를 쓰고 주위에 기호를 그려보세요. 동글하게 한번 꼰 화살표나 중요한 단어에 동그라미를 칠 수도 있고 점선을 그려도 좋습니다. 기호의 색도 다양하게 사용해보세요.

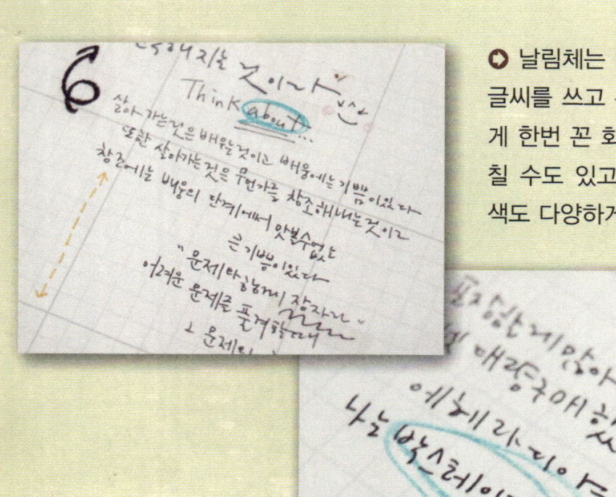

날림체로 포스트잇 꾸미기

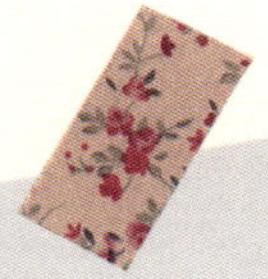

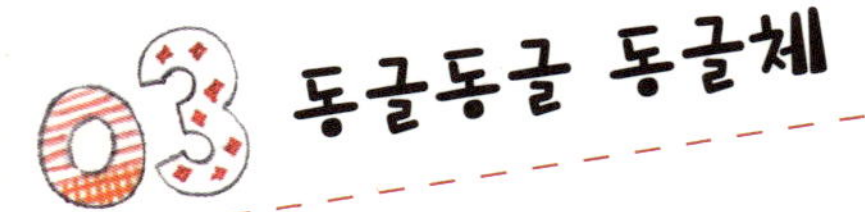 03 동글동글 동글체

글씨 모서리를 각지게 하지 않고 둥그렇게 처리해서 귀여운 느낌을 강조한 글씨체예요. 동그란 느낌이 나기 때문에 빈티지 느낌의 성숙한 분위기보다는 귀엽고 아기자기한 분위기를 원하는 분들이 사용하기에 좋아요. 정자체처럼 한 글자 한 글자 정성을 들일수록 글씨가 예뻐요.

헤수니의 다이어리 꾸미기

쓰는 방법 : 모서리를 일부러 더 둥글게 처리하고 한 글자 양 옆에 띄어쓰기 할 만큼의 공간을 일정하게 주세요. 글씨마다 가로, 세로의 너비가 다른데 동글체에서는 일정해야 해요. 세로 높이에 맞춰 받침이 없는 글씨도 받침이 있는 글씨만큼 살짝 길게 써주고 너비를 줄여서 정사각형의 모양이 아니라 높이가 긴 직사각형의 모양으로 한 글자 한 글자 써주세요.

추천 펜 : 하이테크-c, 시그노

동글체 기본

가나다라마바사아자차카타파하
가 나 다 라 마 바 사 아 자 차 카 타 파 하
A B C D E F G H I J K L M N O P Q R S T U V W X Y Z
1 2 3 4 5 6 7 8 9 10

굵은 펜으로 쓴 동글체

똑같이 출발하였는데 세월이 지난뒤에 보면
어떤이는 뛰어나고 어떤이는 낙오 되어 있다
이 두사람의 거리는 좀 처럼 가까워질수 없게 되었다
그 것은 하루하루주 어진 시간을 얼마나 잘
활용 했느냐 에달려있다

일반 펜으로 쓴 동글체

똑같이 출발하였는데 세월이 지난뒤에 보면
어떤이는 뛰어나고어 떤이는 낙오 되어 있다
이 두사람의 거리는 좀 처럼 가 까워질 수 없게 되었다
그 것은 하루하루 주어진 시간을 얼마 나 잘
활용 했느 냐에달려있
벤자민 프랭클린

동글체로 다이어리 꾸미기

한가로운 오후임.
오랜만에 즐기는 티타임ㅋㅋ

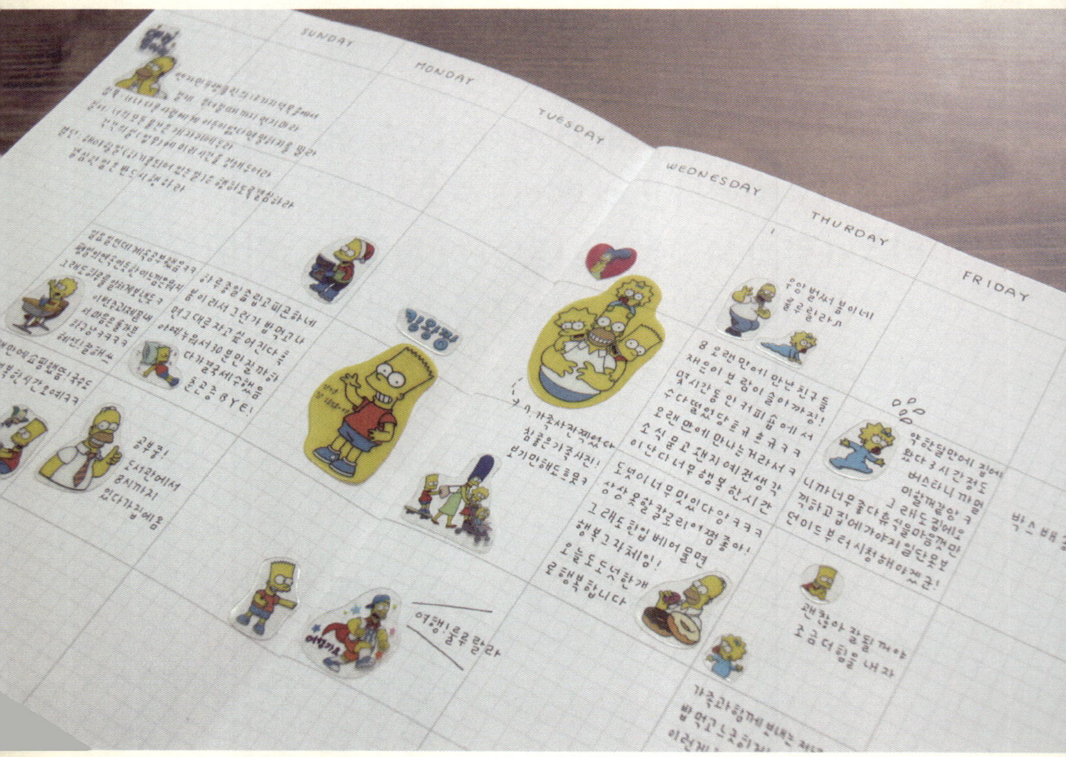

동글체의 귀엽고 오동통(?)한 느낌을 표현하기 위해 심슨 스티커와 함께 다이어리를 꾸며보았어요. 전체적인 분위기가 어떤가요? 어른스럽고 빈티지한 느낌보다는 귀엽고 아기자기한 면이 강한 걸 볼 수 있어요. 물론 동글체로 빈티지한 다이어리를 꾸며도 좋습니다. 하지만 이렇게 귀여운 느낌과 더 잘 어울린다는 걸 보여드리고 싶어요.

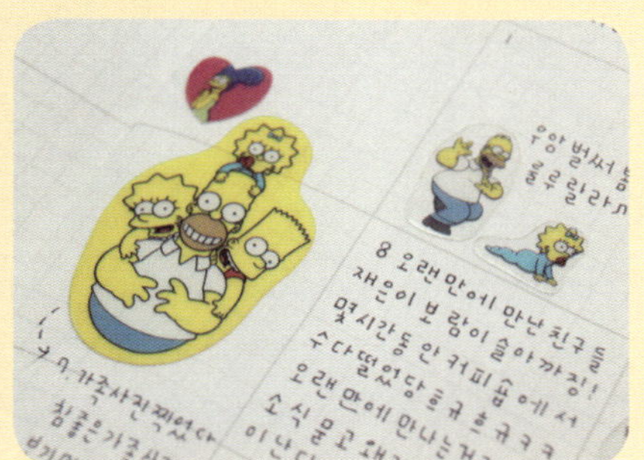

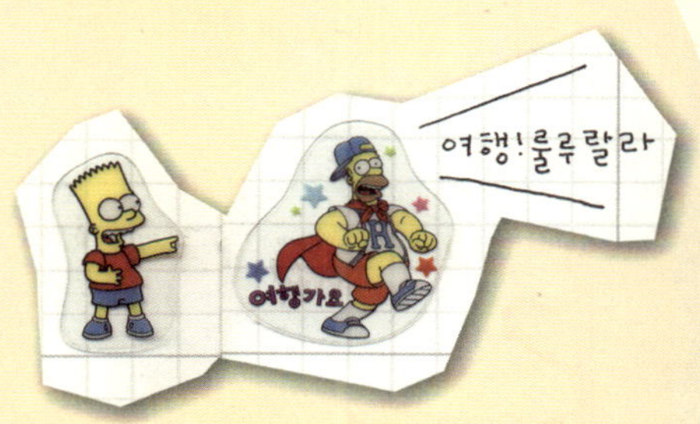

⬆ 다양하게 상황을 표현한 스티커와 글씨를 배치해 다이어리를 꾸몄어요. 스티커와 어울리는 글씨를 함께 써주면 더 생동감있게 느껴집니다.

⬆ 스티커에 말풍선을 그리고 마치 스티커가 말하는 것처럼 적어도 좋습니다.

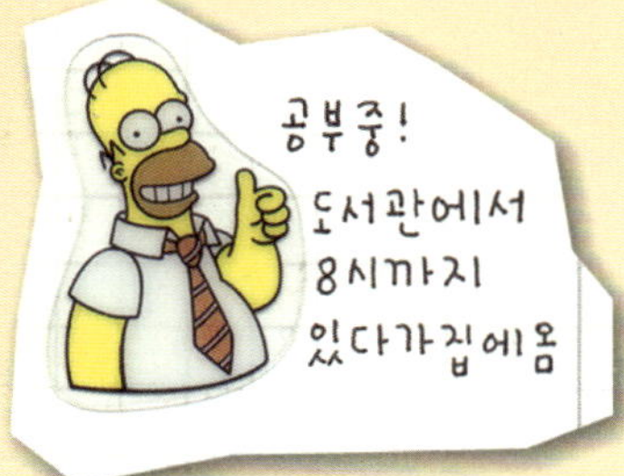

⬆ 일기를 길게 쓰지 않고 내용만 간단하게 요약해서 써도 좋습니다. 동글체는 간단하게 문구를 적어주면 참 예쁜 글씨 중에 하나예요.

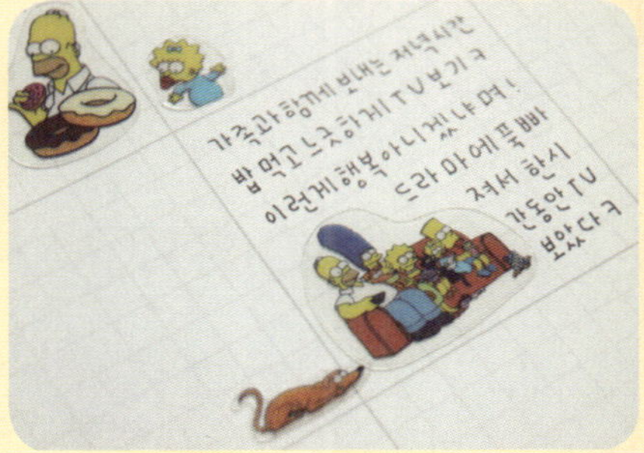

⬆ 왼쪽 아래에 스티커를 붙이고 남은 칸에 글씨를 썼는데 동글체는 이렇게 가로줄을 일정하게 맞추는 것이 중요합니다. 그래야 더 정렬되고 깨끗해 보여요.

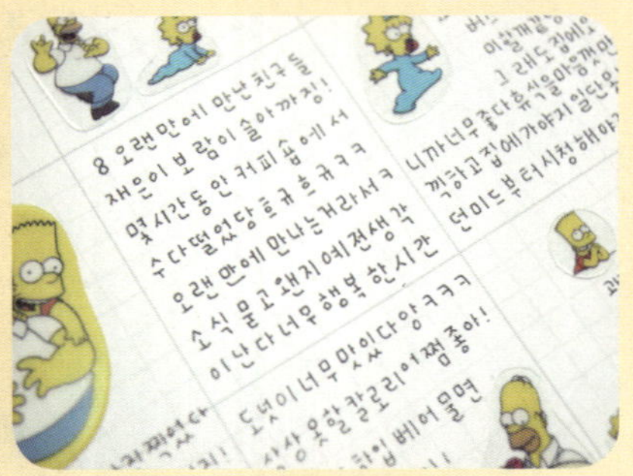

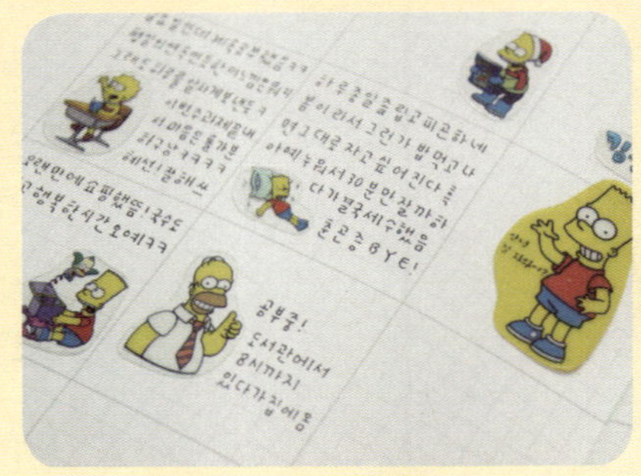

○ 다이어리에 쓸 내용이 많은 날에는 동글체의 매력을 그대로 뽐낼 수 있습니다. 글씨로만 칸을 채웠는데도 허전해 보이지 않고 그 자체로 멋진 데코가 될 수 있어요.

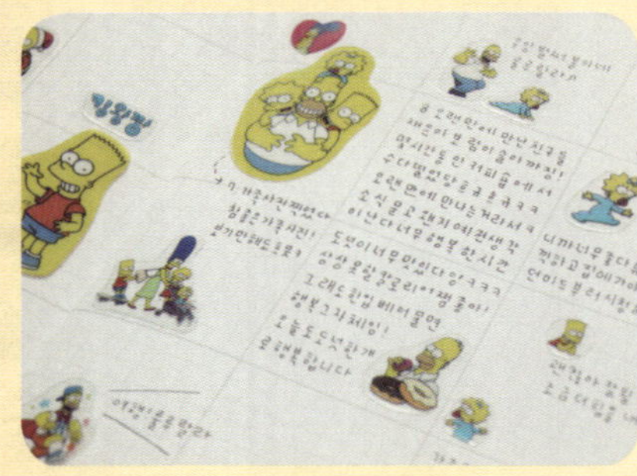

○ 동글체는 글씨 자체가 가진 효과가 크기 때문에 제가 꾸민 다이어리처럼 같은 종류의 스티커를 사용해도 좋고 서로 다른 분위기의 스티커를 사용해도 좋습니다.

동글체로 포스트잇 꾸미기

04 내 마음대로 삐뚤빼뚤체

내 마음대로 삐뚤빼뚤 글씨를 써도 참 매력 있는 글씨체가 될 수 있어요. 이 방법은 글씨를 일부러 더 삐뚤빼뚤하게 써서 아이들이 쓴 글씨처럼 감성적인 분위기를 내는 것입니다. 삐뚤빼뚤한 글씨는 빈티지 느낌을 내기도 하고 귀여운 분위기를 내기도 해요. 내 글씨가 삐뚤빼뚤해서 불만이었다면 살짝 생각을 바꿔보세요. 그게 나만의 큰 장점이 될 수도 있답니다.

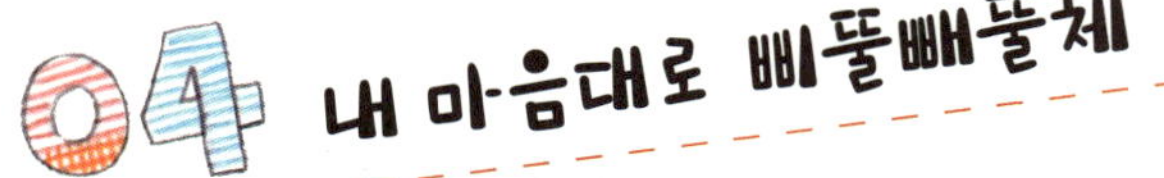

쓰는 방법 : 글씨의 가로, 세로를 신경쓰지 말고 첫 줄을 쓰세요. 그 다음 줄부터는 첫째 줄의 빈 공간을 메운다는 생각으로 한 글자씩 써갑니다. 글씨 자체도 중요하지만 전체적인 레이아웃을 보며 글씨를 쓰는 게 중요해요. 글씨가 삐뚤빼뚤하다고 해서 글씨 자체가 삐뚤빼뚤한 게 아니라 글씨체의 전체적인 레이아웃이 삐뚤빼뚤하게 느껴지도록 쓰는 거예요. 글씨를 하나하나 보지 말고 하나의 그림으로 생각하고 전체적으로 보는 눈을 키워보세요.

추천 펜 : 아이스크림 젤펜, 겔리롤 0.4, 미피펜

삐뚤빼뚤체 기본

가나다라마바사아자차카타파하
가나다라마바사아자차카타파하
A B C D E F G H I J K L M N O P Q R S T U V W X Y Z
1 2 3 4 5 6 7 8 9 10

굵은 펜으로 쓴 삐뚤빼뚤체

성공을 하려면 남을 떠밀어 움직이게 하지말고
또 제힘을 측량해서 무리하게
행하지말고
자신이 뜻한바에 따라
한눈팔지말고 묵묵히 나아가야한다

일반 펜으로 쓴 삐뚤빼뚤체

성공을 하려면 남을 떠밀어 움직이게 하지말고
또 제힘을 측량해서 무리하게 행하지말고
자신이 뜻한 바에 따라 한눈팔지말고 묵묵히 나아가야한다.

삐뚤빼뚤체로 다이어리 꾸미기

오늘은다이어리점검하는날ㅋ
잘마무리하고3월을위해
빠이팅 :)

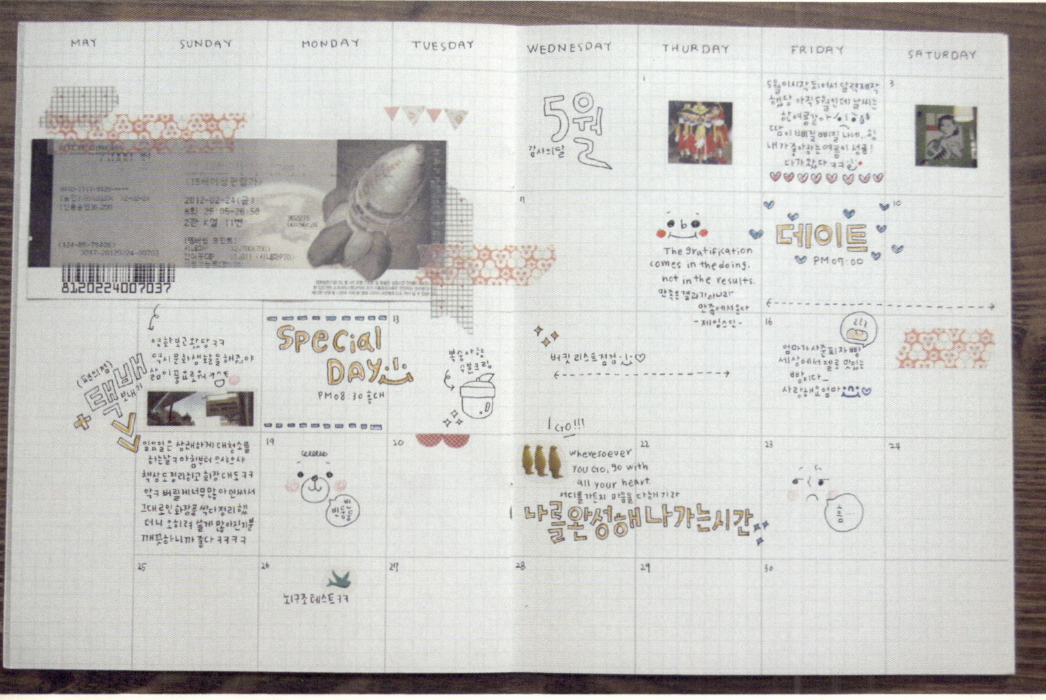

○ 보기 좋게 삐뚤빼뚤한 글씨를 쓴 다이어리예요. 심하게 삐뚤빼뚤 쓰면 분위기가 살기도 하지만 뭐라고 적었는지 나중에 알아보기 힘들 때도 있어요. 다이어리는 나만의 역사인데 나중에 알아보기 어렵다면 무용지물이겠죠. 그래서 이번에는 보기 좋을 정도로 삐뚤빼뚤의 정도를 낮추고 꾸며보았어요. 삐뚤빼뚤체에 익숙하지 않은 분들은 이렇게 살짝만 삐뚤빼뚤하게 적어주는 게 좋습니다.

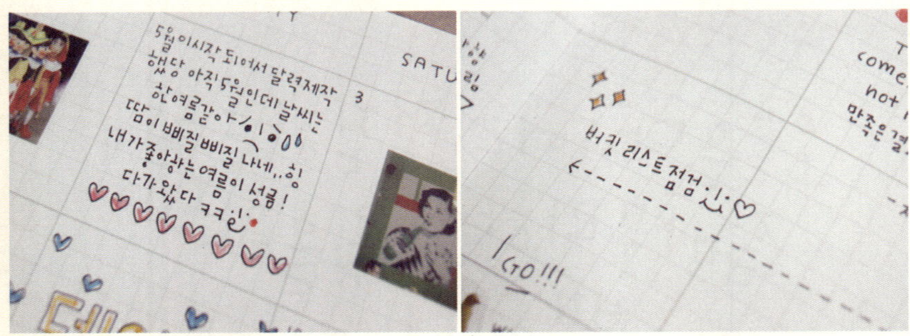

⬆ 먼슬리 칸에 한 글자 한 글자 삐뚤빼뚤하게 써서 가득 채워주었습니다. 삐뚤빼뚤체는 다양한 표정 손그림과 참 잘 어울려요.

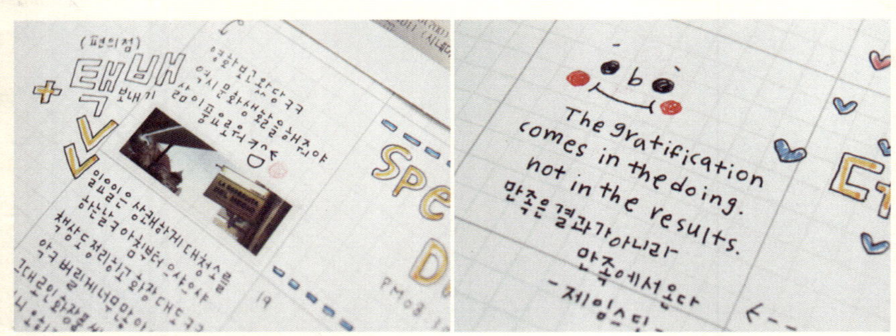

⬆ 영어나 숫자도 글씨체를 맞추어주면 좋아요.

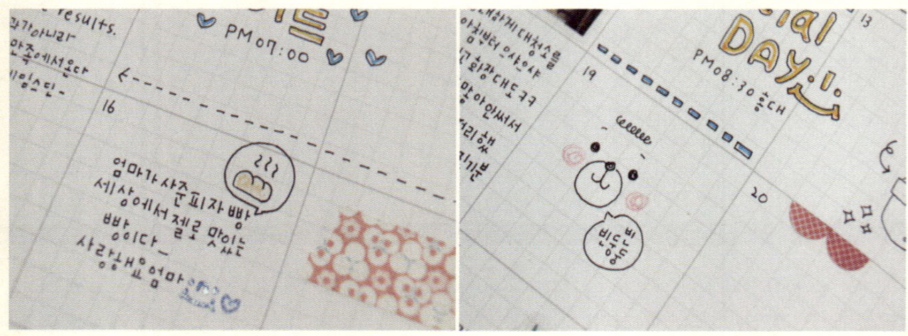

⬆ 손글씨와 손그림을 함께 배치한 팁이에요. 손그림을 말풍선 안에 그려넣으면 좋은 효과를 줄 수 있습니다.

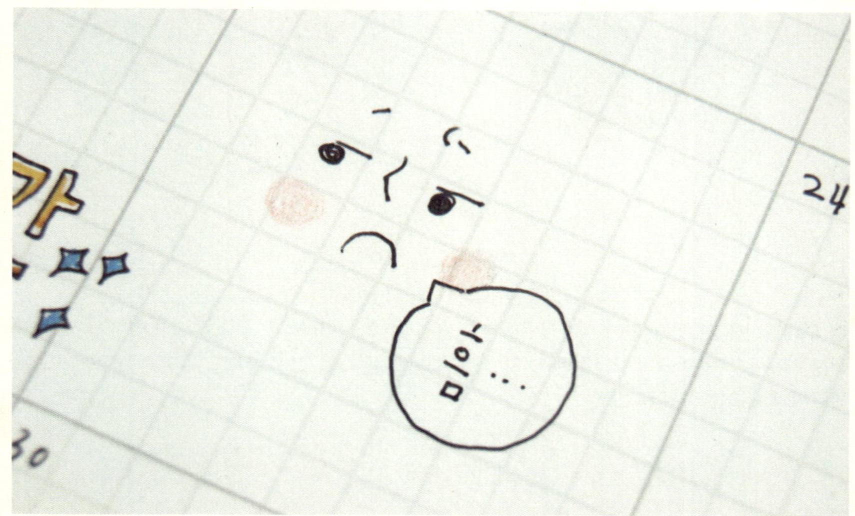

⬆ 삐뚤빼뚤체는 표정 손그림과 참 잘 어울리기 때문에 중간중간에 표정만으로 그날의 일기를 써 보았습니다. 꼭 오늘 써야 할 칸을 다 채우지 않아도 됩니다. 매일매일 꽉 채운다면 다이어리 쓰는 데 부담감을 느낄 수 있기 때문에 손그림 하나로 그날을 표현하듯 다양한 표현법을 시도하는 것이 다이어리를 꾸준히 쓸 수 있는 방법 중 하나입니다.

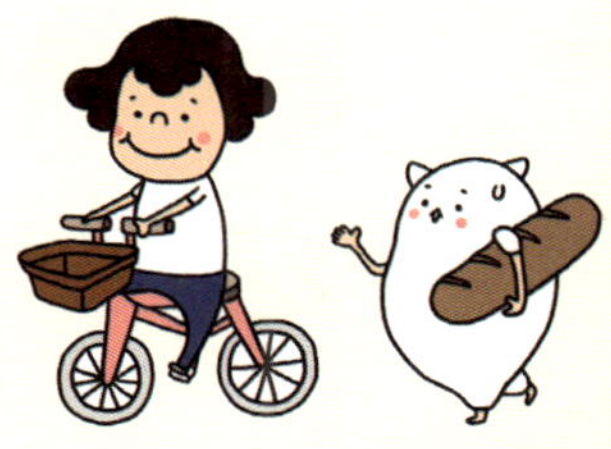

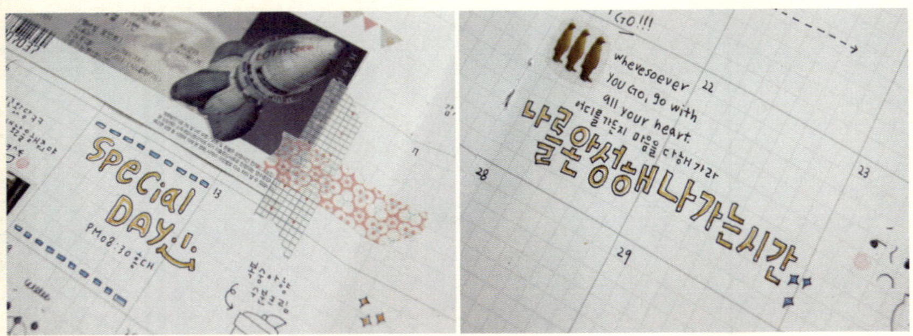

⬆ 두께글씨를 쓰고 그 안에 노란색으로 컬러링을 합니다. 컬러링을 할 때도 하나의 선으로 삐뚤삐뚤 채운 것처럼 슥슥— 그어주는 게 포인트랍니다. 너무 반듯하게 두께글씨 안을 채우면 삐뚤삐뚤글씨와 잘 어울리지 않겠죠?

삐뚤빼뚤체로 포스트잇 꾸미기

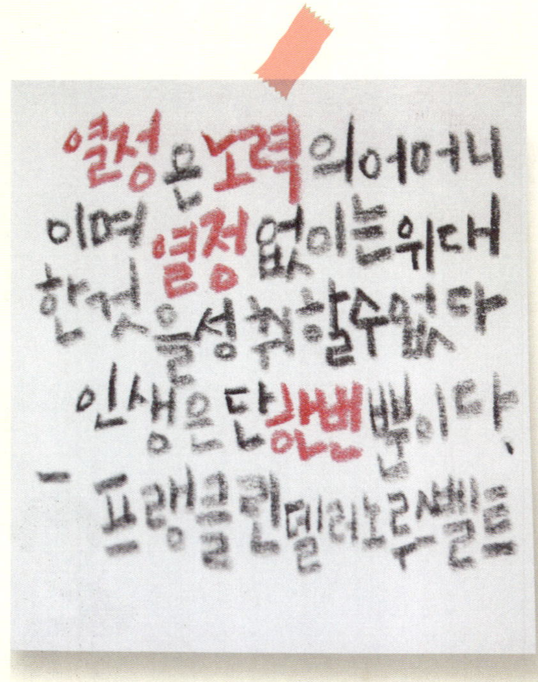

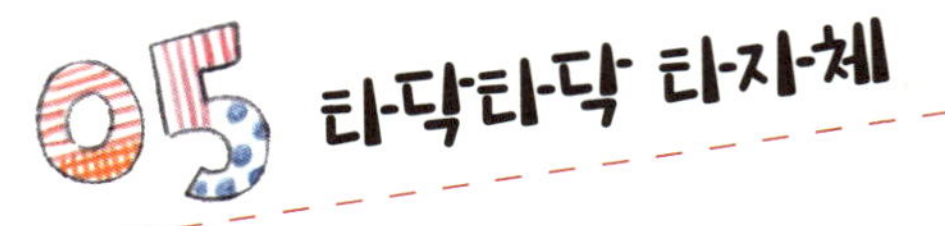 타닥타닥 타자체

글씨의 모음 부분을 구부려 타자로 쳤을 때의 느낌을 살린 글씨체예요. 몇 글자 쓰는 것보다 한 문장이나, 한 페이지를 썼을 때 타자체만의 분위기를 확실히 느낄 수 있어요. 글씨를 쓸 때 모음의 구부림을 들쭉날쭉하게 하는 것보다 일정하게 하는 게 좋아요. 개성있고 깔끔한 글씨를 쓰고 싶거나 타자체만의 분위기를 좋아하는 분들에게 추천해요. 개성있는 글씨이기 때문에 자신의 꾸미기가 분명한 분들이 사용하면 좋아요.

혜수니의 다이어리 꾸미기

쓰는 방법 : 글자의 모음 부분을 구부려 쓰고 가로, 세로를 삐뚤빼뚤하지 않게 일직선으로 긋는 게 중요해요.

추천 펜 : 하이테크-c

타자체 기본

ㄱㄴㄷㄹㅁㅂㅅㅇㅈㅊㅋㅌㅍㅎ
ㅏㅑㅓㅕㅗㅛㅜㅠㅡㅣ

ㄱㄴㄷㄹㅁㅂㅅㅇㅈㅊㅋㅌㅍㅎ
ㅏㅑㅓㅕㅗㅛㅜㅠㅡㅣ
ABCDEFGHIJKLMNOPQRSTUVWXYZ
123456789

굵은 펜으로 쓴 타자체

최고의 보물은 내 안에 있는 꿈이다
꿈이 있기에 오늘의 내가 있고 나의 미래가
있는 것이다
알렉산더 대왕、

일반 펜으로 쓴 타자체

최고의 보물은 내 안에 있는 꿈이다
꿈이 있기에 오늘의 내가 있고 나의 미래가
있는 것이다

알렉산더 대왕

요즘 좋은노래 많다
계속들어야지ㅋㅋ

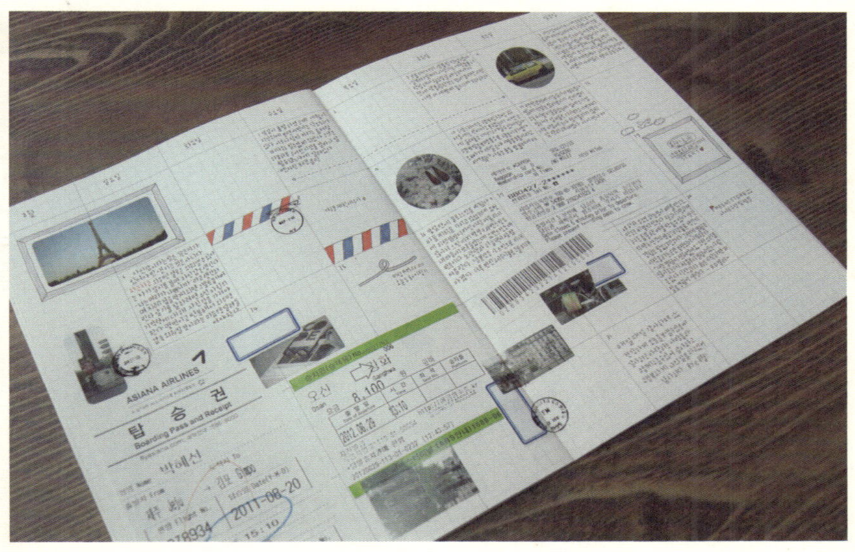

타닥타닥 분위기 있는 타자체로 글씨를 쓰고
비행기 티켓을 함께 붙여여행 느낌이 나도록
꾸며봤어요.

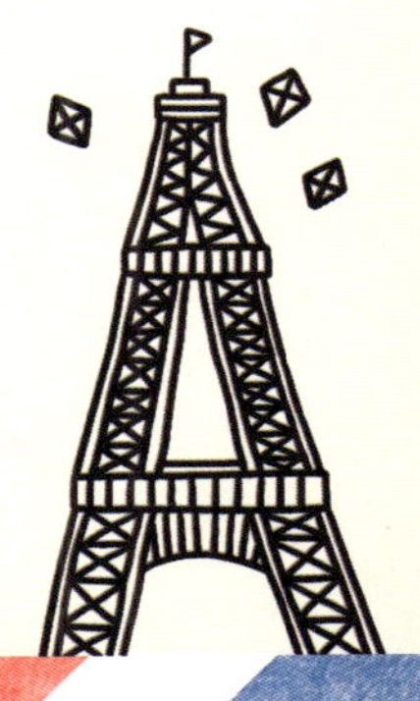

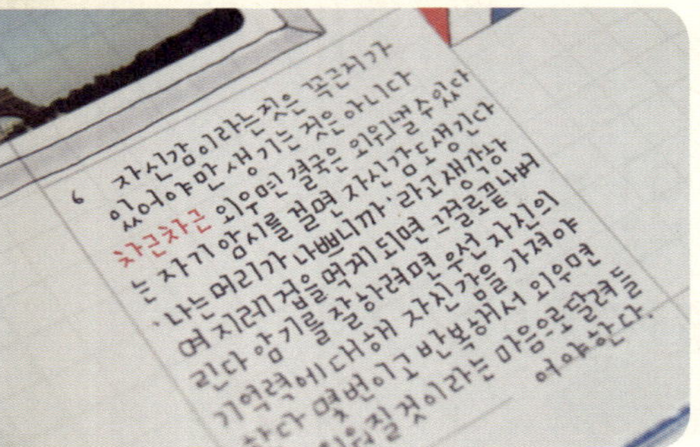

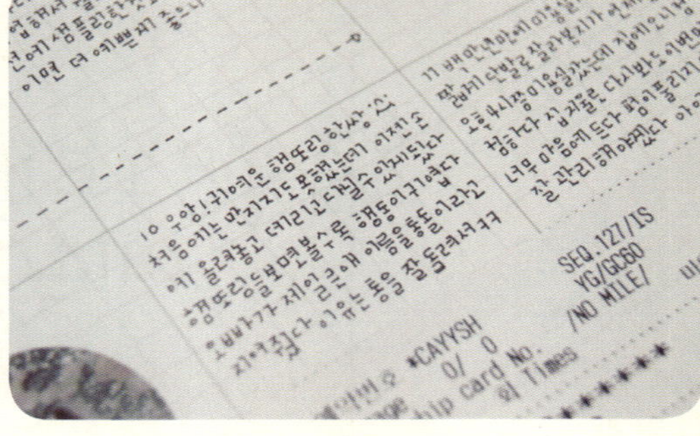

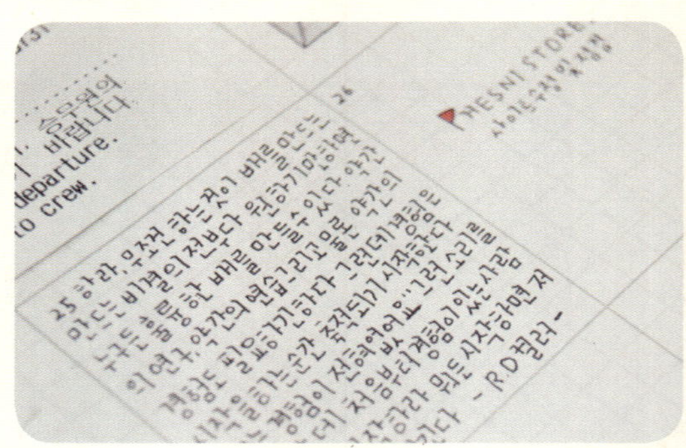

타자체 자체가 멋진 데코가 되기 때문에 글자로만 다이어리를 채워도 좋은 효과를 줄 수 있어요.

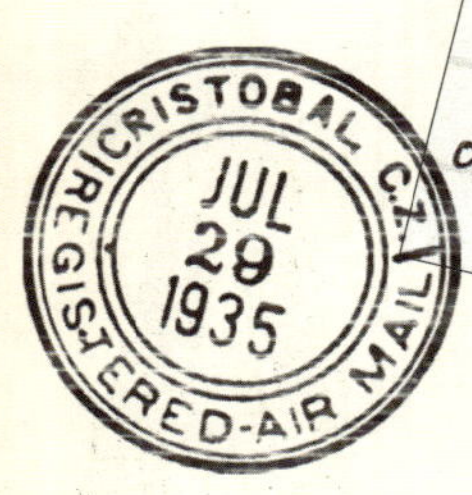

16 몇달만에 블로그스킨을 바꿨다ㅋ 바꿀 계획을 가지고 있었는데 요번에 위젯설정디자인이랑 어울리지 않아서 스킨까지 변경ㅋ 저번스킨도 내마음에 쏘옥들었는데 요번스킨도 대만족이다 노란색과 하늘색이 참 잘 어울린다 당분간은 이 스킨으로 지내야겠다 더욱 멋진 혜수니블로그를 위해

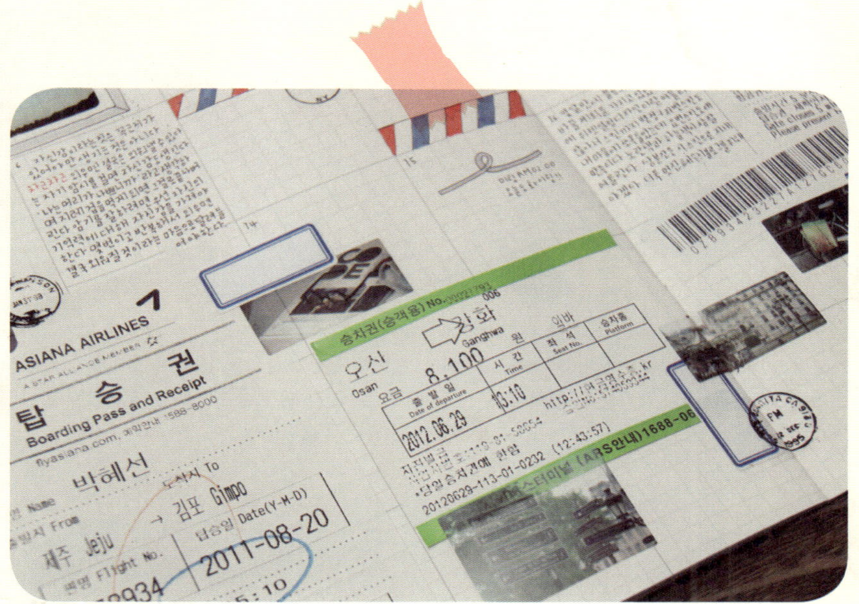

타자체와 잘 어울리는 분위기를 연출하기 위해 비행기 티켓을 붙여주었어요. 만약 여행을 다녀와서 다이어리가 많이 밀렸다면 티켓을 겹쳐서 배치해 붙이면 쉽게 빈 공간을 채울 수 있습니다. 빈 공간이 한번 생기면 어떻게 다 써야 하나 하는 부담감이 생겨 쉽게 다이어리를 손에서 놓게 됩니다. 이렇게 티켓을 이용해 꾸며주면 나중에 다이어리를 볼 때 '아 이 때는 여행을 다녀왔구나'라고 생각할 수 있겠죠. 여행을 다녀온 후 느낀 점은 마지막날 칸에 써도 충분합니다. 애써 다이어리의 모든 칸을 채우려는 것보다는 다이어리 쓰기 자체를 즐기는 것이 좋습니다.

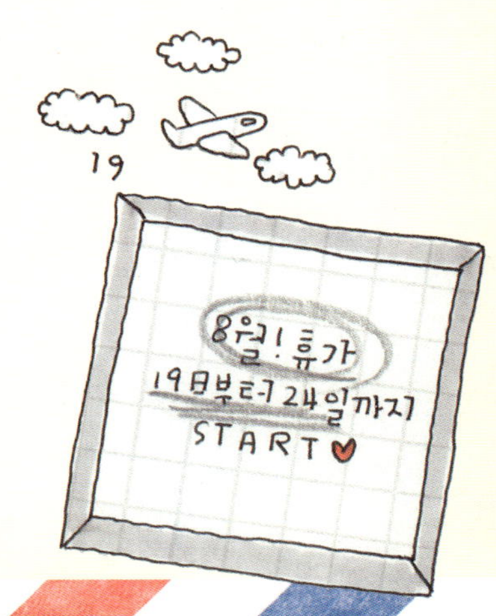

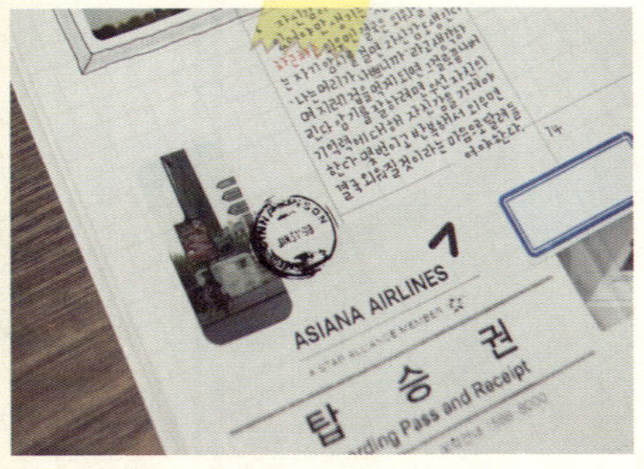

◑ 비행기 티켓 위에 사진스티커를 붙이고 스탬프로 쾅! 빈티지한 도장 하나 찍어주세요. 스탬프 효과를 가진 스티커를 사용해도 좋습니다.

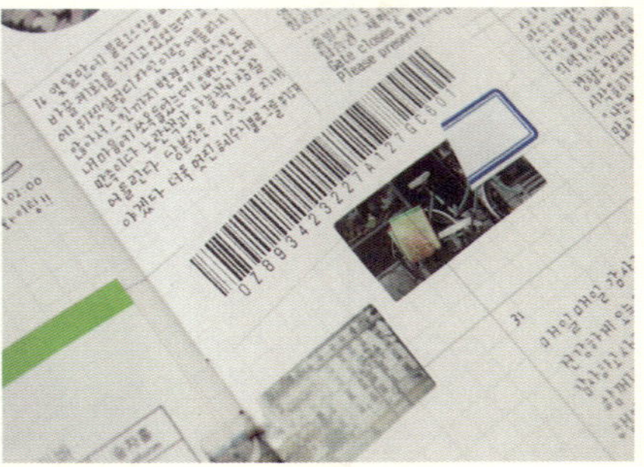

◑ 티켓 사이즈가 크기 때문에 칸에 맞게 잘라서 오른쪽으로 삐뚤빼뚤 배치해 붙여주었어요. 바코드도 멋진 데코가 되기 때문에 버리지 말고 꼭 빈 공간에 붙여보세요.

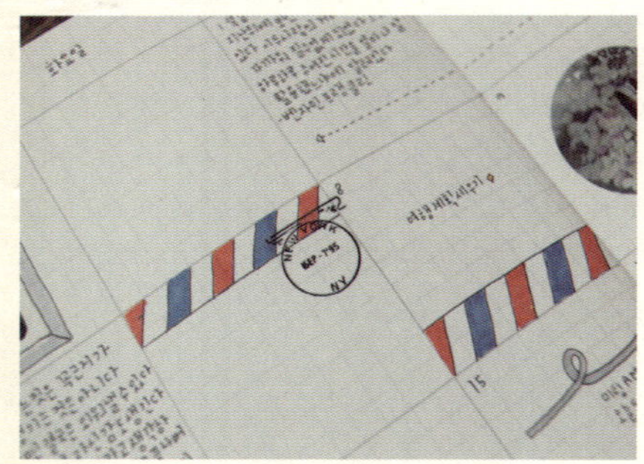

◑ 여행의 느낌을 한 껏 뽐낼 수 있는 컬러는 바로 빨강색과 파란색을 연속으로 배치하는 이런 느낌이겠죠? 볼펜으로 선을 그리고 마커로 중간에 컬러링을 입혔어요.

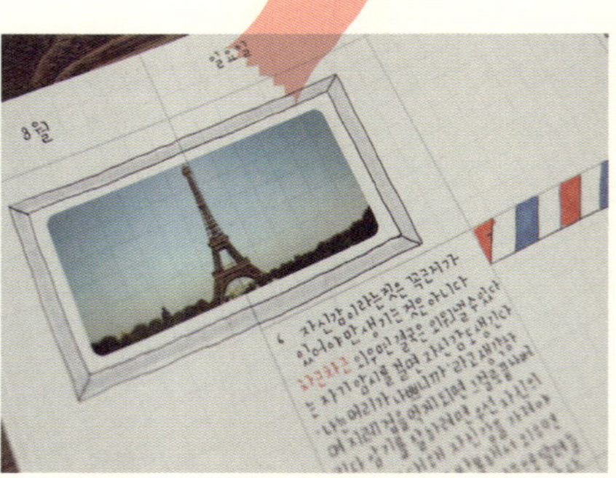

◑ 사진을 붙이고 주위에 액자처럼 손그림을 그려 회색마커로 컬러링을 해주었습니다.

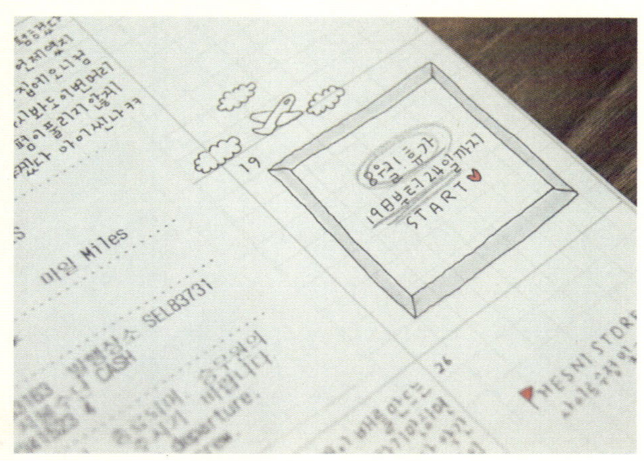

같은 방법으로 글씨를 써서
꾸민 예입니다.

타자체로 포스트잇 꾸미기

기다림을 배워라 성급한 열정에
휩쓸리지 않을 때 인내를 가진
위대한 심성이 드러난다
사람은 먼저 자기자신의 주인이
되어야 한다. 그런 다음에야
타인을 다스리게 될것이다
길고 긴 기다림 끝에 계절은 완성
을 가져오고 감춰진것을 무르익게
한다 - 필립2세 -

06 동그라미포인트체

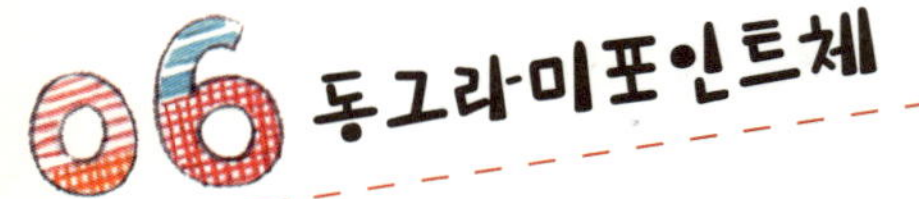

글씨의 동그라미 부분을 ㅇ 대신 · 으로 표현하는 글씨체예요. 가독성은 다른 글씨체에 비해 떨어지지만 독특한 분위기를 표현해줘서 인기있는 글씨체랍니다. 가독성이 떨어지기 때문에 노트 필기보다는 다이어리나 개인적인 기록을 할 때 사용해 보세요.

혜수니의 다이어리 꾸미기

쓰는 방법 : 글씨의 'ㅇ' 부분을 점으로 표시만 하면 돼요. 점을 찍을 때 끝부분에 쏠리지 않고 정가운데 'ㅇ' 이 들어가는 부분에 찍어야 예쁜 글씨를 완성할 수 있어요. 또 너무 작게 표시하는 것보다는 눈에 들어오게 살짝 진하게 찍어주세요.

추천 펜 : 미피펜, 겔리롤, 사라사펜

동그라미 포인트체 기본

ㄱㄴㄷㄹㅁㅂㅅ · ㅈㅊㅋㅌㅍㅎ
ㄱㄴㄷㄹㅁ ㅂㅅ · ㅈㅊㅋㅌㅍㅎ

굵은 펜으로 쓴 동그라미 포인트체

선을 행할때는 그것이 초래하는 어려움과
그것이 가져다줄 행복을 함께 저울에 올려보고
악을 행할때는 일시적인 쾌락이 주는 즐거움과
그것에 뒤따를 불행을 함께 저울에 올려보라.
- 탈무드 -

일반 펜으로 쓴 동그라미 포인트체

선행을 할때에는 그것이 초래하는 어려움과
그것이 가져다 줄 행복을 함께 저울에 올려보고
악을 행 할때는 일시적인 쾌락이 주는 즐거움과
그것에 뒤따를 불행을 함께 저울에 올려보라
- 탈무드 -

동그라미 포인트체로 다이어리 꾸미기

제주도 여행 다녀왔다
설레고 행복했음 ♥

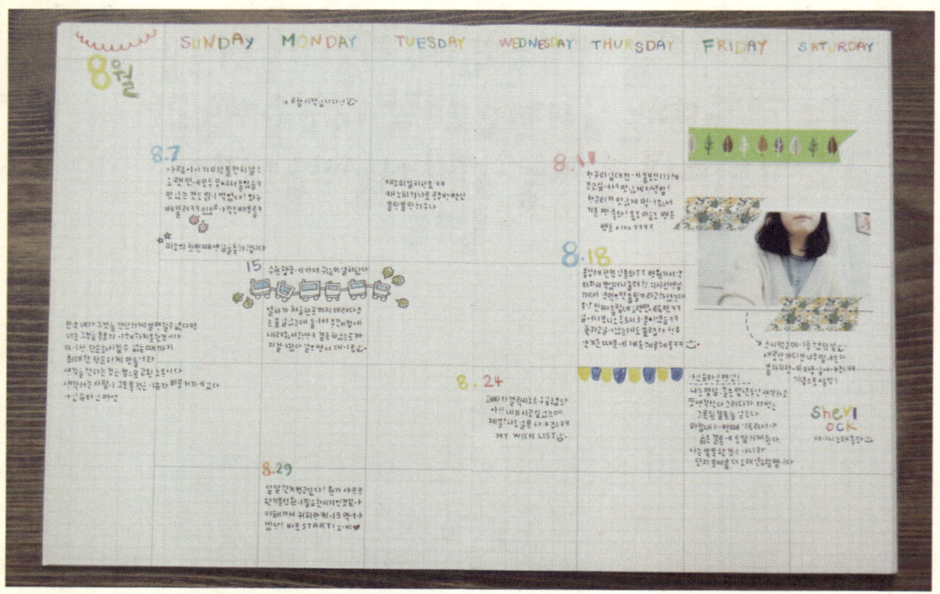

동그라미포인트체의 분위기를 한껏 살리기 위해 색연필과 함께 귀여운 느낌을 표현했답니다.
글씨체가 독특하기 때문에 글씨체만으로도 멋진 다이어리를 꾸밀 수 있어요.

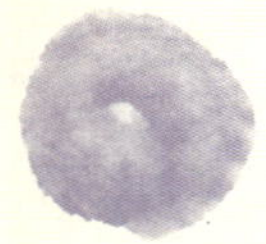

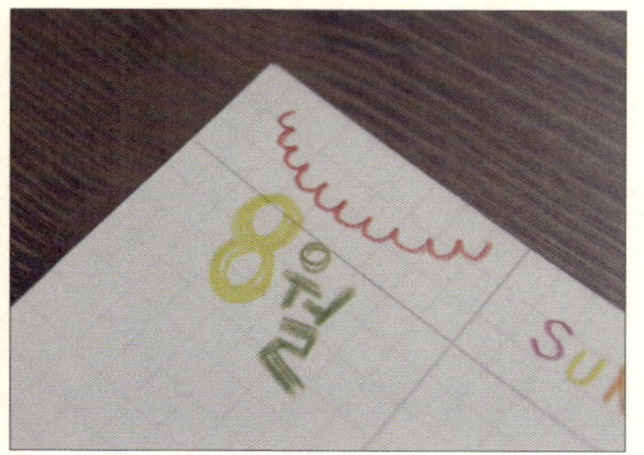

동그라미포인트글씨의 귀여운 느낌을 더해주기 위해 색연필로 기본 날짜와 요일을 썼습니다. 빨간색 색연필로 레이스를 그리고 그 아래 노란색과 초록색 색연필을 여러 번 덧그려 낙서한 듯한 글씨로 표현했어요.

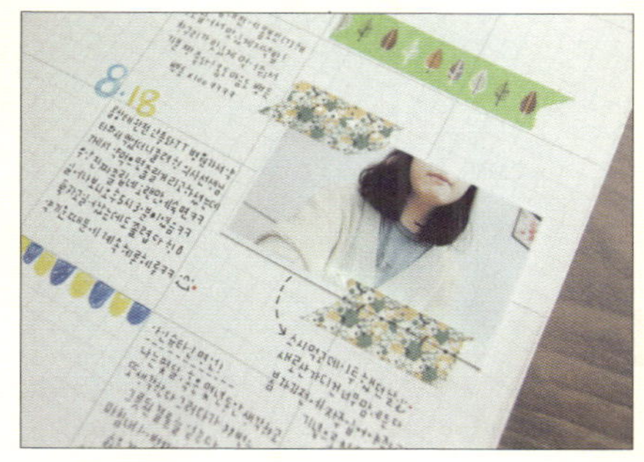

다이어리 빈 공간에 사진을 붙이고 전체적인 분위기와 어울리는 마스킹테이프를 붙였습니다. 작은 요소도 무심히 넘어가지 않고 그 분위기에 맞게 사용하면 더 예쁜 다이어리를 꾸밀 수 있어요.

만약 네가 그것을 간단하게 설명할 수 없다면
너는 그것을 충분히 이해하지 못한것이다
더 이상 단순화시킬 수 없을 때까지
최대한 단순하게 만들어라
생각을 한다는 것은 참으로 고된 노동이다
생각하는 사람이 그토록 적은 이유가 바로 거기에 있다
ㅡ 아인슈타인 명언

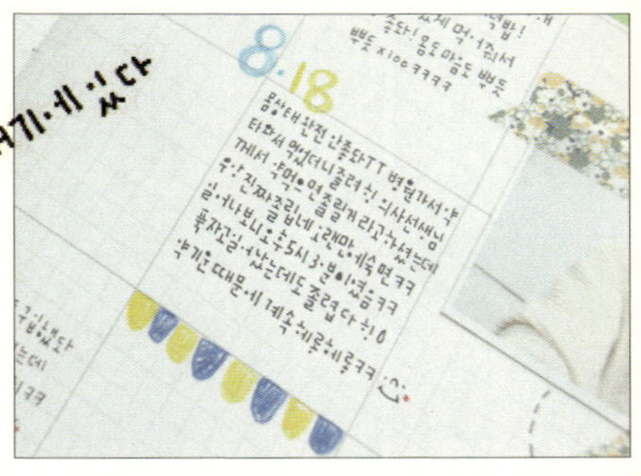

이제 동그라미포인트글씨를 자세히 볼까요? 앞에서 알려드린 방법대로 동그라미를 'ㅇ'이 아닌 '·'으로 써줍니다.

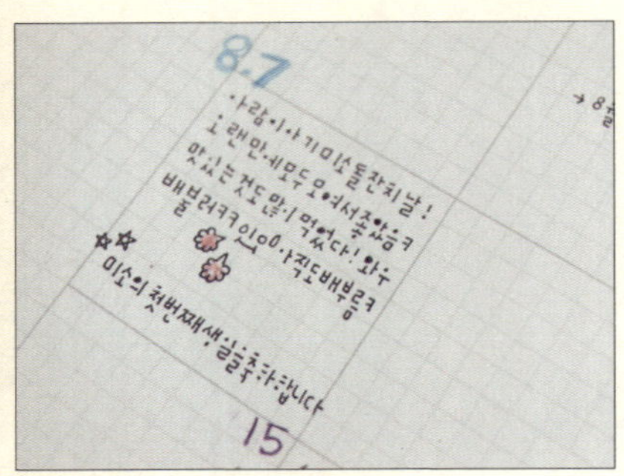 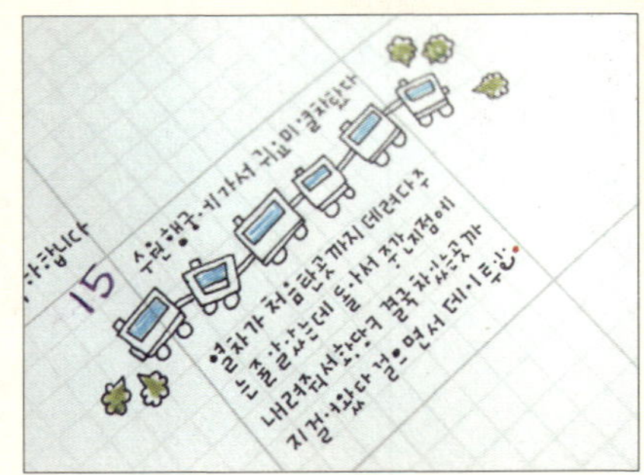

글자 사이에 손그림을 그려주어도 좋습니다. 손글씨 & 손그림 배치방법은 자신이 생각하는 만큼 표현할 수 있기 때문에 다양하게 시도해보는 것이 좋습니다. 글씨 중간에 손그림을 넣어도 괜찮죠?

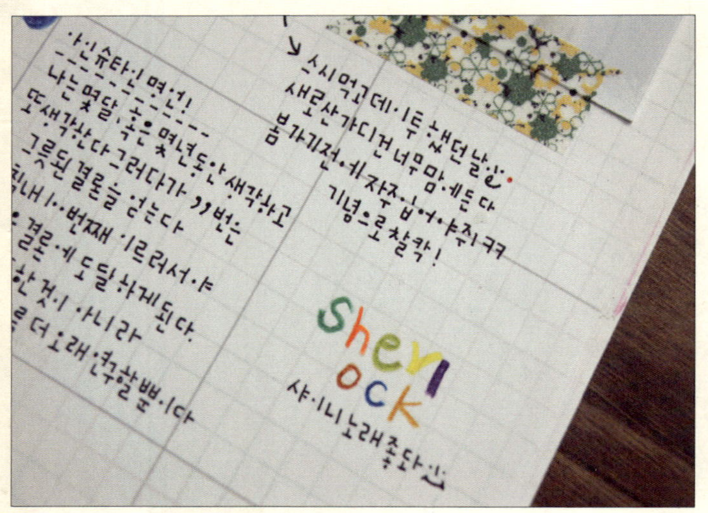 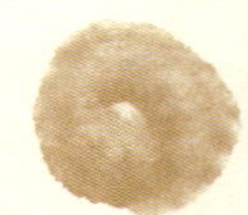

일반 글씨들 사이에 색연필로 포인트글씨를 넣어주었습니다. 색연필 컬러 배치하기가 어렵다면 위 사진의 순서대로 써보세요. 색연필로 글씨에 포인트를 줄 때 색 배열을 잘못하면 보기 싫게 될 수도 있습니다. 글씨를 쓰기 전에 먼저 종이에 색 배열을 해보는 것이 좋아요.^^

동그라미포인트체로 포스트잇 꾸미기

마법사가 말했다
"최초의 가르침을 시작하기 전에 한가지 당부하고 싶은 것이 있네" "일단 길을 발견하게 되면 두려워해선 안되네. 실수를 감당할 용기도 필요해. 실망과 패배감, 좌절은 신께서 길을 드러내 보이는데 사용하는 도구일세."
- 파울로 코엘료 「브리다」 중에서

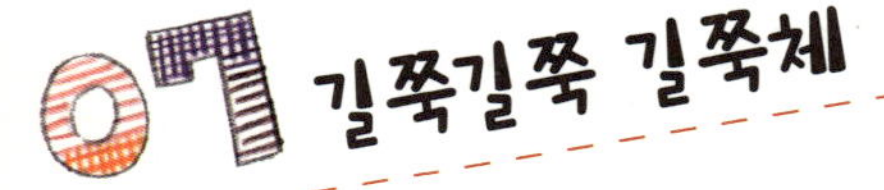 07 길쭉길쭉 길쭉체

기본글씨는 포인트글씨보다 작기 때문에 특징이 크게 딱! 딱! 보이지 않아요. 이번에 알려드리는 글씨체는 글자 하나의 정사이즈를 위 아래로 늘려 길쭉하게 쓰는 방법이에요. 말 그대로라면 '어? 너무 쉬운데?'라고 생각할 수 있는데 의외로 어려운 글씨랍니다. 글자마다 높이가 들쭉날쭉이면 보기 좋지 않으니 일정한 높이로 글자를 써주어야 돼요. 이 부분을 항상 생각하면서 같이 길쭉체를 써봐요.

혜수니의 다이어리 꾸미기

쓰는 방법 : 자음, 모음을 위 아래로 길게 늘려 쓰면서 글자와 글자 사이의 간격을 좁게 써주세요. 여기서 글자를 크게 쓰는 게 아니라 작게 써도 위 아래로 늘려만 주면 돼요.

추천 펜 : 시그노

길쭉체 기본

ㄱㄴㄷㄹㅁㅂㅅㅇㅈㅊㅋㅌㅍㅎ
ㄱㄴㄷㄹㅁㅂㅅㅇㅈㅊㅋㅌㅍㅎ

굵은 펜으로 쓴 길쭉체

지금 네가 해야만 하는 일에 절대 게으르지 마라
그러면 시간이 지난 후
네가 이 모든 상황을 바꿀 수 있을 것이다
책. 하루라도 공부만 할수 있다면 中에서

일반 펜으로 쓴 길쭉체

지금 네가 해야만 하는 일에 절대 게으르지 말자
그러면 시간이 지난 후
네가 이 모든 상황을 바꿀수 있을 것이다
책. 하루라도 공부만 할수 있다면 中에서

길쭉체로 다이어리 꾸미기

벌써 3월이네, 이제 조금만 있으면 봄이온다
봄비오니까 너무 시원하고 기분좋다 응응
주룩주룩

길쭉체는 정자체처럼 깔끔하고 반듯한 느낌이 드는 글씨체예요. 정
자체가 가로세로의 비율이 1:1이었다면 길쭉체는 가로세로의 비율이
1:1.5~2 정도 된다고 보면 돼요. 글씨 자체가 독특해서 노트 필기
를 하거나 메모를 할 때도 나만의 개성이 강한 느낌을
팍! 팍! 낼 수 있을 거예요.

길쭉체는 그 동안 쉽게 일상
에서 보지 못한 글씨체인 만
큼 감성을 자극하기도 합니다.
그런 길쭉체의 특징을 강조하기
위해 빈 공간에 사진을 붙여보았
어요.

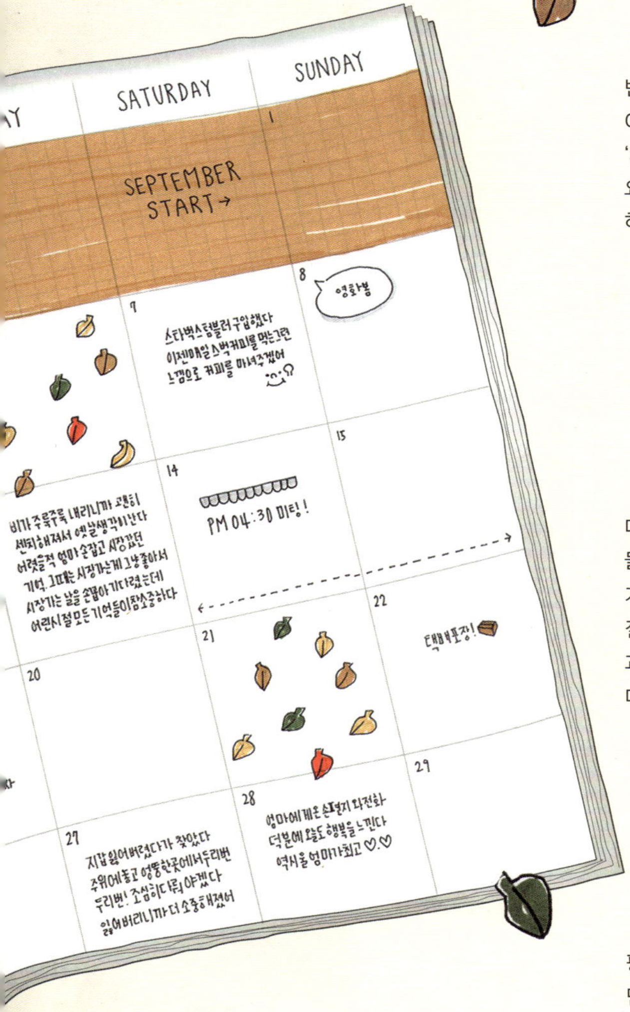

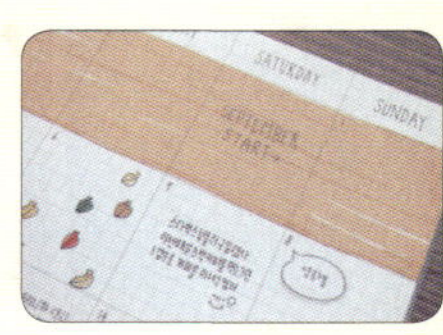

빈 공간에 마커로 슥- 슥- 겹치지 않게 그어 컬러링을 해줍니다. 그 위에 검정펜으로 'SEPTEMBER START'라는 문구를 적었어요. 영어도 가로세로의 비율을 1:1.5 정도로 하여 세로로 살짝 긴 느낌을 주면 돼요.

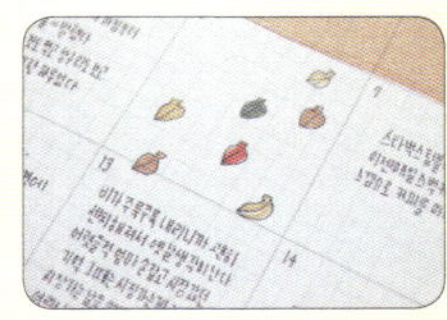

다이어리에 쓸 말이 없을 때는 가을 느낌이 물씬 들도록 간단한 손그림을 그려주세요. 가을 하면 떠오르는 손그림으로 낙엽이 빠질 수 없겠죠? 나뭇잎 몇 개를 그리고 가을과 어울리는 컬러를 정한 뒤 색을 입혀줍니다.

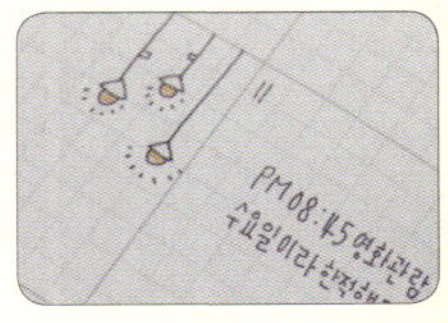

평소 자주 그리는 손그림 몇 가지를 정해두면 꾸미기가 한층 수월해져요. 제가 주로 사용하는 손그림 중 하나가 전구인데 전구는 어느 분위기와도 잘 어울리는 손그림이에요. 자신이 자주 사용하는 손그림 몇 개를 익혀두는 것도 손글씨 & 손그림을 잘 사용하는 좋은 방법이랍니다.

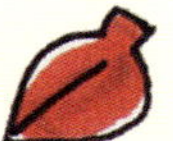

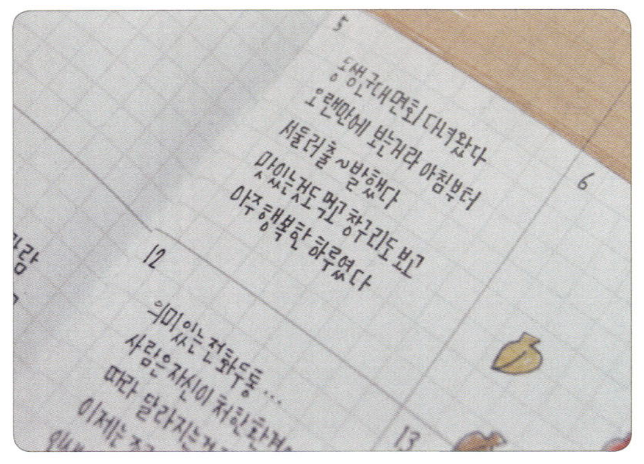

길쭉체는 처음에 가로보다 세로를 길게 써야 한다는 생각에 글씨 쓰는 것이 힘들 수 있어요. 하지만 한두 번 의식적으로 생각하며 쓰다 보면 자연스럽게 익숙해질 거예요. 나만의 독특한 글씨를 만드는 것이 생각보다 쉽진 않습니다. 하지만 나만의 글씨를 만들고 쓰다 보면 글씨를 쓰는 자체가 재밌게 느껴지기 때문에 더 좋은 효과들이 찾아올 거예요.

길쭉체로 포스트잇 꾸미기

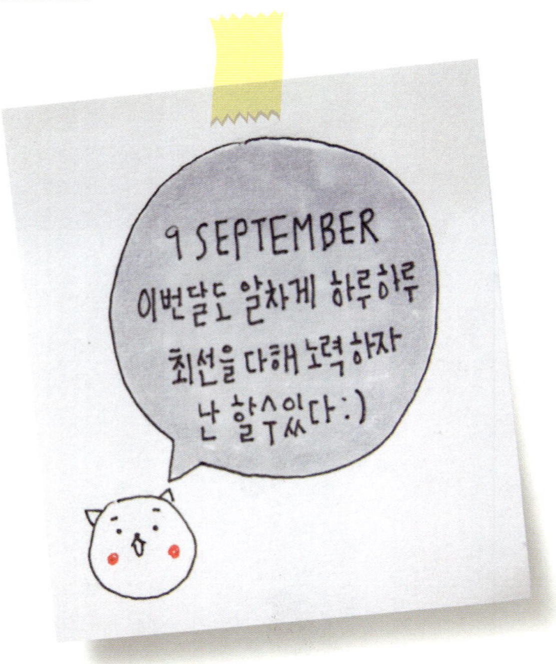

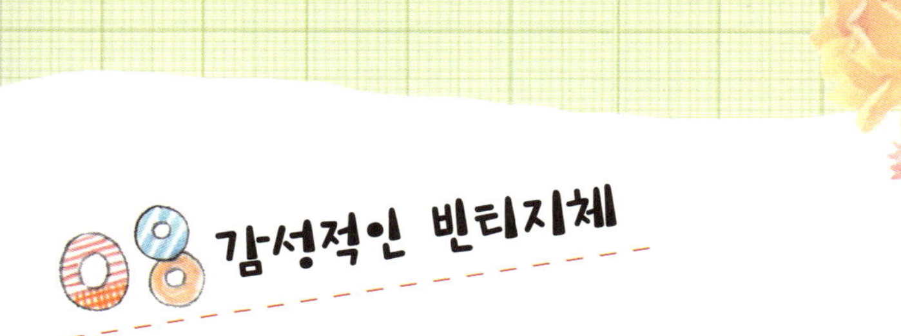

빈티지체는 비뚤빼뚤체와 비슷하면서도 다른 글씨체예요. 삐뚤빼뚤체는 이름 그대로 글씨를 삐뚤빼뚤하게 쓰는 글씨체이고 빈티지체는 글씨를 좀 더 빈티지스럽고 감성적이게 쓰는 글씨체랍니다. 빈티지체는 주로 사진 안에 글씨를 쓸 때 사용하면 좋고 일반펜이 아닌 붓펜이나 펜촉을 사용해 쓰는 것이 더 멋스럽습니다.

쓰는 방법 : 글자를 정형화시키지 않고 느낌대로 써내려갑니다. 문장이 끝나는 단어는 마무리 획을 좀 더 길게 써주기도 하고 중간중간 모음을 크게 쓰기도 합니다. 자연스럽게 쓰면서 전체적인 비율을 맞춰 쓰는 게 중요해요.

추천 펜 : 붓펜, 라이브칼라, 펜촉

빈티지체 기본

ㄱㄴㄷㄹㅁㅂㅅㅇㅈㅊㅋㅌㅍㅎ
ㅏㅑㅓㅕㅗㅛㅜㅠㅡㅣ

굵은 펜으로 쓴 빈티지체

내가실패라고인정하지않으면
실패가아닌거야
원하지않는 결과가 나왔더라도
자기가어떤만족을 느꼈다면
실패라고 할수없는거야
고생도 마찬가지다
고생이라고 생각안하면고생이아닌거야
세상에는 말이야
- 김병만식 자전에세이 -

일반 펜으로 쓴 빈티지체

내가실패라고 인정하지않으면
실패가아닌거야
원하지않는 결과가 나왔더라도
자기가어떤 만족을 느꼈다면
실패라고할수없는거야
고생도 마찬가지다
고생이라고 생각안하면 고생이아닌거야
세상에는 말이야
- 김병만식 자전에세이 -
꿈이있는 거북이는지치지않습니다 -

빈티지체로 다이어리 꾸미기

되돌아온등기편지 !
이사된주소확인후 다음달에
다시보내야겠다

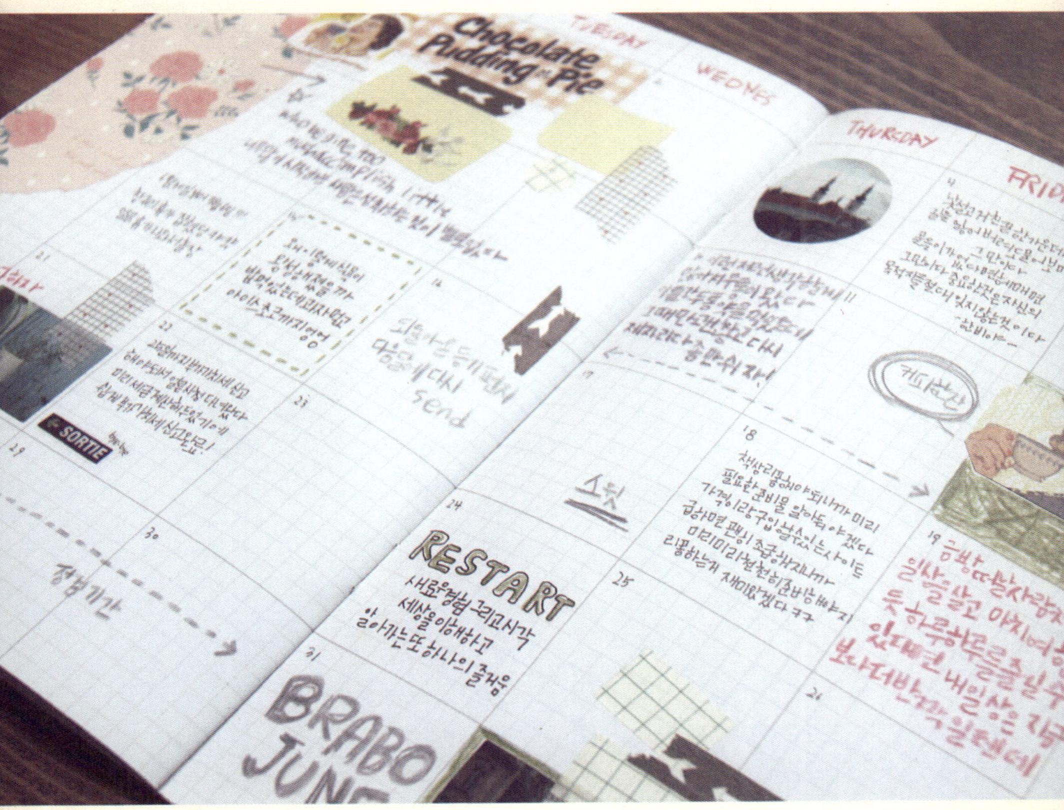

○ 빈티지체는 이름대로 빈티지한 느낌과 가장 잘 어울린답니다. 삐뚤빼뚤체와 비슷하면서도 다른 느낌을 느낄 수 있을 거예요. 빈티지 글씨를 썼을 때의 전체적인 느낌을 먼저 봐주세요.

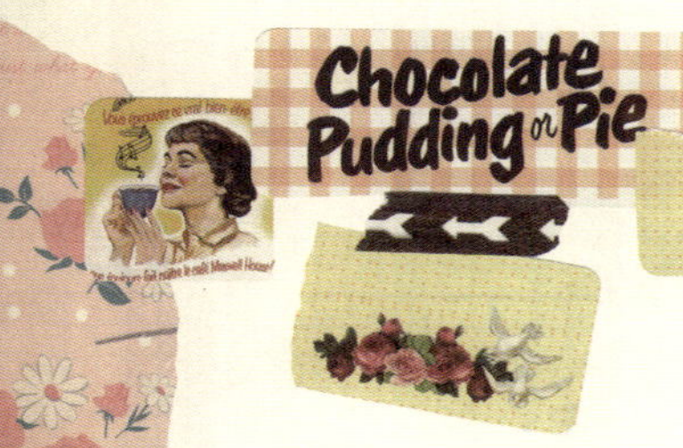

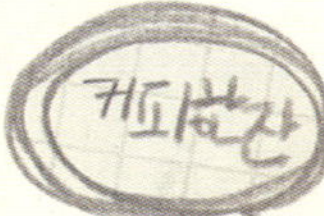

○ 빈티지 느낌이 나는 패턴과 스티커를 사용하면 그 효과를 더 크게 낼 수 있어요. 요즘에는 빈티지 풍의 포장지나 스티커 등이 다양하게 출시되어 재료를 쉽게 구할 수 있답니다. 빈티지 재료들을 서로 겹쳐 붙여주면 포인트를 줄 수 있어요.

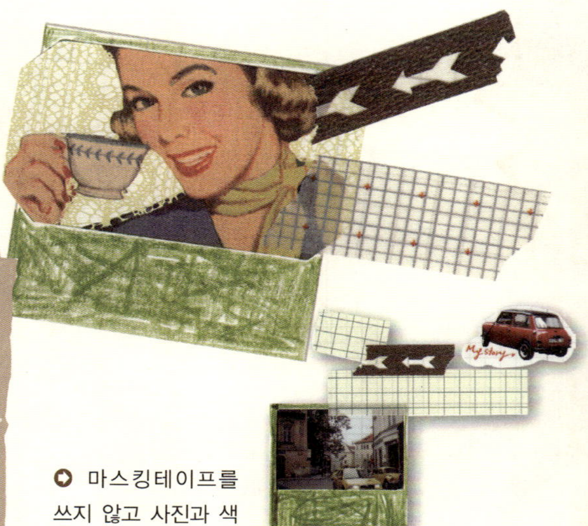

○ 그림이나 사진을 붙이고 주위 배경을 색연필로 자연스럽게 컬러링해서 빈티지 효과를 더해주었어요. 색연필만의 느낌이 강하게 나죠? 조금 허전하다 싶으면 사용한 색연필과 색상이 비슷한 마스킹테이프를 붙여주면 좋습니다.

○ 마스킹테이프를 쓰지 않고 사진과 색연필만 이용해 꾸며도 좋아요.

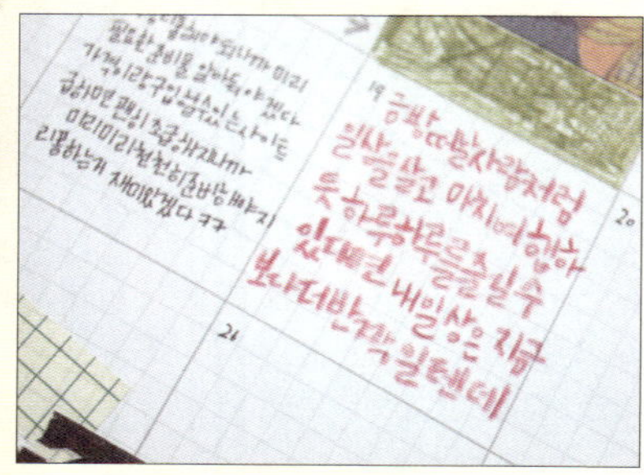

○ 빈티지지체는 색연필의 느낌과 참 잘 어울립니다. 먼슬리 칸에 처음부터 끝까지 색연필로 명언을 적어보았어요. 강조하고 싶은 글귀나 포인트를 주고 싶을 때는 이렇게 색연필로 빈티지글씨를 적어보세요.

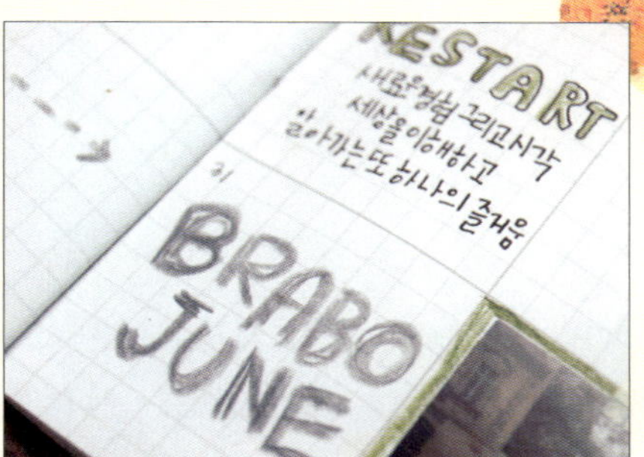

⬆ 간단한 문구나 단어를 적을 때는 색연필로 덧그어 단어를 강조시킵니다.

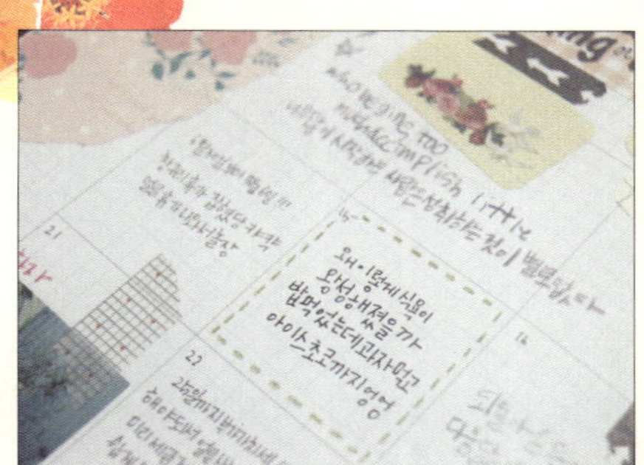

⬆ 글씨를 쓰고 주위에 점선으로 패턴을 더해 전체적인 분위기를 맞추었답니다.

낯설고 거친 길 한가운데서
길을 잃어버리더라도 물어보면
그만이다
물을 이가 없다면 헤매면
그만이다 중요한 것은 자신의
목적지를 절대 잊지 않는 것이다
- 한비야 -

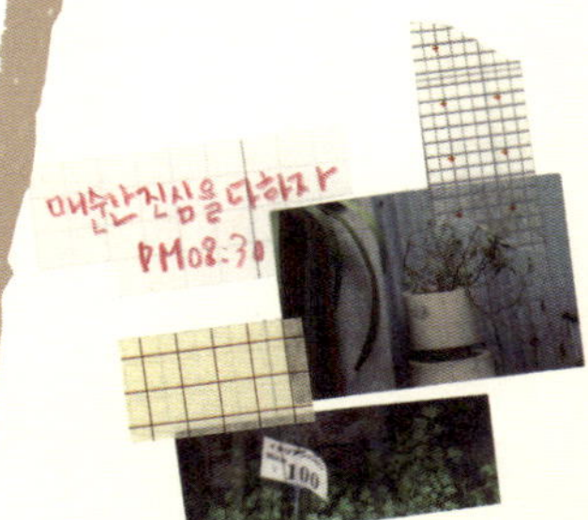

⬆ 빈티지 느낌을 더 강하게 내고 싶으면 색상을 조절하는 방법이 있어요. 빈티지 색상은 우리가 주로 보고 사용하는 색상보다 톤이 다운되고 명도가 낮습니다. 주로 갈색이나 톤 다운된 노란색, 회색 등 색상을 분위기에 맞게 사용하면 더 쉽게 원하는 분위기를 연출할 수 있을 거예요.

헤수니 글씨 팁

그 동안 정말 많은 문의를 받았던 헤수니 글씨에 대해 자세히 알려드릴게요. 저는 다이어리꾸미기 글씨나, 노트 필기, 메모 등 모두 같은 글씨체로 글씨를 써요. 글씨를 쓸 때 반듯하고 또박또박 써야지 하는 생각으로 글씨를 쓰고 있어요. 블로그에 다이어리를 올리면 깔끔해 보인다고 하는데 그건 제가 이런 생각을 가지고 한 글자 한 글자 반듯하게 쓴 글씨가 밑바탕이 되어 그런 게 아닌가 생각합니다. 그리고 글씨를 쓸 때 단어를 보는 게 아니라 전체적인 레이아웃을 보고 써요. 한 글자 한 글자 정성들여 쓰면 시간도 오래 걸리고 쓰다가 지칠 것 같은데 저에게는 이렇게 정성들여 쓰는 게 잘 맞더라고요. 정성을 들이면서 쓰다 보면 집중이 되고 쓰면서 이해하기 때문에 오히려 더 시간이 절약돼요.

언제부터인가 문득 연필이 쓰고싶어졌다
너무 오랜만에 잡아보는 연필에 잠시 어렸을때 상상을 하게 된다
중학교 들어가서는 샤프를 줄곧 사용해으니 아마 초등학생때 인것 같다
뾰족한 연필이어야 집중이 잘 된다며 필통 가득 새 연필을 깎아갔다
아침 일찍 학교에 가서 밤에 깎아놓은 새 연필을 잡고 사각사각 필기를 하면
왠지 모르게 기분이 좋았다
초등학교를 졸업하고 꽁꽁 넣어둔 연필깎이를 며칠전에 꺼냈다
박스안에 있어서인지 뽀얀 먼지는 없었지만
그동안 사용한 흔적이 고스란히 남아있다

글씨의 특징 : 혜수니 글씨의 특징은 또박또박 +손글씨가 합쳐진 느낌이에요. 전체적으로 보면 또박또박한 글자로 보이지만 자세히 들여다 보면 중간중간 삐뚤빼뚤한 느낌이 들어가 손글씨의 느낌을 느낄 수가 있어요. 너무 또박또박 반듯하게 쓰면 손그림과 잘 어울리지 않기 때문에 손글씨의 느낌을 더한 거예요. 그리고 깔끔하게 쓰여진 글씨를 보았을 때 기분도 좋고요. 그리고 자음과 모음의 크기가 같고 글씨를 쓸 때 힘을 주어 쓰는 편이랍니다.

한글

ㄱㄴㄷㄹㅁㅂㅅㅇㅈㅊㅋㅌㅍㅎ

ㅏㅑㅓㅕㅗㅛㅜㅠㅡㅣ

가나다라마바사
아자차카타파하

영문

A B C D E F G H I J K L M N
O P Q R S T U V W X Y Z

숫자

1 2 3 4 5 6 7 8 9 0

따라 써보기

보기

남산타워 전망대에서
5시 30분부터 바깥을 바라보고있었다
나는 해가 막지는 어둑어둑 해질 무렵의
시간을 참 좋아한다
서서히 건물 불빛들이 켜지는걸 바라보고 있으면
감성적인 욕구가 두근거린다
더군다나 이렇게 높은 타워 에서 서울 시내를
바라보며 그 시간을 기다리고 있으니
나의 기분은 어린아이마냥
설레고 또 설레었다

남산타워 전망대에서
5시 30분부터 바깥을 바라보고있었다
나는 해가 막지는 어둑어둑 해질 무렵의
시간을 참 좋아한다
서서히 건물 불빛들이 켜지는걸 바라보고 있으면
감성적인 욕구가 두근거린다
더군다나 이렇게 높은 타워 에서 서울 시내를
바라보며 그 시간을 기다리고 있으니
나의 기분은 어린아이마냥
설레고 또 설레었다

보기

열망을 뜻하는 영단어 'Passion'은 아픔이라는 의미의
'Passio'를 어원으로 한다고 한다. 그렇다. 열망에는
아픔이 따른다. 그 아픔이란 눈앞에 당장보이는
달콤함을 미래의 꿈을 위해 포기해야 하는 데서 온다
김난도

열망을 뜻하는 영단어 'Passion'은 아픔이라는 의미의
'Passio'를 어원으로 한다고 한다. 그렇다. 열망에는
아픔이 따른다. 그 아픔이란 눈앞에 당장보이는
달콤함을 미래의 꿈을 위해 포기해야 하는 데서 온다
김난도

PART3
포인트손글씨

이 두께글씨

꾸미기 포인트글씨 중 가장 기본이 되는 글씨가 두께글씨예요.
글씨에 0.3~0.5mm 정도 두께를 주면 글씨의 크기가 커지면서 포인트 효과가 있어
요. 두께를 준 만큼 글씨에 빈 공간이 생기는데 그대로 두어도 좋고 안에 예쁘게 컬
러링을 해도 좋아요. 글씨의 두께를 일정하게 하는 게 두께글씨를 가장 예쁘게 쓰
는 방법이랍니다. 두께글씨는 두께를 주기 위해 여러 번 덧 그려야 하니까 꼭 얇은
펜을 사용하세요.

추천 펜 : 파인테크, 하이테크

쓰는 방법

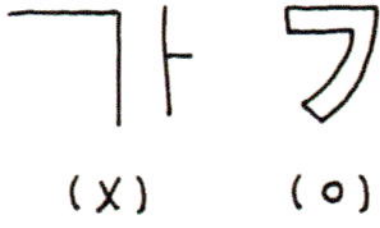

가 ㄱ
(X)　(O)

❶ 글자를 한 번에 다 쓰지 말고 한 획씩
그으면서 글자에 두께를 주세요.

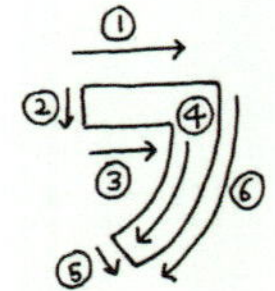

❷ 세로, 가로를 덧그어주면서 자음을 천천히
완성합니다.

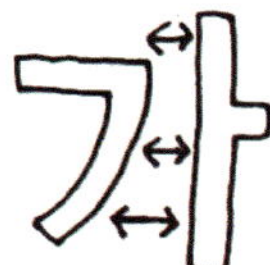

❸ 서로의 간격을 생각하면서 다음 모음을 쓰세요.

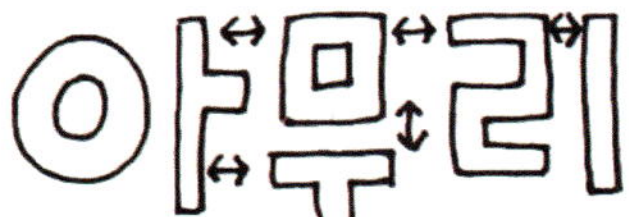

❹ 다음 글자와의 간격도 일정하게 쓰는 것이 중요해요.

아무리 많은것을 소유하고

❺ 앞의 순서를 반복하며 글자를 완성해갑니다.

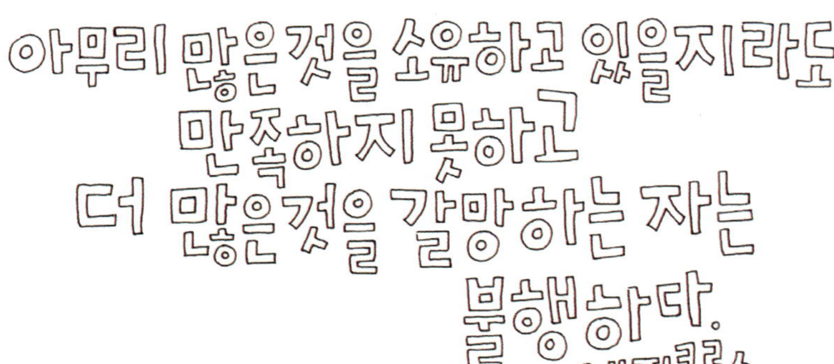

❻ 이대로 두어도 예쁘고 글자 두께에
컬러링을 해주어도 예뻐요.

02  입체글씨

입체글씨는 두께글씨를 3D로 표현한 포인트글씨예요. 두께글씨에 깊이를 더하면 더 다이내믹한 글씨를 쓸 수 있어요. 종이에서 튀어나온 듯한 느낌을 가지고 있고 다양하게 응용이 가능한 글씨예요. 입체글씨는 글씨에 그어야 하는 획이 더 많기 때문에 되도록 가는 펜으로 쓰는 게 좋아요. 굵기가 굵은 펜으로 쓰면 잉크가 겹치기 때문에 글씨 표현이 힘들어요.

추천 펜 : 시그노, 하이테크

쓰는 방법

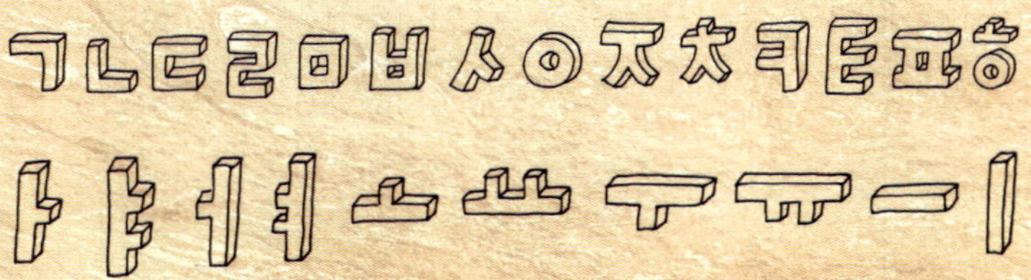

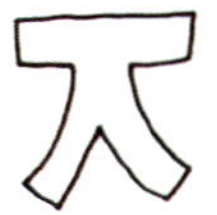

❶ 원하는 글자의 자음을 두께글씨로 써주세요. (116쪽 두께글씨참고)

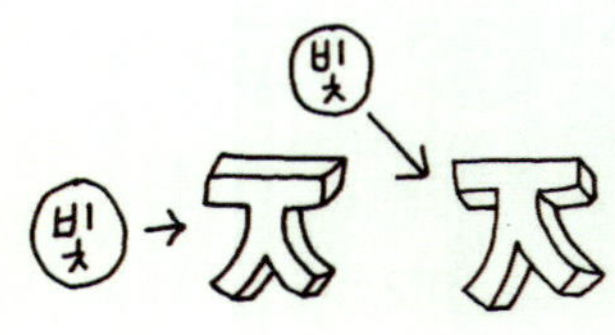

❷ 글자에 빛을 비추었을 때 그림자가 지는 방향으로 두께를 표현해주세요.

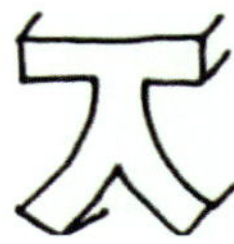

❸ 자음의 모서리에 오른쪽으로 0.3mm 정도 두께가 되는 사선을 그으세요. 사선을 들쑥날쑥 그리지 않고 일정한 길이로 긋는 것이 중요해요.

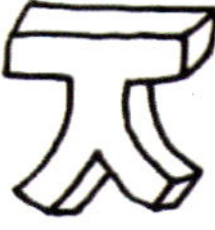

❹ 사선을 이어주면서 글자를 완성합니다.

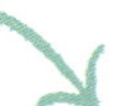

❺ 자음과 모음 사이의 간격을 일정하게 맞춰주는 것이 예쁜 입체글씨를 쓰는 가장 중요한 포인트예요.

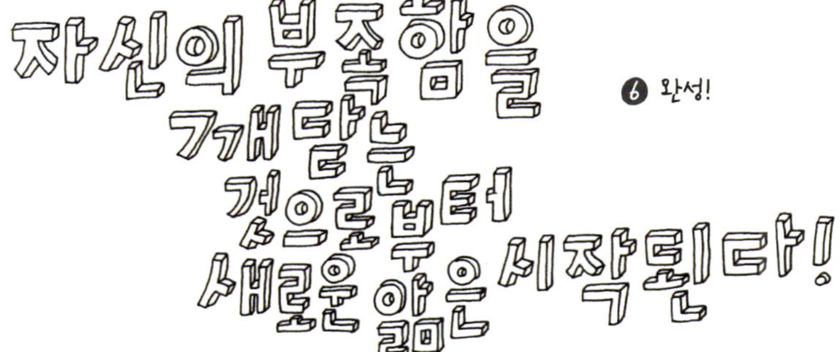

❻ 완성!

그림자 글씨

글씨에 그림자를 주어 포인트를 주는 글씨예요. 빛에 따라 그림자가 어떻게 생기는지 잘 알고 이해해야 쉽게 쓸 수 있어요. 한 획만 잘못 그어도 글씨를 알아보기가 어렵기 때문에 집중해서 써주세요.

추천 펜 : 글씨 부분_ 멕키 엑스트라파인, 라이브컬러, 그림자 부분_ 시그노, 파인테크

쓰는 방법

ㄱㄴㄷㄹㅁㅂㅅㅇㅈㅊㅋㅌㅍㅎ
ㅏㅑㅓㅕㅗㅛㅜㅠㅡㅣ

① 원하는 단어를 한꺼번에 쓰지 말고 자음, 모음 한 개씩 이해하면서 써야 해요.

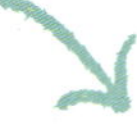
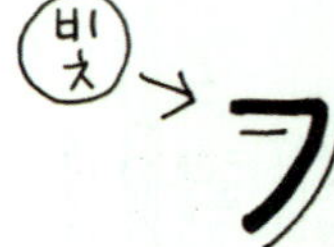

② 빛이 어느 쪽으로 올지 가정하고 써나갑니다.

키 개
(O)　(X)

❸ 자음의 그림자가 되는 부분에 한 줄을 그어주세요. 그림자는 글자의 아래 또는 뒤쪽에 생기기 때문에 자신이 생각하는 글씨보다 아래, 위, 뒤쪽에 글자를 써야 원하는 위치에 쓸 수 있어요.

캐개인에게 있어서
최고의 선택은
그 자신이 성취할수있는
곳에서
최고가 되는것이다
아리스토텔 레스

❹ 완성!

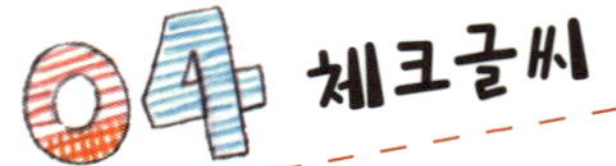 체크글씨

두께글씨를 쓰고 그 안에 컬러링을 하는 방법 외에 다양한 문양을 넣어서 새로운 글씨를 만드는 방법이 있어요. 그 대표적인 예가 체크글씨랍니다. 체크글씨는 모던하고 글씨 자체가 이미지 효과를 주기 때문에 꾸미기 포인트글씨로 제격이에요. 컬러링 펜의 종류나 굵기에 따라 다른 느낌을 준답니다.

추천 펜 : 미피펜, 겔리롤 0.4

쓰는 방법

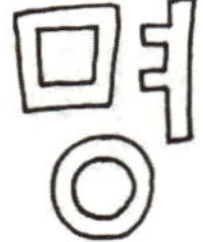

❶ 원하는 문장을 두께글씨로 써주세요.

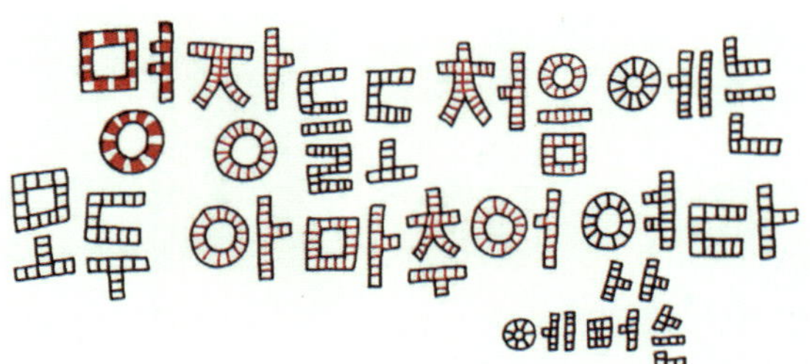

❷ 글자 두께 안에 가로, 세로 체크선 을 그어주세요.

❸ 칸 안에 홀수로 색을 채워서 완성합니다.

물방울글씨(=말랑말랑글씨)

물방울 느낌을 글씨에 표현해볼게요. 물방울 느낌은 컬러링이 없는 글씨도 표현할 수 있고 컬러링이 된 글씨로도 표현할 수 있어요. 비가 오는 날이나 물과 연관된 글씨를 쓸 때 물방울글씨를 쓰면 효과가 두 배가 돼요. 물방울글씨처럼 말랑말랑한 글씨는 귀여운 기본글씨체와 잘 어울리는 포인트글씨랍니다.

추천 펜 : 글씨 라인 부분은 두께가 있어야 하기 때문에 너무 얇은 펜은 좋지 않아요.
사라사 클립(라인), 아이스크림 젤 펜(라인), 겔리롤 스타더스트(컬러링)

쓰는 방법

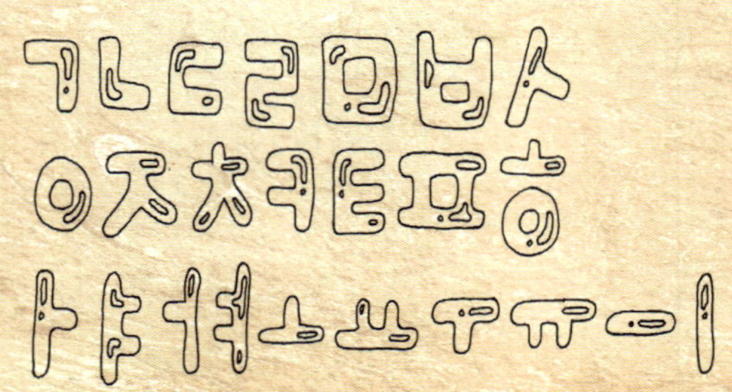

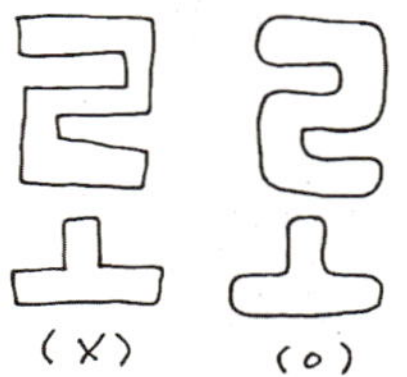

❶ 물방울글씨는 두께글씨를 각지게 쓰지 않고 위처럼 동글동글 표현합니다. 중간에 펜 끝을 떼지 말고 그대로 한번에 스윽~ 그어주세요.

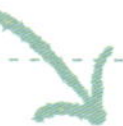

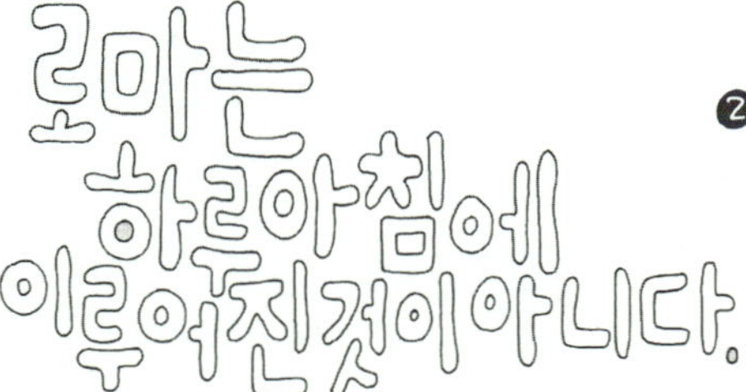

❷ 두께가 있는 글씨를 써주세요.

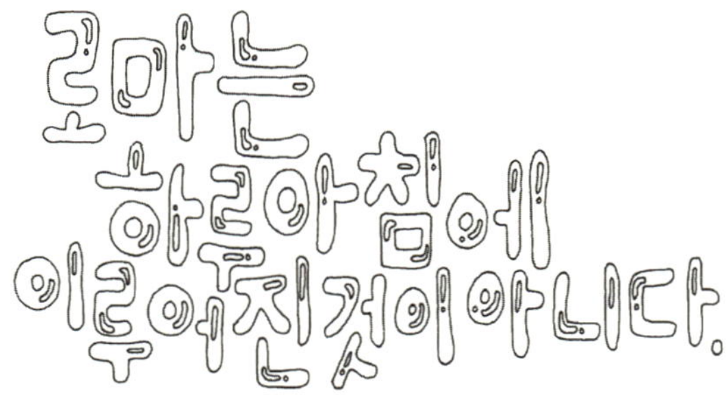

❸ 글씨 두께의 끝 쪽에 물방울이 맺히는 동글 표시를 넣어
주면 간단하게 완성돼요. 물방울 표시는 글씨 가운데가
아닌 끝부분이나 구부러진 곳에 해줘야 더 물방울 느낌
이 나요.

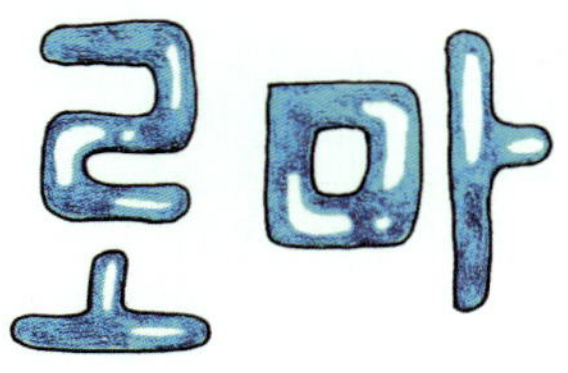

❹ 컬러링 물방울글씨는 두께에 원하는 데코펜으로 컬러
링을 할 때 물방울 표시를 미리 남겨놓고 컬러링을 합
니다. 같은 컬러펜으로 동그라미를 그어주고 동그라미 주
위에 컬러링을 해주면 신경쓰지 않고 편하게 물방울
느낌을 만들 수 있어요. 위에 사용한 펜은 겔리롤 스타
더스트 데코펜입니다.

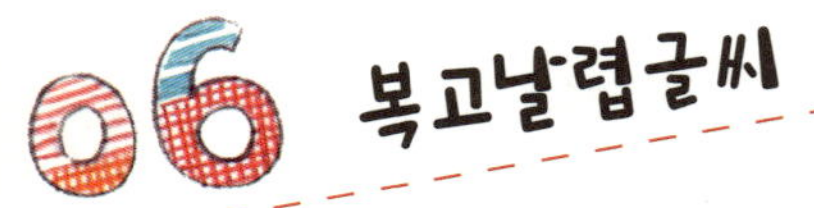 복고날렵글씨

글자에 두께를 주고 끝부분을 날렵하게 만들어 복고풍 느낌을 주는 글씨체예요. 끝부분을 날렵하게 하면서 기울임을 주는 게 포인트랍니다. 복고적인 느낌이 들기 때문에 노트나 다이어리 분위기에 많은 영향을 줘요.

추천 펜 : 하이테크, 시그노

쓰는 방법

ㄱㄴㄷㄹㅁㅂㅅㅇㅈㅊㅋㅌㅍㅎ
ㅏㅑㅓㅕㅗㅛㅜㅠㅡㅣ

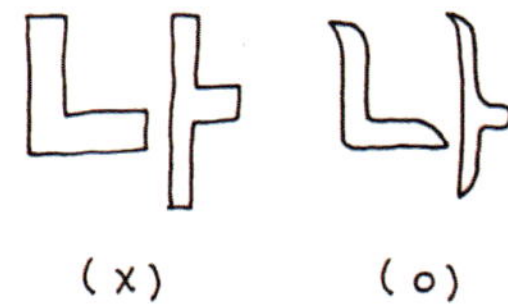

(x)　　　(o)

❶ 글자를 쓸 때 모서리 부분에 신경 써서 기울기를 구부려주세요.

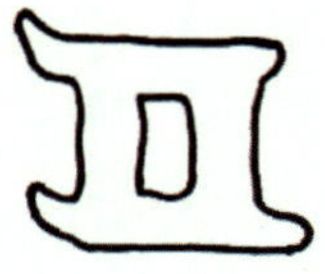

❷ 두께가 있는 글자를 써야 하기 때문에 글자가 다 완성되었을 때 어떤 모습일지 미리 생각해야 돼요. 예를 들어 'ㅍ'일 경우 'ㅡ'와 'ㅣ'가 겹치는 부분은 뚫려 있어야 하는데 생각을 안 하고 그냥 그어버리면 볼펜으로 했을 경우 수정하기가 힘들기 때문에 미리 이해하고 있는 것이 중요해요.

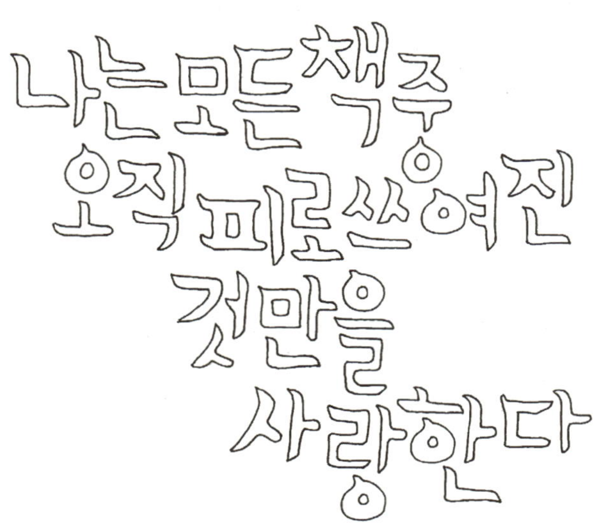

❸ 두께를 주는 다음 선도 앞에서 구부린 것처럼 기울기를 줘서 글자를 완성하세요.

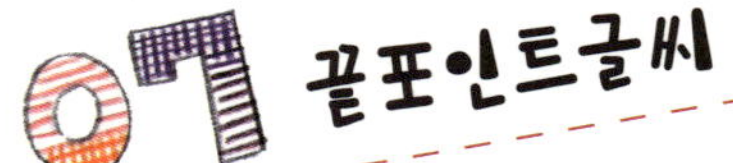 07 끝포인트글씨

폭이 넓은 펜으로 크게크게 쓰고 끝 부분에 한번 더 획을 그어서 포인트를 준 글씨예요. 짧은 단어보다 긴 문장이나 글귀를 썼을 때 정말 예쁜 글씨랍니다.

추천 펜 : IDENTI PEN, 라이브컬러

쓰는 방법

ㄱㄴㄷㄹㅁㅂㅅㅇㅈㅊㅋㅌㅍㅎ
ㅏㅑㅓㅕㅗㅛㅜㅠㅡ l

언제까지

❶ 두께 폭이 넓은 펜으로 글씨를 씁니다.

❷ 얇은 펜을 이용해 글씨의 끝에 한번 더 획을 그어 마무리를 해줍니다. 전체적으로 글씨를 썼을 때 귀여우면서도 매력있는 글씨를 쓸 수 있어요.

언제까지 시간이
당신을 기다려줄 것이라고
생각지 말라
게을리 걸어도 목적지에
도달할 것이라는
생각은 잘못이다.

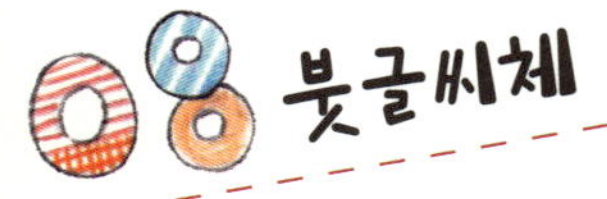

08 붓글씨체

요즘에는 다이어리나 스케줄러 등을 꾸미기에 알맞은 얇은 붓이 많이 출시되고 있어서 쉽게 붓글씨체를 쓸 수 있어요. 다이어리나 노트에 붓을 바로 사용할 때 자신이 사용하고 있는 종이가 얇은지 아니면 충분히 붓의 잉크를 커버할 수 있는지 미리 테스트해보고 사용하세요. 잉크양이 일반 볼펜보다 한꺼번에 많이 나오기 때문에 쉽게 뒷장에 비칠 수 있답니다. 또한 붓의 컬러도 다양하게 나와서 원하는 분위기를 표현하기에 좋은 글씨를 쓸 수 있어요.

추천 펜 : FDS-5BI, FDM-5B1, FD-303, 후데사인 WF3, 후데사인WF1

쓰는 방법

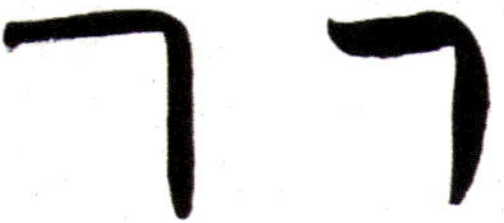

❶ 붓글씨는 일반적으로 힘을 꽉 주고 쓰는 게 아니라 흘려쓰기를 기본으로 해요. 글자의 폭을 일정하게 주는 것보다는 겹치거나 꺾이는 쪽을 더 굵게 해줍니다.

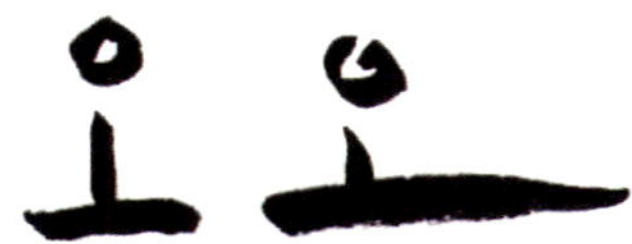

❷ 마지막 글자를 마무리할 때 다른 글자보다 더 빼주면 조금 더 분위기 있게 글씨를 연출할 수 있어요. (일반적으로 1.5~2.5cm 정도가 적당합니다.)

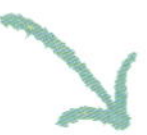

당신이 태어났을때
당연 혼자만이울고 있었고
당신 주위의 사람들은 미소짓고
있었습니다
당신이 이 세상을 떠날때는
당신 혼자만이미소짓고
당신주위의모든사람들은울도록 그런 인생을
사십시오
-김수환추기경님-

❸ 완성

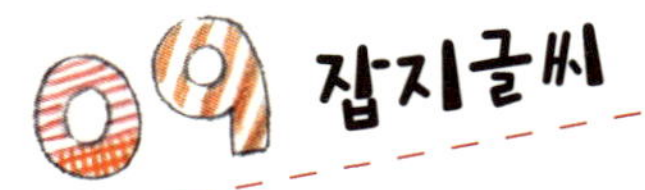 잡지글씨

보통 잡지에서 서로 다른 느낌의 글자를 오려서 풀로 한 글자 한 글자 붙여 완성하는 방법인데 잡지가 없거나 다이어리에 풀칠을 하기 싫을 때는 직접 펜으로 글씨를 써서 잡지에서 오린 효과를 낼 수 있어요. 지금까지 보여드렸던 다양한 글자들을 활용하면 잡지에서 오린 것보다 더 다양하고 원하는 분위기의 글씨를 쓸 수 있어요.

추천 펜 : 잉크가 많이 나오지 않고 번짐이 적은 사라사스틱 0.4, 시그노 등

쓰는 방법

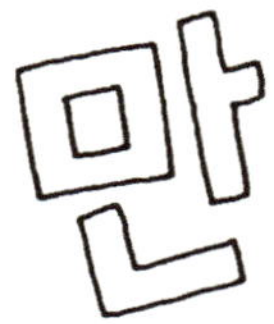

❶ 글자의 종류는 원하는 스타일로 써도 되지만 가장 기본이 되는 글씨를 써줘야 복잡하게 느껴지지 않고 정돈된 느낌을 줄 수 있어요. 먼저 원하는 문구를 생각해두고 첫 글자를 씁니다. 저는 첫 글자로 가장 기본글자인 두께글씨를 사용했어요.

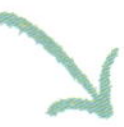

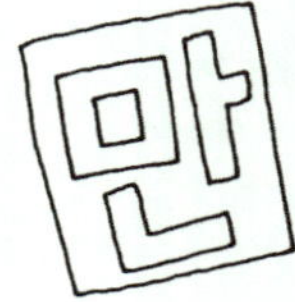

❷ 두께 글씨가 다 들어가도록 주위에 네모를 그립니다. 잡지에서 글씨를 오려낸 효과를 표현하기 위해서예요. 네모를 그려줌으로써 배경과 분리되어 잡지에서 오려 붙인 효과를 낼 수 있어요. 네모에 두께를 넣기도 하는데 그러면 간단한 느낌보다 복잡한 느낌이 나기 때문에 되도록 네모에 두께를 넣지 않습니다.

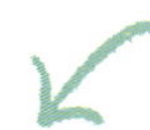

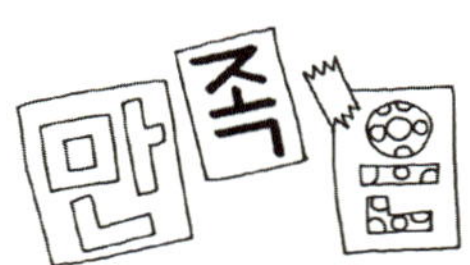

❸ 포인트글씨로 알려드린 다양한 글씨를 응용하면 돼요. 그런 후 같은 방법으로 네모만 그려주면 됩니다. 두께글씨 안에 간단한 무늬를 넣어도 좋아요. 잘못해서 글자 사이의 간격이 너무 벌어지거나 단조롭다 생각되면 테이프 모양의 손그림을 그려주세요.

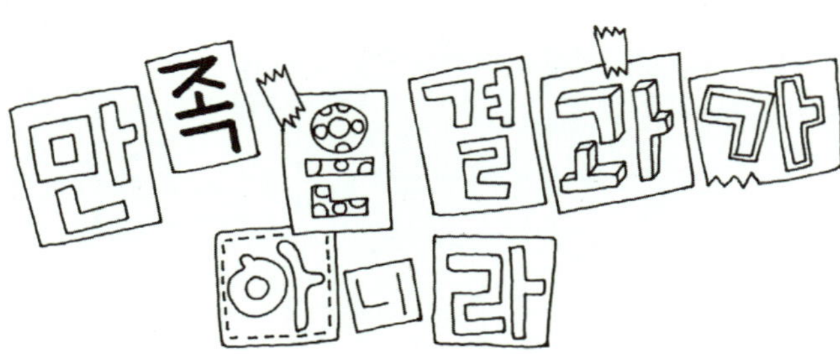

❹ 글씨뿐만 아니라 종이를 표현한 네모도 찢은 효과나 접힌 효과, 점선을 줄 수 있어요.

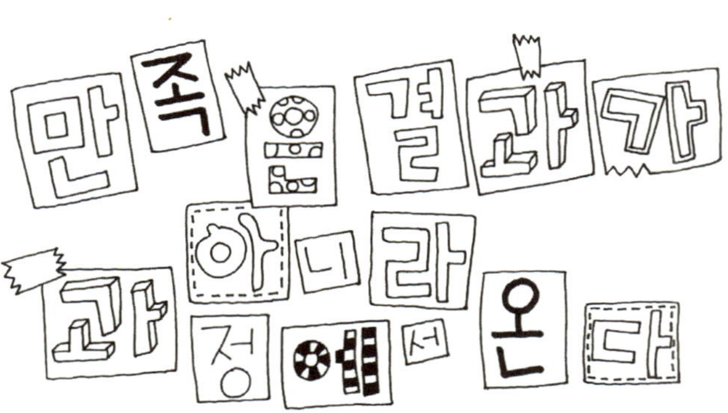

❺ 완성되었습니다. 네모 안에 글자가 가운데 딱 맞게 들어가야 보기 좋아요. 글자의 모양뿐만 아니라 펜의 종류를 다르게 하여 표현하기도 합니다. 어떤 펜을 사용하느냐에 따라 또 다른 분위기가 나올 수 있겠죠?

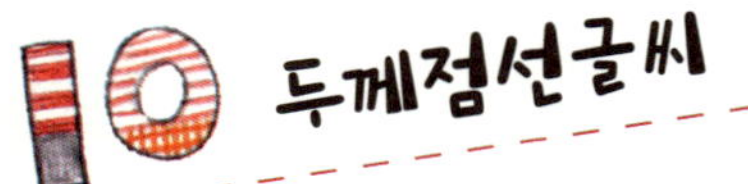

두께점선글씨

두께글씨 안에 점선을 그려서 마치 재봉틀로 박음질을 한 느낌을 내는 글씨체예요. 글씨 쓰는 방법도 쉽고 분위기도 좋아서 많은 사람들에게 사랑받는 포인트 글씨체랍니다. 점선 때문에 손으로 쓴 느낌이 잘 살고 점선을 다양한 색상으로 표현하면 색다른 분위기로 다이어리를 연출할 수도 있어요.

추천 펜 : 글자 테두리선은 펜 촉이 굵은 하이퍼젤, 겔리롤, 미피펜 / 안의 점선은 촉이 얇으면서 선명한 시그노, 하이테크

쓰는 방법

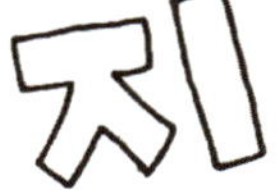

❶ 두께글씨를 씁니다. 두께글씨의 두께가 좁으면 점선을 그렸을 때 너무 빡빡해져서 글씨가 한 덩어리로 보일 수 있으니 평소의 두께글씨보다 일부러 조금 더 두껍게 써주세요.

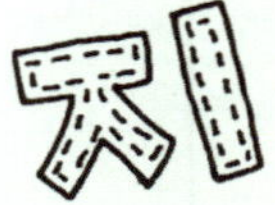

❷ 두께글씨 끝라인을 따라 일정한 간격의 점선을 그리세요. 점선의 길이가 일정하면 할수록 글씨가 깔끔한 느낌이 들어요. 그리고 글씨의 끝 라인과 점선의 간격도 일정하게 맞추는 것이 중요합니다.

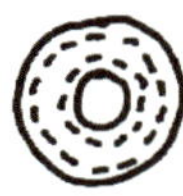

❸ O의 경우 바깥라인과 안의 뚫린 부분의 라인에도 점선을 그어주세요.

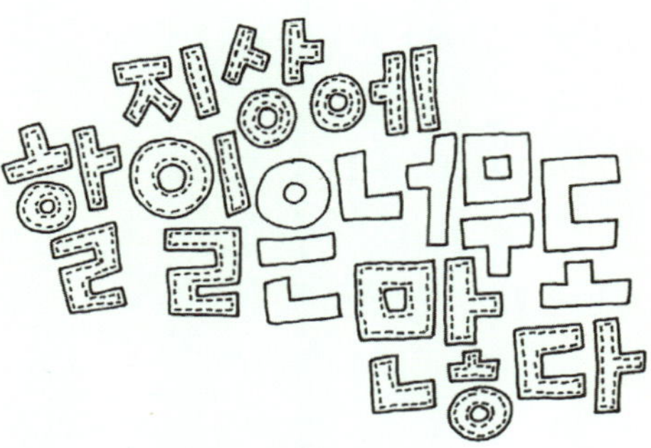

❹ 중간과정입니다.

❺ 중요하지 않은 글자를 빈칸으로 두어도 좋아요. 마지막에 간단한 손그림을 추가하여 완성합니다.

겹친글씨

글자는 띄어쓰는 게 기본인데 오히려 역발상을 해서 붙여 쓴 글씨예요. 강조하거나 공간절약이 필요할 때 유용하게 사용할 수 있지만 글자 쓰는 방법을 잘 이해해야 겹친글씨를 잘 쓸 수 있어요. 겹친글씨의 기본기가 능숙해지면 다양한 글자에 응용이 가능하니 꼭 익혀두세요.

추천 펜 : 사라사클립 0.4, 젤리또

쓰는 방법

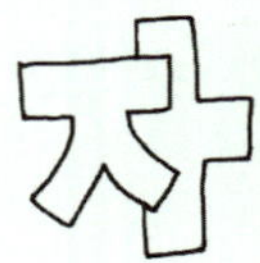

❶ 'ㅈ'을 쓰고 'ㅈ'에 겹치게 'ㅏ'를 써주세요. 새로 겹치는 부분은 뒤로 가게 써주세요.

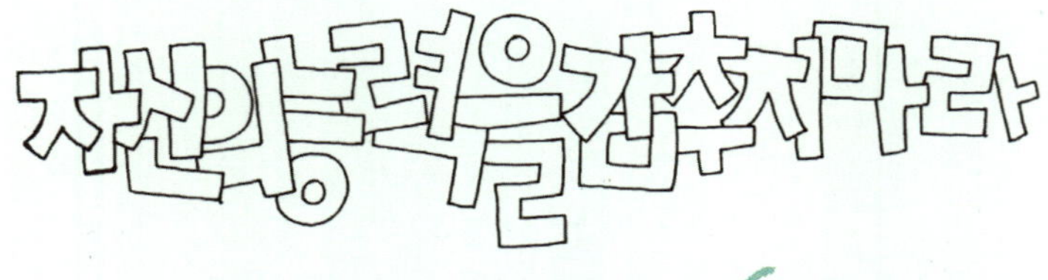

❷ 특별한 규칙이나 방법이 있다기보다 글자가 어떻게 쓰여지는지 이해하는 것이 가장 중요해요.

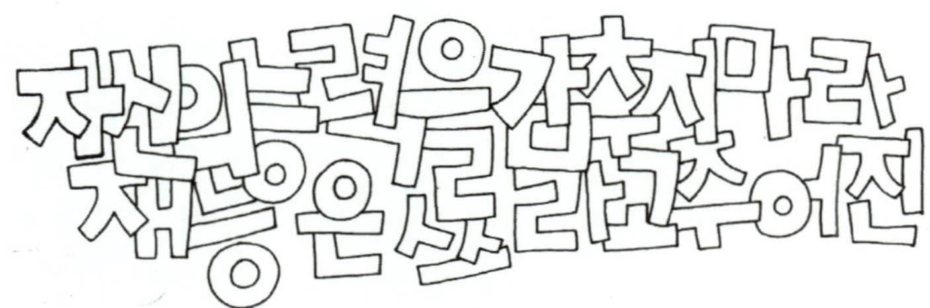

❸ 왼쪽에 있는 글자에 겹치는 것도 신경써야 하지만 위 아래에 겹치는 것도 생각하면서 글씨를 써야 돼요. 그렇다고 모든 글자를 다 겹칠 필요는 없습니다. 공간에 따라서 여유를 주기도 하지만 중간에 갑자기 빈 공간이 떡! 하니 있다면 그만큼 보기 싫을 수도 있어요. 그럴 때는 일부러 겹치지 않고 하나의 자음이나 모음을 띄어서 써도 좋아요. 전체적인 분위기가 중요합니다.

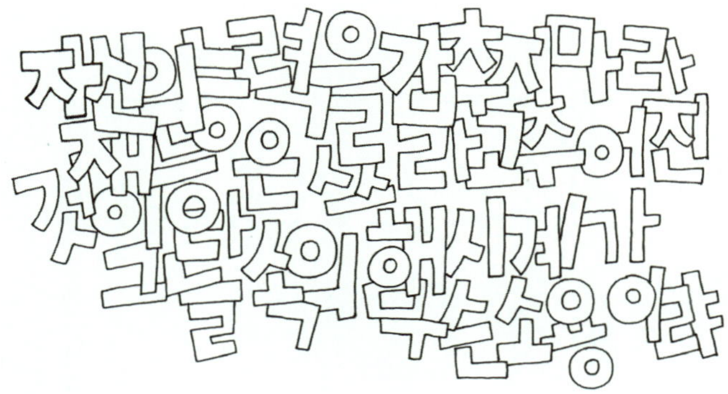

❹ 완성입니다. 전체적으로 한 덩어리처럼 보이죠? 글씨 느낌도 나지만 그림 같은 느낌도 충분하기 때문에 편지지 꾸미기나 선물포장에도 좋은 글씨예요.

I2 캘리그래피글씨

요즘에는 캘리그래피글씨들을 많이 쓰기 때문에 캘리그래피 전용 펜도 많이 나오고 있어요. 캘리그래피 펜을 사용하면 일반 펜으로 글씨를 쓸 때보다 더 분위기 있는 글씨를 쉽게 쓸 수 있답니다. 캘리그래피글씨는 잘 쓰기 위해 노력한 만큼 만족스런 글씨를 쓸 수 있어요. 멋진 캘리그래피글씨를 쓰고 싶다면 다른 사람의 캘리그래피 글씨를 보거나 교본을 따라 쓰며 연습하는 시간을 가져보세요.

쓰는 방법

❶ 캘리그래피 펜촉을 잘 이해하고 글자의 첫 획을 긋습니다. 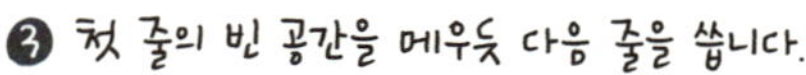

❷ 글자의 가로, 세로의 너비를 갖게 하는 것보다는 다양하게 쓰세요.

❸ 첫 줄의 빈 공간을 메우듯 다음 줄을 씁니다.

❹ 마지막 단어를 쭉 늘여뜨려 캘리그래피 펜만의 매력을 살립니다.

지금 내가 하고 있는 일들이
미래에 어떤 의미가 될지
나는 지금도 정확히 모른다

❺ 점을 찍어 글씨를 마무리합니다.

최선을 다하면 된다.

지금 내가 하고 있는 일들이
미래에 어떤 의미가 될지
나는 지금도 정확히 모른다
그러나 분명한 것은
언젠가는 나 스스로가
그 의미를 깨닫는 날이
올 것이라는 사실이다
지금의 나는 단지 내가 할 수 있는 일에
최선을 다하면 된다.
책. 하루라도 공부만 할 수 있다면

글자 선 바꾸기

기록하면서 '어떻게 하면 더 예쁘게 꾸밀 수 있을까?' 라는 고민을 한 적이 있나요 ? 예쁘게 꾸민 노트나 다이어리는 스스로 만족감이 들고 나의 일상을 예쁘게 기록하고 싶은 욕구를 더 자극하는 것 같아요. 평소에는 당연하게 느껴졌던 검정색 글씨를 오늘따라 색다르게 꾸미고 싶다면 글자의 선을 한번 바꿔보세요. 같은 글씨라도 색상만 바꿨을 뿐인데 전혀 다른 느낌을 준답니다. 예시로 하나의 문장을 다양한 색상으로 바꿔 보여드릴게요.

회색

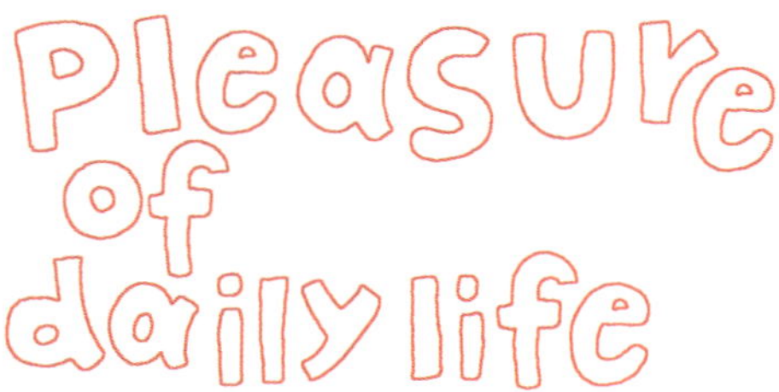

핑크

노랑

Pleasure
of
daily life

빨강

Pleasure
of
daily life

어떤가요? 같은 글자인데도 불구하고 노란색은 좀 더 귀엽게 느껴지고 빨강색은 다른 글자에 비해 강렬하게 포인트를 주는 느낌이 들지 않나요? 포인트를 주고 싶을 때 간단하게 글자 색깔만 바꿔줘도 좋습니다! 다이어리나 노트 꾸미기, 어렵게 생각하지 마세요~

이제 조금 난이도를 높여볼까요?

바깥 선에 색상을 주고 안에 어울리는 색으로 컬러링을 합니다. 선에만 색을 주었을 때와는 또 다른 느낌이 나죠? 컬러링을 입히는 글자는 컬러링 배열만 잘 해줘도 이미 반은 성공한 거나 마찬가지예요. 자! 그러면 여기서 "잘 어울리는 색상은 어떻게 아나요?" 라는 질문이 나오겠죠? 헤수니가 잘 어울리는 색상을 알려드릴게요! 그동안 기록을 하면서 다양한 색 배치를 해 봤을 때 가장 효과가 좋고 예뻤던 색 배열입니다.

빨강 + 회색

노랑 + 청록

하늘 + 핑크

빨강 + 노랑

Pleasure of daily life

알려드린 선과 글자 안의 색을 바꿔서 사용해도 다른 분위기가 나요. 같은 핑크와 연한 하늘색을 사용했는데 다른 느낌이 나죠? 같은 색상도 배치하는 방법에 따라 분위기가 달라지니 다양하게 시도해보세요. 그런 자세가 꾸미기 실력을 높이는 데 큰 도움이 됩니다.

Pleasure of daily life

Pleasure of daily life

글자에 무늬 넣기

포인트글씨 이외에 글씨를 꾸미는 방법으로는 글자 안에 무늬를 넣는 방법이 있습니다. 글자 안에 다양한 패턴을 넣어 새로운 글씨를 완성하는 것인데 가장 많이 사용되고 꾸미기에 효과가 좋은 패턴 4가지를 소개해드릴게요.

동그라미

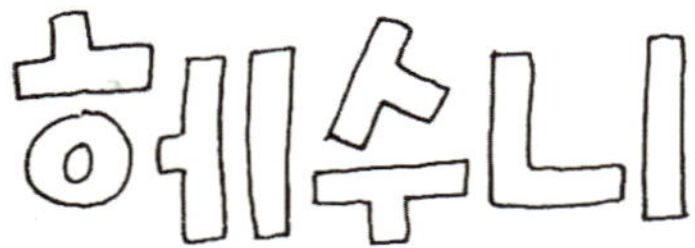

❶ 포인트글씨 중에 두께글씨를 써주세요.

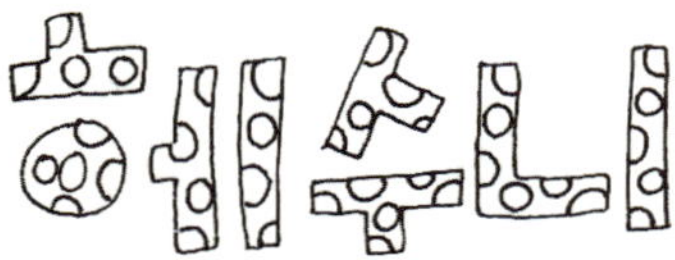

❷ 두께글씨 안쪽으로 적당한 간격을 두면서 동그라미를 그립니다. 동그라미가 너무 따닥따닥 붙으면 안 예쁘니 거리를 두면서 그리는 것이 좋습니다.

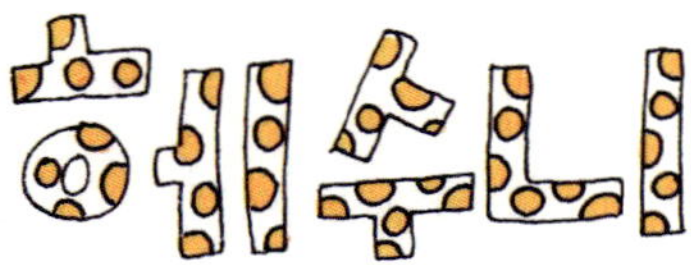

❸ 동그라미를 컬러링해주면 패턴이 완성됩니다.

체크

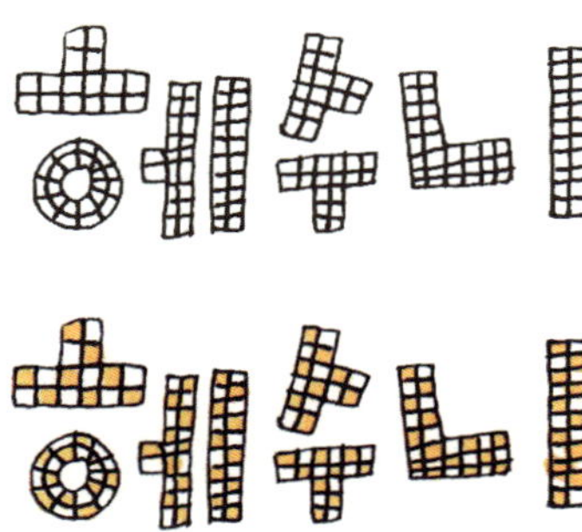

사선

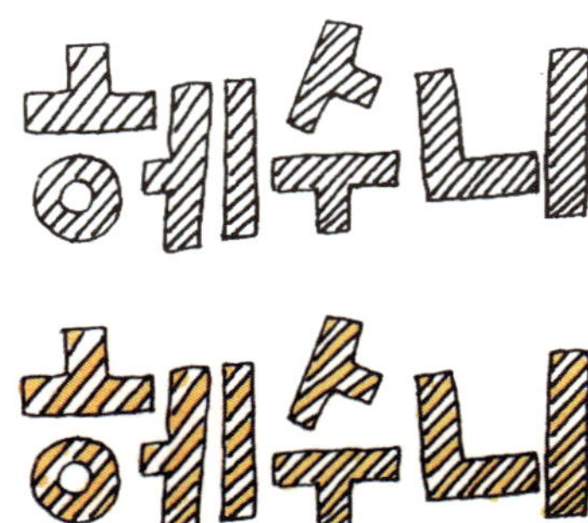

삐쭉삐쭉

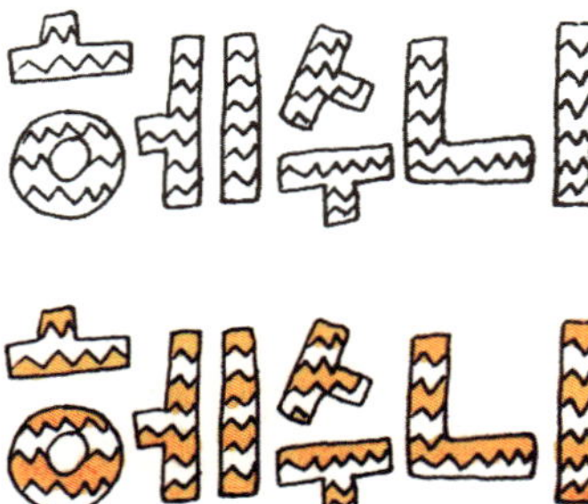

글씨로 다이어리나 노트에 나만의 개성을 충분히 표현했다면 이제 좀 더 보기 좋게 손그림을
그려봐요. 그림을 잘 그리는 사람이 아니더라도 괜찮아요. 무조건 예쁜 손그림보다는 자기만의
개성이 묻어나는 손그림이 더 매력 있답니다. 물론! 나만의 개성에 보기 좋기까지 하다면 더없
이 좋겠죠. 선만을 사용해 그릴 수 있는 간단한 손그림부터 사실과 같은 손그림까지 손그림의
영역은 넓어요. 이번 파트는 기본이 되는 손그림들로 구성했어요. 여기서 소개한 손그림들은
쉽고 다양하게 응용이 가능하니 펜을 잡고 함께 그려봐요.

PART4
손그림

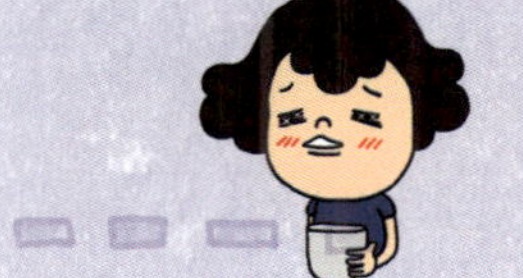

이 기본 표정 40가지

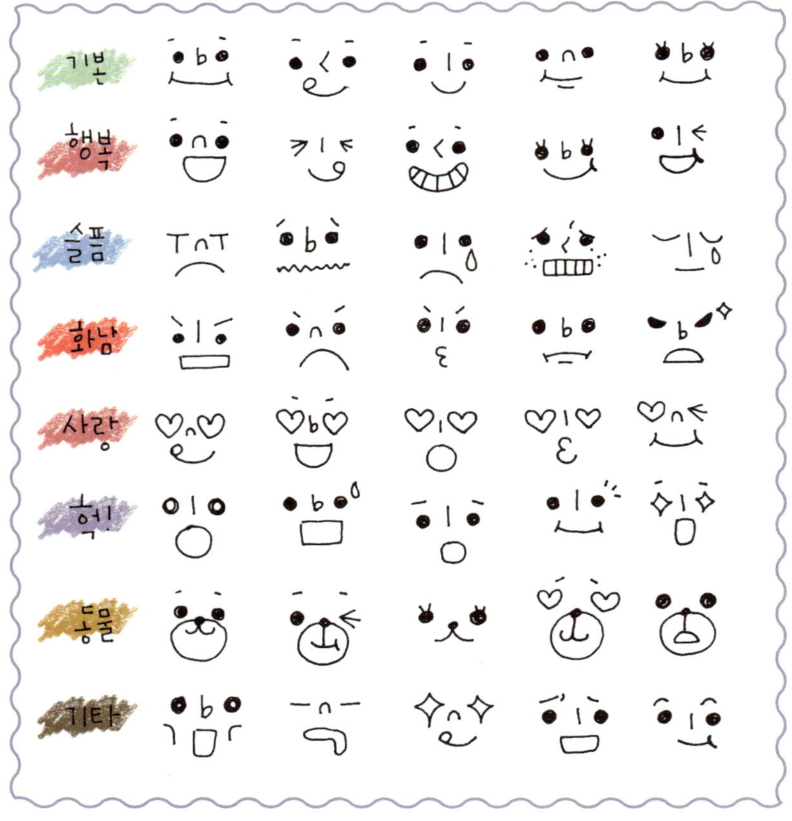

표정 손그림은 다양한 분위기에 모두 잘 어울리는 손그림이에요. 가장 기본적이기 때문에 손그림에 자신이 없는 사람도 쉽게 자신의 기분을 표현할 수 있는 방법이랍니다. 얼굴 형태를 그리지 않고 표정만 그리기 때문에 다이어리나 노트 면적의 큰 부분을 차지하지 않고 다양한 색상과 함께 사용할 수 있어 포인트가 되기도 해요. 자주 사용하는 표정 아이콘 몇 가지만 알아두어도 여러 곳에 유용하게 쓸 수 있을 거예요.

기본 표정 따라 그리기

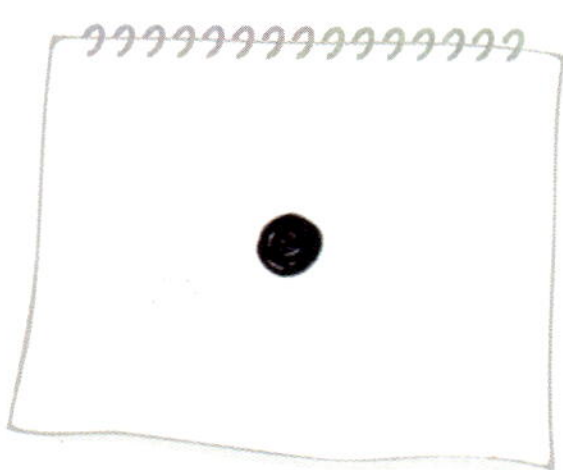

❶ 기본적인 표정 몇 가지를 그려볼게요. 표정을 그릴 때 가장 먼저 눈부터 시작합니다. 진한 펜으로 점을 콕! 찍기도 하지만 저는 주로 얇은 펜으로 원을 덧그려 눈을 그려요. 손 느낌을 내고 싶으면 저처럼 얇은 펜을 사용하세요.

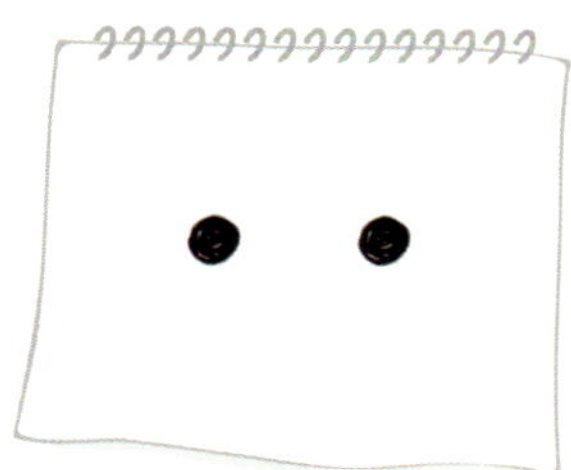

❷ 같은 방법으로 나머지 눈도 그려줍니다. 어느 정도 간격을 띄어줘야 코를 그릴 수 있어요. 어떤 모양의 코를 그릴지 생각한 후에 눈을 그려주면 알맞은 간격을 맞출 수 있어 완성했을 때 더 예뻐요.

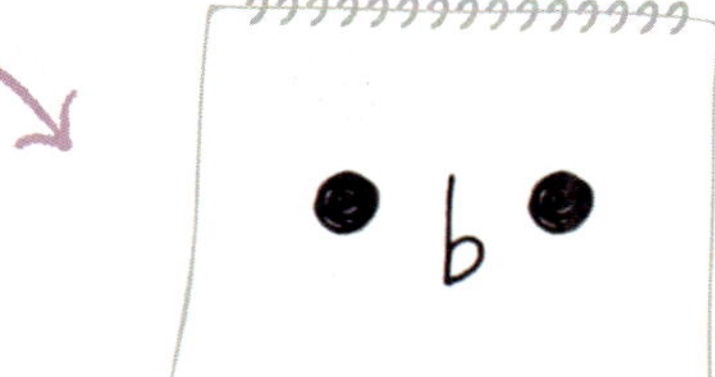

❸ b모양의 코를 그립니다.

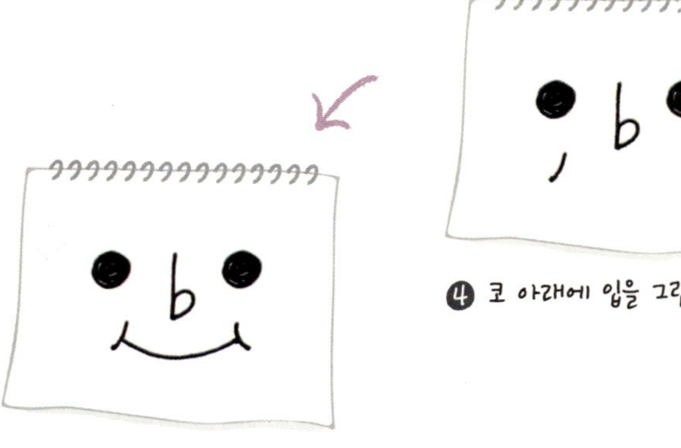

④ 코 아래에 입을 그립니다.

⑤ 입은 표정의 분위기를 가장 잘 나타내기 때문에
다른 부분보다 더 신경써서 그려요.

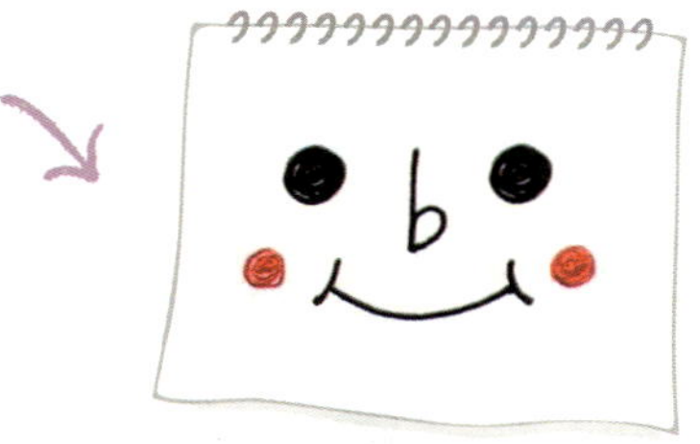

⑥ 좀 더 귀여운 느낌을 내고 싶다면 빨간 색
펜으로 볼을 그려주세요.

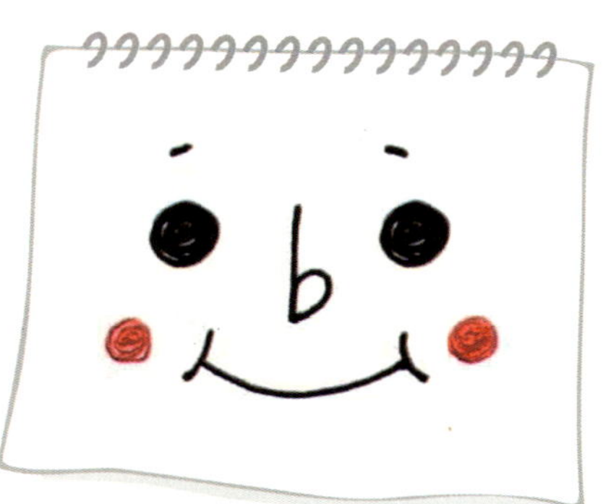

⑦ 분위기에 따라 눈썹을 그려도 좋아요. 완성!

행복 표정 따라 그리기

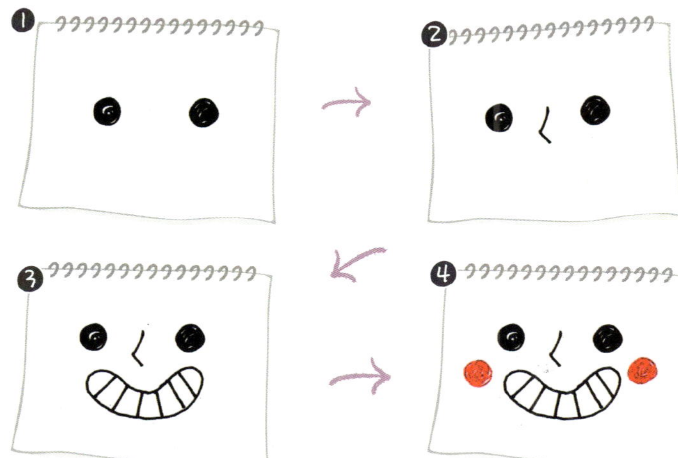

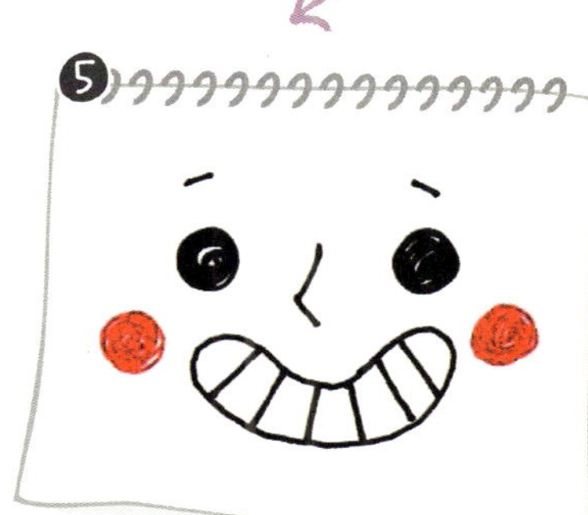

① 넉넉히 간격을 두고 동그란 눈을 그립니다.

② 눈 사이에 오똑한 코를 그려주세요

③ 장난기 가득한 입을 그립니다. 선을 둥글게 써서 찌그러진 타원형을 먼저 완성한 후 원형 안에 선을 그어 치아를 그려주세요.

④ 볼에 빨간색을 칠해주면 더 귀엽고 장난스럽게 변해요. 이대로 완성해도 좋지만 전체적인 비율이 정사각형이 아닌 늘린 직사각형의 모습입니다. 그래서 위에 눈썹을 그려 전체적인 가로, 세로의 비율을 맞춰주었어요.

⑤ 완성입니다! 비율이 맞으니 훨씬 더 귀엽죠?

동물 표정 따라 그리기

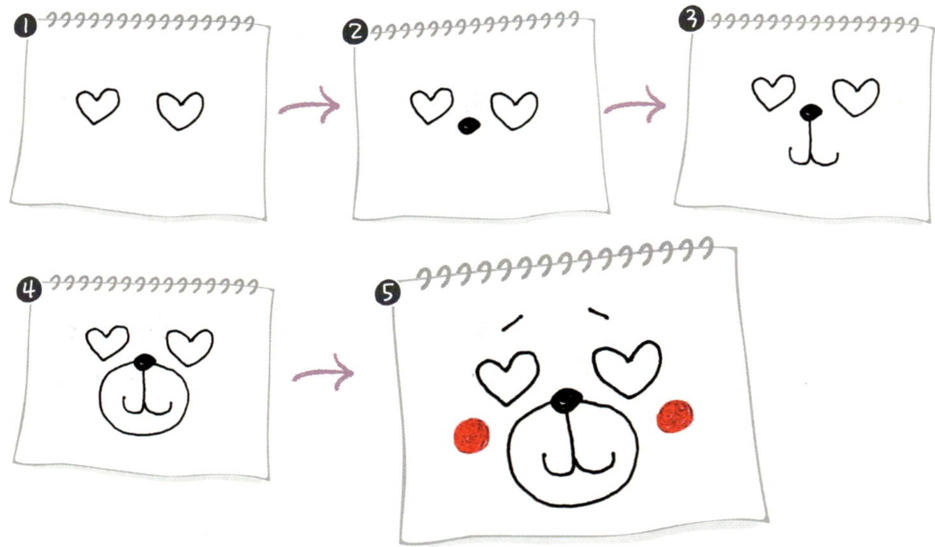

① 눈에 하트가 뿅뿅! 생긴 귀여운 곰돌이의 표정을 그려볼게요. 먼저 하트 두 개를 그립니다.

② 하트 가운데 원형을 그리면 코가 완성됩니다.

③ 동물들만의 입 모양의 특징을 갈고리 형식으로 그려주세요. 코에 너무 딱 붙게 그리지 말고 선을 아래로 쭉 내려서 그려야 더 귀여움이 살아요.

④ 코에서부터 동그랗게 원형을 그립니다.

⑤ 볼에 컬러링을 해주고 사선으로 눈썹을 그려주면 완성!

응용

크게 표정을 그리고 주위에 명언이나 일기를 써주세요. 써야 될 글자가 별로 없을 때는 그만큼 표정을 더 크게 그려주면 공간이 비어 보이지 않습니다.

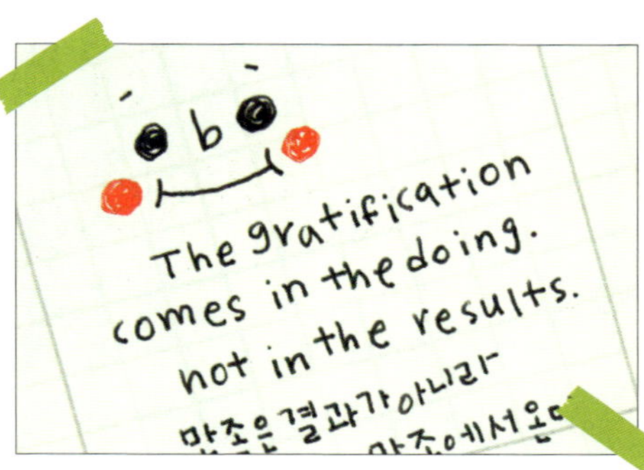

글씨 중간중간에 내용과 맞는 표정을 넣으면서 일기를 쓰는 방법이에요. 문장의 끝이나 한 문단이 끝났을 때 주로 표정을 넣고 표정의 크기는 글자와 비슷하게 그려주면 돼요.

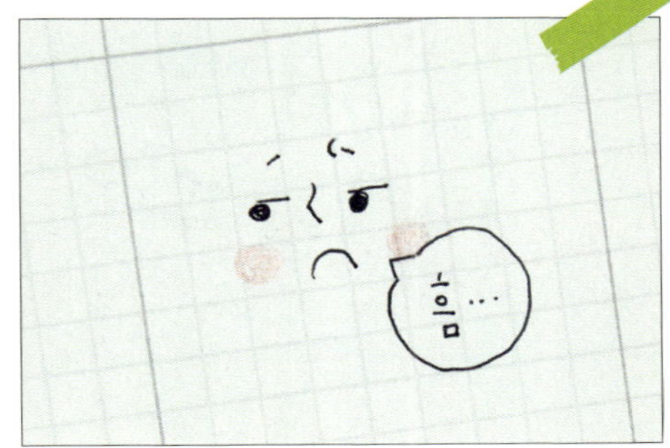

먼슬리 칸 중간에 표정을 그려 그날의 이야기를 표정으로만 표현하는 방법이에요. 간단하게 말풍선을 그려 표정에 힘을 넣어주어도 좋아요. 우울하거나 힘들 때 굳이 글을 쓰지 않고 표정만으로도 내 기분을 그대로 표현할 수 있겠죠?

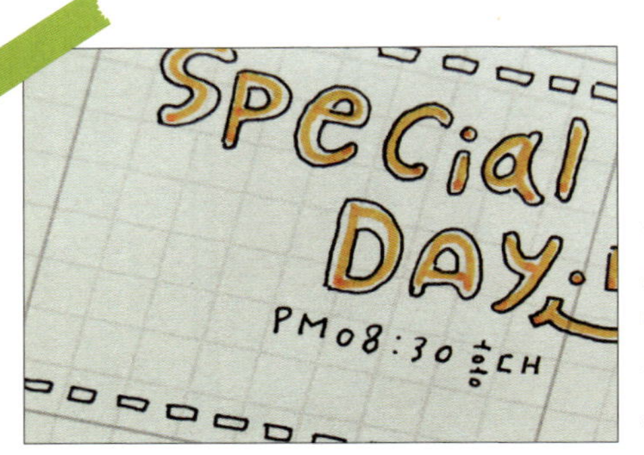

앞에서 보여드렸던 다양한 포인트글씨와 함께 배치해도 좋아요. 그 중 두께글씨는 글씨 안이 비어 있는 것이 특징인데 그 부분을 표정에도 똑같이 적용하면 새로운 느낌이 나요.

선을 여러 번 덧그리지 않고 글씨처럼 스윽! 그린 표정이에요. 한번에 그리고 사용한 펜이 얇기 때문에 강조는 되지 않지만 글씨랑 두께가 같아서 잘 어울려요.

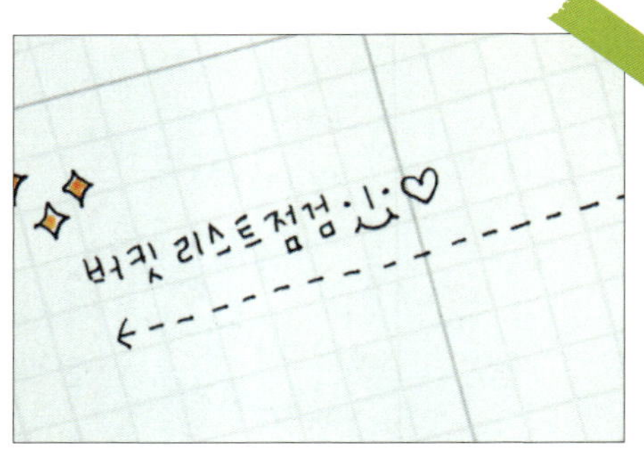

같은 표정을 그려도 어떤 펜을 사용했느냐에 따라 분위기가 달라질 수 있어요. 굵은 펜, 얇은 펜, 반짝이 펜, 다양한 컬러의 색상 펜 등 다양한 펜으로 표정을 그려보세요. 멋진 포인트가 될 수 있답니다.

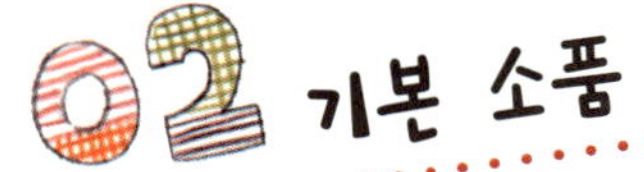

기본 소품

일기에 써야 될 일들이 무궁무진해 보이지만 의외로 한정되어 있어요. "그날그날 무슨 일을 했느냐에 따라 매일 다르지 않나요?" 하겠지만 생각해 보세요. 학생 때는 공부하고 친구들과 놀고 학원 가고…… 직장인들도 회사 가고 밥 먹고 영화 보고 쇼핑하고…… 많은 사람들이 일기에 다른 이야기를 쓸 것 같지만 거의 같은 내용을 자신의 스타일에 맞게 작성한답니다. 우리가 사는 모습이 거의 비슷비슷하기 때문에 어쩌면 일기에도 중복되는 내용이 많은 것일 거예요. 그래서! 그 동안 일기 및 계획에 쓴 내용 중 가장 빈도가 높은 손그림을 모아서 보여드릴게요. 두고두고 요긴하게 쓰일 것이니 손에 익혀두고 다양하게 응용해보세요.

영화티켓

❶ 티켓 사이즈에 상관없이 그림을 그릴 공간에 알맞게 네모를 그리세요. 너무 작으면 티켓 안에 글씨를 쓸 수 없으니 어느 정도 크기가 있게 그리는 게 좋아요.

❷ 티켓의 두께를 표현하기 위해 오른쪽 위와 옆으로 선을 그려주세요.

❸ 영화티켓의 바코드를 그려주세요. 자신이 본 영화티켓에 있는 그대로 그려도 좋고 임의로 숫자를 써줘도 좋아요.

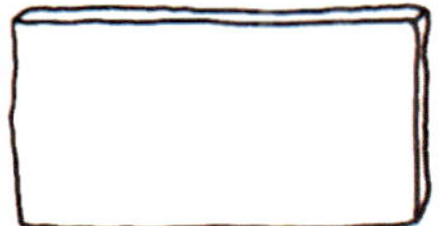

❹ 티켓을 자세히 보면서 그대로 써주세요. 왼쪽부터 차례대로 그려야 나중에 레이아웃이 잘 맞아요.

❺ 가운데 영화제목과 날짜, 시간을 써주세요. 너무 또박또박 쓰면 손으로 그린 느낌이 덜하기 때문에 일부러 삐뚤빼뚤한 느낌을 주었어요. 손 느낌이 나려면 저처럼 삐뚤빼뚤하게 그리면 효과가 좋아요. 단순하고 반듯하게 그리고 싶다면 또박또박 쓰세요.

❻ 오른쪽은 티켓마다 그림이 달라요. 자신이 가지고 있는 티켓의 그림을 간단하게 그리면 돼요.

❼ 아래에 '영화발전기금~'으로 시작하는 글이 3줄 있는데 눈에 잘 보이지 않기 때문에 점선으로 표시합니다. 칸이 넓다면 글씨를 써도 좋아요.

팝콘

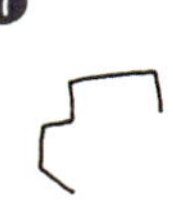
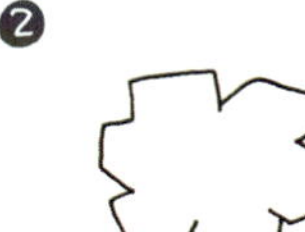
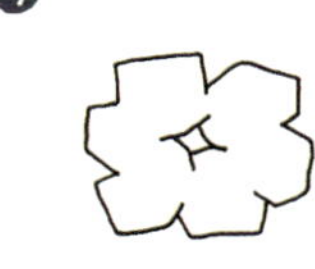
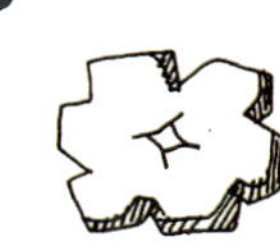
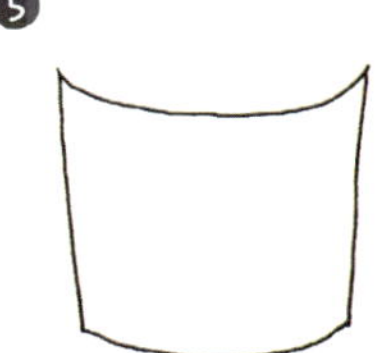
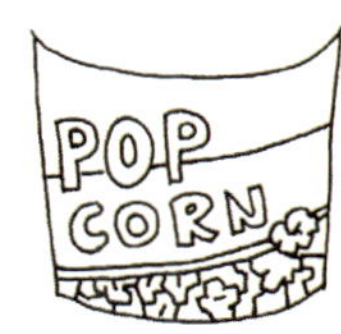

❶ 먼저 팝콘을 확대해서 그려볼게요. 통 안에 팝콘을 많이 그려야 하기 때문에 팝콘이 어떻게 생겼는지 잘 이해하는 게 중요해요. 먼저 팝콘의 한 부분을 다각형 형태로 각지게 그립니다.

❷ 같은 방법을 반복하여 끝맺음을 하세요.

❸ 안에 구멍을 각지게 그립니다.

❹ 그림자가 지는 부분에 노란색으로 컬러링을 해주면 완성됩니다. 혹 컬러링을 하기 곤란하면 저처럼 펜으로 그림자를 만들어줘도 돼요. 팝콘이 가득 든 통을 그리려면 팝콘이 작기 때문에 이 부분(4)을 생략합니다.

❺ 팝콘 통의 몸통 부분을 제일 먼저 그릴 거예요. 위에 타원을 반만 그리고 아래로 두 개의 직선을 그립니다. 그리고 맨 아래에 반 타원을 다시 그려주세요.

❻ 팝콘통에 'POPCORN'이라고 먼저 쓰고 통에 사선을 그어주고 사선 아래에 앞에서 보여드렸던 팝콘을 그려주세요.

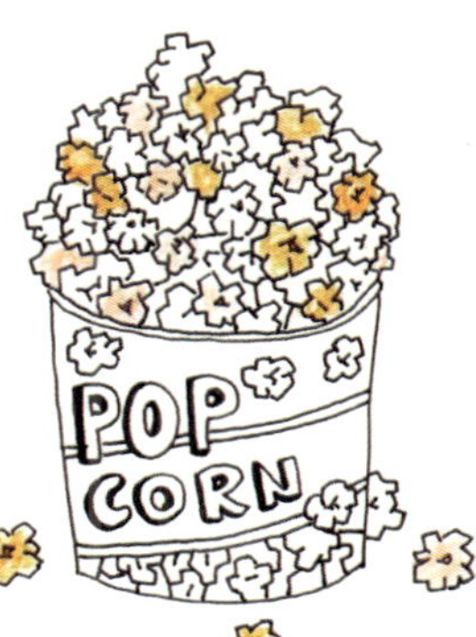

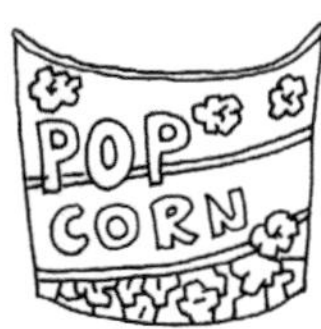

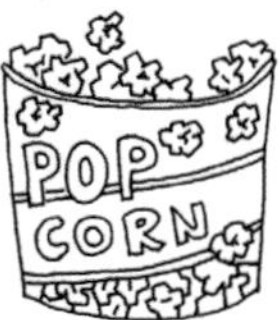

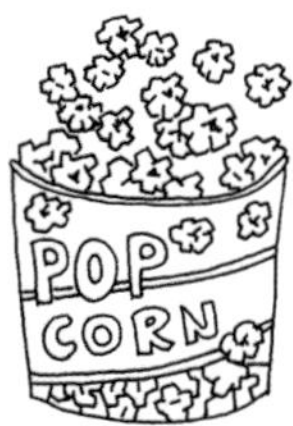

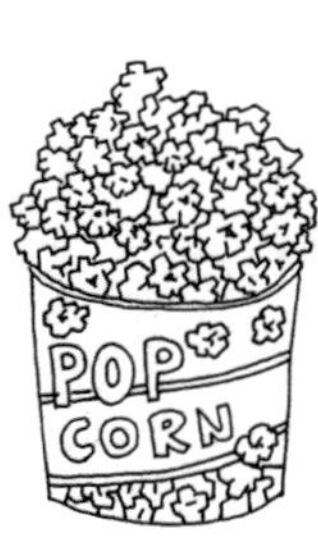

➐ 팝콘통 윗부분도 빈 공간을 채웁니다.

➑ 이제 팝콘통 안을 팝콘으로 채우면 완성돼요.

➒ 아래서부터 팝콘을 그려나가세요. 앞쪽에 제대로 된 팝콘 몇 개를 그리고 뒤에는 형태만 그려서 수북한 모습을 연출할 수 있어요.

➓ 뒤에는 자세히 그리지 않고 선을 슥슥- 그어 팝콘의 형태만 그려 채웁니다.

⓫ 주위에 떨어진 팝콘 한두 개를 더 그려주면 효과가 좋아요.^^

⓬ 팝콘이라는 글자에 음영을 주어 더 강조하면 완성!

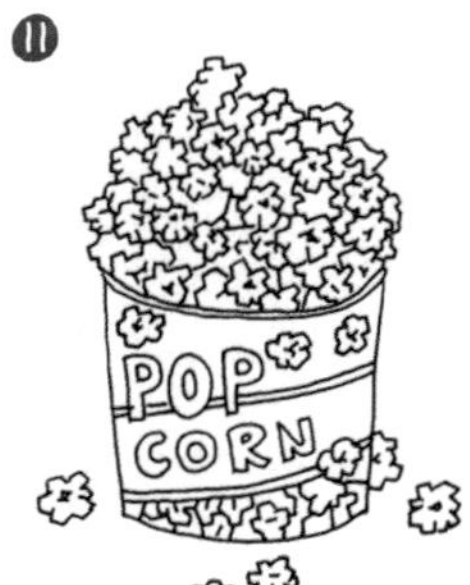

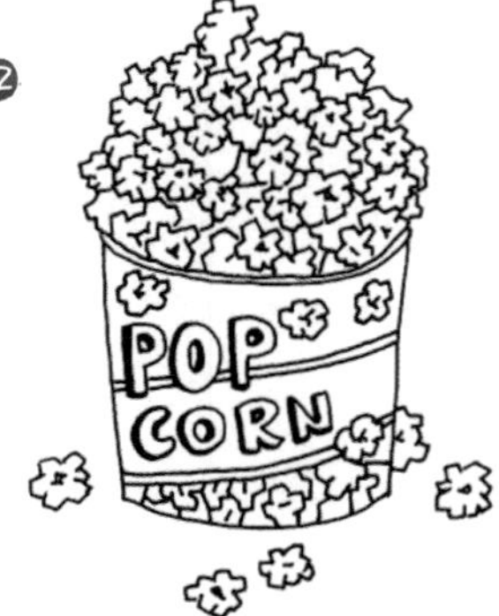

스마트폰

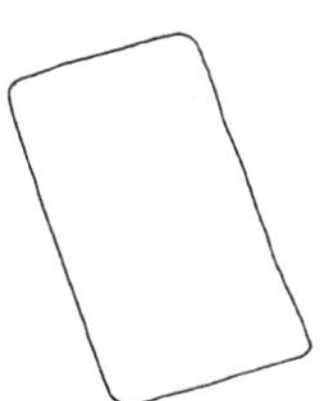

❶ 요즘에는 폴더형 핸드폰보다 스마트폰을 더 자주 그리죠? 쉽고 간단하게 스마트폰을 그려볼게요! 수직이 아니라 약간 비스듬하게 그려야 더 예쁘다는 것 꼭 알아두세요. ^^

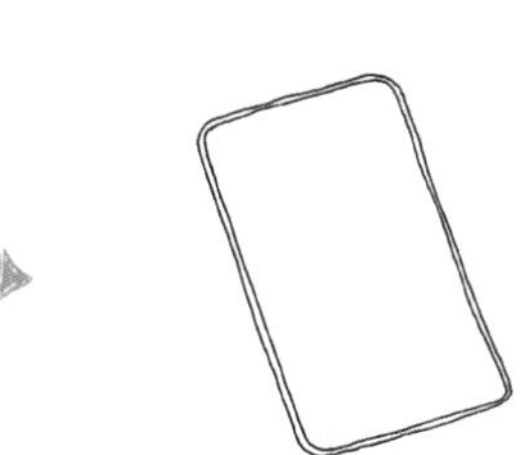

❷ 사각형을 한번 더 가늘게 그려주세요.

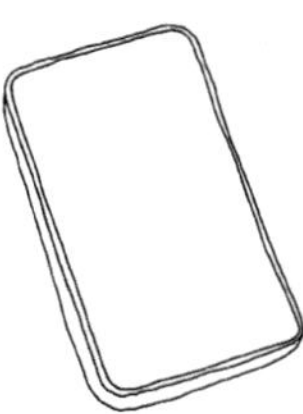

❸ 스마트폰을 비스듬하게 그렸기 때문에 왼쪽으로 스마트폰의 높이 즉 두께를 표현해줍니다. 두께가 있고 없고의 차이가 크기 때문에 잊지 말고 그려주세요.

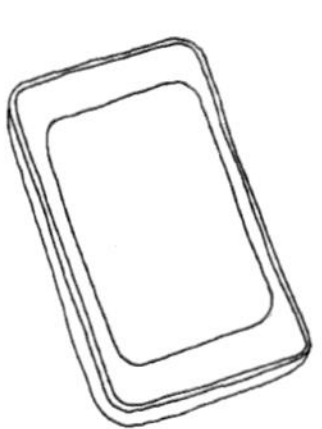

❹ 안에 사각형을 하나 그려주어 스마트폰의 화면이 될 부분을 그려줍니다. 위 아래의 간격과 양 옆의 간격이 다르기 때문에 위 아래의 간격을 좀 더 많이 띄어서 그려주세요.

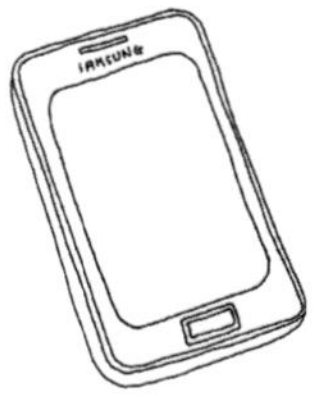

❺ 스마트폰 위, 아래에 버튼을 그려줍니다 마지막으로 로고를 그려주면 기본 바디가 완성돼요! 이렇게 간단하게 기본 바디만 그려도 좋습니다

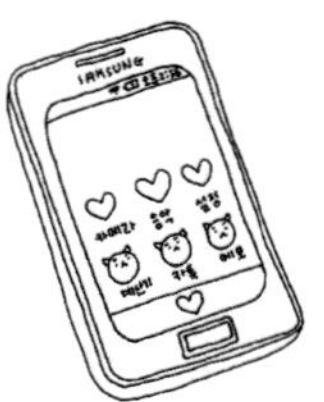

❻ 스마트폰 화면 그리기-스마트폰이 켜진 느낌을 주기 위해 화면을 그려볼게요. 상단바와 아이콘을 그려주세요. 자신이 사용하고 있는 스마트폰을 보고 그대로 따라 그려보세요.

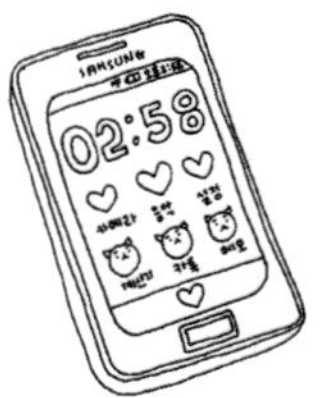

❼ 화면의 윗부분도 채워 스마트폰을 완성합니다.

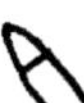

❽ 스마트폰 펜 그리기-조그만 삼각형의 펜촉 부분을 먼저 그려주세요

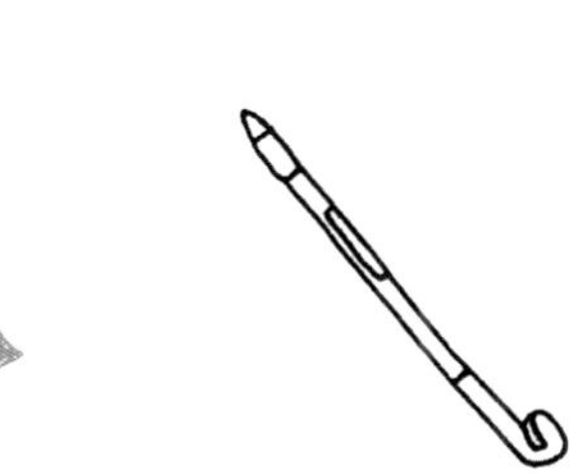

❾ 펜의 바디를 길게 그리고 제일 윗부분을 둥글게 말아 스마트폰 바디에 끼우는 곳을 표현해줍니다. 간단하게 완성!

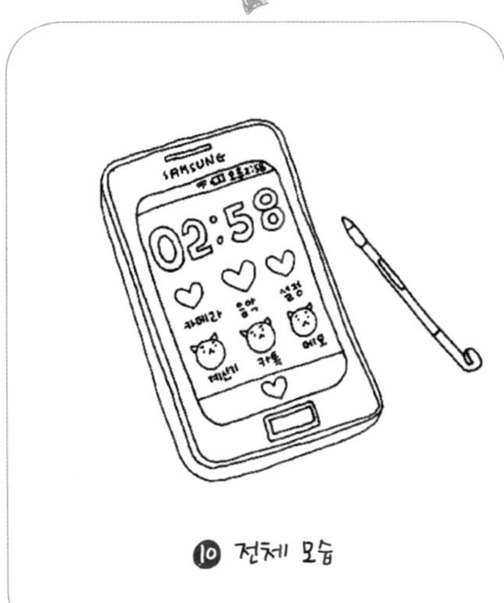

❿ 전체 모습

컵 케이크

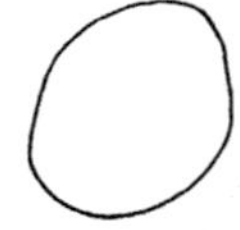

❶ 딸기모양의 동그라미를 자신이 생
각하는 컵 케이크 전체 모습의
윗부분에 그려주세요.

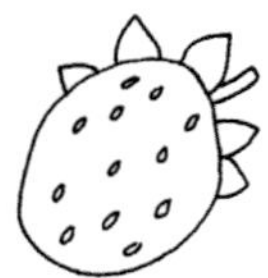

❷ 동그라미 뒤로 나뭇잎을 그리고 씨
앗을 그려서 딸기 하나를 완성합
니다..

❸ 뒤로 딸기를 두 개 더 그려
주세요.

❹ 생크림은 두 개의 선으로 표현합니다. 옆면과
윗면을 길게 그려주면 생크림처럼 보이는데
먼저 아래에 선을 그어주세요.

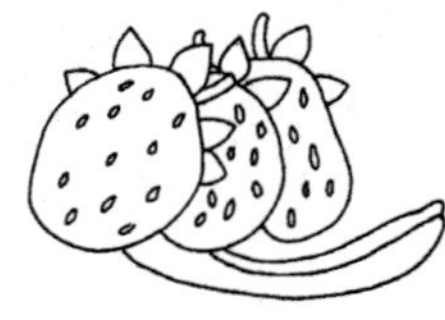

❺ 아래에 그은 선 위로 한번 더 선을 그려주면
한 줄의 생크림이 됩니다. 같은 방법으로 연
속해서 그어볼게요.

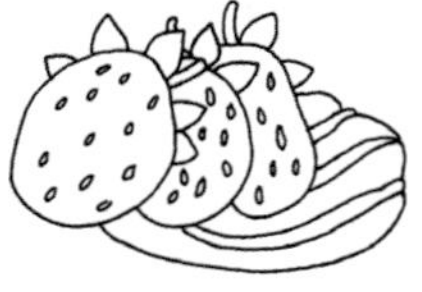

❻ 한 덩어리의 생크림이 완성되었
어요.

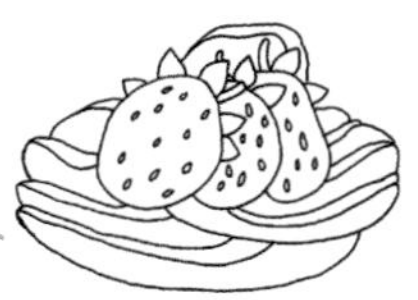

7 이제 다른 방향으로 생크림을 한 덩어리 더 그려줍니다.

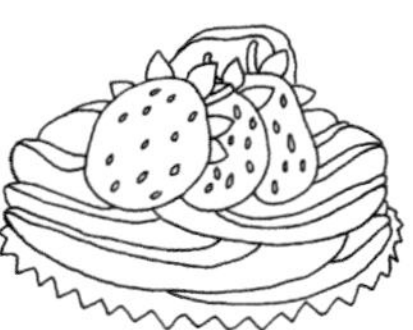

8 생크림이 완성되었으면 아래 포장을 예쁘게 해볼게요. 먼저 유산지의 삐쭉삐쭉한 부분을 둥글게 그려주세요.

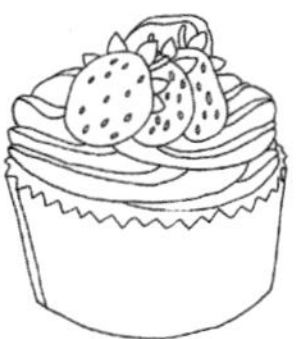
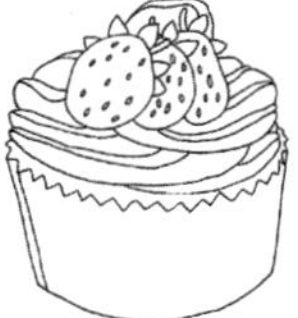

9 유산지의 전체적인 형태를 그려주세요.

10 삐쭉삐쭉한 부분 가운데 튀어나온 부분에서 시작해 아래로 쭉 이어 주름을 만듭니다.

11 기본 주름을 다 그린 모습입니다.

12 삐쭉삐쭉한 부분 중간에 선을 몇번 그어줘서 접힌 느낌이 들도록 하면 더 효과가 좋아요. 그리고 유산지와 생크림 사이 빈 공간에 생크림처럼 곡선을 몇 개 그어 빈 느낌을 없애줍니다.

13 완성! (딸기 외에 앵두나 케이크에 있는 다양한 과일을 그려줘도 좋아요.)

커피

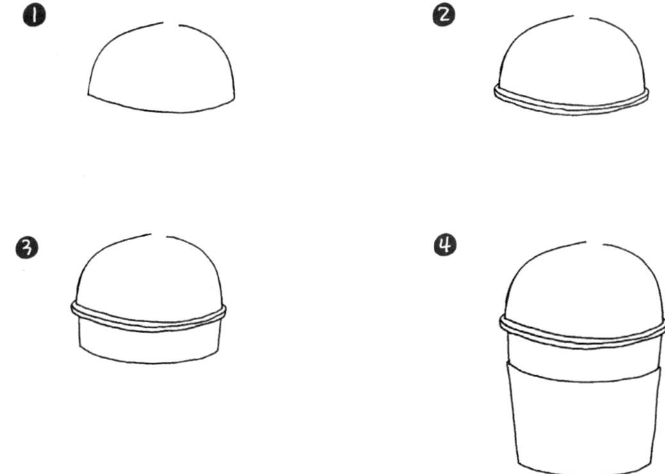

❶ 먼저 테이크아웃 커피 컵의 뚜껑부분을 동그랗게 그리세요.

❷ 뚜껑 아래에 선을 두 번 덧그려 입체감을 표현해주세요. 양쪽 끝처리를 그림처럼 해주어야 입체감이 살아요. 그림을 자세히 보고 따라 그려보세요.

❸ 뚜껑 아래로 선을 내려긋고 반원을 하나 그려주세요. 반원의 둥그스름한 정도는 위에 그린 뚜껑의 기울기와 같습니다.

❹ 컵의 종이 홀더 부분을 표현해주세요. 중요한 점은 컵보다 좀 더 두께를 줘서 그려 줘야 한다는 거예요.

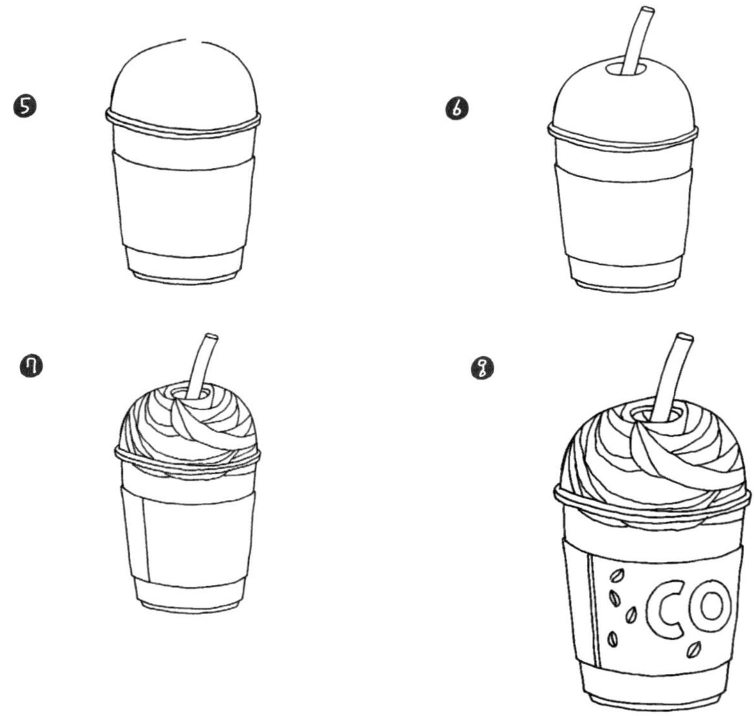

❺ 컵의 아랫부분을 완성합니다. 컵의 비율이 가로 세로 1:1이 아니라 위 아래로 길어야 예뻐요.

❻ 컵의 윗부분에 작은 원을 그리고 컵 안쪽으로 선을 두 개 그어 빨대를 그리세요.

❼ 컵케이크에서 자세히 보여드렸던 생크림 그리는 방법을 이용해 테이크아웃 컵의 윗부분에 그려주세요.

❽ 홀더 부분을 자세히 그려 완성합니다.

우산

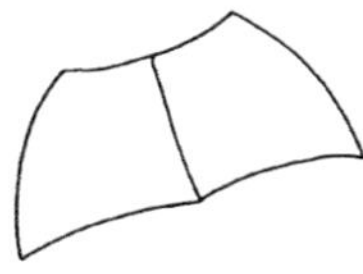

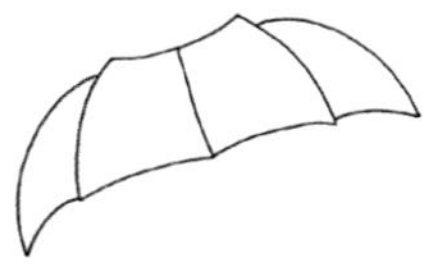

❶ 우산은 전체적으로 그리기보다 부분적으로 그려서 완성하면 더 쉬워요. 먼저 우산 윗부분을 그려주세요.

❷ 양쪽으로 두 개의 날개를 더 그려서 우산의 라인을 완성시킵니다.

❸ 우산 날개의 가운데로 긴 선을 아래로 두번 쭉 그어주세요. 맨 마지막에 갈고리처럼 동글게 말아 손잡이를 표현해주세요.

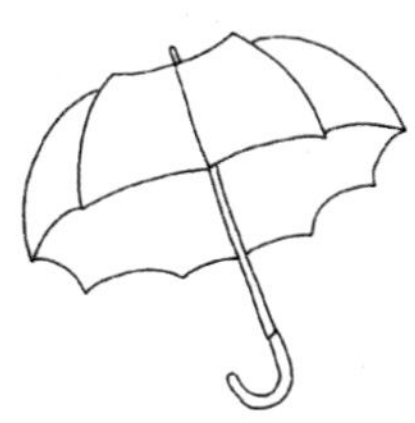

❹ 우산을 펼쳤을 때 바깥 부분과 안쪽이 같이 보이는데 이 부분을 박쥐의 날개모양처럼 둥글게 그려줍니다.

❺ 라인을 추가해 우산 뼈대를 연상하게 해주세요. 우산 뼈대의 선은 박쥐모양 날개 가운데 삐죽 튀어나온 부분을 위로 연결해주시면 돼요.

❻ 우산에 모양을 넣어주면 완성됩니다!

노트북

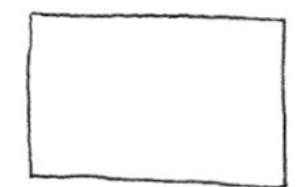

❶ 노트북 화면이 될 직사각형을 그려주세요.

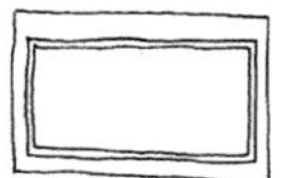

❷ 직사각형 안에 네모를 두 개 더 그려서 액정을 만듭니다.

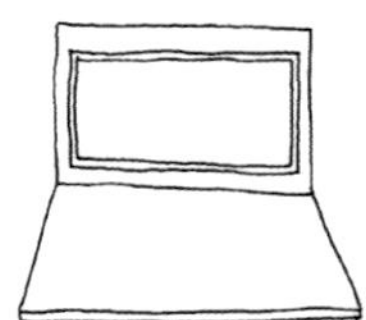

❸ 노트북 자판 부분을 그릴 때 화면에 닿는 부분보다 앞쪽으로 나온 부분을 넓게 그려주세요. 이렇게 그리면 나와 가까이 있는 부분이 튀어나와 보이기 때문에 더 사실적인 노트북을 그릴 수 있어요.

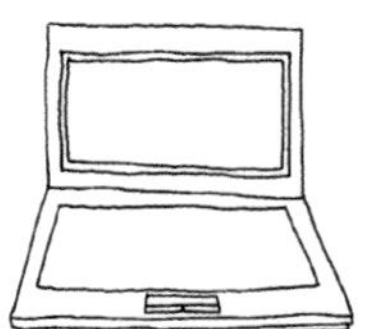

❹ 자판이 될 아랫부분에 작은 직사각형을 그리고 그 아래 마우스를 움직이는 부분을 작은 직사각형으로 표현해주세요. 자판직사각형을 그릴 때 위, 아래, 양 옆의 남기는 두께가 다르니 이 부분을 잘 확인하고 그리세요.^^

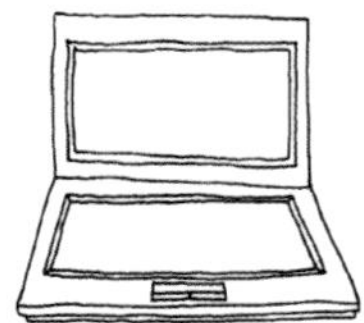

❺ 노트북을 잘 보면 본체와 자판 부분 사이에 빈 공간을 확인할 수 있어요. 이 부분을 직사각형을 한번 더 그려 표현해줍니다. 양 모서리에 두께를 표현하는 사선을 그어주세요.

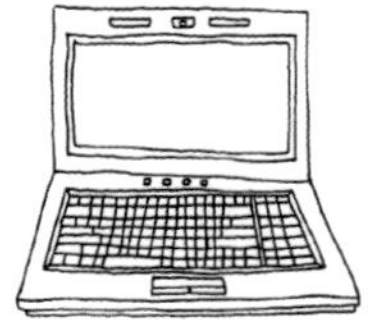

❻ 자판을 간단하게 그려주세요. 너무 세세하게 그리지 말고 사이즈가 다른 몇 개만 사이즈에 맞게 표현하고 나머지는 같은 사각형으로 쭉- 쭉- 그어줍니다. 나머지 세세한 부분을 간단한 선으로 표현해주면 완성!

체중계

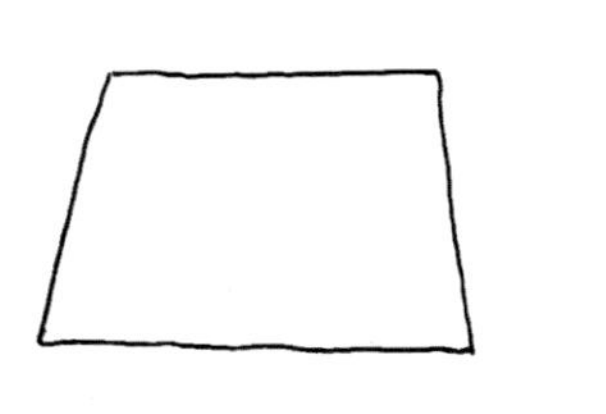

❶ 마름모꼴의 사각형 하나를 그리
세요.

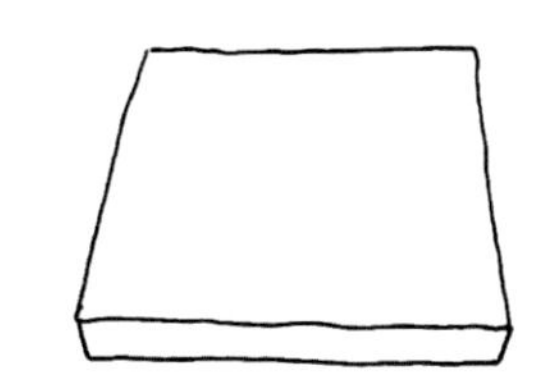

❷ 두께를 표현하기 위해 마름모
아래에 가는 직사각형을 덧그립
니다

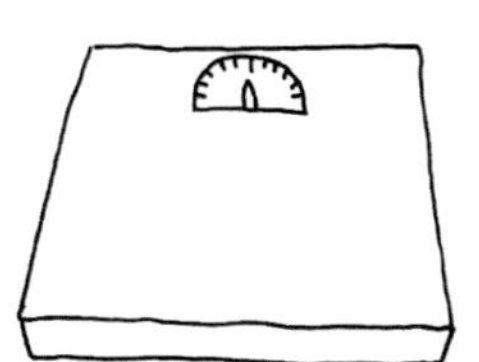

❸ 체중계 윗부분에 반원을 그리고
눈금을 표시해주세요.

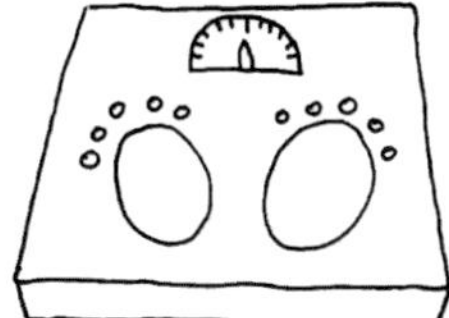

❹ 발을 올려놓는 곳에 발바닥을 그
려주면 귀여운 체중계가 완성
됩니다.

책

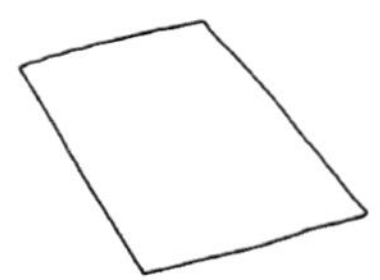

❶ 책 표지가 될 부분인 마름모꼴 사각형을 하나 그려주세요.

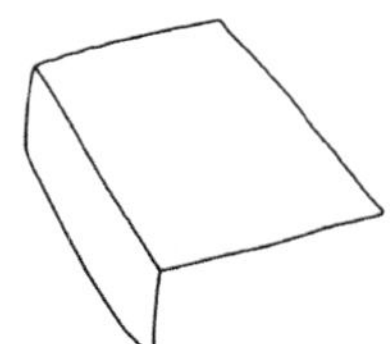

❷ 왼쪽으로 사각형을 그려서 책의 두께를 표현해줍니다.

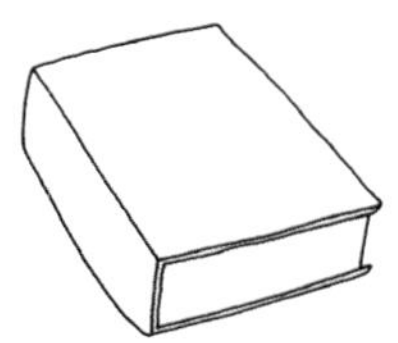

❸ 표지의 마름모 기울기에 맞게 아래에 선을 하나 그려서 책의 모습을 완성하세요. 그리고 아래 사각형의 선을 한번 더 그려 책의 두께를 표현해줍니다.

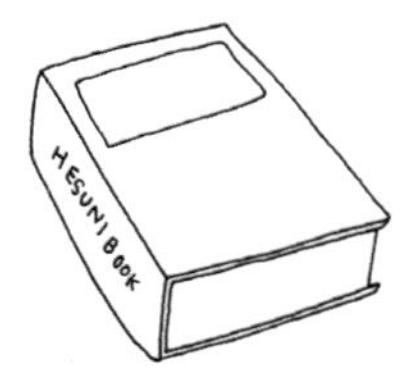

❹ 책 표지와 등에 간단한 손그림이나 글씨를 써주세요.

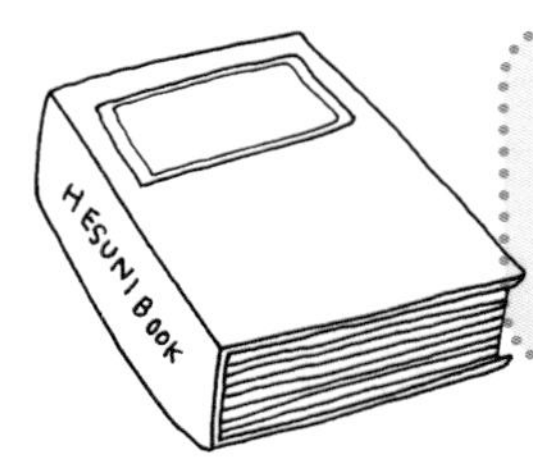

❺ 아래 사각형에 줄을 그어 종이를 표현하면 완성됩니다.

mp3

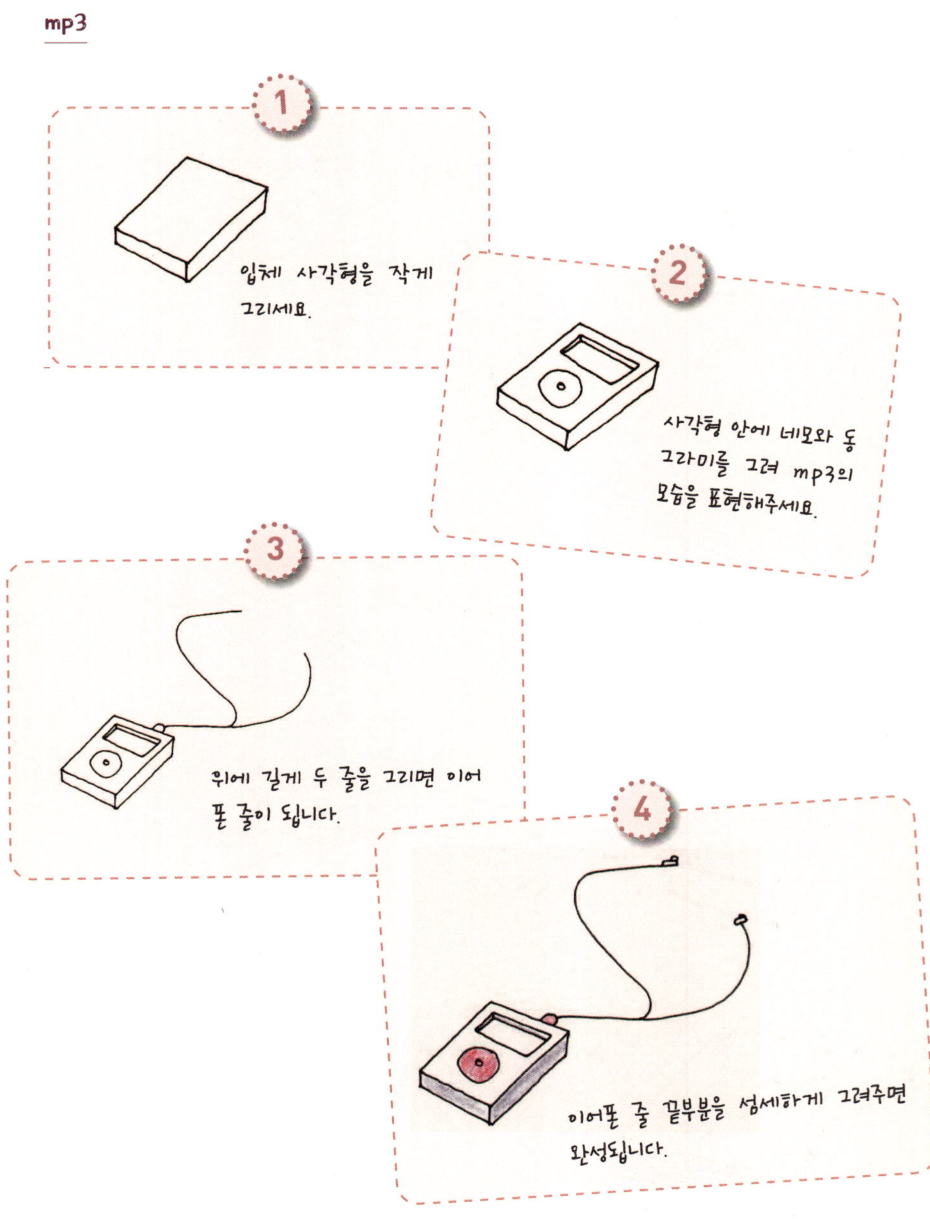

1
입체 사각형을 작게 그리세요.

2
사각형 안에 네모와 동 그라미를 그려 mp3의 모습을 표현해주세요.

3
위에 길게 두 줄을 그리면 이어 폰 줄이 됩니다.

4
이어폰 줄 끝부분을 섬세하게 그려주면 완성됩니다.

볼펜

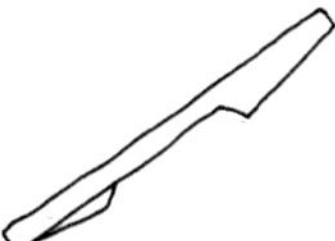

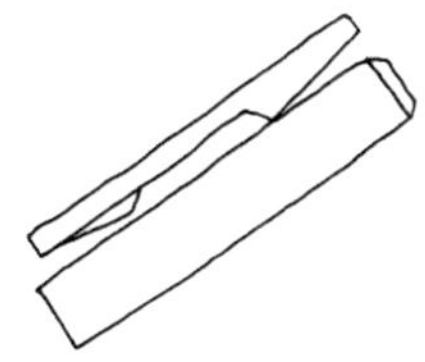

① 제일 먼저 볼펜 뚜껑의 클립 부분을 그립니다. 기울기를 잘 확인하면서 그려주세요.

② 클립 부분 위로 같은 기울기를 가진 직사각형을 그리세요. 볼펜 뚜껑의 형태가 완성됩니다.

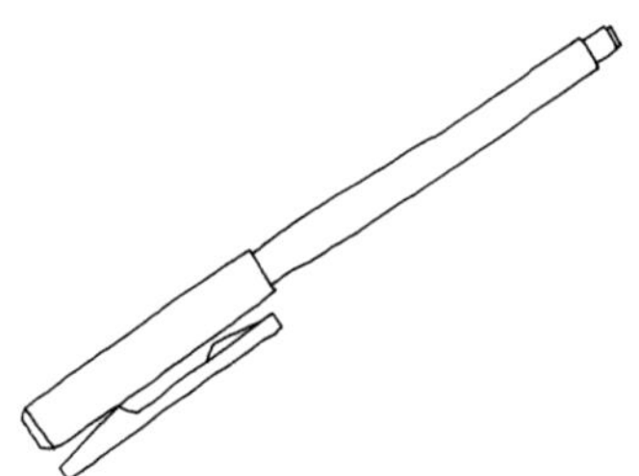

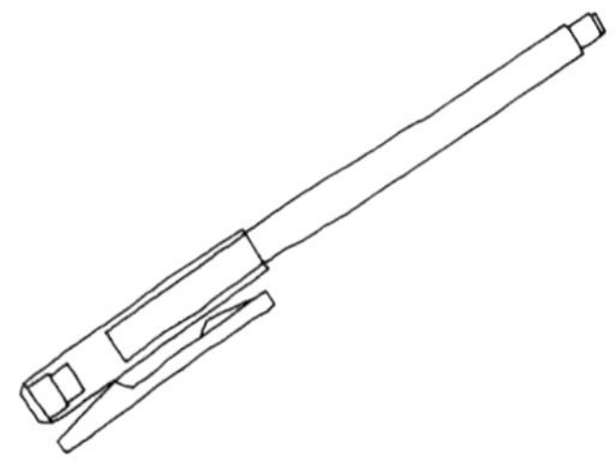

③ 볼펜 뚜껑 오른쪽 끝의 두 꼭지점을 시작으로 밖으로 쭉 선을 그어 바디를 그리세요.

④ 전체 형태가 완성되었으면 이제 디테일 묘사를 해볼게요. 안쪽이 비친 모습을 그리기 위해 바디와 연결된 직사각형을 볼펜 뚜껑 안으로 그리세요.

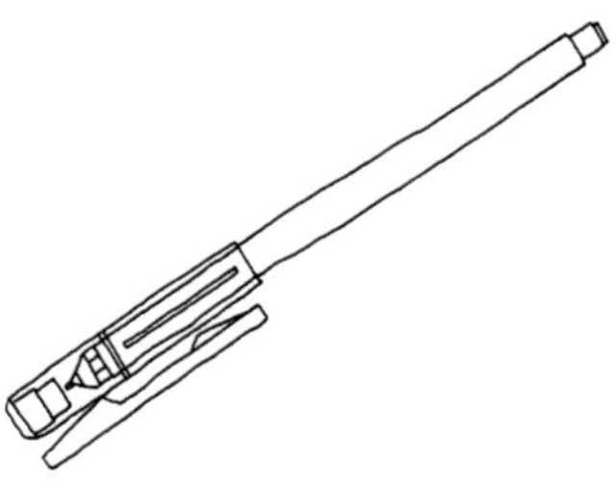

⑤ 볼펜 바디 끝에 뾰족하게 심을 그리고 펜 뚜껑에 선을 그어 뚜껑을 표현합니다.

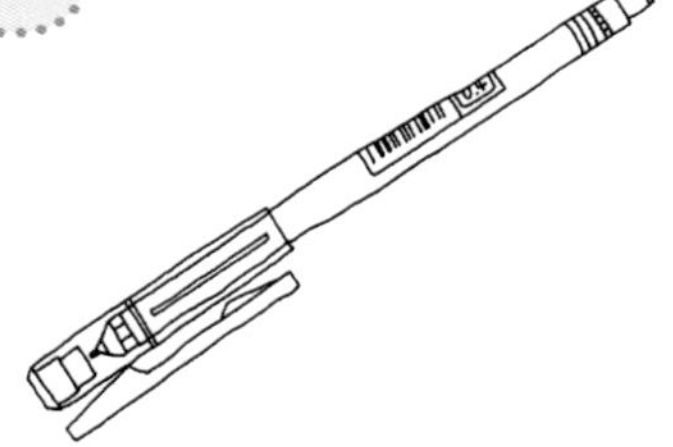

⑥ 바디에 붙여진 스티커를 그리고 펜 끝에 선을 그려주세요.

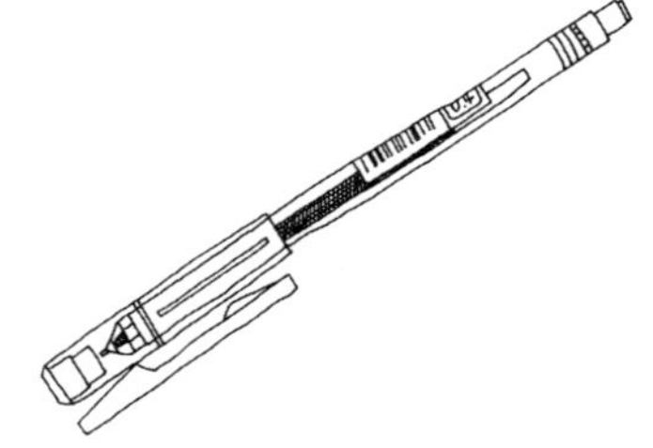

⑦ 펜 가운데 잉크 양을 표현하는 사각형을 그리고 색을 칠해 잉크를 표현하면 완성!

연습장

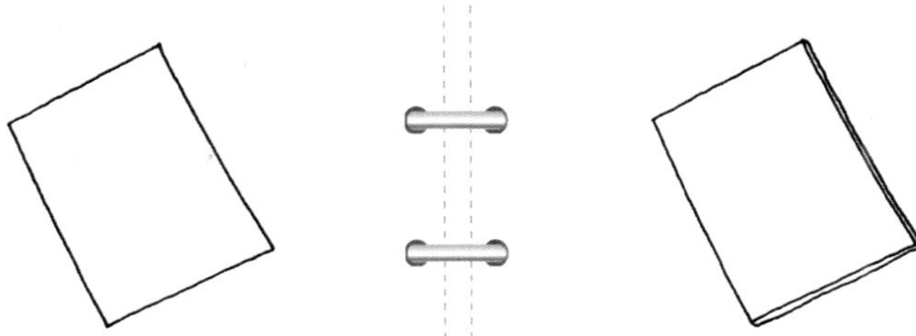

❶ 연습장의 표지를 만들어 줄 사각형을 비스듬하게 그리세요. 비스듬하게 그리는 이유는 연습장의 두께를 표현하기 위해서예요.

❷ 연습장 표지는 속지보다 두께가 있기 때문에 얇게 두께 표현을 해줍니다.

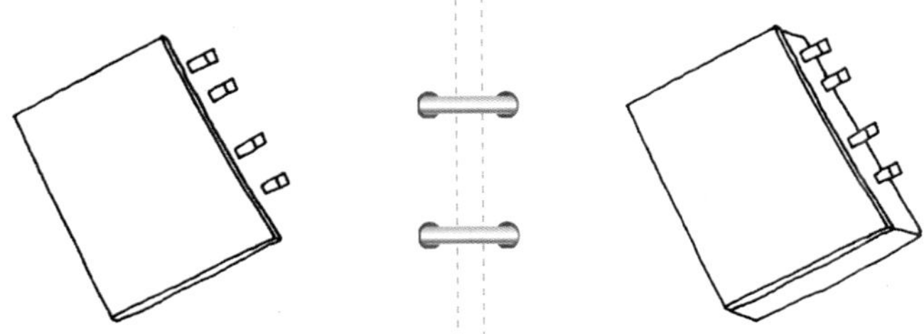

❸ 수정할 수 없는 펜으로 그릴 경우에는 그림의 앞뒤 관계가 참 중요해요. 연습장에 붙인 인덱스 스티커(테이프)를 연습장의 두께를 표현하기 전에 먼저 그립니다.

❹ 이제 인덱스 스티커(테이프) 뒤로 선을 그어 연습장의 두께를 표현해주세요.

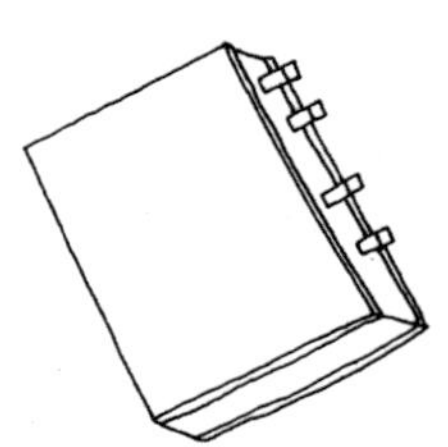 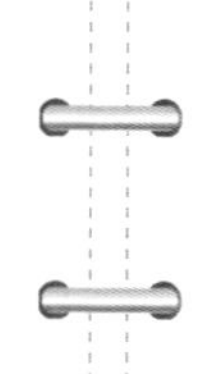 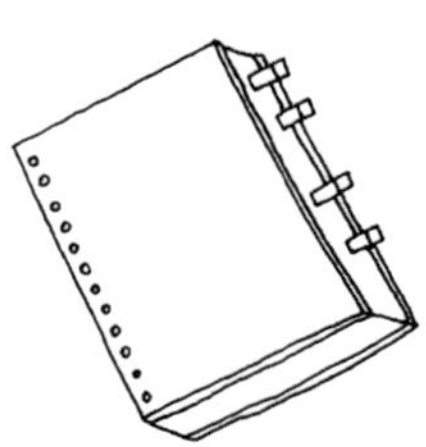

❺ 방금 그린 선 바깥쪽에 한번 더 선을 그어 맨 뒷장 표지의 두께를 표현합니다.

❻ 표지 왼쪽 끝에 일정한 간격의 동그라미를 작게 그려주세요.

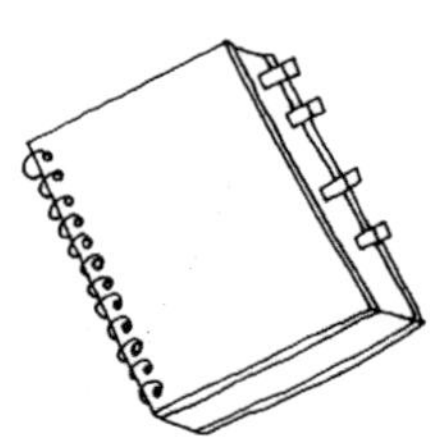 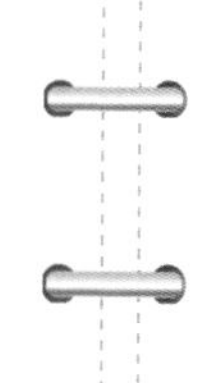 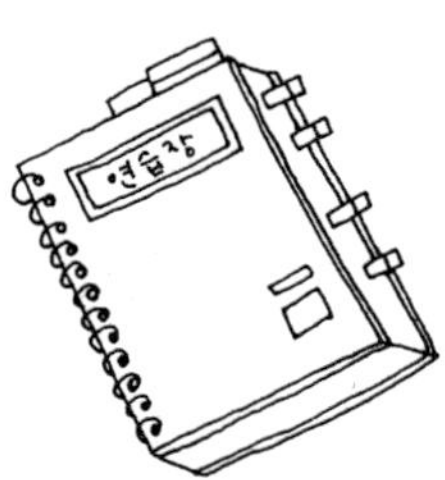

❼ 표지 안쪽에서 동그라미를 그리면 연습장의 스프링이 표현돼요.

❽ 이제 표지를 자세하게 표현해주세요. (오른쪽에 그린 인덱스 스티커처럼 위쪽에도 그리면 연습장에 프린트물을 끼워둔 것처럼 표현할 수 있어요.)

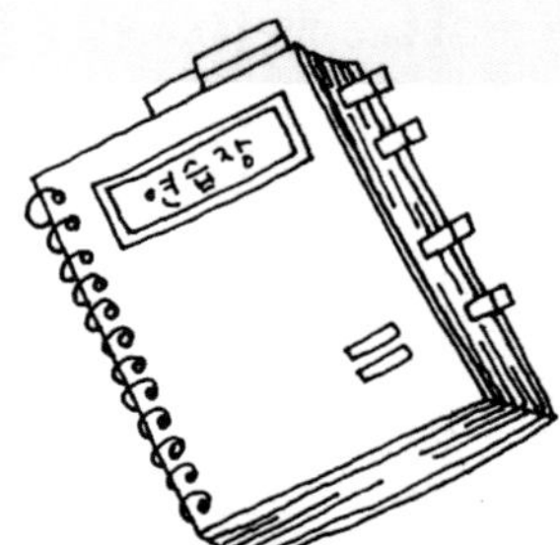

❾ 두께를 표현한 옆면에 선을 몇번 그어주면 종이가 쌓여 있는 느낌을 더 낼 수 있어요.

스탠드

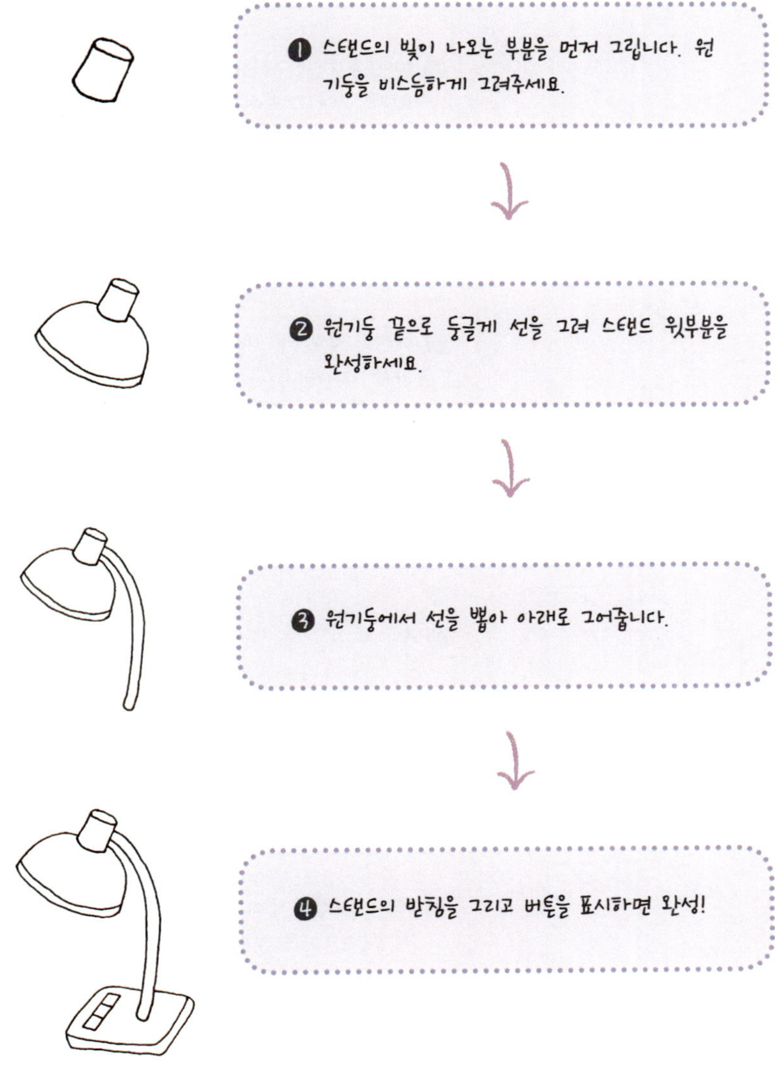

❶ 스탠드의 빛이 나오는 부분을 먼저 그립니다. 원기둥을 비스듬하게 그려주세요.

❷ 원기둥 끝으로 둥글게 선을 그려 스탠드 윗부분을 완성하세요.

❸ 원기둥에서 선을 뽑아 아래로 그어줍니다.

❹ 스탠드의 받침을 그리고 버튼을 표시하면 완성!

택배 상자

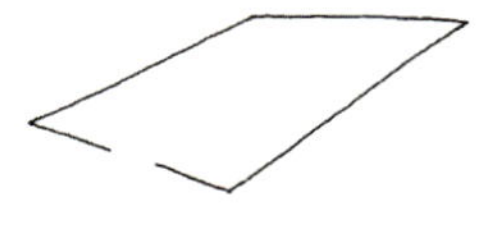

① 마름모를 하나 그리는데 중요한 점은 박스 윗면에서 옆면으로 테이프 붙여진 모습을 표현해야 하기 때문에 선의 중간을 끊어주어야 한다는 것입니다.

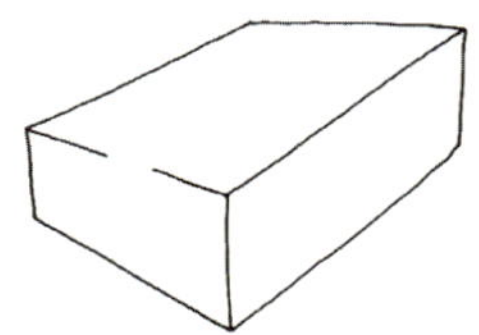

② 아래로 직선 세 개를 긋고 끝점을 잇습니다. 내 눈에 가장 가까운 부분을 길게 내려 긋고 먼 부분은 긴 부분보다 짧게 그려주세요.

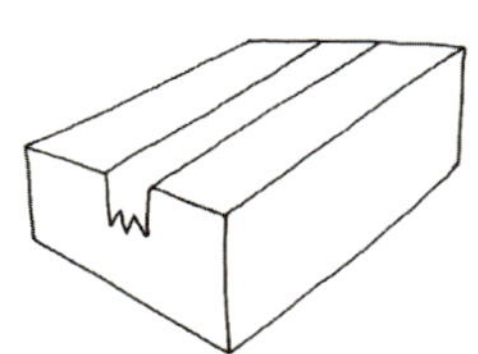

③ 상자의 기울기를 같게 하여 가운데 선을 두 번 긋습니다. 앞에서 띄어놓은 선에 맞춰 그어주면 돼요.

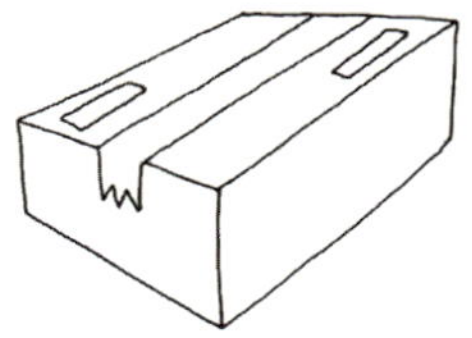

④ 택배 손그림을 작게 그릴 경우 보내는 사람과 받는 사람 부분은 네모로 간단하게 그립니다.

쇼핑백

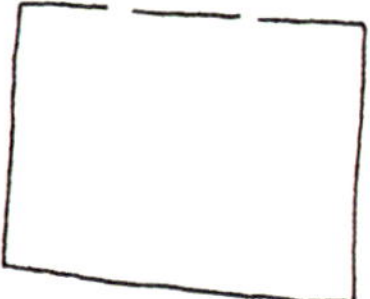

① 사각형을 그려주세요. 위에 쇼핑백의 손
  잡이 끈을 표현하기 위해 두 군데 라인
  을 끊어둡니다.

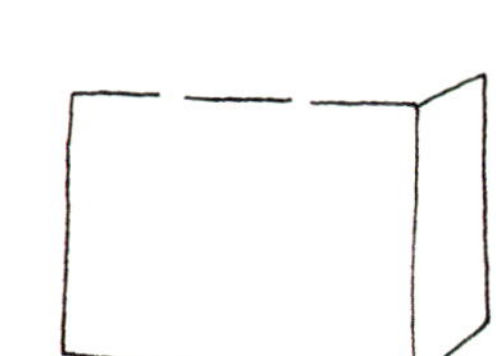

② 옆으로 선을 그려 옆 두께를 표현해줍니다.

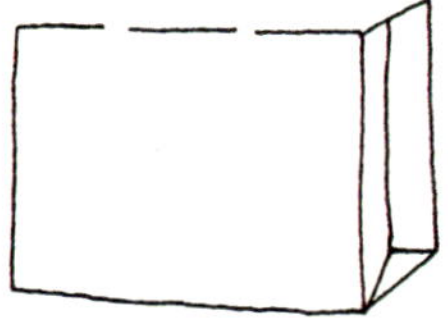

③ 가운데 선을 긋고 아래에 양쪽 모서리로
  선을 그어 삼각형을 만들어주세요. 그러면
  쇼핑백을 접었을 때 느낌이 나요.

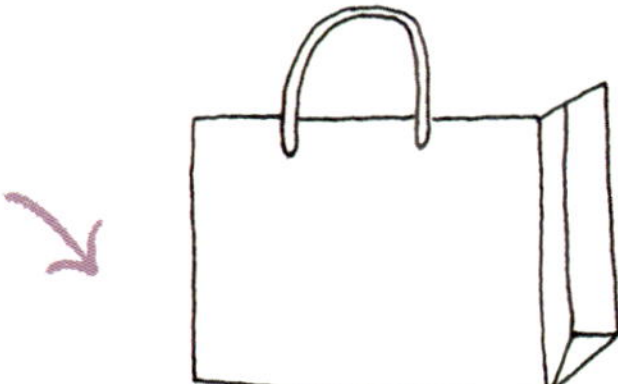

④ 위쪽에 둥그렇게 선을 그어 쇼핑백 끈을
  그리세요.

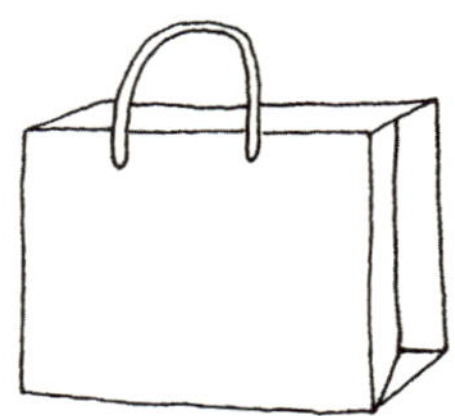

❺ 끈 뒤로 사각형 위쪽을 마무리합니다.

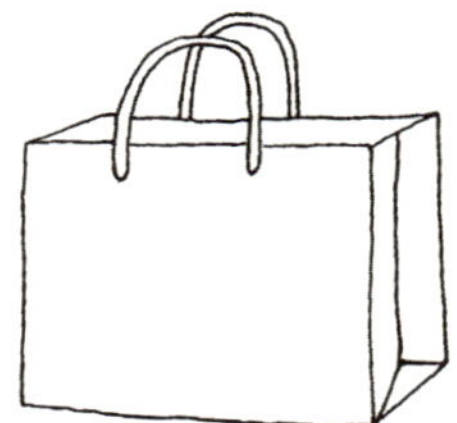

❻ 사각형 뒤에도 끈을 그려주세요.

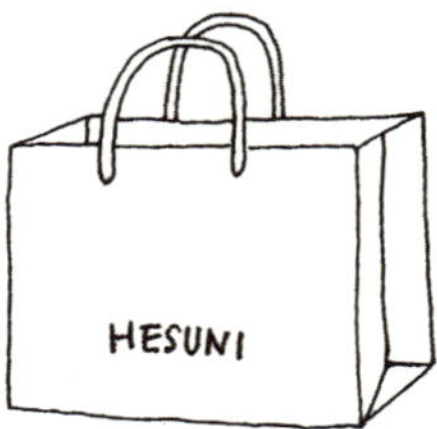

❼ 가방 앞쪽에 간단한 로고나 그림을 그리
면 완성됩니다.

혜수니 손글씨 & 손그림

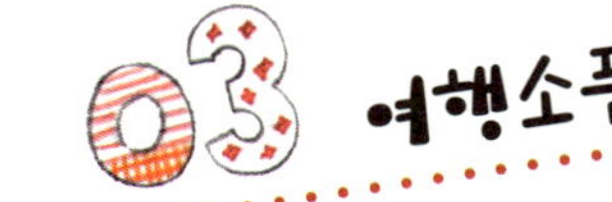 여행소품

캐리어

① 작은 가방을 먼저 그려볼게요. 작은 직사각형을 하나 그립니다.

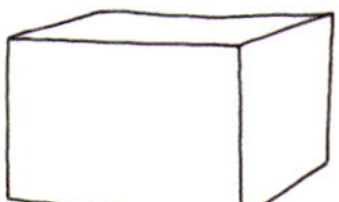

② 직사각형에 선을 4번 그어 가방에 달린 끈을 그려주세요.

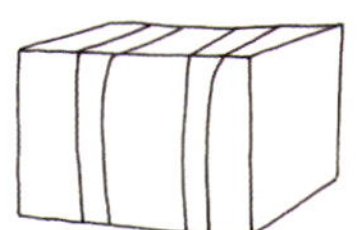

③ 작은 가방의 세부 디자인을 그리기 전에 먼저 큰 캐리어의 형태를 잡아주세요.

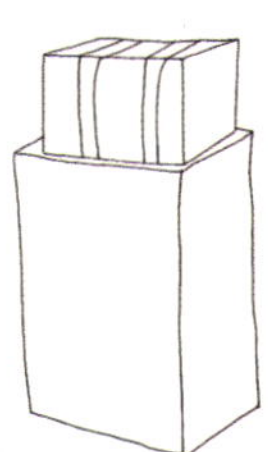

④ 같은 방법으로 큰 캐리어에도 4개의 선을 그어 보기 좋게 가방에 달린 끈을 그립니다.

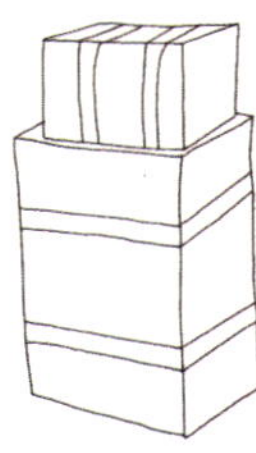

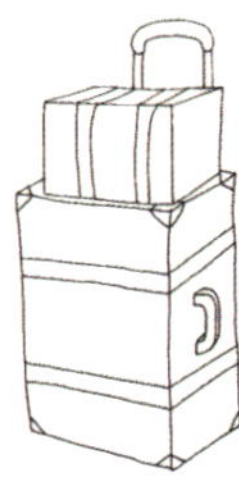

❺ 그림을 자세히 보고 캐리어의 손잡이를 그려주세요.

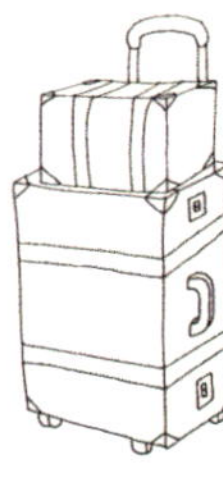

❻ 캐리어 아래 바퀴를 입체적으로 그려주세요. 바퀴는 앞쪽에 보이는 부분과 옆쪽에 보이는 부분을 같이 그려야 입체적으로 보여요.

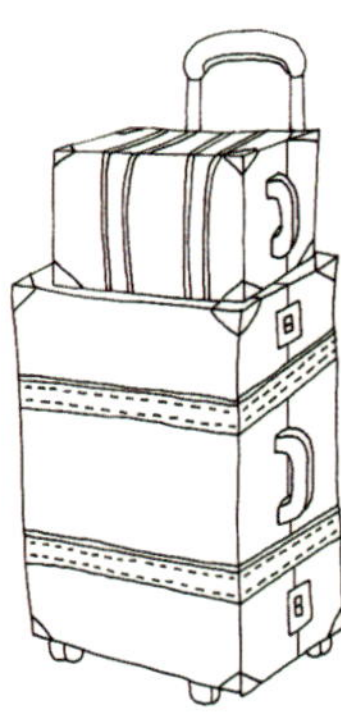

❼ 가방의 디테일한 부분을 조금씩 추가해 그리면 완성!

미니 가방

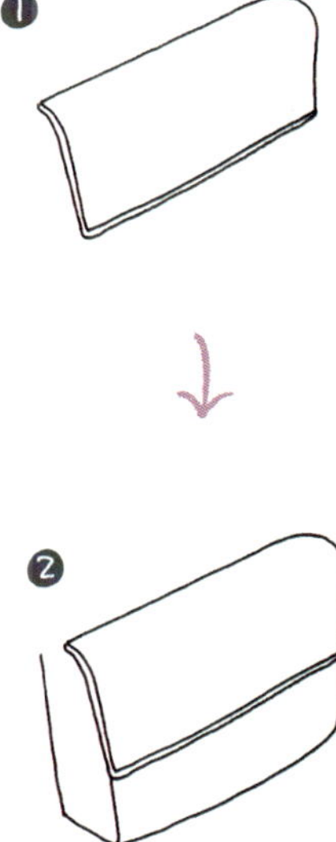

① 미니 가방은 복잡하게 연결되어 있기 때문에 제일 앞쪽에 있는 뚜껑부터 그려나갑니다. 길쭉한 네모모양을 둥글게 표현하여 가방 뚜껑을 그리세요.

② 가방 뚜껑 모서리 부분에서 선을 시작하여 아래로 네 모를 한 번 더 그리고 왼쪽에 'ㄴ'을 그려서 두께를 표현해주세요.

③ 길게 선을 빼내어 가방끈을 표현합니다.

④ 반대쪽은 처음 그린 가방 끈을 한 줄로 연결하고 다시 그 끝에서 두 개의 선을 그어 가방 끝쪽에 연결해주세요.

⑤ 잠금 부분과 끈 조절 부분을 그려주면 완성됩니다!

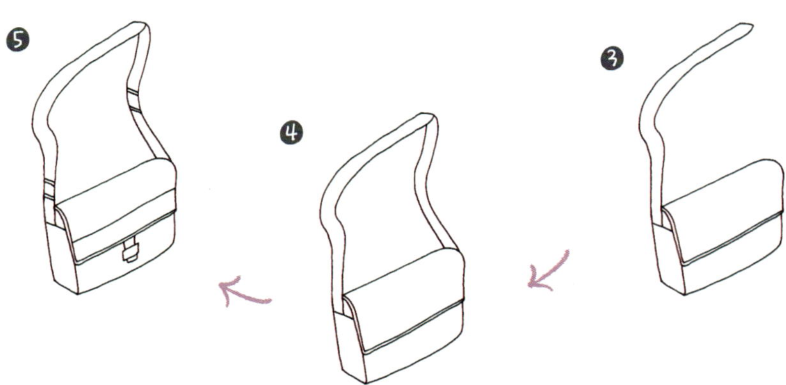

DSL R 카메라

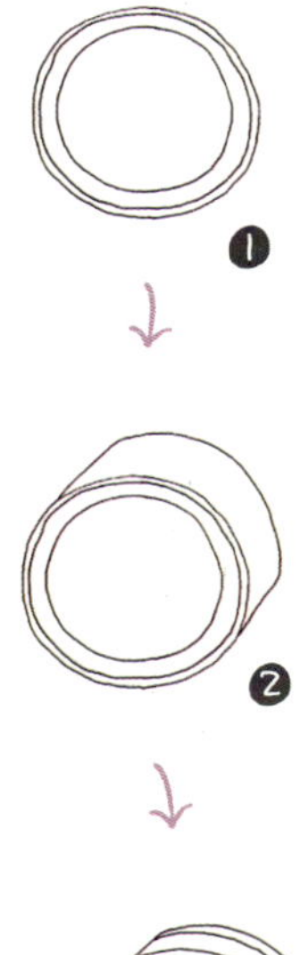

① DSLR 카메라는 렌즈가 가장 앞으로 튀어나와 있기 때문에 렌즈를 제일 먼저 그릴 거예요. 원을 크게 하나 그리고 그 안으로 두 개의 원을 반복해 그립니다. 원과 원 사이의 두께는 가깝게 해주세요. 렌즈 안에 있는 가는 선을 그리는 것이기에 원 사이의 거리가 멀면 예쁘지 않아요.

② 원 끝에서 위로 선을 그어 카메라 본체와 렌즈를 연결하는 선을 그려줍니다. 두 개 선의 기울기가 같아야 자연스러운 DSLR 카메라를 완성할 수 있어요.

③ 렌즈 초점을 맞추기 위해 돌리는 부분을 아주 간단하게 선을 이용해 표현합니다. 가는 선을 원형에 맞춰 간격을 주고 두 번 그려주세요.

④ 렌즈 한 쪽에 선을 그어 카메라 렌즈를 자세히 표현합니다.

⑤ 카메라의 플래시 부분을 곡선으로 표현합니다. DSLR이 어떻게 생겼는지 자세히 보고 그리는 게 중요해요. DSLR이 없다면 제가 어디서 곡선을 꺾어서 그렸는지 자세히 보고 따라 그려보세요. 사각형이 입체적으로 쑥~ 올라온 형태입니다.

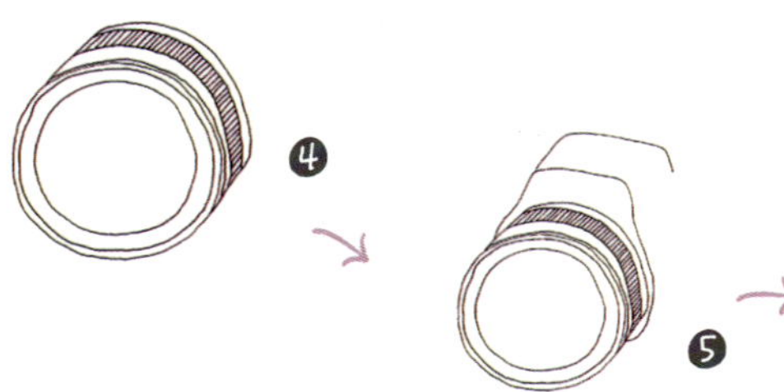

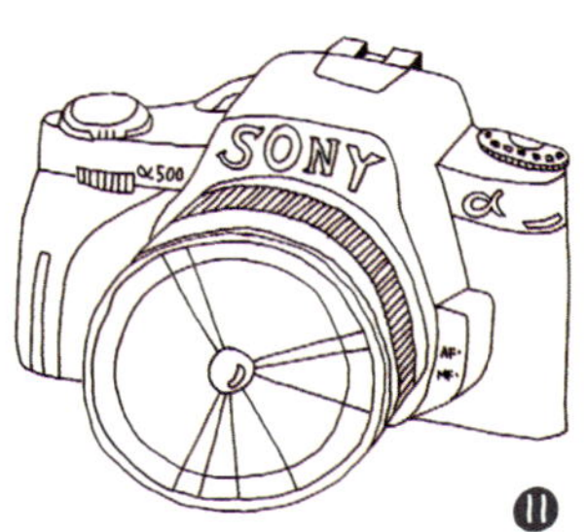

❻ 오른쪽에 동그라미를 하나 그리고 동그라미를 지나는 선을 아래로 그어 DSLR 카메라의 오른쪽 형태를 완성해주세요.

❼ 선을 그어 오른쪽면을 입체적으로 만들어주세요. 입체적인 사각형의 모습을 잘 이해하면 쉽게 그릴 수 있어요.

❽ 같은 방법으로 왼쪽에도 먼저 원형을 그리고 선을 이어 형태를 잡아줍니다.

❾ 아래로 'ㄴ'을 그려 완성해주세요.

❿ 오른쪽과 달리 왼쪽은 손으로 잡는 부분이 있으므로 튀어나온 형태를 그림처럼 그려 표현해주세요.

⓫ 카메라의 세부 디자인을 그리면 완성!

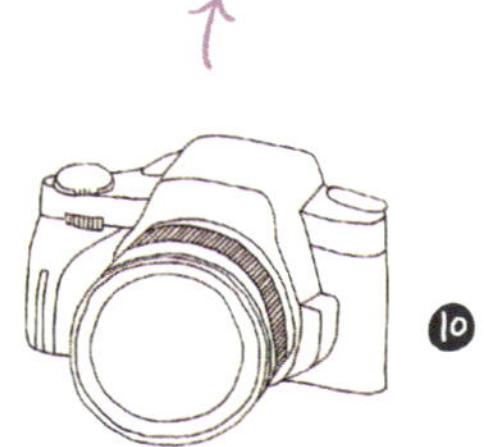

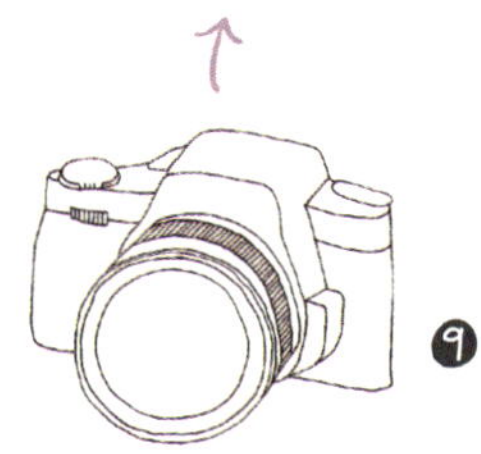

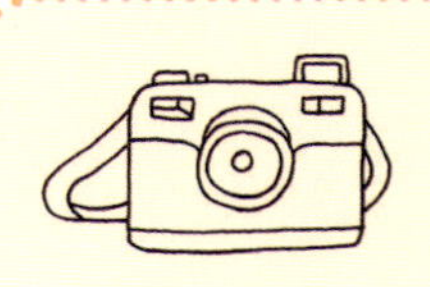
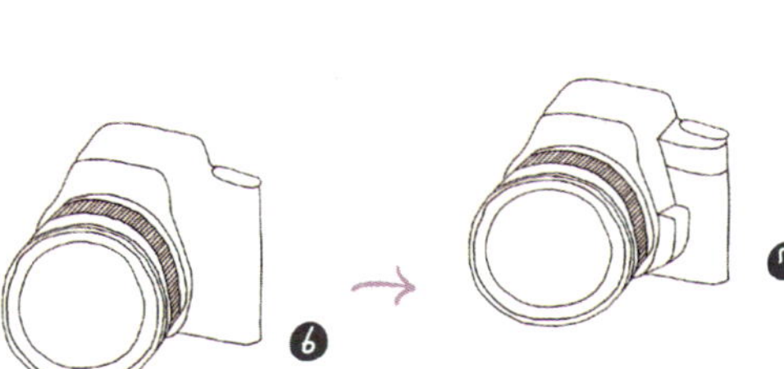

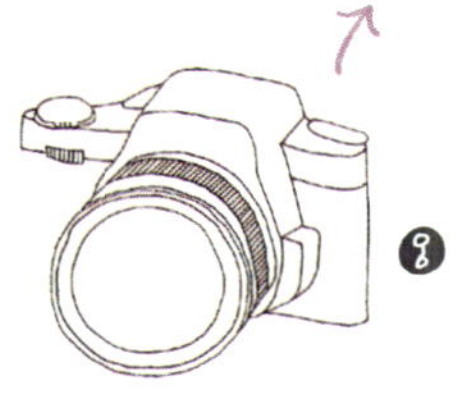

여권과 티켓

❶ 여권은 위 아래로 긴 직사각형으로 그리고 오른쪽 모서리를 둥글게 그리는 게 포인트예요.

❷ 여권에 끼여 있는 티켓은 보이는 부분만 그려주면 돼요. 좀 더 큰 직사각형을 작은 사각형과 겹치게 그립니다.

❸ 오른쪽으로 가는 선을 그려서 두께를 살짝만 표현해주세요.

❹ 여권에 대한민국과 REPUBLIC OF KOREA라고 적고 가운데 태극문양을 그리세요.

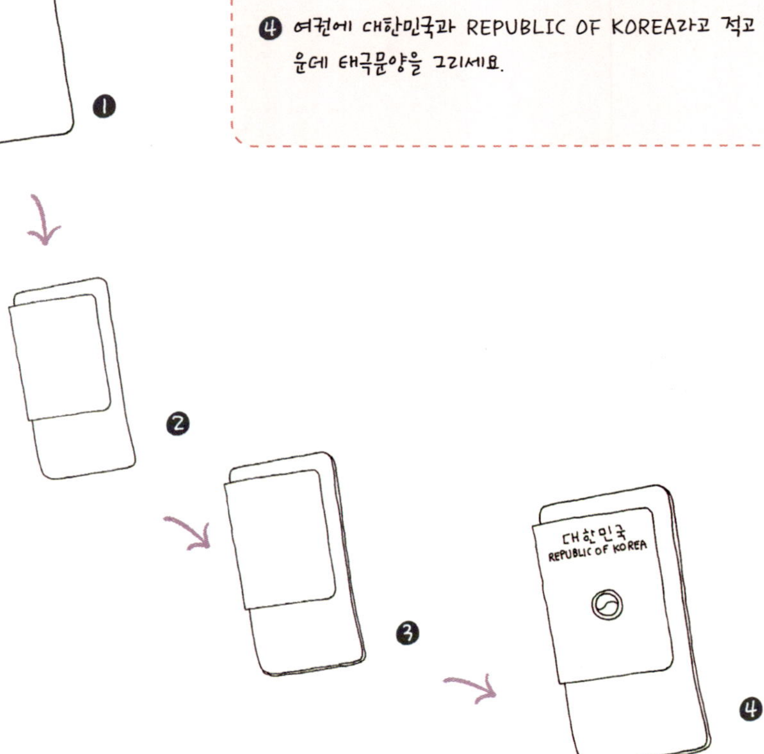

⑤ 태극문양 주위로 5개의 레이스를 그립니다.

⑥ 리본과 아래 '여권' 'PASSPORT'라고 적고 작은 문양을 그려주세요.

⑦ 티켓에 날짜와 어디로 가는지 적으면 되는데 작게 그릴 경우 점으로 표현해도 좋습니다. 자신이 가지고 있는 티켓을 참고해서 적으면 됩니다.

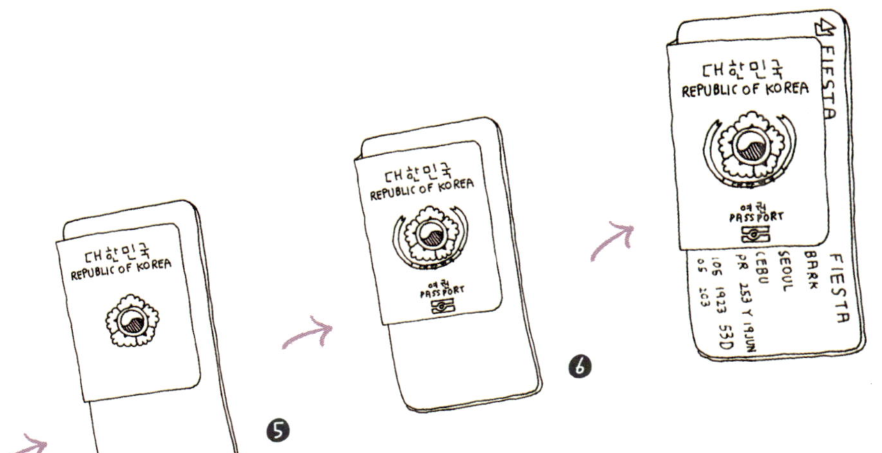

비행기

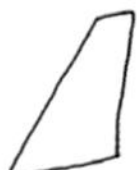

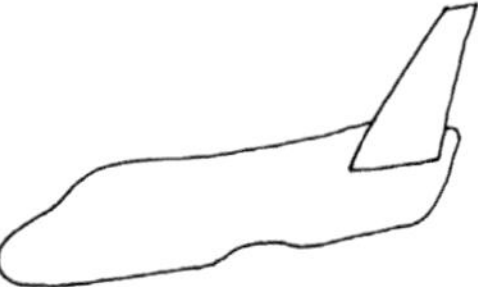

❶ 비행기의 위치를 먼저 생각하고 중앙에서 뒤쪽에 비행기의 꼬리 부분을 그립니다.

❷ 꼬리 부분을 시작으로 비행기의 몸통을 둥글게 그려주세요.

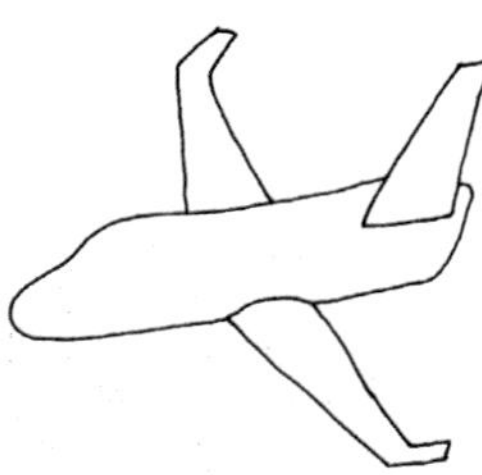

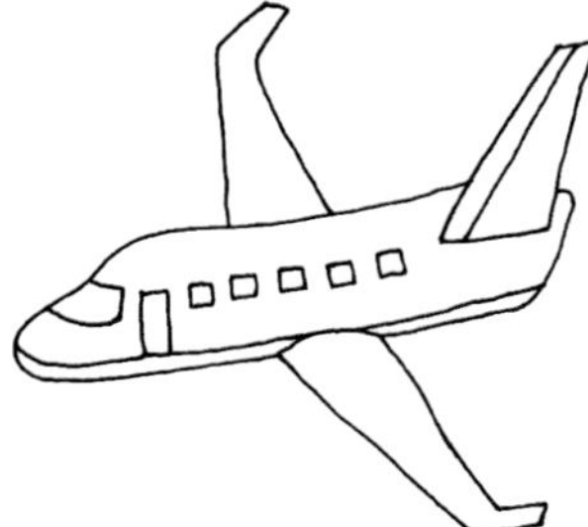

❸ 비행기처럼 크고 복잡한 물체를 손그림으로 그릴 때는 더 간단하게 그리는 게 좋아요. 곡선을 대부분 생략하고 큰 형태로 비행기를 그려주세요.

❹ 창문과 문을 그리고 라인을 추가하면 비행기가 완성됩니다!

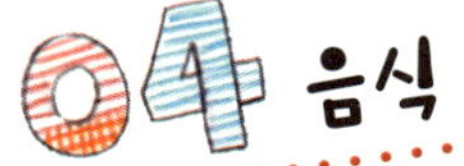 음식

밥

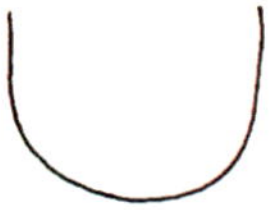

① 둥그런 'U'를 그려 밥그릇을 표현하세요.

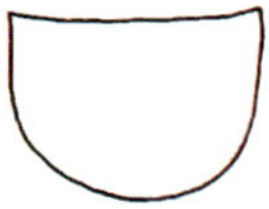

② 위에 선을 그어 밥그릇을 완성합니다.

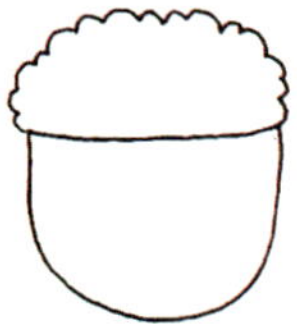

③ 밥그릇 위에 동글동글 레이스 그리듯 밥을 표현합니다.

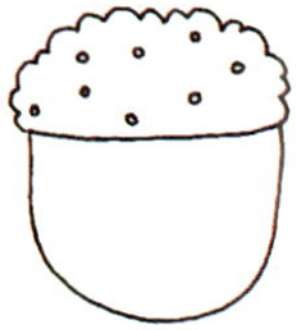

④ 밥 부분에 작은 동그라미를 그려 밥 느낌을 더해주세요.

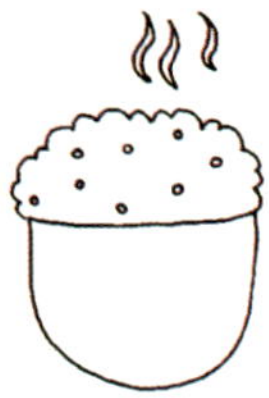

⑤ 위에 연기를 그려주면 완성됩니다.

아이스크림 콘

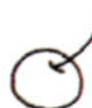

❶ 그리고 싶은 아이스크림 콘 위치에서 위쪽
에 앵두를 그려주세요.

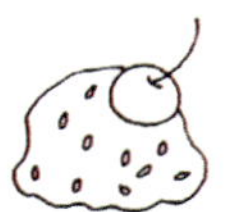

❷ 아이스크림 덩어리 하나를 그리고 장식을
해줍니다. 아이스크림은 반듯한 동그라미보
다 손에 힘을 풀어 부드럽게 그리고 중간
중간에 선을 일부러 울퉁불퉁하게 표현해
주세요.

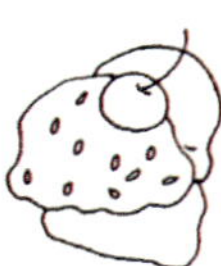

❸ 같은 방법으로 두 덩어리를 더 그립니다.

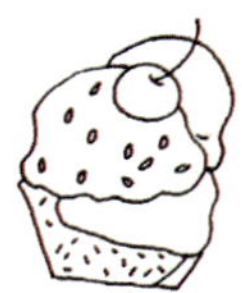

❹ 아이스크림과 콘 부분의 연결부분을 표현
해주세요. 둥글게 그리는 것보다는 자연스
럽게 이어주는 게 중요해요. 그린 후 어
색하지 않게 장식을 합니다.

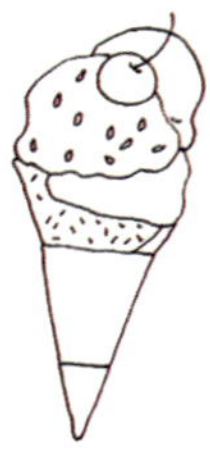

❺ 아래 한 점으로 선을 그어 콘 부분을 그리
세요.

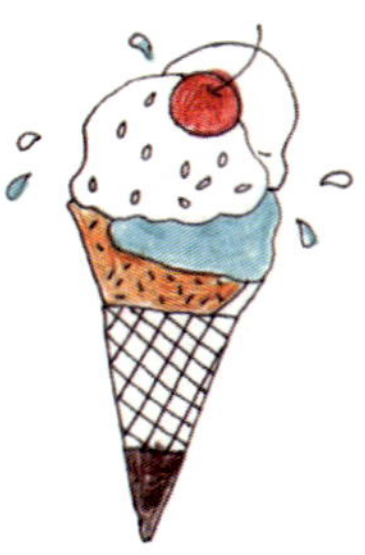

❻ 콘에 사선방향으로 체크를 넣어주면
완성입니다.

도넛

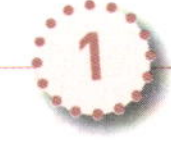

옆으로 길쭉한 동그라미를 그
리고 원형 아래에 살짝 물
결을 넣어주세요.

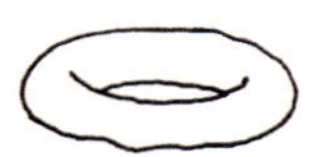

동그라미 안에 구부러진 선
을 그리고 안쪽으로 반대로
된 선을 하나 더 그립니다.

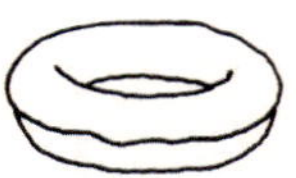

원형 아래로 선을 덧그려
빵 부분을 그려주세요.

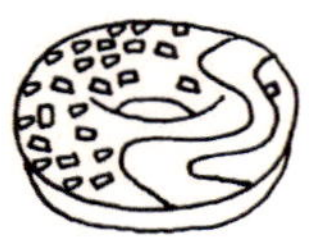

도넛 위에 땅콩이나 크림을
그려 장식해도 좋아요.

햄버거 세트

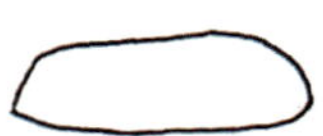

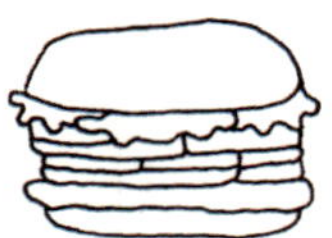

❶ 위의 햄버거 빵을 그릴 때는 크고 도톰하게 그려주세요.

❷ 햄버거 안의 양상추, 토마토, 고기는 그림처럼 간단하게 그리고 마지막에 빵으로 마무리를 합니다.

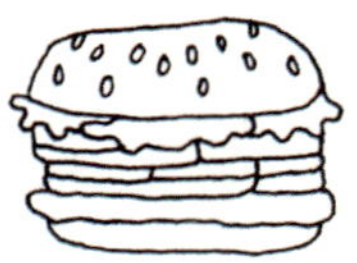

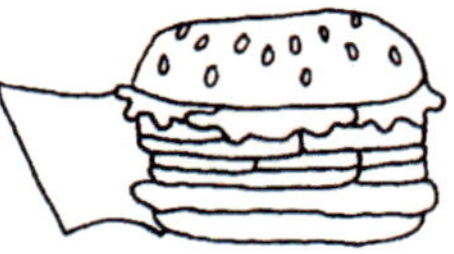

❸ 위에 작은 동그라미를 그려서 깨를 표현해줬어요.

❹ 옆에 감자칩을 그려줄 거예요. 감자칩의 포장은 직사각형이 아닌 위 아래 굴곡이 있는 형태예요.

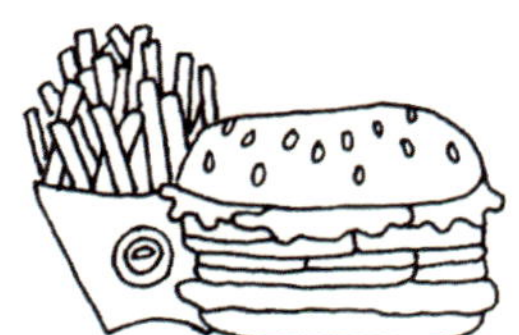

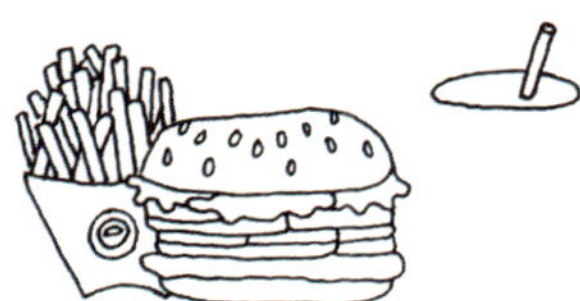

❺ 감자칩은 네모를 여러 번 그려주면 돼요. 이때 네모를 일정하게 그리지 말고 들쑥 날쑥 마구잡이로 그리세요.

❻ 오른쪽에 원형을 그려주세요.

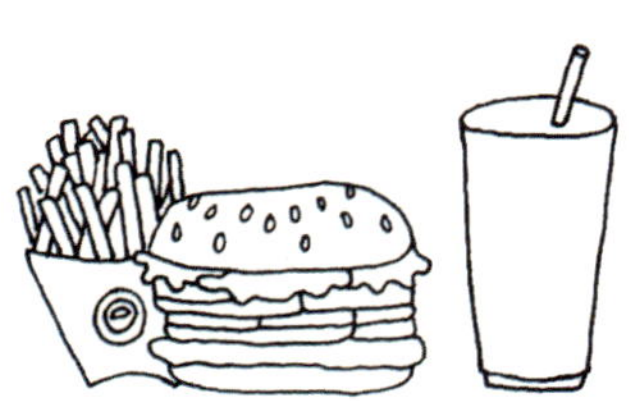

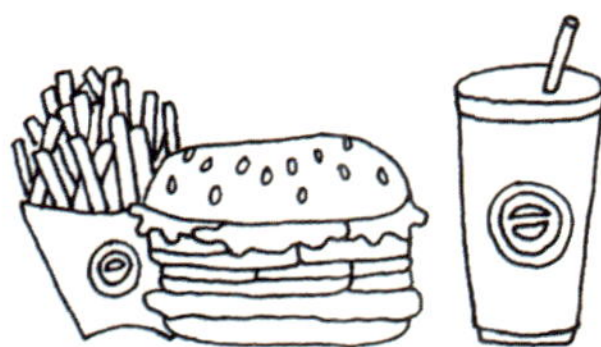

❼ 아래로 길게 사선을 그어 콜라의 형태를 만듭니다.

❽ 콜라에 로고를 그려주세요.

초밥

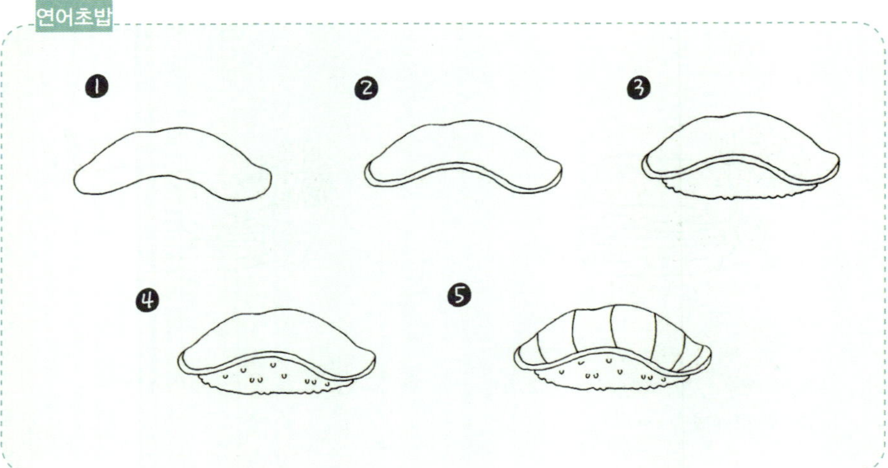

❶ 그리는 순서는 연어살을 먼저 그리고 아래 밥을 그리는 게 쉬워요. 먼저 연어의 모양을 잡아주세요.

❷ 연어의 두께를 표현하기 위해 안쪽으로 선을 한 줄 덧그어주세요.

❸ 연어 아래 밥을 그리세요. 밥은 일자로 쩍- 그리지 말고 중간중간에 둥글둥글하게 밥알 느낌이 나도록 포인트를 주면서 그리세요.

❹ 밥알을 일일이 그리면 보기에도 안 좋고 그리기도 힘이 드니 그림처럼 U 형태로 중간중간에 밥알 느낌만 내줍니다.

❺ 연어에 가는 실선을 그어 좀 더 자세히 표현합니다.

① 하나의 점을 시작으로 양쪽으로 선을 그어 그림처럼 그리세요.

② 새우 끝 부분에 꼬리를 그립니다.

③ 연어초밥과 같은 방법으로 새우 밑 부분에 밥을 그립니다.

④ 새우의 두께를 표현하고 가운데 라인을 그려주세요.

⑤ 선을 그어 새우 느낌을 더해줍니다.

새우초밥

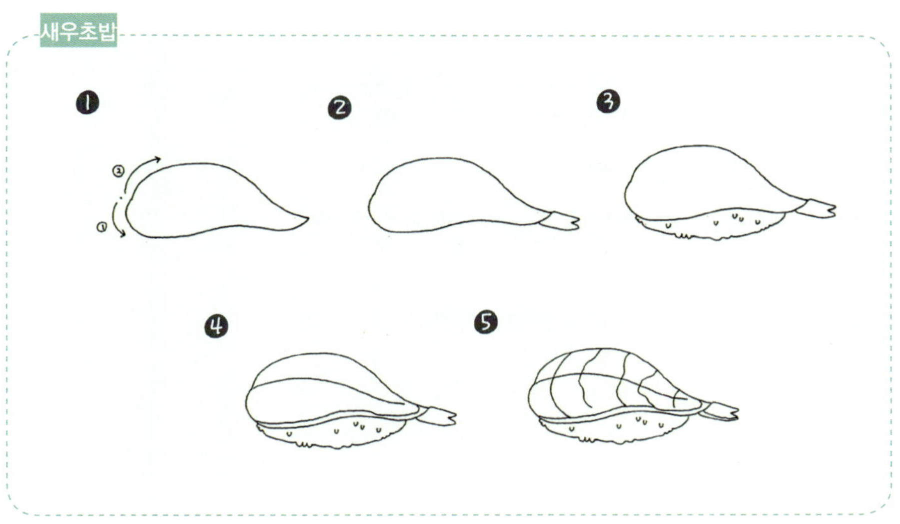

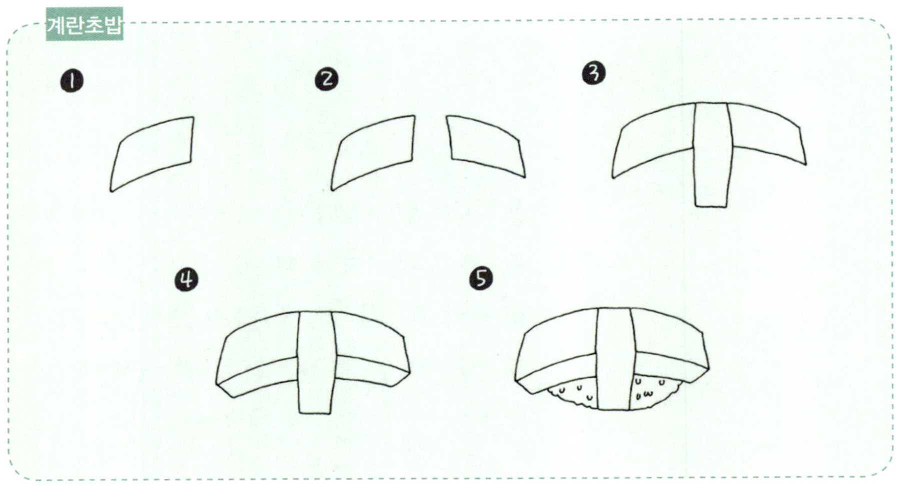

❶ 계란초밥도 마찬가지로 밥을 그리기 전에 계란을 그릴 건데 가운데 김이 있기 때문에 왼쪽만 먼저 그림처럼 그리세요.

❷ 같은 방법으로 오른쪽도 그립니다.

❸ 위의 두 점을 잇고 아래는 밑으로 선을 내려 그은 후 이어주세요.

❹ 계란에 두께를 표현해줍니다.

❺ 아래 밥을 그리면 간단하게 계란초밥이 완성돼요!

 동물

<u>토끼</u>

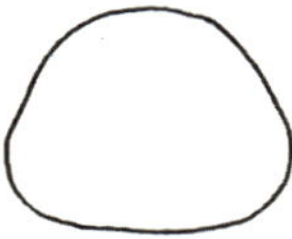

1 둥글둥글하게 토끼의 얼굴형을 그립니다.

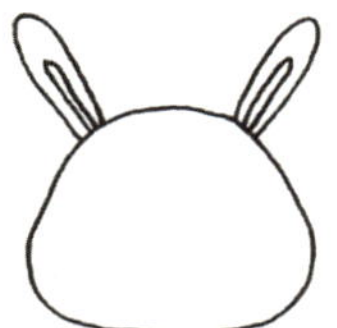

2 귀는 얇고 가늘게 그려주세요. 두 귀의 길이 차이가 심하게 나지 않게 잘 맞춰주세요.

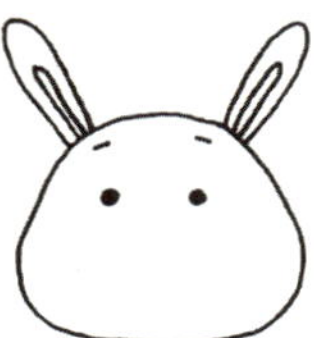

3 눈썹과 눈을 먼저 그립니다.

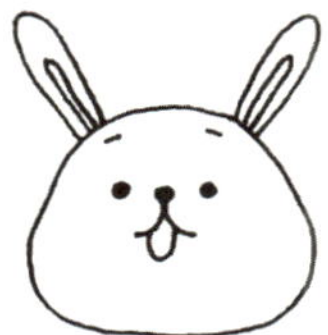

4 동물 특유의 입 모양새를 그리면 얼굴 완성!

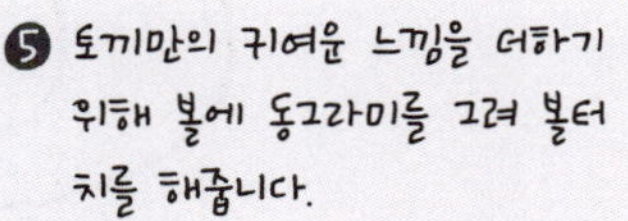

5 토끼만의 귀여운 느낌을 더하기 위해 볼에 동그라미를 그려 볼터치를 해줍니다.

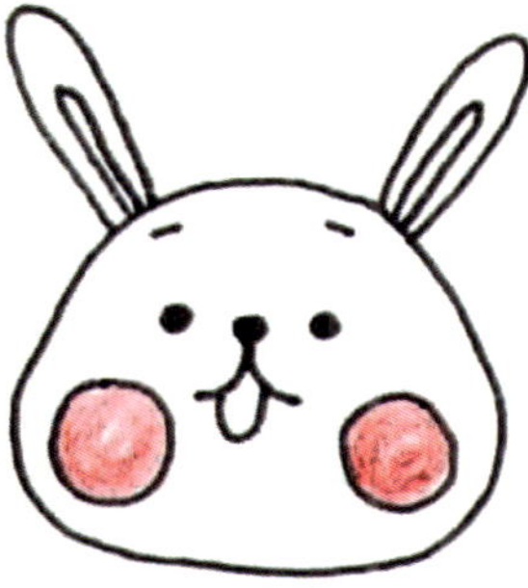

곰

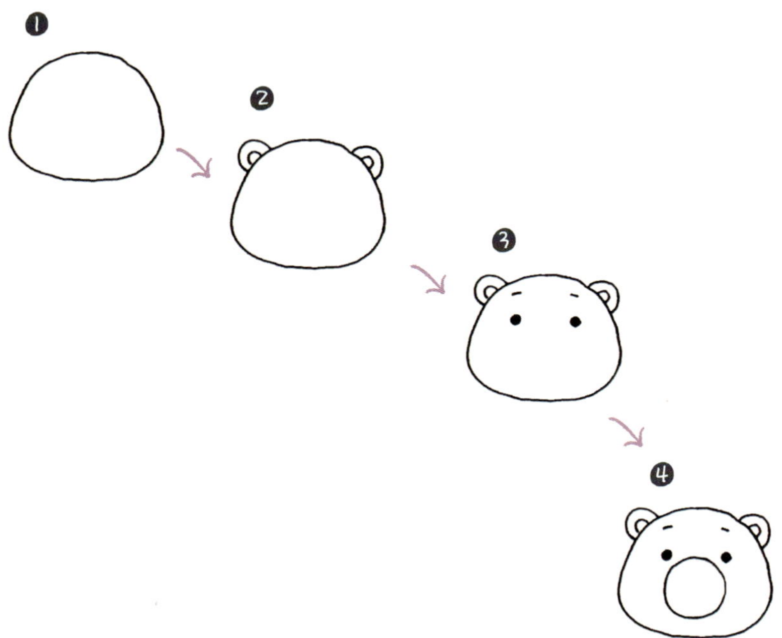

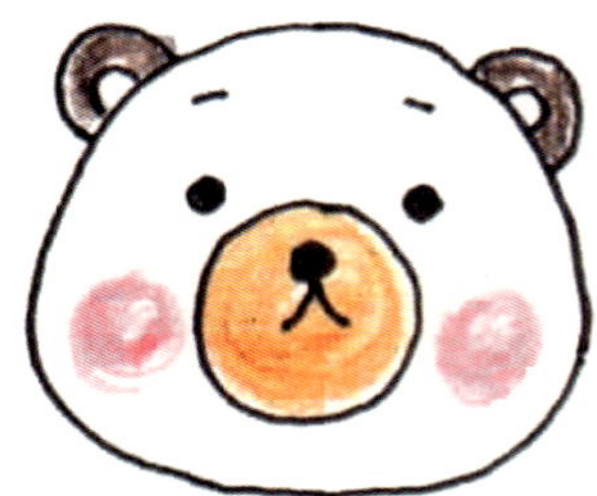

❶ 위보다 아래가 넓은 원형을 그리세요.

❷ 작게 동글동글 귀를 그립니다.

❸ 눈과 눈썹도 동글동글 귀엽게 그려주세요.

❹ 얼굴 가운데 동그라미를 그립니다.

❺ 동그라미 안에 코와 입을 그리면 곰이 완성돼요!

돼지

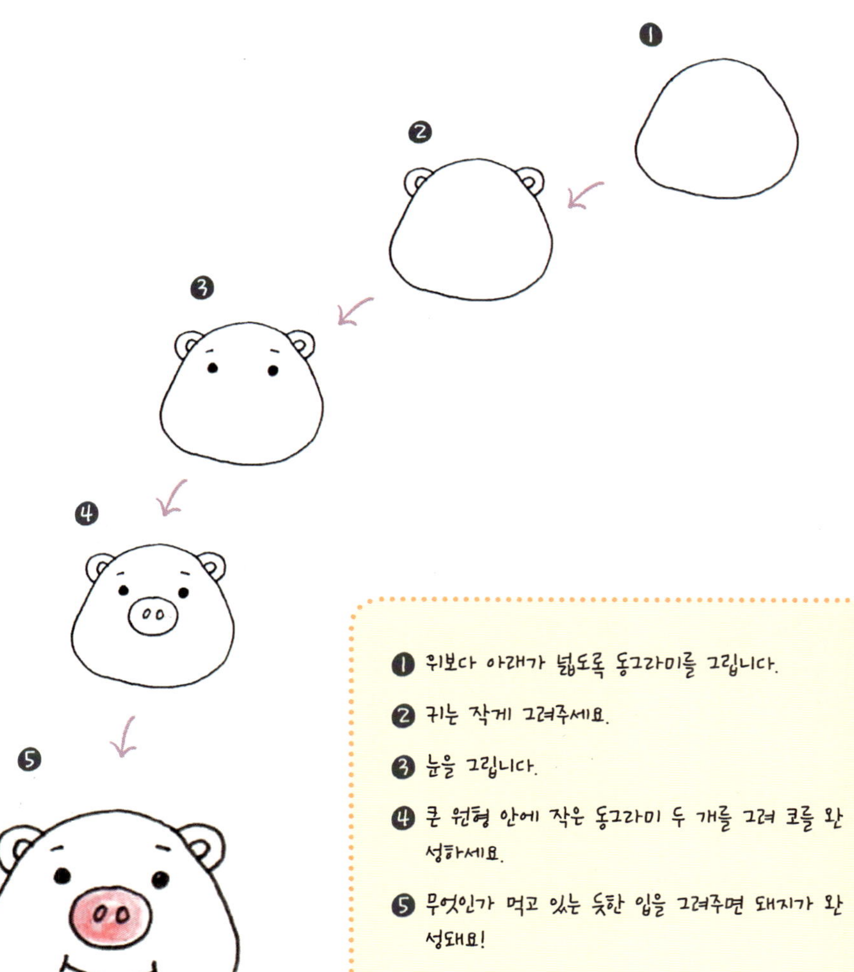

① 위보다 아래가 넓도록 동그라미를 그립니다.

② 귀는 작게 그려주세요.

③ 눈을 그립니다.

④ 큰 원형 안에 작은 동그라미 두 개를 그려 코를 완성하세요.

⑤ 무엇인가 먹고 있는 듯한 입을 그려주면 돼지가 완성돼요!

고양이

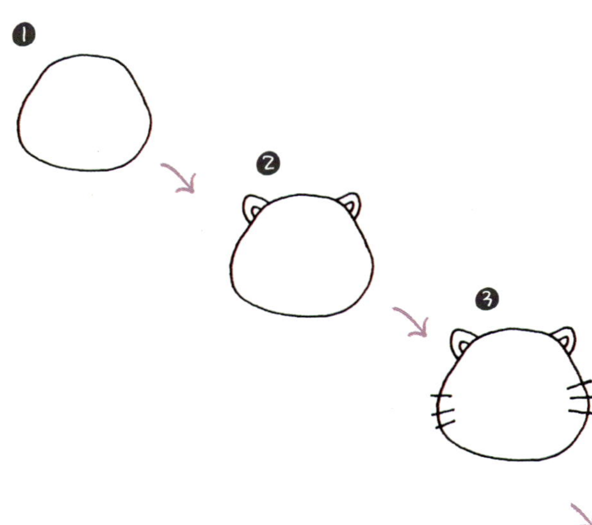

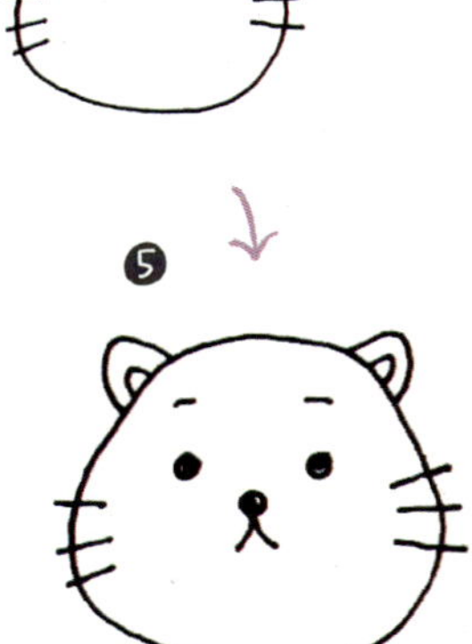

❶ 원형을 그립니다.

❷ 귀가 뾰족한 게 고양이의 특징이에요.

❸ 볼에 세 가닥씩 수염을 귀엽게 그리세요.

❹ 눈을 그리고~

❺ 입을 그리면 완성!

강아지

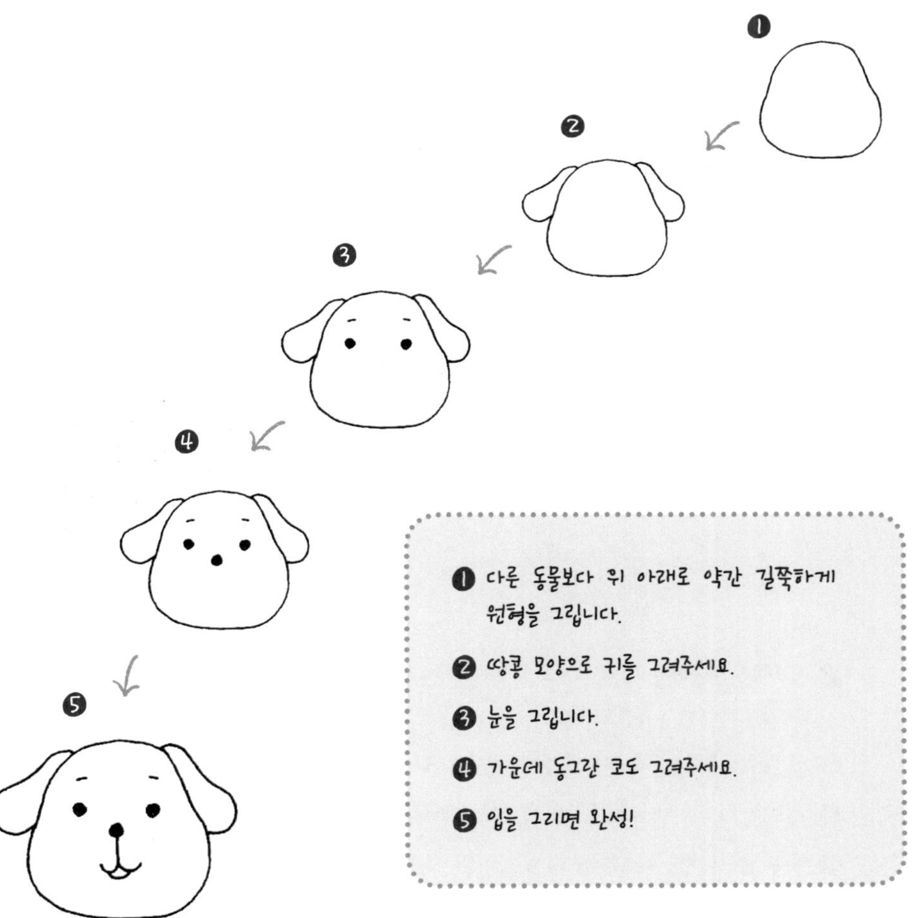

❶ 다른 동물보다 위 아래로 약간 길쭉하게
원형을 그립니다.

❷ 땅콩 모양으로 귀를 그려주세요.

❸ 눈을 그립니다.

❹ 가운데 동그란 코도 그려주세요.

❺ 입을 그리면 완성!

 꽃

꽃1-장미꽃

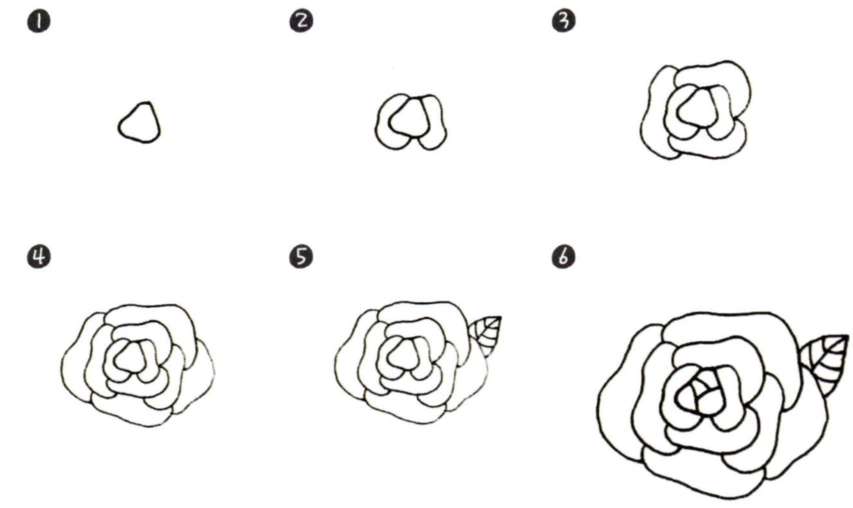

① 장미꽃은 가운데를 먼저 그리고 꽃잎을 계속 덧그리는 형식으로 완성해가요. 먼저 꽃의 정 중앙에 둥근 삼각형을 그리세요.

② 양 옆으로 꽃잎을 그립니다. 두 개의 꽃잎이 겹치지 않게 하는 게 중요해요.

③ 그 위에 덧그릴 때는 빈 공간을 덮어주는 것처럼 그립니다.

④ 계속 같은 방법을 반복하면 점점 장미꽃이 완성되어가요.

⑤ 꽃잎이 다 완성되었으면 나뭇잎을 그립니다.

⑥ 가운데 빈 공간에 곡선을 3번 정도 그어 어색하지 않게 채워줍니다.

꽃2

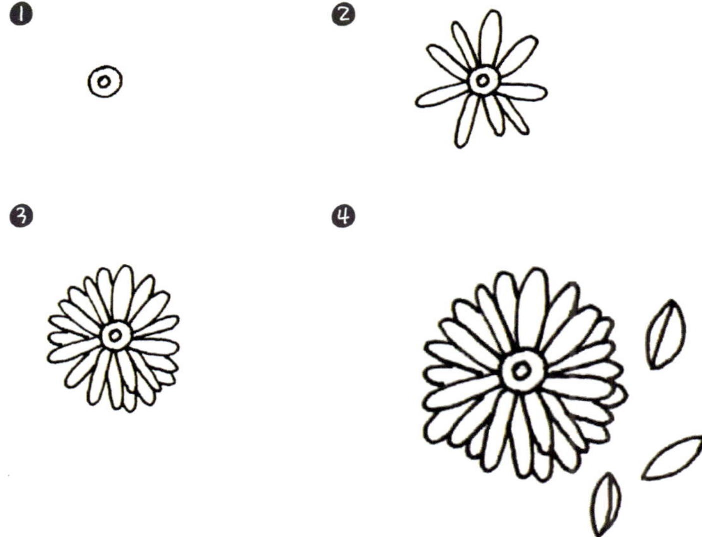

❶ 가운데 동그라미 두 개를 그리세요.

❷ 동그라미를 중심으로 가는 잎을 그립니다. 이 때 너무 꼼꼼하게 채울 필요 없어요.

❸ 처음 그린 잎 사이사이에 한 번 더 가는 잎을 그려 풍성하게 표현해주세요.

❹ 빈 공간이 없게 잘 그렸으면 주위에 잎 두세 개를 그려 분위기를 내주세요.

꽃3

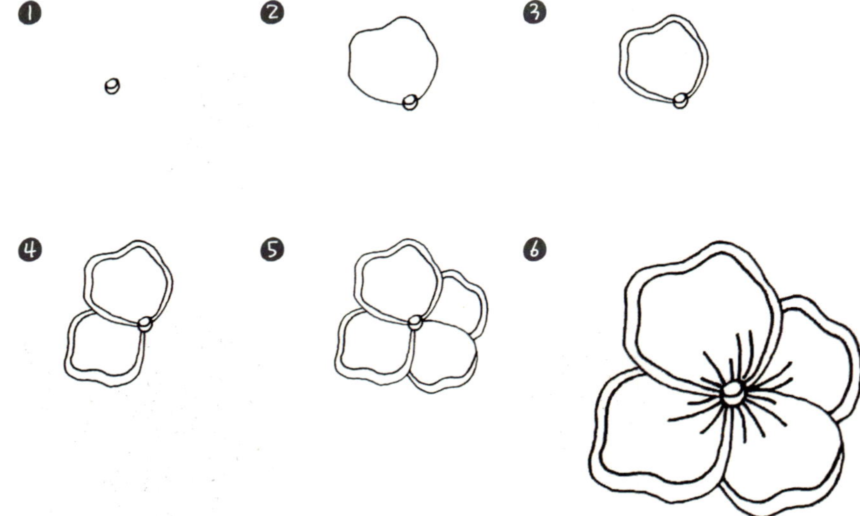

❶ 가운데 원형을 작게 그립니다.

❷ 꽃잎은 넓고 크게 그리는 게 포인트예요. 휘– 하고 원형으로 그리지 말고
둥글둥글 곡선으로 그려주세요.

❸ 안에 한번 더 선을 덧그려줍니다.

❹ 같은 방법으로 조금 전에 그린 꽃잎 아래로 겹치게 그립니다.

❺ 꽃잎을 다 그린 상태예요.

❻ 안의 원형에서 밖으로 곡선을 슥– 슥– 그어주면 완성!

꽃4

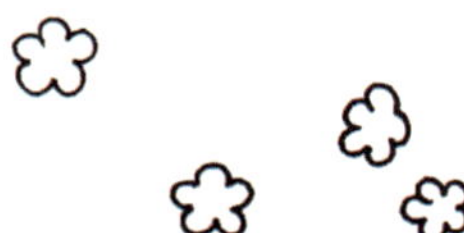

❶ 동글동글 반원형을 5번 이어 그려 작은 꽃을 그리세요.

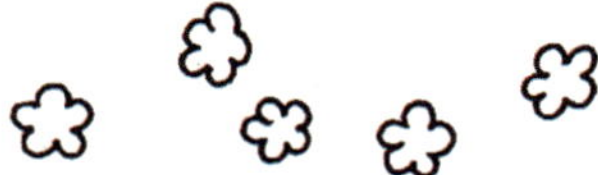

❷ 같은 방법으로 아래 위에도 그립니다.

❸ 위의 그림처럼 일직선이 아닌 위 아래로 간격을
주면서 그리면 예뻐요.

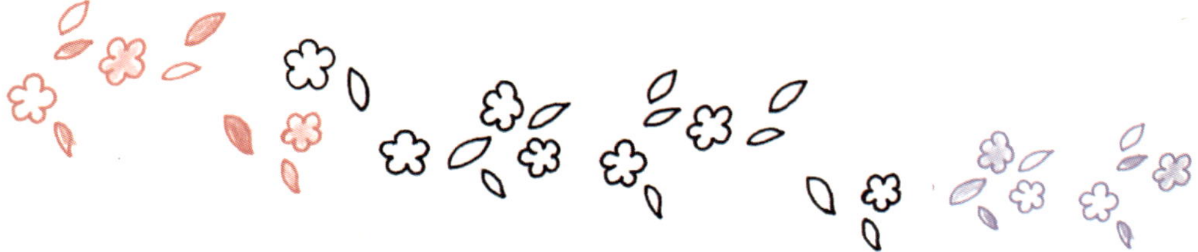

❹ 꽃 사이사이에 잎을 그려주면 노트, 다이어리 등
어디에도 활용하기 좋은 꽃이 완성돼요.

 꽃5

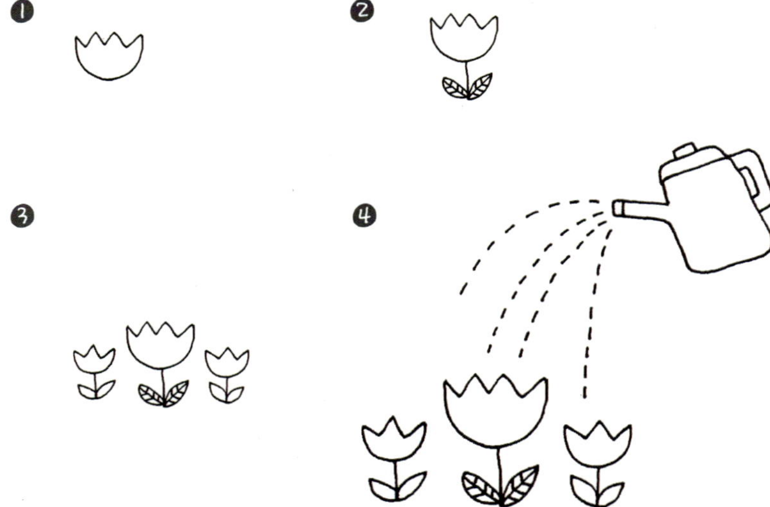

❶ 'U'자를 먼저 그리고 위에 삐죽삐죽한 선을 그려 꽃봉오리를 표현해주세요.

❷ 줄기와 잎사귀는 간단하게 선으로 그려줍니다.

❸ 같은 방법으로 주위에 두 개 더 그렸어요.

❹ 꽃만 그리기 아쉬우니까 꽃에 물을 주는 효과를 주면 한층 귀엽게 꾸밀 수 있어요.^^

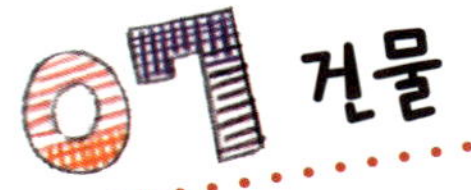 건물

병원

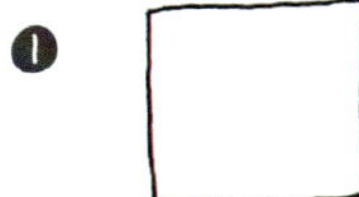

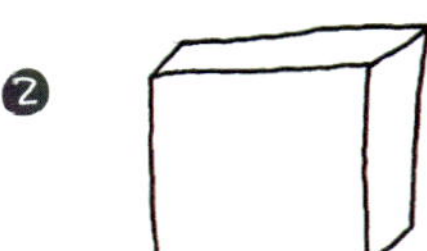

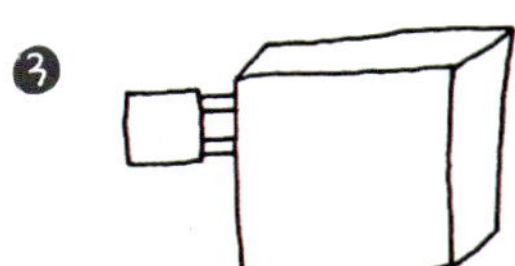

❶ 정사각형을 그리세요.

❷ 사각형 뒤로 선을 그어 건물의 두께를 표현해주세요.

❸ 왼쪽에 작은 네모를 그리고 선을 연결하여 간판을 만들어줍니다.

❹ 네모 안에 십자가를 그리면 쉽게 병원 이미지를 나타낼 수 있어요.

❺ 건물 아래에 문을 그립니다.

❻ 창문을 작게 촘촘히 그리면 병원이 완성돼요.

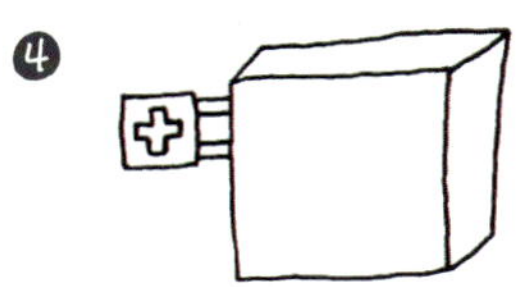

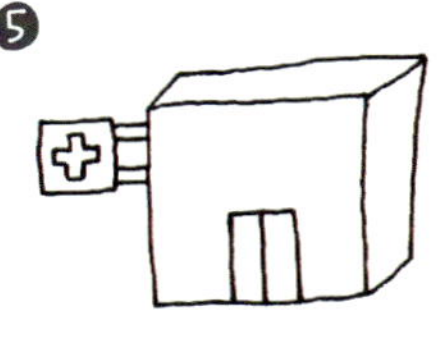

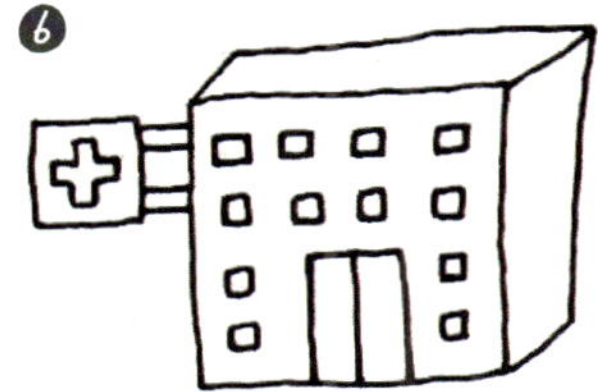

집

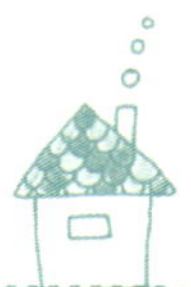

❶ 삼각형으로 단순하게 지붕을 그리세요.

❷ 삼각형 아래 선을 이어 사각형을 그리고 지붕 위에도 직사각형으로 선을 이어 굴뚝을 표현합니다.

❸ 지붕에 레이스를 촘촘히 그리면 간단히 지붕의 패턴을 표현할 수 있어요.

❹ 창문을 그리고 굴뚝 위에 동그라미를 3개 그려 연기 나는 모습을 표현합니다.

❶ 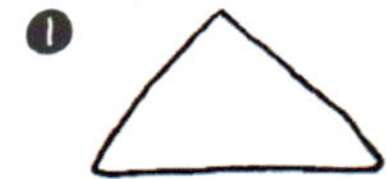

❷ 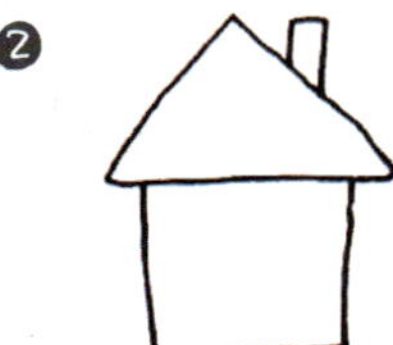

❸

❹ 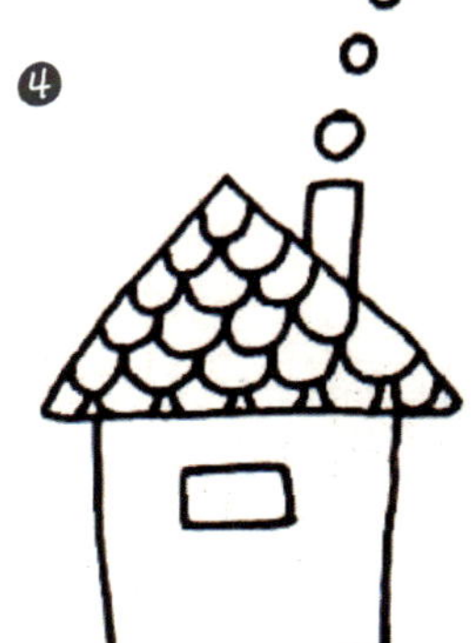

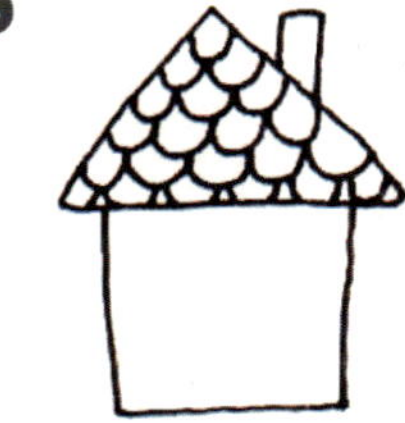

학교

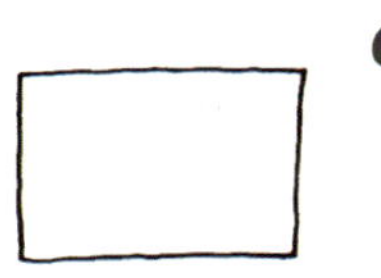

❶

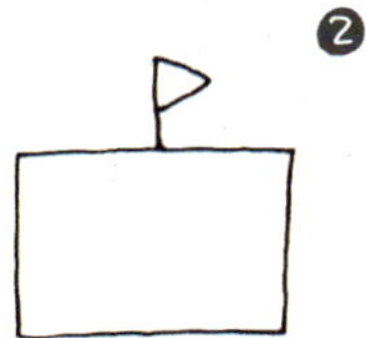

❷

❶ 학생 때 많이 그렸던 학교를 그려볼게요. 먼저 직사각형을 그립니다.

❷ 직사각형 위에 깃발을 하나 그려줍니다.

❸ 직사각형 뒤로 선을 그려 사각형을 입체적으로 그립니다.

❹ 건물 중앙 아래에 문을 그리고

❺ 창문을 작게 여러 개 그려 학교를 완성합니다.

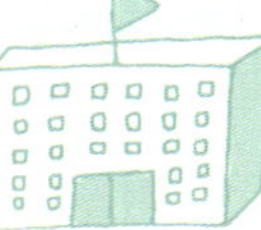

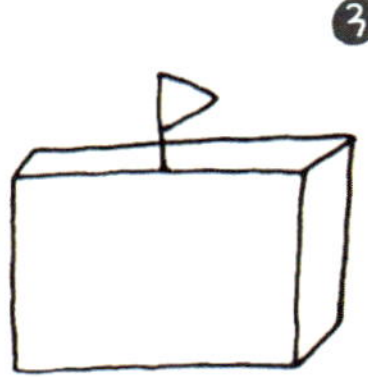

❸

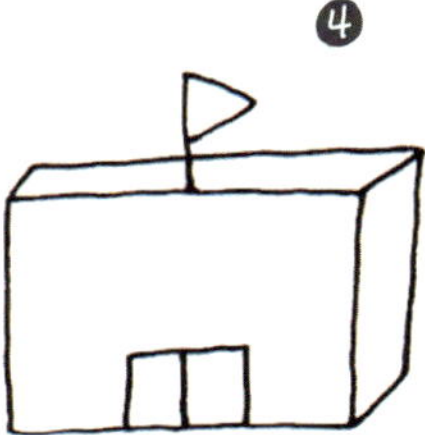

❹

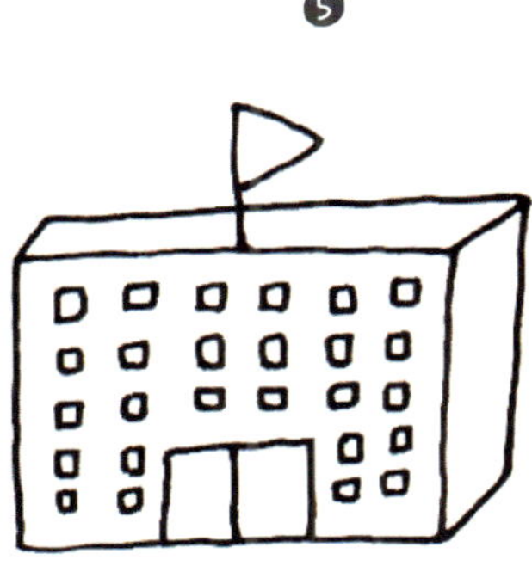

❺

카페

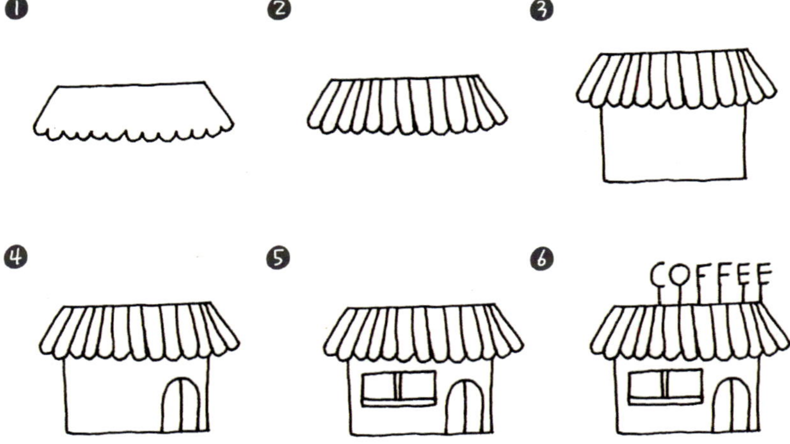

① 카페 역시 지붕을 먼저 그리는 게 좀 더 그리기 쉬워요. 윗부분은 사다리꼴로 그리고 아래를 레이스로 표현합니다.

② 레이스를 그렸을 때 들어간 부분을 지붕 윗면과 그림처럼 이어주세요. 하나하나 천천히 이어주면 어렵지 않게 카페 지붕이 완성됩니다.

③ 지붕 아래에 사각형을 그려 건물의 몸통을 만들어주세요.

④ 오른쪽으로 원형 문을 그립니다.

⑤ 빈 곳에 창문을 그리고

⑥ 지붕 위에 'COFFEE'라는 글자를 쓰고 지붕과 이어주면 커피 전문점 간판이 완성됩니다.

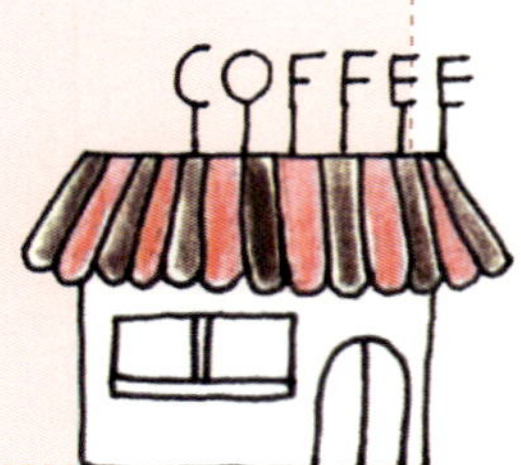

회사

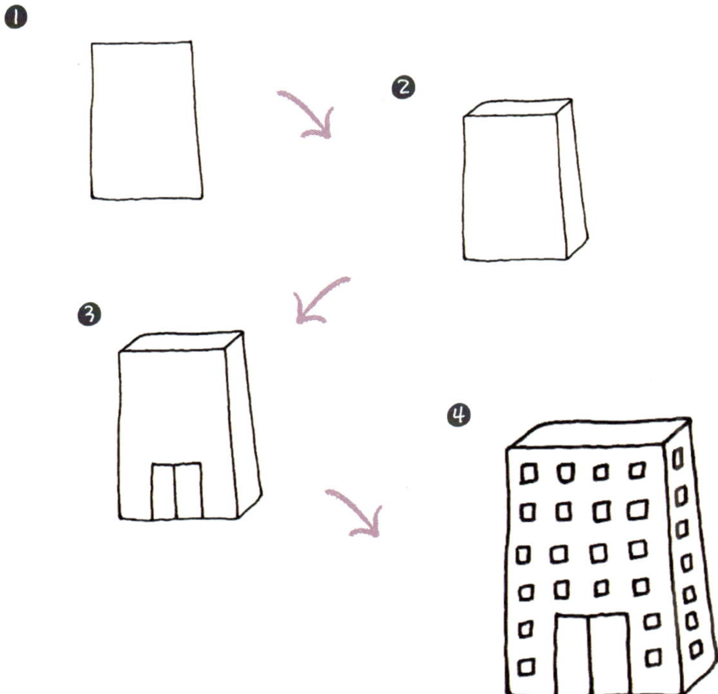

❶ 빌딩을 표현하기 위해 직사각형을 위 아래로 길쭉하게 그립니다.

❷ 뒤로 선을 빼서 사각형을 입체적으로 그려주세요.

❸ 아래 회사건물에 자주 쓰이는 큰 문을 직선으로 그려줍니다.

❹ 작은 창문을 여러 개 선에 맞춰 그리면 쉽게 완성됩니다! 같은 건물이지
만 조금씩 차이가 있는데 그 부분을 캐치해 특징을 살려주면 같은 건물도 그
목적에 맞게 그릴 수 있어요. 내가 그리고 싶은 건물의 특징이 무엇인지 잘
관찰하는 것이 중요합니다.

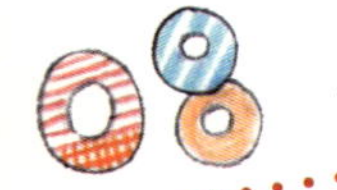

08 데코

레이스1

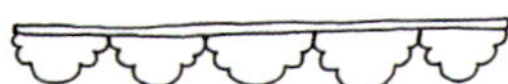

❶ 레이스를 가지런히 그리기 위해 먼저 긴 축을 그리세요.

❷ 선 아래에 그림처럼 작은 반원 두 개 큰 반원 한 개 또 다시 작은 반원 두 개를 연속으로 그린 레이스를 총 5개 그립니다. 레이스의 개수는 자신이 그릴 공간에 맞추어 정합니다.

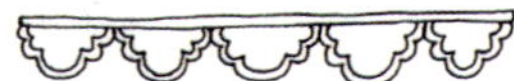

❸ 레이스 안에 한번 더 선을 덧그려 레이스에 무늬를 넣어줍니다.

❹ 레이스의 튀어나온 부분에 작은 동그라미를 두 개씩 그려주세요.

❺ 레이스 가운데에 한번 더 레이스를 그려주면 완성됩니다.

레이스2

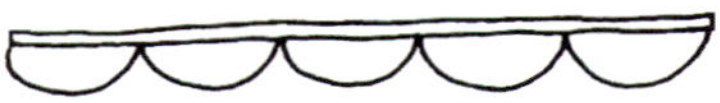

❶ 같은 방법으로 다른 레이스를 그려볼게요. 먼저 긴 선을 그리
세요.

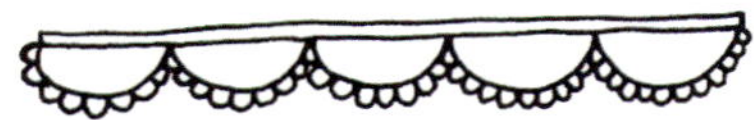

❷ 큰 반원을 선에 맞춰 5개 그립니다.

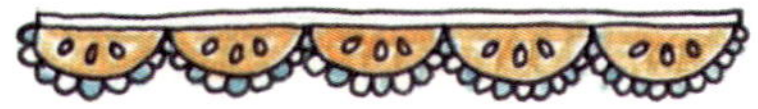

❸ 반원 주위에 작은 반원을 연속으로 그리면 그림처럼 레
이스를 표현할 수 있어요.

❹ 큰 반원 안에 길쭉한 동그라미를 세 개씩 그려 무늬를 넣어
주고 마무리합니다.

레이스3

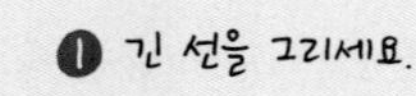

❶ 긴 선을 그리세요.

❷ 동글동글 4번을 연속으로 그린 레이스를 하나 그립니다.

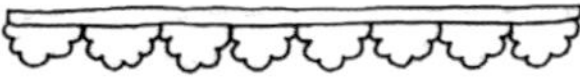

❸ 같은 방법으로 쭉 레이스를 그려나갑니다.

❹ 맨 처음 그린 직선에 점선으로 데코를 해주세요.

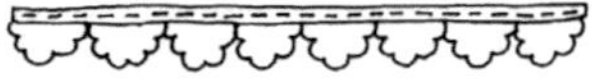

❺ 레이스 중간에 접힌 모양새를 짧은 선으로 표현해서 완성합니다.

테이프

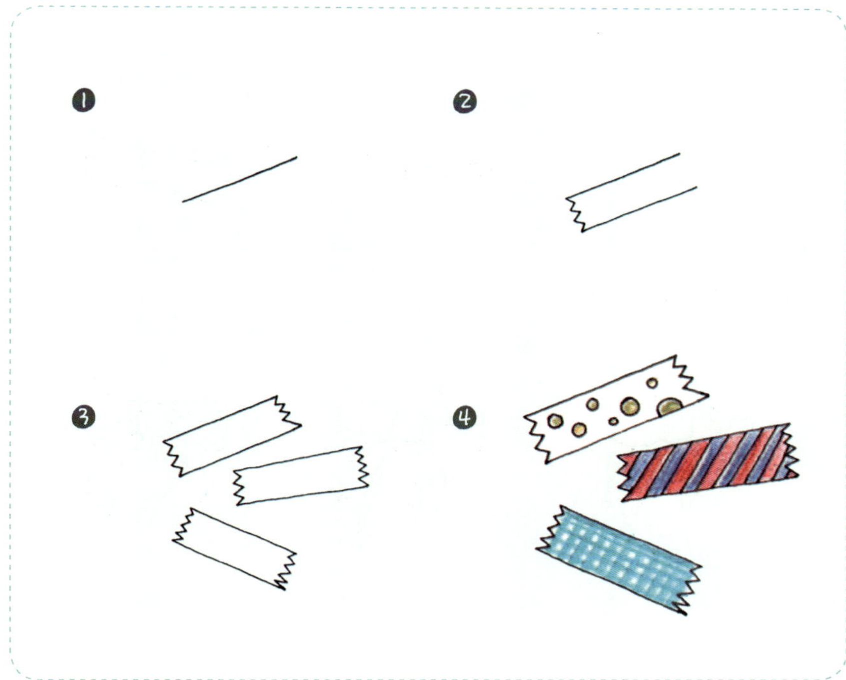

① 테이프 손그림은 사진을 꾸미거나 메모지 손그림을 그릴 때 효과를 줄 수 있어요. 먼저 사선으로 중간 정도의 선을 하나 그립니다.

② 끝부분에 테이프를 찢었을 때 느낌을 삐죽빼죽 표현하고 다시 ①에서 그린 사선과 같은 방향으로 대칭되는 선을 하나 더 그립니다.

③ 다른 끝부분도 찢은 느낌을 삐죽빼죽 표현해주면 테이프 손그림이 완성됩니다.

④ 테이프 안에 컬러링을 하거나 동그라미 무늬를 넣어주어도 좋고 사선으로 패턴을 채워도 좋은 효과를 볼 수 있습니다.

리본

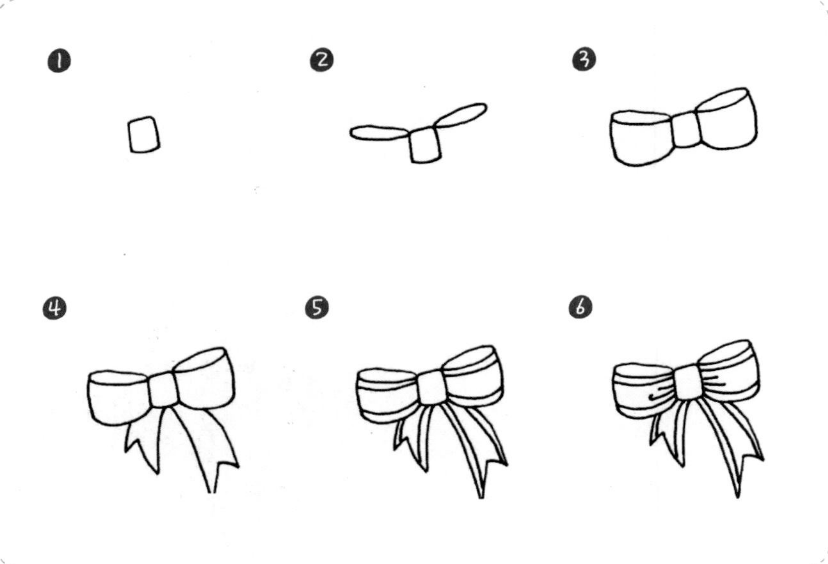

❶ 꾸미기를 할 때 가장 많이 사용되는 것 중에 하나가 리본이기 때문에 기본이 되는 리본 손그림을 준비해봤어요. 리본은 가운데부터 그려나갑니다. 먼저 모서리가 각지지 않게 부드러운 네모를 하나 그려줍니다.

❷ 위 꼭지점을 기준으로 기다란 원을 두 개 그려주세요. 리본의 윗부분입니다.

❸ 원의 끝부분에서 'ㄴ'자로 선을 그려 앞에서 그린 사각형 아래 꼭지점에 이어주면 그림과 같은 리본이 완성됩니다.

❹ 리본의 효과를 좀 더 주고 싶으면 아래로 리본의 끈이 잘린 모습을 그려주면 좋습니다.

❺ 리본 안에 다양하게 패턴을 넣어주면 더 예쁩니다.

❻ 리본 중간에 리본이 접힌 효과를 주기 위해 선 두 개를 넣어 완성합니다.

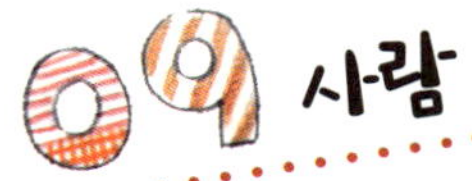 # 사람

기분 좋은 모습

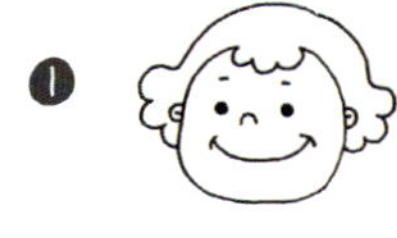

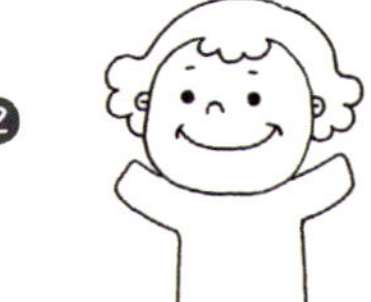

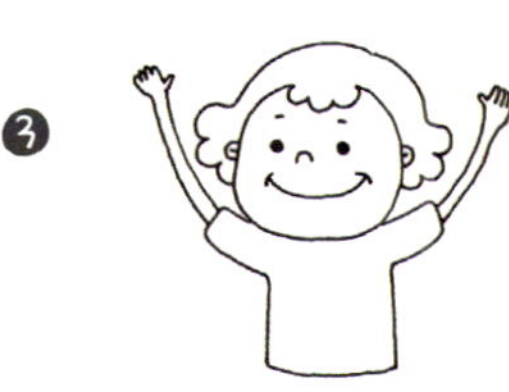

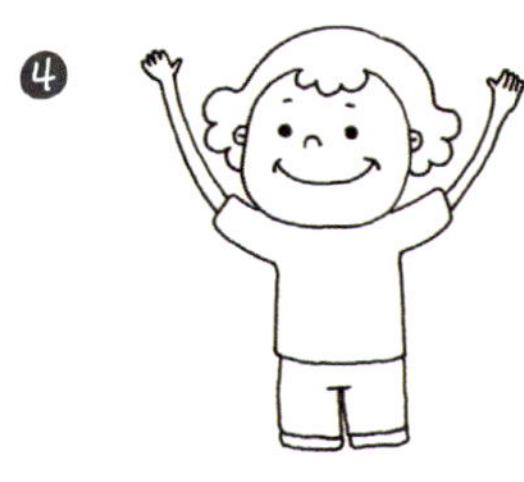

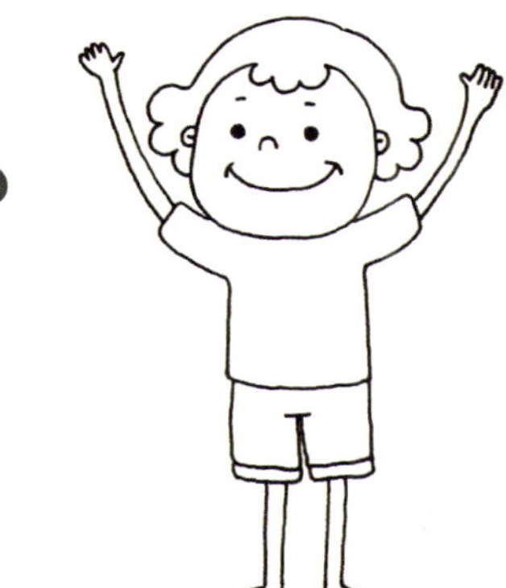

❶ 기분 좋은 모습을 표현할 때는 웃거나 미소 짓는 표정을 그려주세요.

❷ 옷의 팔 부분을 위로 그려줍니다.

❸ 옷에 맞게 팔과 손을 만세를 하고 있듯 그려주어 기분이 좋다는 느낌을 더 해주었어요.

❹ 바지를 그리고

❺ 다리를 그리면 완성됩니다. 사람으로 기분 표현하기 참 쉽죠?

뛰어가는 모습

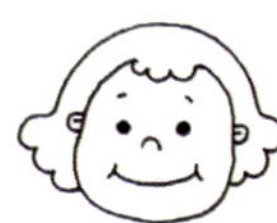

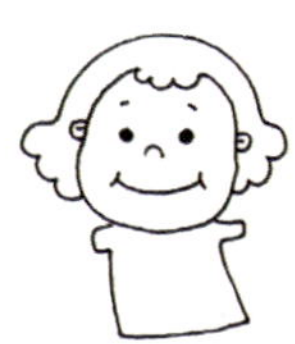

❶ 뛰어가는 모습을 그려볼게요.

❷ 옷을 그릴 때는 기본형을 그려주세요.

❸ 팔을 양쪽으로 펼친 듯이 그립니다. 만세를 하는 것과는 조금 달라요.

❹ 바지를 그리고

❺ 다리가 가장 중요합니다. 오른쪽 다리는 땅에 닿게 그리고 왼쪽 다리는 뛰어가는 모습을 위해 무릎을 'ㄴ'자로 그려줍니다.

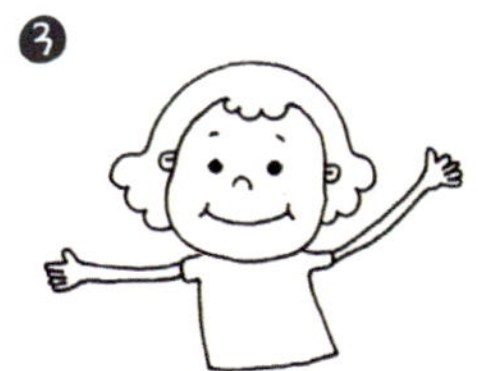

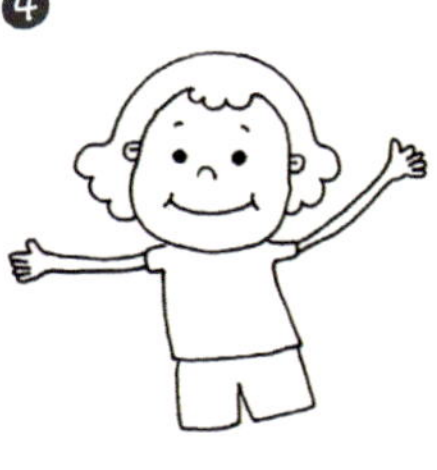

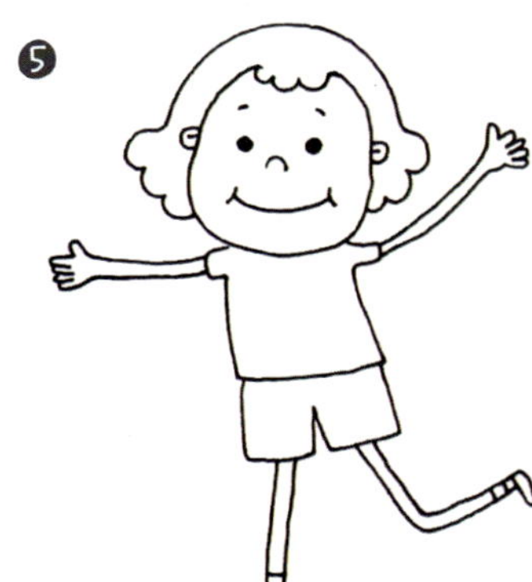

앉아 있는 모습

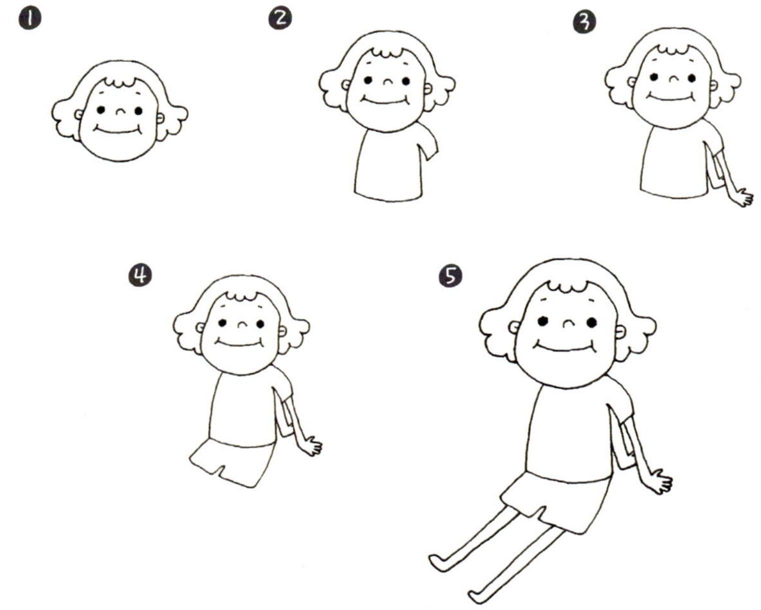

① 앉아 있는 모습입니다. 표정은 기본 표정을 그려봤어요.

② 옷은 그림처럼 왼쪽팔 부분만 그리고 앞 쪽은 팔을 그리지 않습니다.

③ 왼쪽 손을 뒤로 그리고 옷과 팔 사이에 오른손을 살짝 보이듯이 그려주는 게 중요합니다.

④ 바지는 앉았을 때 모습을 생각하면서 그림처럼 그려주세요.

⑤ 앞으로 다리를 쭉- 그리면 앉아 있는 모습이 완성됩니다.

화난 모습

① 화난 모습을 그릴 때는 표정이 중요합니다. 눈썹과 입꼬리를 아래로 내려서 그리면 화난 얼굴을 연출할 수 있습니다.

② 손은 주머니에 넣은 모습을 표현하기 위해 몸통쪽으로 팔을 구부려 그려줍니다.

③ 다리는 기본적으로 서 있는 모습을 그려주면 완성됩니다.

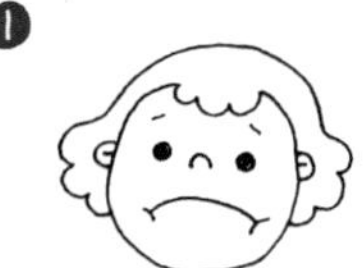

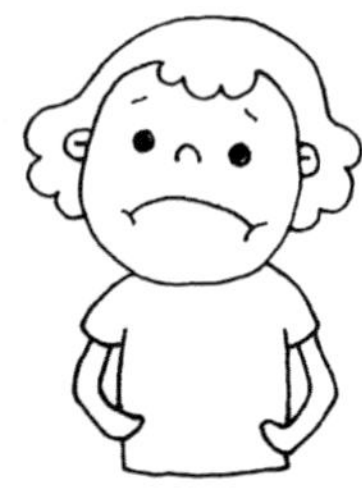

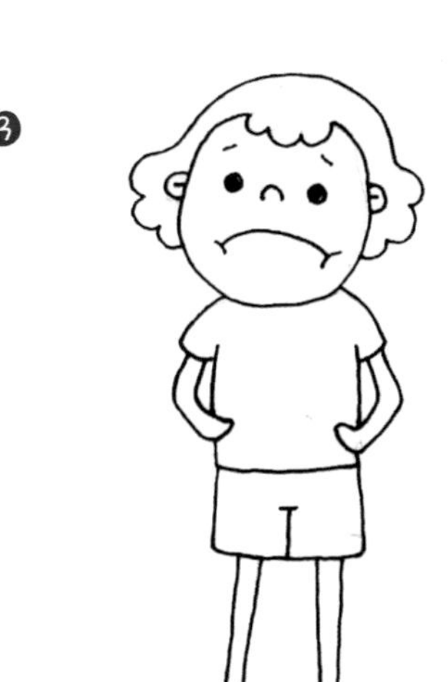

화난 모습

우는 모습

❶ 얼굴 형태를 제일 먼저 그립니다.

❷ 손의 모습은 왼손으로 눈물을 닦고 있는 모습을 표현해주세요.

❸ 마지막에 표정을 그립니다. 표정을 마지막에 그리는 이유는 왼쪽 손으로 얼굴을 가리고 있기 때문에 얼굴보다 손이 더 앞쪽에 있다는 것을 표현하기 위해서예요. 표정을 먼저 그리면 나중에 그 위에 손을 그리기 어렵기 때문에 손을 먼저 그리고 손에 가려진 얼굴 부분은 생략합니다.

❶
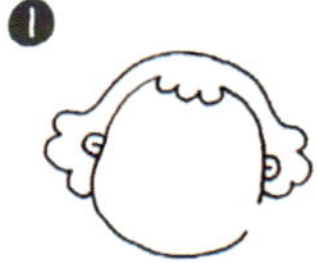

❷
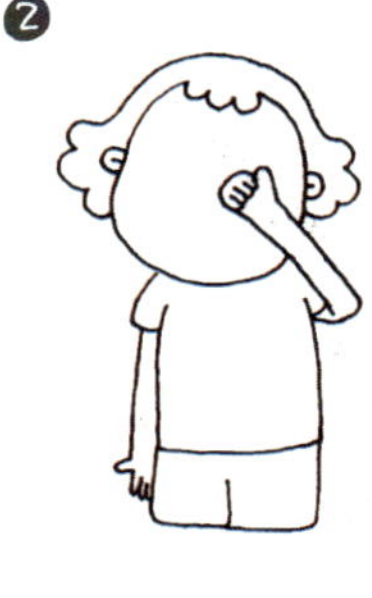

❸
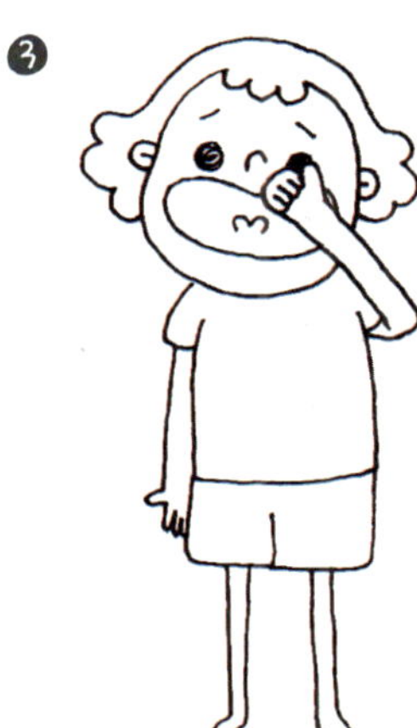

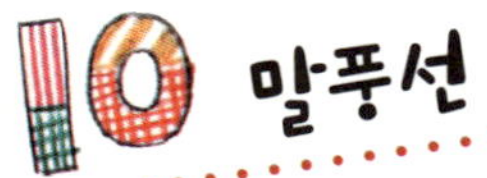 말풍선

손그림으로 자주 사용되는 말풍선을 모아봤어요. 응용하기 좋고 다양한
분위기에 잘 어울리는 실용적인 말풍선들이랍니다.

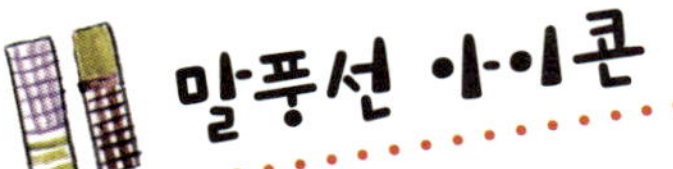

말풍선 아이콘

말풍선 안에 간단한 아이콘을 그려 나의 기분을 한번에 표현할 수 있어요.
다이어리나 메모에 가장 많이 사용되는 말풍선 아이콘 25가지를 보여드릴
게요. 예쁘게 응용해서 꾸며보세요.^^

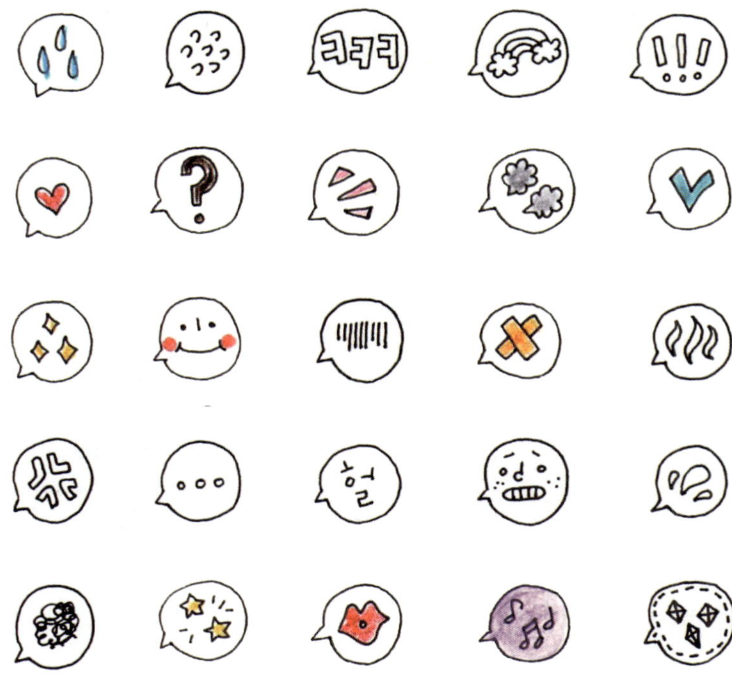

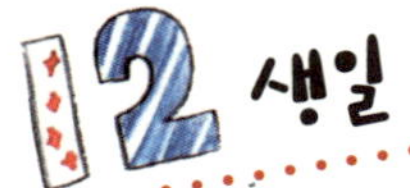 생일

케이크

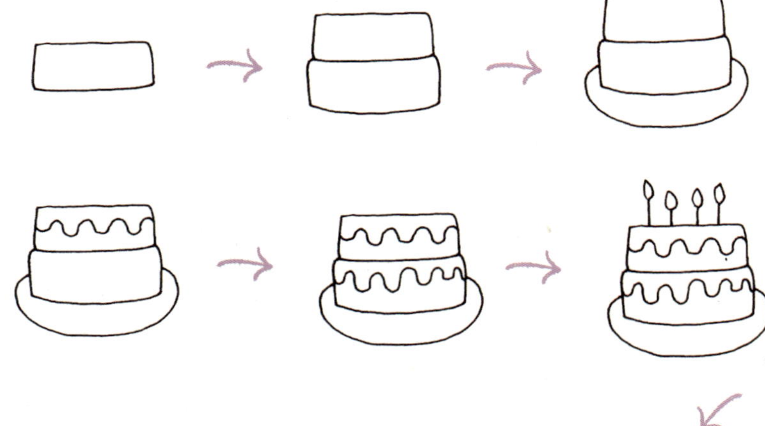

❶ 케이크 손그림을 그릴 때는 촛불이 아닌 케이크 빵 부분부터 그려나갑니다.

❷ 케이크 2단 아래에 사이즈를 조금 크게 1단을 그려주세요.

❸ 주위를 빵~ 둘러 원을 그리면 접시가 됩니다.

❹ 2단 빵 부분에 물결표시를 해서 빵에 데코를 해줍니다.

❺ 1단 부분에도 역시 크림이 흘러내리듯 물결을 그려줍니다.

❻ 마지막으로 위에 촛불을 그리고

❼ 접시에 간단한 데코를 해주면 케이크가 완성됩니다.

선물

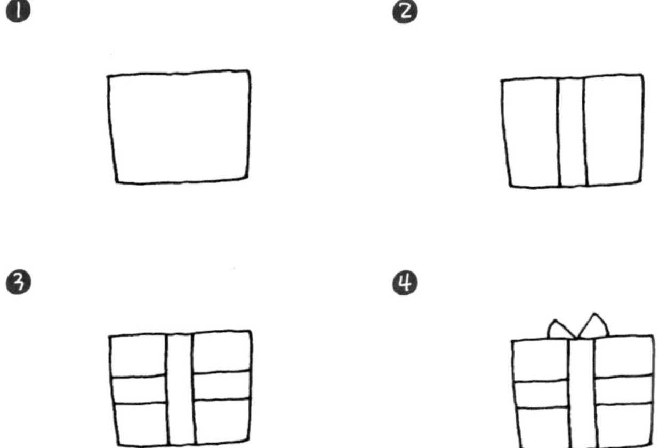

❶ 사각형 네모를 그리세요.

❷ 네모 중간에 선물상자의 리본 포장을 표현하기 위해 직선 두 개를 그립니다.

❸ 앞에서 그린 세로선의 아래로 같은 두께의 선을 두 개 가로로 그려주세요.

❹ 위에 리본을 그리면 선물상자가 완성됩니다.

풍선

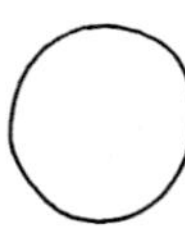

❶ 적절한 크기로 동그라미를 그립니다.

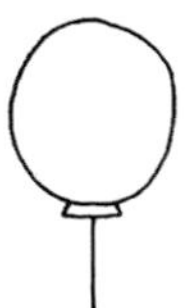

❷ 아래로 길게 선을 빼서 풍선의 기본 모양을 완성해주세요.

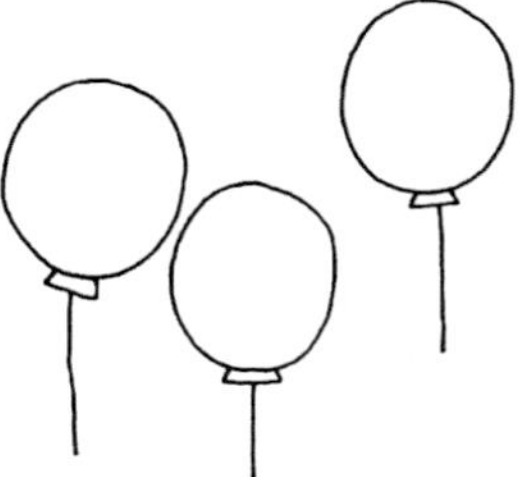

❸ 주위에 같은 방법으로 여러 개 풍선을 그려줍니다.

❹ 풍선에 다양한 데코를 해주면 예쁜 풍선이 완성돼요.

폭죽

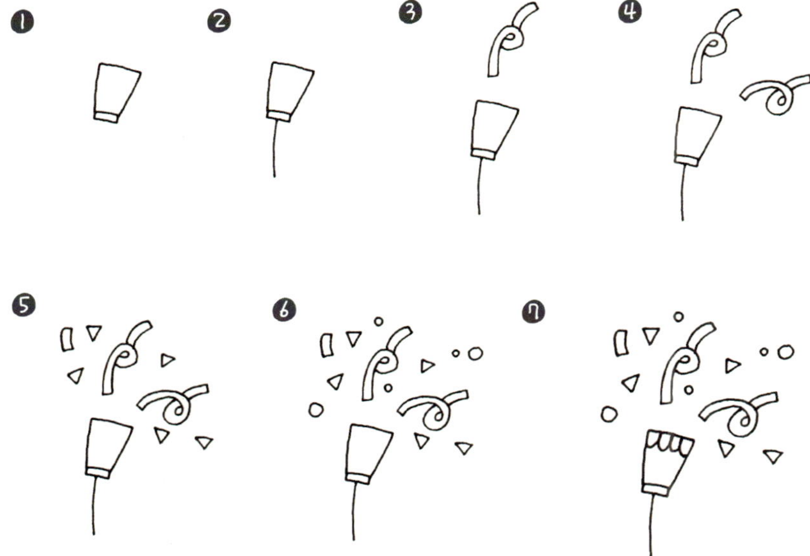

① 복잡한 물체일수록 간단하게 표현하는 것이 좋습니다. 폭죽의 몸통 부분을 그림처럼 그려 주세요.

② 폭죽을 터트리기 위해 잡아당기는 선도 그립니다.

③ 폭죽을 그릴 때는 폭죽보다는 폭죽이 터졌을 때의 느낌을 잘 그리는 게 효과적입니다.

④ 폭죽이 터졌을 때 나오는 것들을 다양하게 표현합니다.

⑤ 세모도 그리고

⑥ 원도 작게 그리면 좋아요~

⑦ 완성!

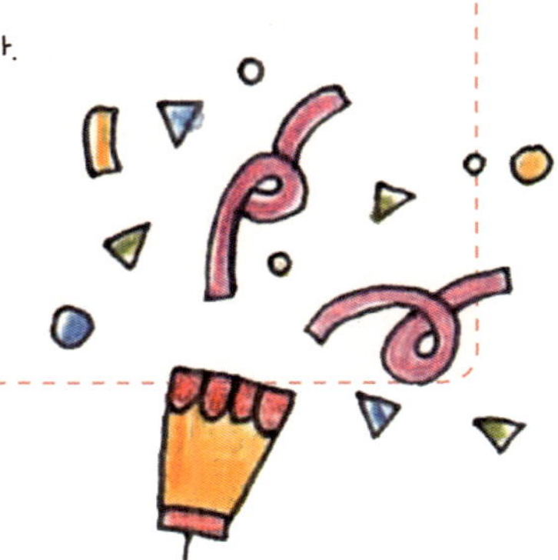

고깔모자

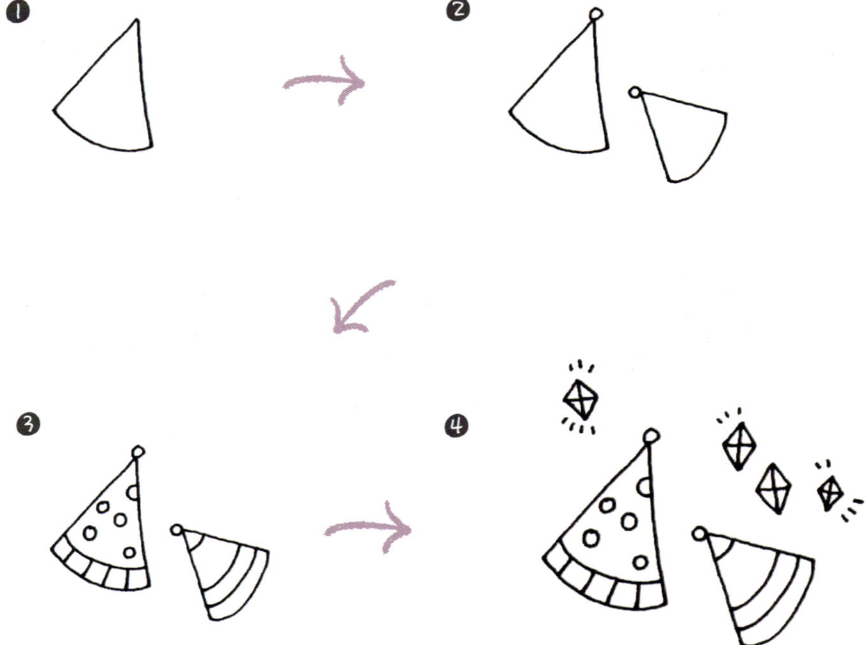

❶ 고깔모자 형태의 도형을 그려요.

❷ 고깔모자 위에 동그라미를 그립니다.

❸ 도형 안에 다양한 데코를 해요.

❹ 심심하다면 주위에 반짝이를 더해줍니다.^^

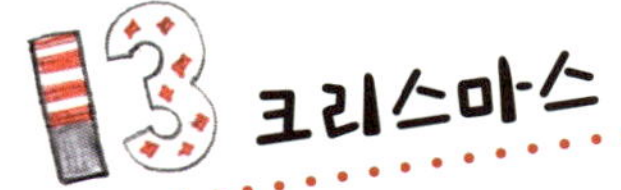 크리스마스

사슴(루돌프)

❶ 사슴의 얼굴형을 동글동글하게 그려주세요.

❷ 얼굴 위로 뿔을 그립니다.

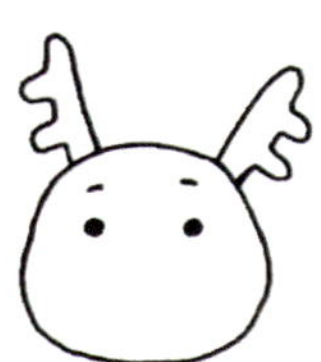

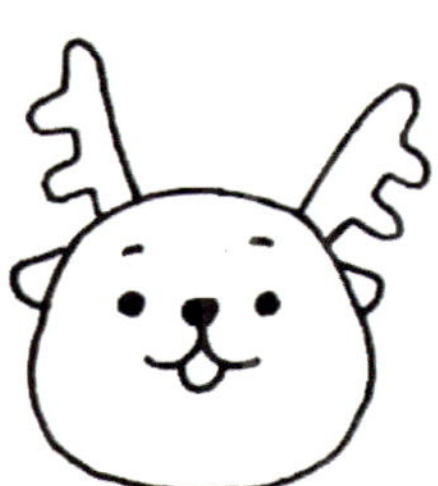

❸ 눈을 그리고

❹ 코와 입을 그리면 쉽게 완성되죠?

산타클로스

① ② 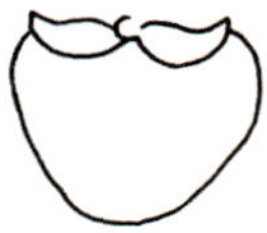 ③

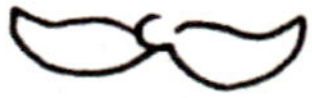

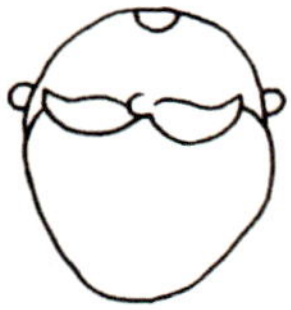

④ 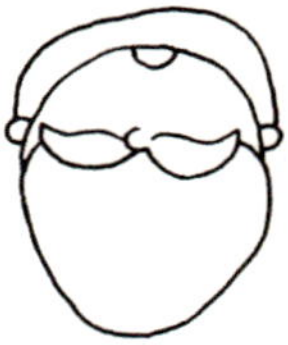 ⑤ 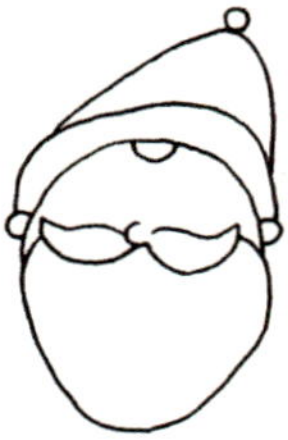 ⑥

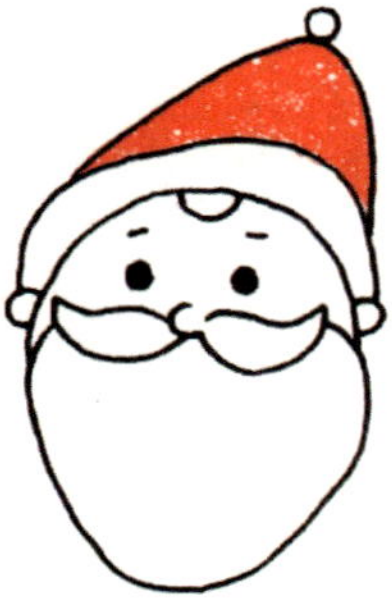

❶ 그릴 게 많을 때는 가장 앞에 있는 것부터 그리면 그리는 순서가 쉽게 해결됩니다. 코를 제일 먼저 그리고 코 주위에 수염을 그려주세요.

❷ 앞서 그린 수염에서 아래에 크게 선을 그어 큰 수염을 한 덩어리 더 그립니다.

❸ 위로 눈을 그려야 하기 때문에 윗부분만 얼굴 형태를 만들어주세요.

❹ 얼굴 위로 한번 더 선을 그어 모자를 그립니다.

❺ 모자를 그려주면 제법 산타의 느낌이 나죠?

❻ 마지막으로 눈을 그리면 완성됩니다!

양말

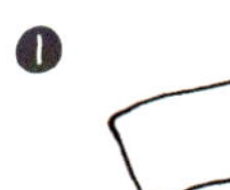  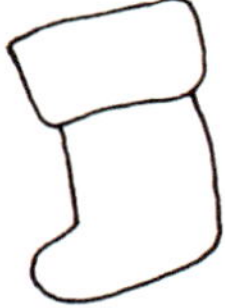  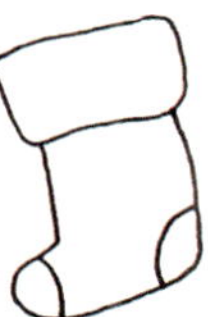

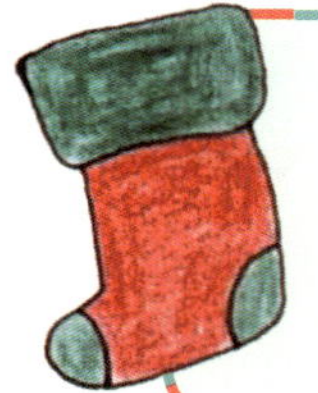

❶ 양말의 접힌 부분을 그립니다.

❷ 아래로 양말의 모양을 표현해주세요.

❸ 양말 앞뒤에 모양을 넣어주면 끝!

종

 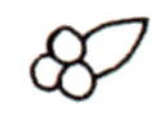  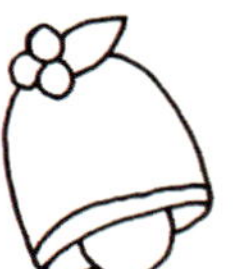 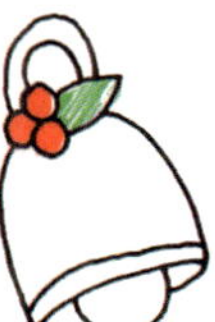

❶ 종을 그릴 때는 윗부분의 장식부터 그립니다.

❷ 장식을 그리고 종의 몸통 부분을 그리는데 앞부분을 자세히 보면 직선이 아닌 둥근 모습을 볼 수 있습니다.

❸ 추가 살짝 보이도록 가운데에 반원을 그리면 완성됩니다.

눈사람

① 눈사람은 누구나 한번쯤 그려봤을 거예요. 그만큼 우리에게 친숙한 손그림입니다. 먼저 모자를 그립니다.

② 모자 부분과 눈사람의 얼굴 부분이 겹친 느낌이 나도록 모자의 모서리에서 선을 시작해 원형을 그립니다.

③ 목도리를 그리고 나뭇가지로 손을 표현해줍니다.

④ 눈사람의 눈, 코, 입을 그려주세요.

⑤ 세부적인 요소를 자세히 그리면 더 완벽한 눈사람을 그릴 수 있습니다.

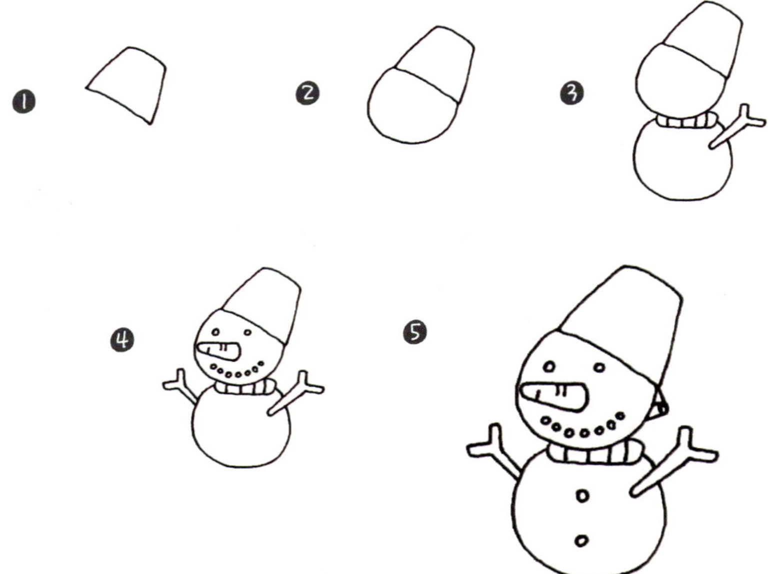

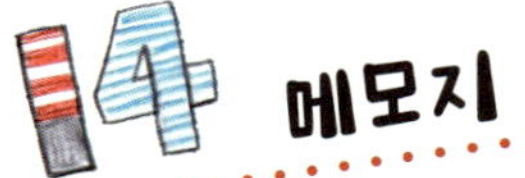

메모지

중요한 메모를 하거나 다이어리를 꾸밀 때 그리고 노트 필기를 하다가
기억해야 할 단어를 포인트로 적을 때 칸을 나눌 수 있는 메모지입니다.

메모지

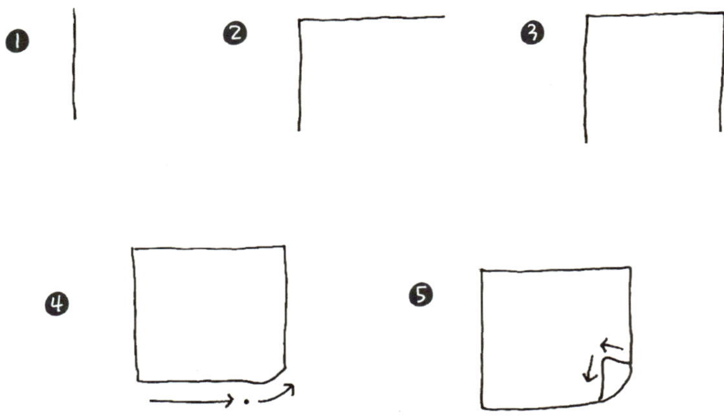

❶ 왼쪽에 직선을 하나 그리세요.

❷ 직선의 윗점을 오른쪽으로 그어줍니다.

❸ 다시 아래로 내려주는데 왼쪽보다 조금 짧게 그려주세요.

❹ 아래 두 점을 잇는데 오른쪽 모서리를 반듯하게 잇지 말고 동그랗게 굴려줍니다.

❺ 네모 안으로 그림처럼 선을 그어주면 메모지가 완성됩니다.

연습장

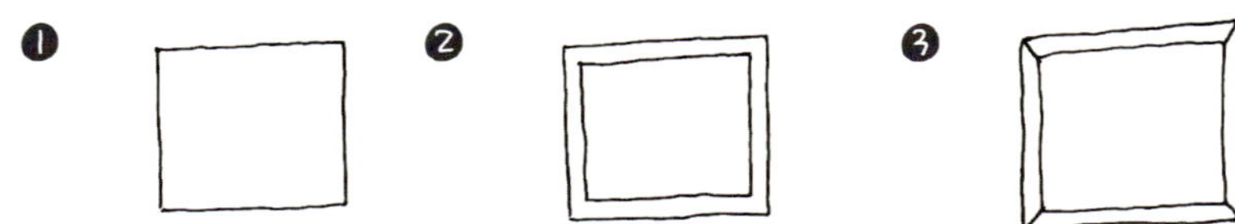

❶ 스프링을 한번 그렸을 때 모습이에요.

❷ 같은 방법으로 그림처럼 연속으로 그립니다.

❸ 스프링 사이에 가로선을 하나 그려주세요.

❹ 가로선 끝부분에 맞춰 선을 내리고 메모지를 완성합니다.

액자

❶ 액자를 그릴 네모를 하나 그립니다.

❷ 네모 안으로 작은 네모를 하나 더 그리세요.

❸ 두 네모 사이의 모서리를 이어주면 간단한 액자가 완성됩니다.

입체 사각형

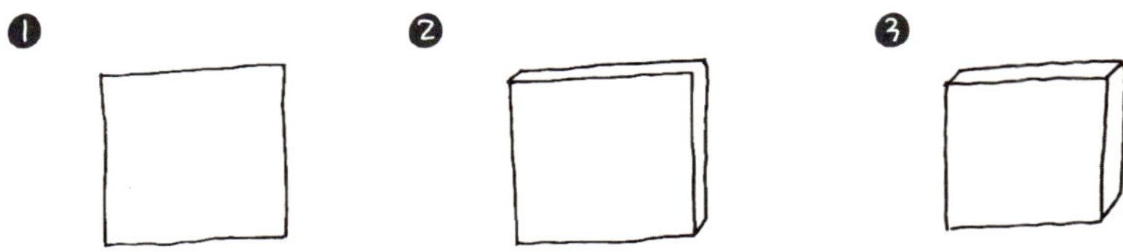

❶ 네모를 그려주세요.

❷ 네모 바깥으로 'ㄱ'자를 한번 더 그리고 끝부분을 이어줍니다.

❸ 모서리도 이어주면 입체 사각형이 완성됩니다. 네모 안에
글씨를 써보세요.

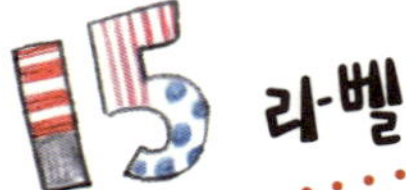 라벨

라벨은 보통 스티커로도 많이 나오고 일러스트로 만들어서 사용하기도 하는데 손그림으로도 충분히 라벨 효과를 낼 수 있습니다. 라벨의 종류는 많지만 가장 활용도가 높은 라벨을 위주로 그려볼게요.

라벨1

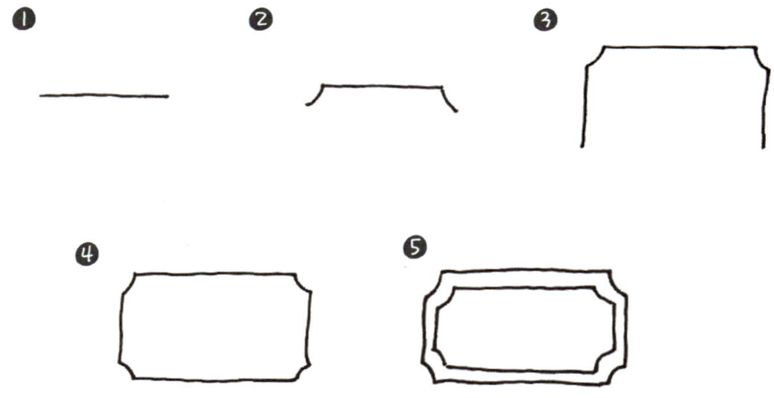

❶ 가로선을 적당히 그리세요.

❷ 가로선 양 끝으로 둥글게 곡선을 그립니다.

❸ 곡선을 아래로 쭉 내려 그어주세요.

❹ 다시 곡선을 그리고 두 곡선의 끝부분을 이어줍니다.

❺ 같은 방법으로 안쪽에 한번 더 그려주면 라벨이 완성돼요.

라벨2

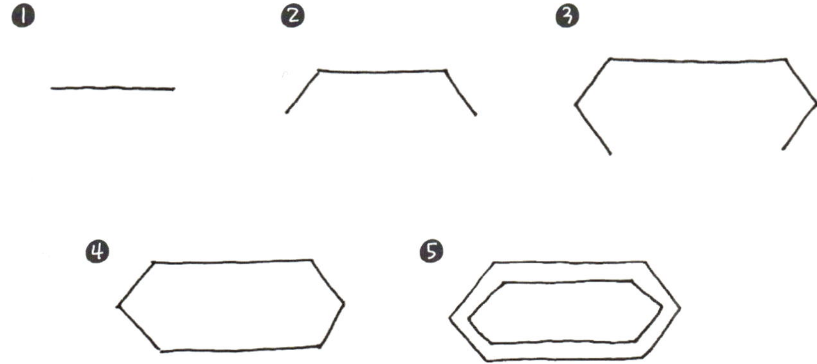

① 가로선을 그어주세요.

② 양 모서리에 비스듬히 대각선을 짧게 그립니다.

③ 안쪽으로 대각선을 한번 더 그려주세요. 이때 위 아래 대각선
의 비율이 1:1일 때 가장 예쁩니다.

④ 양 모서리를 이어주세요.

⑤ 안에 한번 더 같은 방법으로 그려 완성합니다.

라벨3

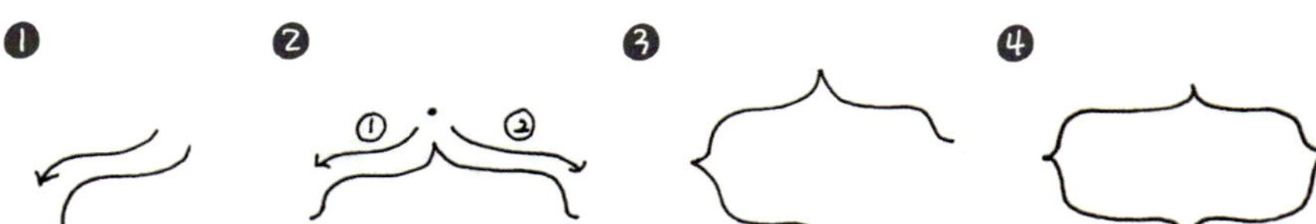

① 그림과 같은 곡선을 그려주세요. 난이도가 있으니 연습이
  필요합니다.

② 같은 방법으로 오른쪽에 한번 더 그립니다.

③ ④아래도 반복해주세요.

⑤ 안에 한번 더 그리면 고급스런 라벨이 완성됩니다.

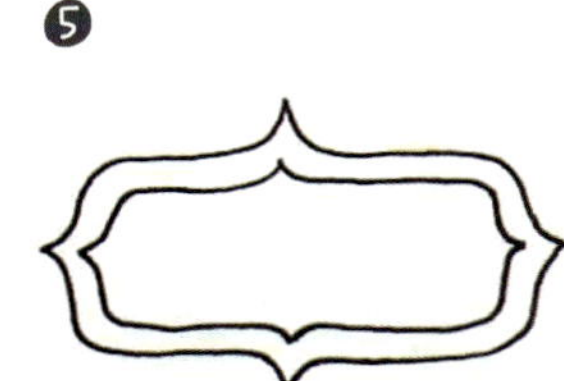

라벨4

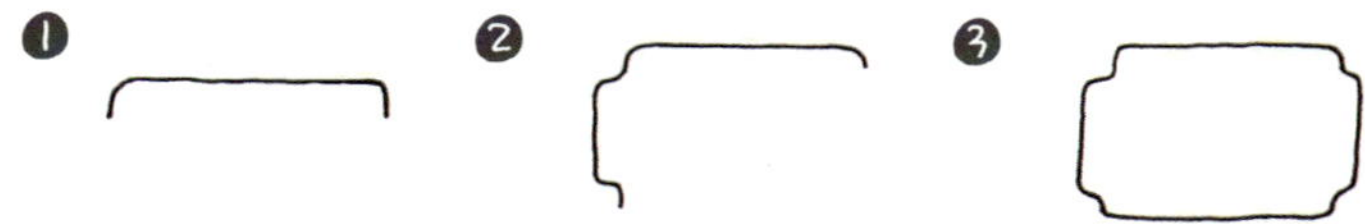

① 이번에는 동그란 느낌이 나는 라벨을 그려볼게요. 먼저
  그림처럼 모서리가 둥근 선을 그려주세요.

② 모서리를 동그랗게 굴리면서 왼쪽으로 선을 내립니다.

③ 같은 방법으로 라벨의 나머지 부분도 그려주세요.

④ 안으로 한번 더 반복하면 동그란 느낌의 라벨이 완성됩
  니다.

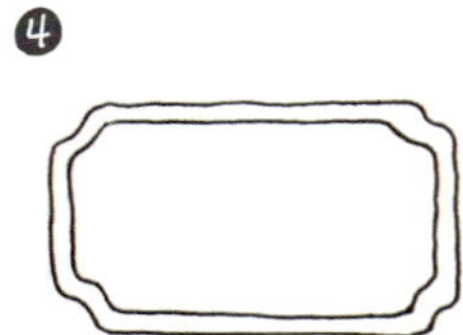

라벨5

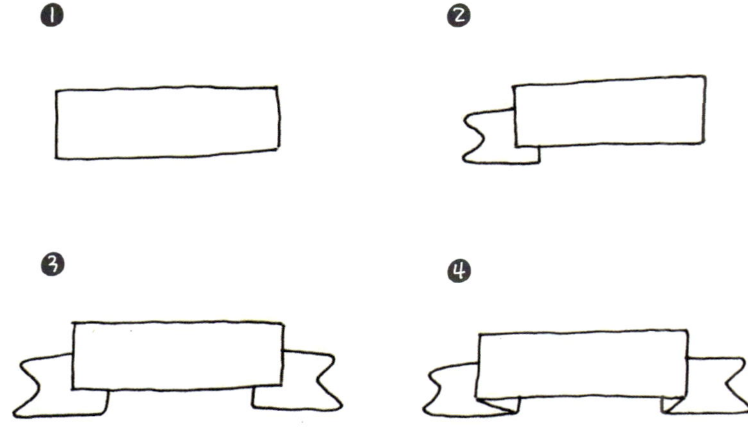

① 이번에는 리본 형태의 라벨을 그려볼게요. 먼저 옆으로 기다란 직사각형을 그리세요.

② 왼쪽으로 리본을 표현해주세요.

③ 오른쪽에도 리본을 그립니다.

④ 사각형 아래 모서리를 리본의 끝과 연결하면 한번 접힌 느낌이 됩니다. 리본의 사각형 안에 글씨를 써도 좋고 무늬를 넣어도 좋습니다.

컬러링

손글씨 & 손그림과 떼어놓을 수 없는 단어! 바로 컬러링이죠. 블로그에 손글씨 & 손그림으로 꾸민 다이어리를 보여드리면 어김없이 컬러링에 관한 질문이 오더라고요. 그래서! 이번 코너에서 지금까지 제가 했던 컬러링에 관해 자세히 알려드릴게요!

다이어리와 같은 노트에 컬러링을 할 때 가장 중요하게 여겨야 할 부분이 비침현상이에요. 다이어리에 마커펜으로 컬러링을 해본 분들은 처음에 뒷장을 보고 놀라셨을 거예요. 앞장에서 사용한 마커가 뒷장에 그대로 묻어나 있어 다이어리를 그대로 북– 찢은 경험이 있나요?

다이어리뿐만 아니라 노트 종류는 두꺼운 종이로 제작하기에 어느 정도 한계가 있어요. 그래서 아무리 두껍게 제작해도 마커의 비침현상이 생길 수밖에 없답니다. 현재 다이어리는 대개 80 ~ 200g 이하로 제작되고 있어요. 즉 다이어리 중에도 종이가 조금 얇은 것이 있고 두꺼운 것이 있는데 보통 다이어리를 구입할 때 보는 상세페이지나 혹은 오프라인에서 다이어리를 직접 볼 수 있도록 둔 샘플다이어리의 속지를 만져보면 알 수 있습니다. 100g 이상의 종이는 마커가 아닌 색 볼펜이나 색연필을 사용하기에는 무리가 없으니 잘 살펴보고 내가 꾸

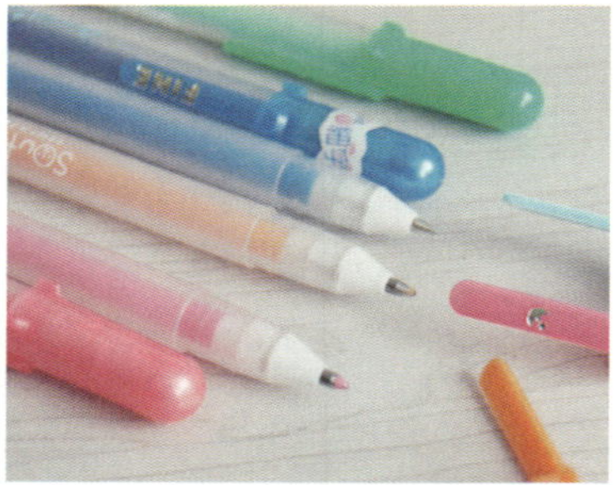

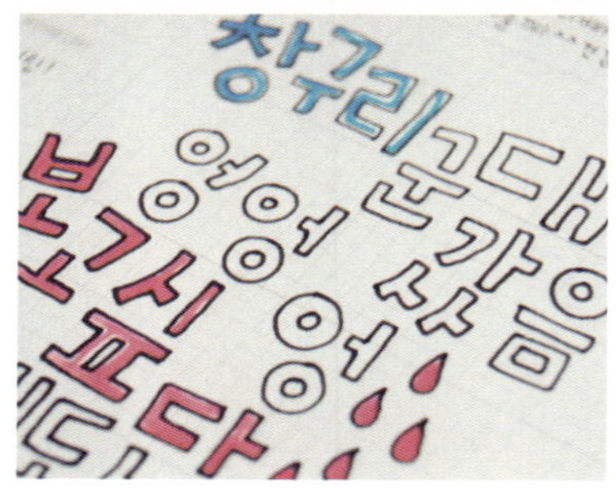

미는 방법에 맞는 다이어리나 노트를 선택하세요!

볼펜을 이용한 컬러링

다이어리에 컬러링을 하고 싶은데 뒷장 때문에 고민하신 분들! 요즘에는 다양한 펜이 많기 때문에 볼펜을 이용해 컬러링을 할 수 있어요. 볼펜으로 컬러링을 할 때는 젤리롤, 미피펜과 같이 볼펜 심이 굵은 제품을 선택하는 게 좋아요. 그 외에 패턴을 정해서 컬러링하는 방법도 있답니다. 제가 자주 사용하는 방법 중에 하나가 사선으로 패턴을 넣어 컬러링하는 거예요. 사진처럼 패턴을 넣으면 뒷장 걱정 없이 다이어리나 노트 필기에 예쁜 컬러링을 할 수 있답니다.

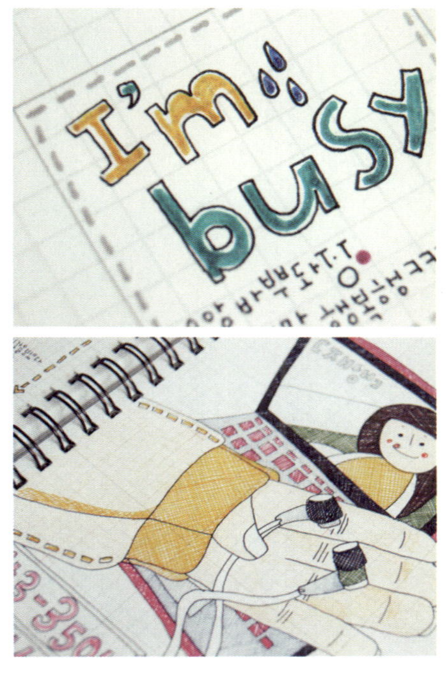

색연필을 이용한 컬러링

색연필을 사용해 컬러링을 하는 것은 부담스럽지 않아 많이 사용하는 방법이에요. 색연필만의 보송보송한 느낌도 나고 자연스러운 분위기를 내고 싶을 때 주로 사용해요.

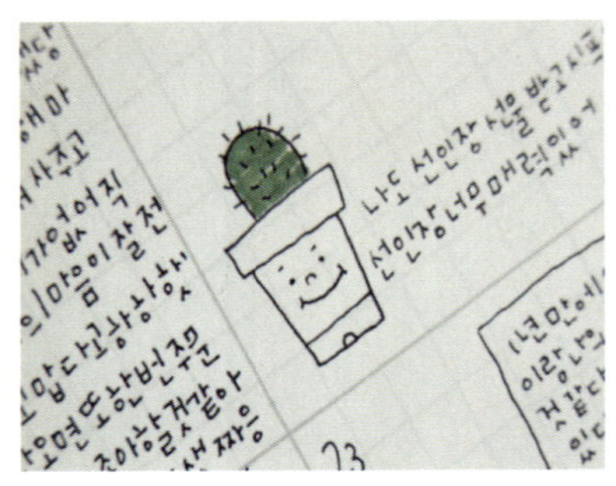

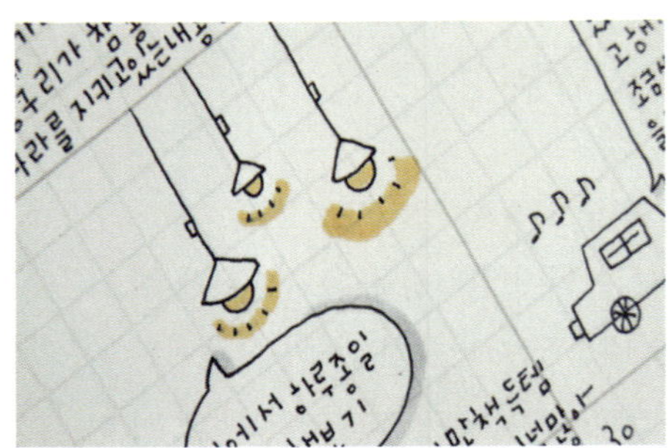

마커펜을 이용한 컬러링

마커의 특성상 다이어리나 노트 필기에 사용했을 때 뒷장이 번지기 때문에 바로 사용하지 않고 수제 스티커를 제작해 사용하는 것이 좋아요. 색상이 다양하고 컬러링을 했을 때 깔끔하기 때문에 저는 마커를 사용한 컬러링을 좋아합니다.
하지만 제가 요즘 블로그를 통해 보여드리는 다이어리에서는 마커를 다이어리에 바로 사용하고 있어요. 뒷장에 비침현상이 있어 한 장을 건너띄고 다음장에 쓰고 있습니다.

라이브컬러 or 스테들러파인라이너를 이용한 컬러링

다이어리나 노트에 마커를 바로 사용하기 부담스럽다면 라이브컬러나 스테들러파인 라이너를 사용하기도 해요. 두꺼운 종이에 사용하면 거의 뒷장 비침이 없고 편하게 사용할 수 있는 펜이에요. 간단히 포인트를 주거나 포인트글씨에 컬러링을 할 때에도 다이어리에 바로 사용하고 있어요. 하지만 겹쳐서 사용하면 뒷장 비침이 있을 수 있으니 조심 조심~

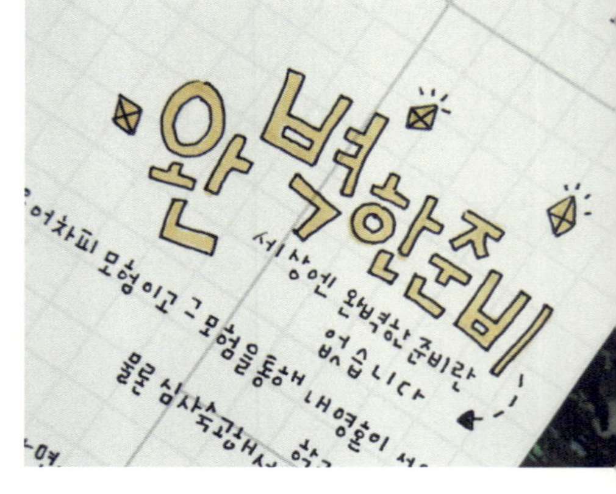

노트에 손그림 활용하는 방법

노트정리를 할 때 손그림을 가장 잘 활용할 수 있는 방법 5가지를 알려드릴게요. 이 방법은 가장 기본이 되는 방법이기에 다양하게 응용이 가능하고 또 오랫동안 사용할 수 있는 방법이에요. 저 역시도 학생시절 내내 유용하게 사용한 방법입니다.

밋밋한 별표 하나도 나만의 스타일로 그리자

노트 필기 혹은 책에 중요한 표시를 할 때 가장 많이 사용되는 손그림이 별표겠죠? 누구나 다 그리는 별표가 아닌 나만의 개성을 표현할 수 있는 별표를 그려 필기를 합니다. 별표는 작은 요소지만 노트에 자주 등장하기 때문에 노트 분위기를 크게 바꿔준답니다.

중요한 단어나 문장은 손그림 메모지로 그리자

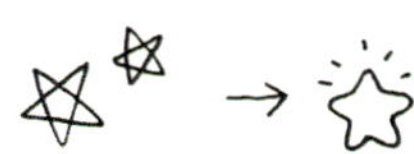

노트에 포스트잇을 붙이면 금방 떨어지거나 쉽게 잃어버리기도 합니다. 이럴 때 손그림으로 직접 작은 메모지나 포스트잇을 그려 그 안에 중요한 단어나 문장을 쓰면 다른 글씨들과 분리가 되고 중요한 메모라는 표시를 할 수 있습니다. 217쪽에서 보여드린 메모지를 활용하면 좋습니다. 책에 메모를 할 때 빈 공간에 그려도 좋고 노트 필기에서 중요한 부분을 표시할 때도 유용한 방법입니다.

단원이나 큰 주제를 적을 때도 손그림을 이용하자

노트 필기를 할 때도 전체적인 흐름이나 큰 맥락을 아는 것이 중요합니다. 노트 필기를 할 때 단원이나 큰 주제를 굵은 펜으로 적는 것도 이 부분을 중요하게 여기는 이유겠죠? 단지 굵은 펜으로 적는 것보다는 간단한 손그림으로 단원이나 큰 주제를 좀 더 강조해서 한 눈에 알아볼 수 있도록 하면 흐름이나 맥락을 좀 더 쉽게 파악할 수 있을 것입니다.

예시나 예제 등 부가적인 설명 앞에 간단한 표시를 해서 노트를 정리하자

필기를 할 때 중요한 부분이 있는가 하면 이해를 돕기 위해 부가적인 설명 즉 예시나 예제를 적기도 합니다. 적을 때는 이 부분이 예시라는 것을 한 번에 알 수 있지만 나중에 한 번 더 필기한 노트 혹은 책을 들여다 볼 때 어느 부분이 예시이고 부가적인 설명을 더했는지 쉽게 파악할 수 없습니다. 더군다나 같은 펜으로 같은 공간에 중요한 부분과 예제를 같이 썼다면 말이죠. 더 효율적인 필기를 하기 위해서는 중요한 부분과 부가적인 설명을 잘 분리해 나중에 보았을 때도 이해가 잘 되도록 기록해야 해요. 부가적인 설명이 시작되는 부분 앞에 자신만의 암호 손그림을 그려놓으면 이후 노트를 다시 한번 보게 될 때 예제가 적힌 부분을 쉽게 찾을 수 있습니다. 노트를 잘 정리하는 사람은 자신만의 노트 필기방법이 있답니다. 손글씨 & 손그림이 그런 방법 중의 하나가 될 수 있습니다.

노트의 이해를 도와주는 다양한 손그림들

필기를 할 때 이해를 도와주는 손그림은 간단하고 심플해야 좋아요. 필기를 해야 하는데 손글씨 & 손그림에 너무 많은 시간을 할애하면 손그림을 안 그리는 것만 못하니까요. 특히 손그림이 자주 등장하는 부분이 이해를 돕기 위해 그리는 간단

한 손그림인데 글로 몇줄을 쓰는 것보다 자신이 이해할 정도로
만 간단하게 손그림으로 표현하는 것이 시간도 단축되고 이해
에 더 큰 도움이 됩니다. 손그림 스타일은 자신이 다이어리를 꾸
미거나 편지를 쓸 때 주로 그린 손그림 느낌을 그대로 옮겨가도

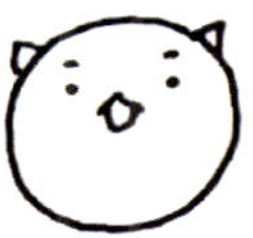

좋고 필기를 하는 목적에 따라 좀 더 정확하고 간단하게 표현하면 좋습니다. 자신
만의 캐릭터가 있다면 필기 중간중간 필기가 즐겁도록 캐릭터로 재미를 주는 것도
좋은 방법이라 생각합니다.

자, 이제 손그림과 손글씨를 더 효과적으로 쓸 수 있도록 다양한 배치방법을 알려드릴게요! 몇 가지 배치팁만 알고 있으면 어떻게 꾸며야 하나 고민하지 않고 바로 가장 잘 어울리는 배치를 할 수 있어요. 더 나아가 다양하게 응용도 가능하고요.^^ 두 단계로 보여드릴 건데 첫번째는 손그림과 손글씨만 가지고 배치하는 방법이고 두 번째는 다양한 재료들과 믹스해서 배치하는 방법이랍니다.

PART5
손글씨 & 손그림 배치하기

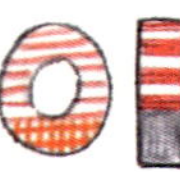

기본 중에 기본! 손그림 하나 손글씨 하나

가장 기본이 되는 배치방법, 손그림을 하나 그리고 그 옆에 손글씨를 쓰는 방법이에요. 특별한 레이아웃을 하지 않아도 되고 누구나 쉽게 꾸밀 수 있어요. 먼슬리와 위클리에 주로 사용하는 배치팁입니다. 글씨를 손그림의 어느 방향에 쓰느냐에 따라 분위기가 바뀌고 글자의 길이 수도 연관이 있어요.

기본 레이아웃 방법

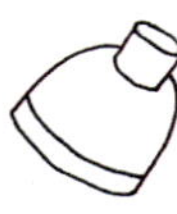
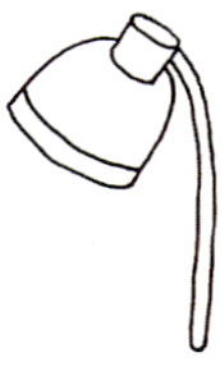
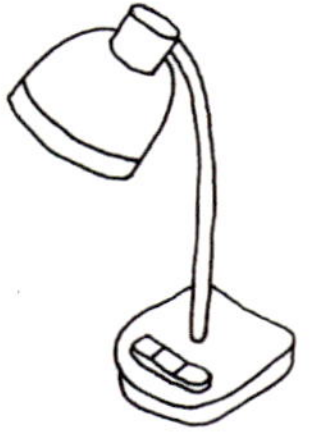

❶ 손그림 파트에서 그렸던 스탠드를 그려볼게요! (자세한 방법은 ♥part4 02를 참고하세요)

❷ 꾸밀 공간의 사이즈에 맞게 스탠드 바디를 그리세요.

❸ 스탠드 아랫부분도 그립니다.

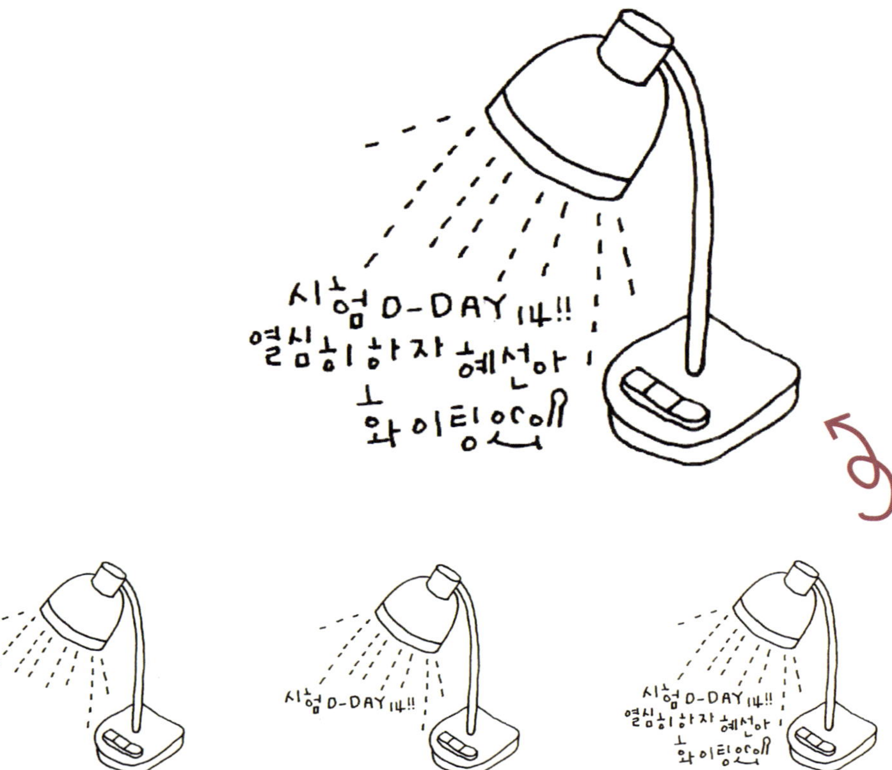

❹ 이제 글귀와 어울리도록 데코를 해줄 거예요. 스탠드에서 불빛을 비추는 느낌이 나도록 그림처럼 전구 부분 주위에 점선을 그립니다.

❺ 점선 아래에 '시험 D-DAY 14!!'를 적어봤어요. 시험과 관련된 날이나 공부와 관련된 내용을 적을 때 그와 연관 있는 그림을 그리면 더 재미있게 꾸밀 수 있어요.

❻ 글귀는 한줄보다는 2~3줄을 적어주는 것이 보기 좋아요.^^

다양한 응용

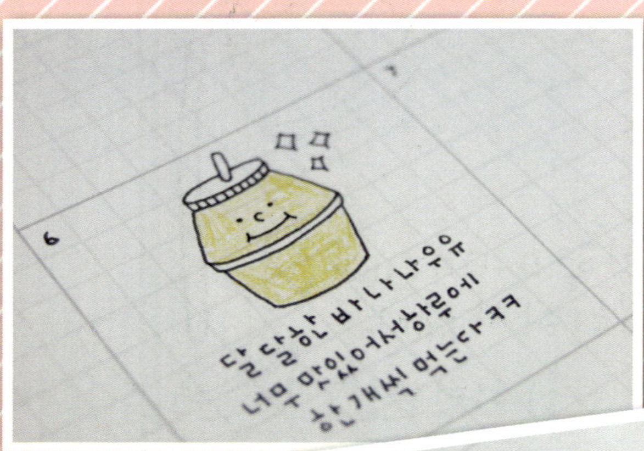

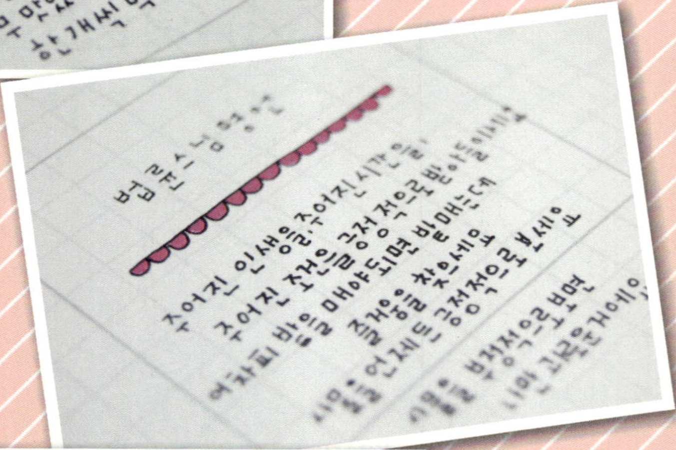

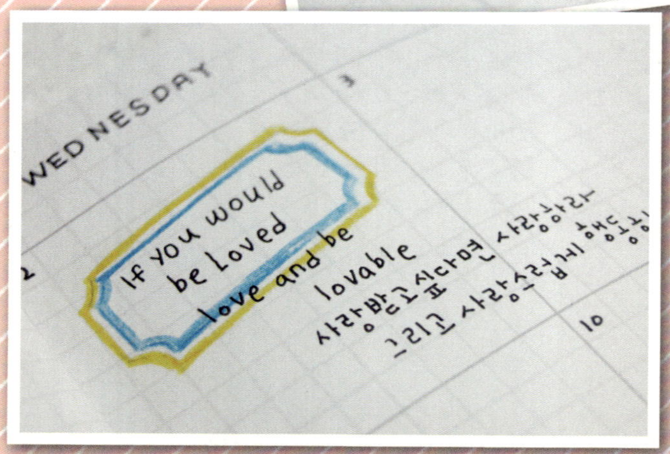

 02 포인트글씨 + 손그림

part3에서 다양하게 보여드린 포인트글씨와 손그림을 함께 배치하는 방법이에요. 포인트글씨의 주 목적이 다이어리나 노트에 포인트를 주는 것이기 때문에 이 배치 팁도 포인트를 줄 때 사용하면 효과가 좋아요. 손그림은 포인트글씨와 맞게 작게 그려주세요. 포인트글씨와 관련된 손그림을 그리면 한 번에 어떤 내용인지 알기 좋고 분위기가 한층 귀엽고 화사해진답니다.

기본 레이아웃 방법

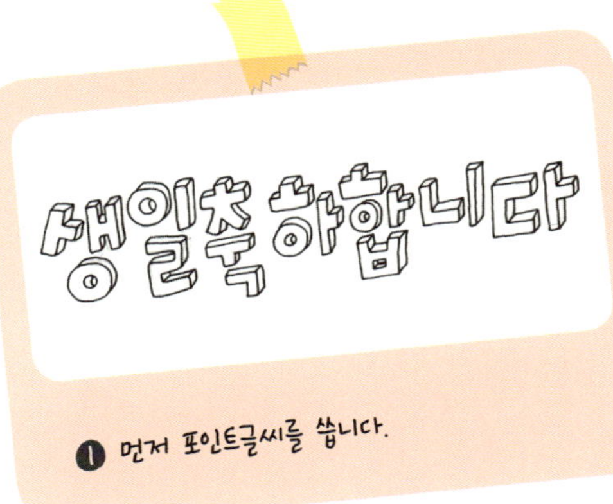

❶ 먼저 포인트글씨를 씁니다.

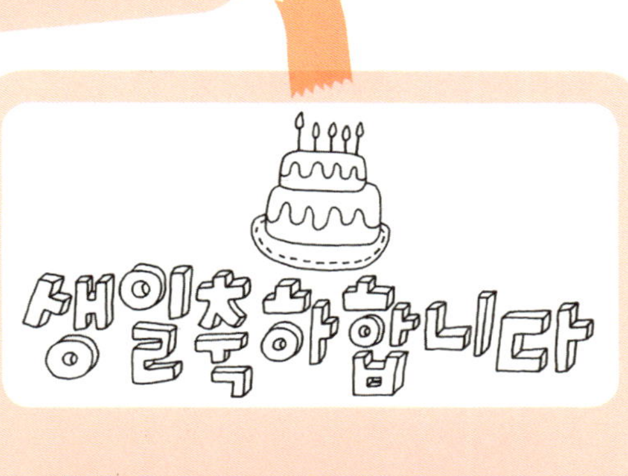

❷ 글씨 위에 케이크 손그림을 그립니다.

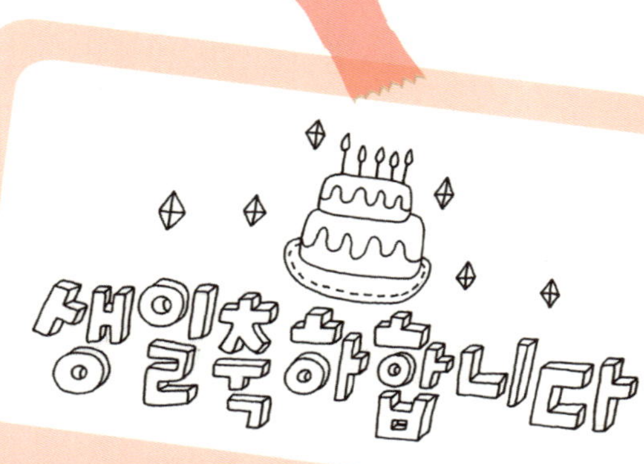

❸ 주위에 반짝반짝 아이콘을 작게 그려 글자에 생동감을 더 해주세요.

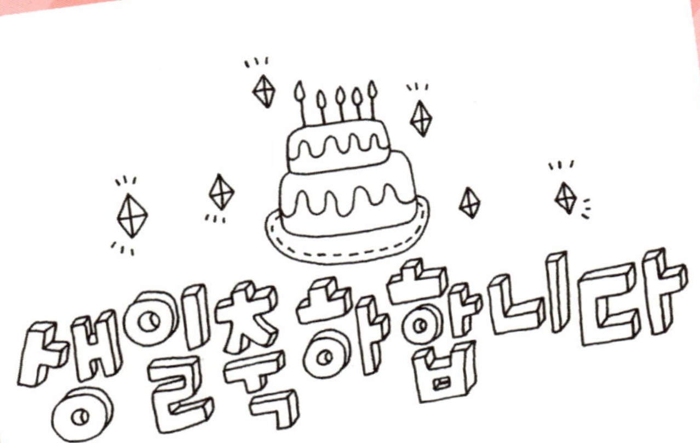

❹ 아이콘 주위에 점들을 표시합니다.

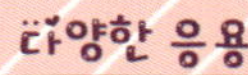

다양한 응용

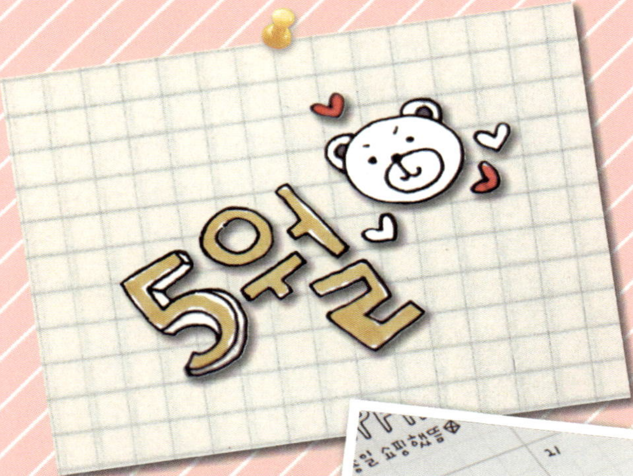

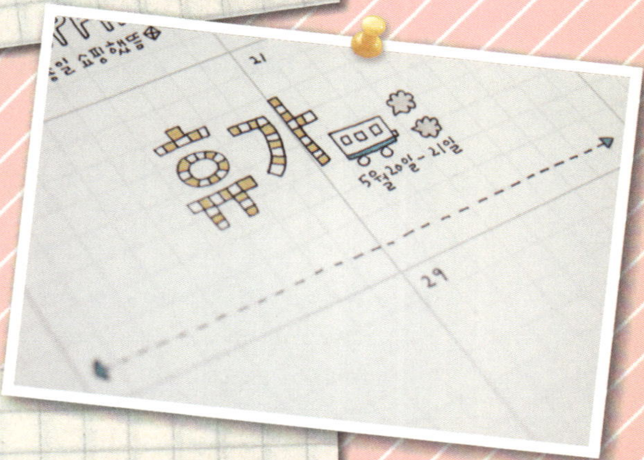

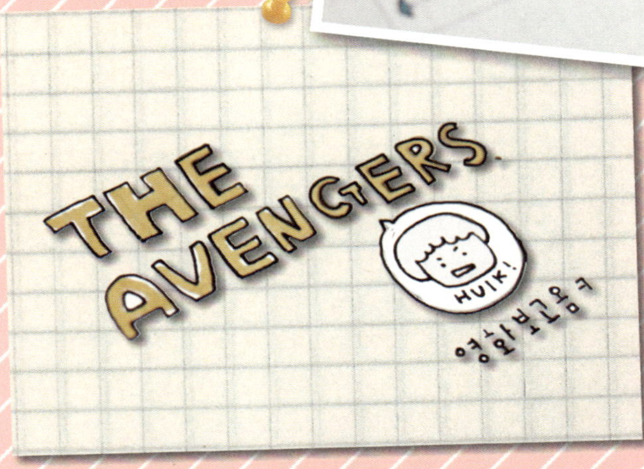

 03 중간중간에 손그림 배치하는 방법

일기를 쓰면서 자연스럽게 글자 중간중간에 손그림을 그리는 방법이에요. 이 방법은 이제 다이어리꾸미기의 한 방법으로 자리 잡았는데 많은 분들이 처음부터 끝까지 이 방법으로 다이어리를 꾸미기도 해요. 글자 중간중간에 들어가는 손그림은 작은 표정이나 말풍선 아이콘이 적당하답니다. 손그림의 사이즈가 크거나 복잡하면 전체적인 분위기를 망칠 수 있으니 꼭 작고 간단한 손그림을 그리세요. 손그림이 튀지 않기 때문에 전체적으로 아기자기하고 귀여운 분위기를 자연스럽게 연출할 수 있는 방법이에요.

기본 레이아웃 방법

❶ 이 방법은 특별한 공식이 있는 게 아니라 글자 중간중간에 관련된 손그림을 그리는 것이에요. 글자의 수도 상관없어요. 내가 쓰고 싶은 자리에 쓰면 된답니다.

❷ 글자 사이에 관련 손그림이나 표정 그림을 그립니다.

❸ 검정색 펜으로만 다 썼을때는 이런 느낌이 나요. 귀엽죠?

❹ 자! 이제 손그림에 색을 입혀볼게요. 검은 색으로만 쓴 것과는 전혀 다른 분위기가 됩니다. 중간중간 작은 손그림을 배치해주기만 해도 예쁜 다이어리를 꾸밀 수 있어요.

다양한 응용

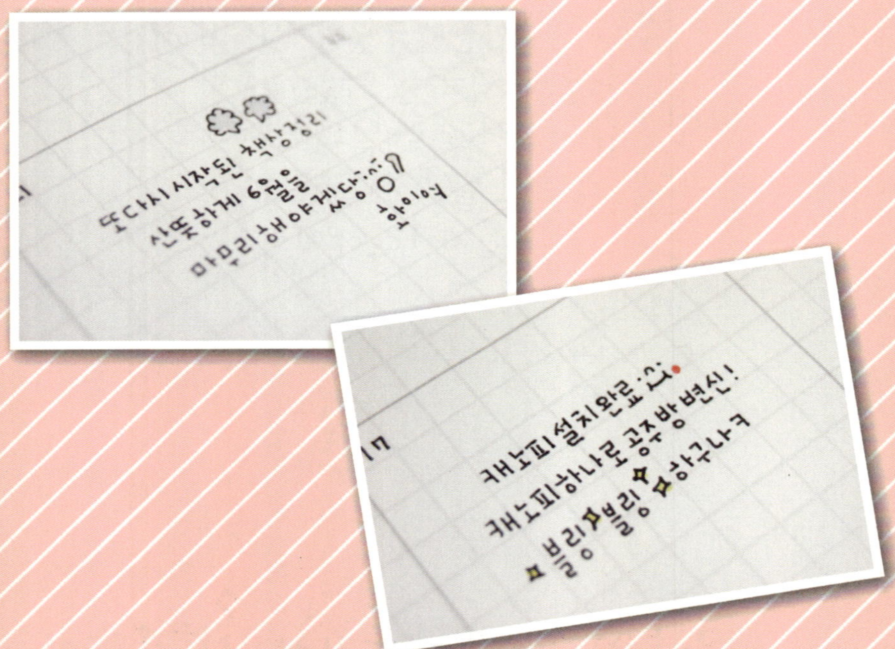
또다시 시작된 책상정리
산뜻하게 6월을
마무리해야제당
앙이여
캐노피 설치완료
캐노피 하나로 공주방 변신!
블링 블링 한구나ㅋ

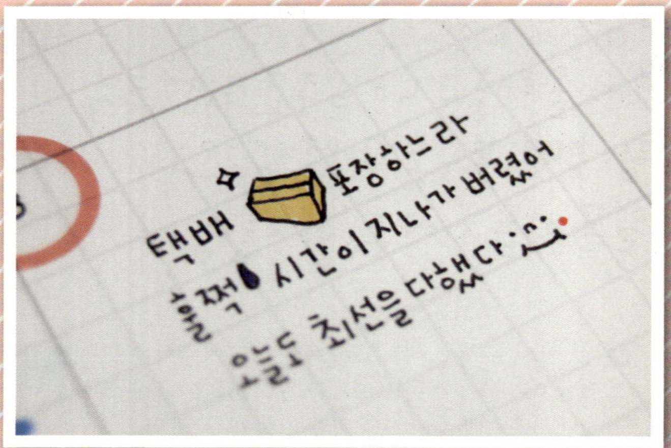
택배 포장하느라
훌쩍 시간이 지나가 버렸어
오늘도 최선을 다했당

 손그림 안에 손글씨 배치

다이어리나 노트에 글씨만 쭈루룩 써 있어서 손그림을 그리고 싶은데 손그림에 자신이 없다면 이 배치방법을 응용해보세요. 너무 복잡한 손그림이 아닌 간단한 말풍선이나 하트, 선 안에 손글씨를 배치하여 꾸미는 방법이랍니다. 레이아웃만 살짝 틀어줘도 밋밋한 공간에 포인트를 줄 수 있어요. 어렵겠다고요? 전혀 어렵지 않아요~!!!

기본 레이아웃 방법

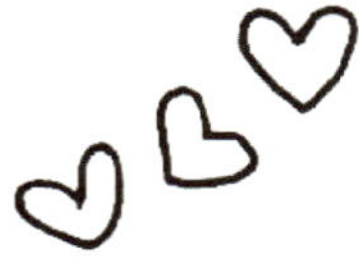

❶ 작은 하트로 큰 하트를 그릴 거예요. 펜으로 바로 그리면 어려우니까 연필로 옅게 큰 하트를 그리고 그 선에 맞춰 작은 하트를 배치하면 쉬워요.

❷ 작은 하트를 한 방향으로 그리지 말고 다양한 방향으로 그리세요.

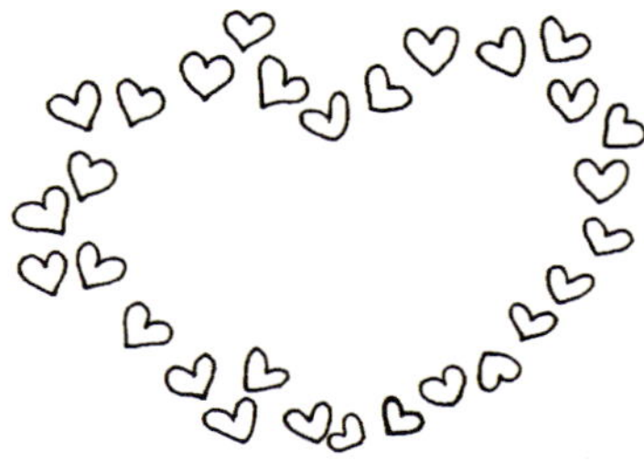

❸ 중간중간에 빈 공간이 있으면 옆에 그려 줍니다. 너무 반듯한 하트보다는 하트형 태만 살짝 나게 해주는 게 자연스럽고 완성했을 때 더 예쁩니다.

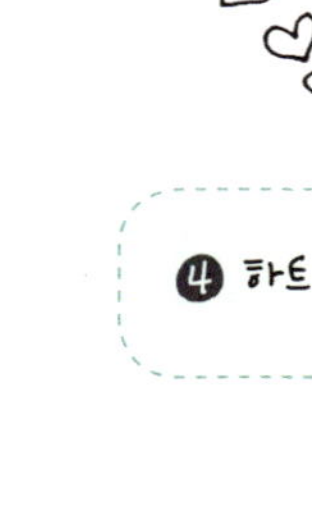

❹ 하트 안에 글씨를 써줍니다.

❺ 메시지도 좋고 일기도 좋고 다양하게 응용하세요.

❻ 중간중간에 핑크색으로 컬러링을 해줬어요.

다양한 응용

MON
5월동안 해야할일
· 5일 - 6일 집다녀오기
· 16일 시험!
· 20일-21일 여행♡
SMILE
웃자 ^o^
12.05.14 FM06:45
음악역 1번출구♡
With 창규리

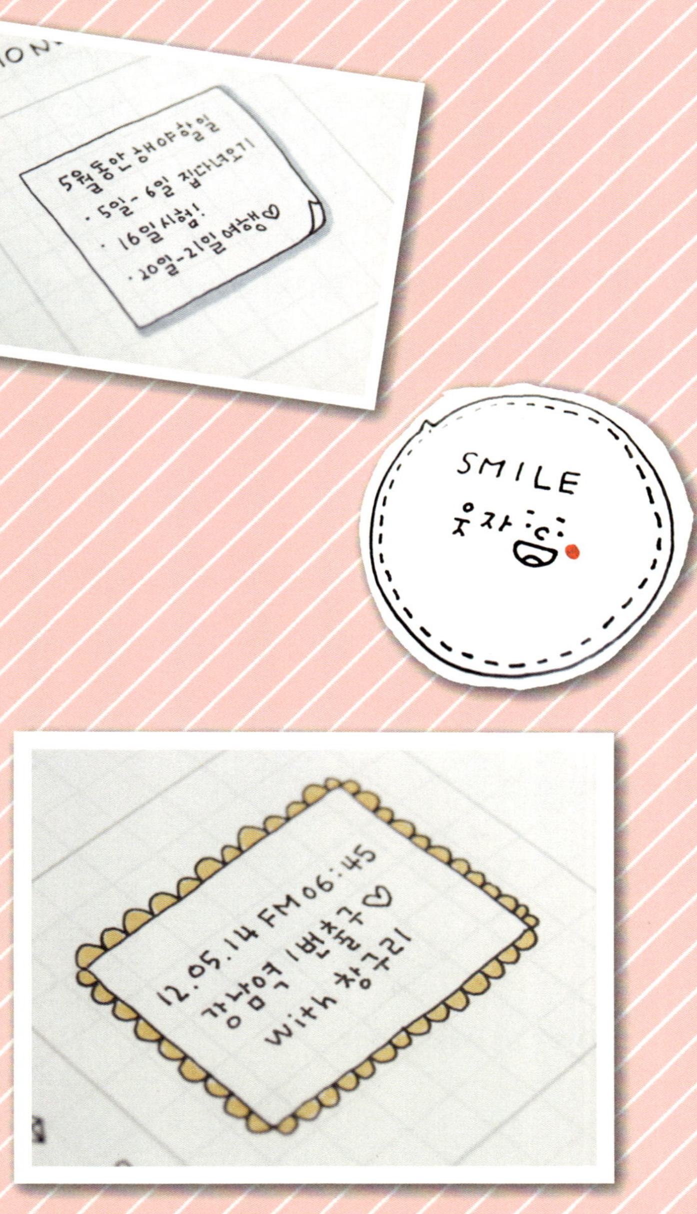

 포인트글씨+기본글씨+손그림 배치

배치방법 중에서 가장 난이도가 있지만 다이어리뿐만 아니라 손편지꾸미기나 여러 꾸미기 영역에서도 다양하게 응용할 수 있는 방법이에요. 기본글씨가 밑바탕이고 그 위에 포인트글씨와 손그림을 함께 배치하면 돼요. 이 때 가장 많이 쓰이는 포인트글씨가 두께글씨나 입체글씨인데 그 이유는 손그림과 잘 어울리기 때문이랍니다. 두 요소가 너무 강하면 오히려 역효과가 나기 때문에 손그림을 먼저 그리고 손그림에 어울리는 포인트글씨를 써 주는 게 이 배치방법을 잘 활용할 수 있는 노하우예요. ^^

기본 레이아웃 방법

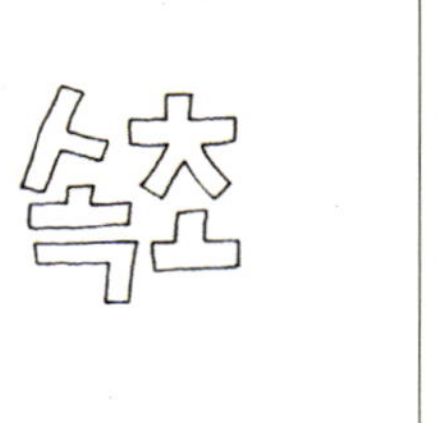

❶ 속초에 다녀온 내용 중 가장 중심이 속초이기 때문에 제일 먼저 속초만 포인트글씨를 써줍니다.

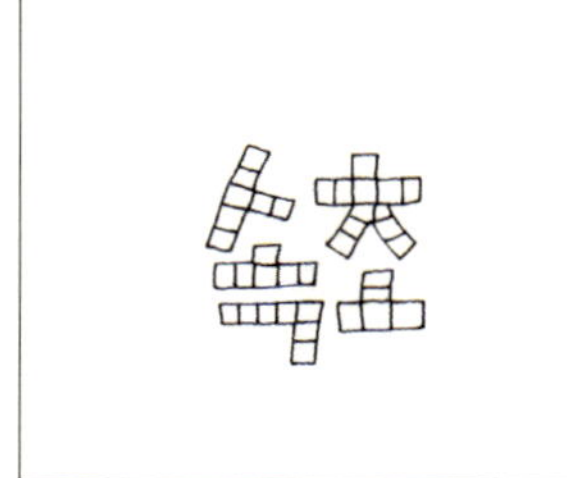

❷ 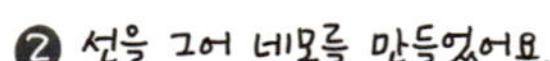 선을 그어 네모를 만들었어요.

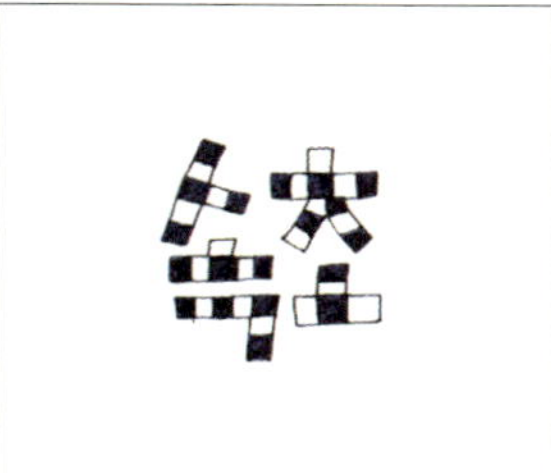

❸ 컬러링을 해서 체크무늬를 완성합니다.

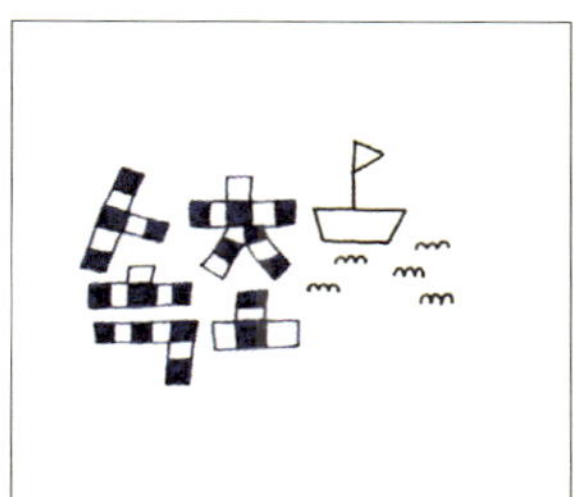

❹ 포인트글씨 옆에 관련 손그림을 그려주세요.
저는 간단히 배를 그렸어요.

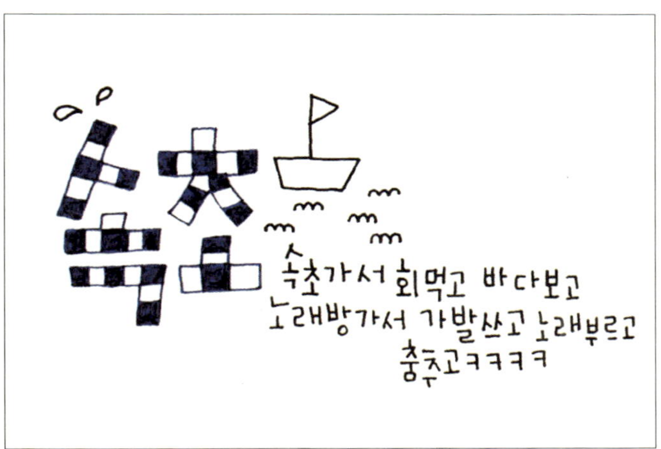

❺ 손그림 아래에 일기를 씁니다. 포인트글씨+기본글씨+손그림 배치방법은 오른쪽과 왼쪽의 균형을
잘 맞추는 게 중요해요. 이 배치법의 가장 기본이 왼쪽에 포인트글씨를 쓰고 오른쪽 위에 간단
한 손그림을 그리고 그 아래에 바로 기본글씨를 쓰는 것이에요. 그러면 양쪽 균형이 잘 맞아요.

다양한 응용

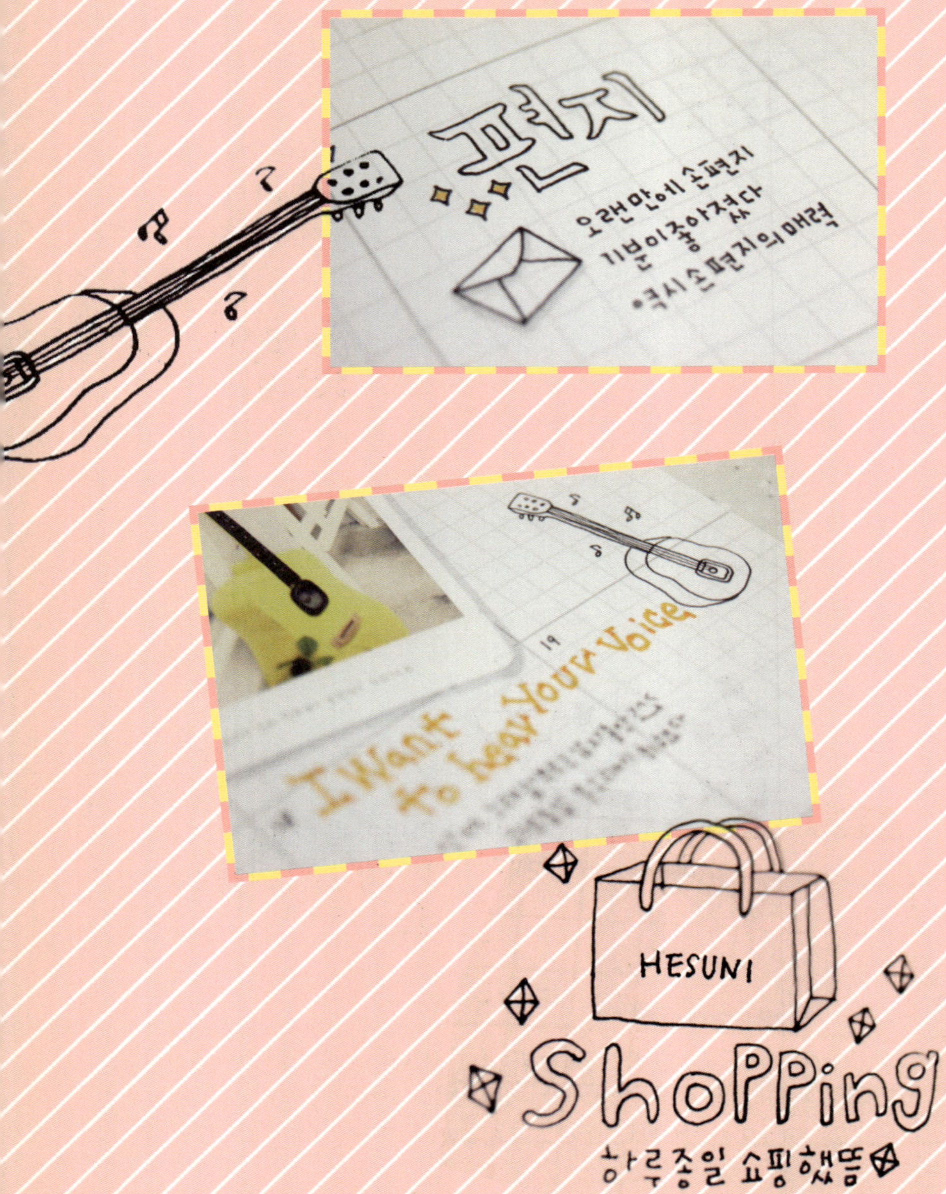

편지
오랜만에 손편지
기분이좋아졌다
쿡시 손편지의 매력
I Want To hear Your Voice
HESUNI
Shopping
하루종일 쇼핑했뜸

 06 캘리그래피글씨로 사진을 더 낭만적이게 꾸미기

캘리그래피글씨와 사진은 정말 찰떡궁합!이죠. 이런 분위기의 디자인 문구도 출시될 만큼 참 잘 어울려요. 사진과 어울리게 꾸미고 싶다면 일반 펜이 아닌 캘리그래피펜이나 펜촉으로 도전해보세요! 다른 데코를 하지 않아도 되는 방법이랍니다. 빈티지하면서도 어른스러운 느낌을 낼 수 있어서 저도 꾸준히 사용하는 배치방법이에요. 펜촉이나 캘리그래피 펜이 없다면 라이브컬러 펜을 잘라 사용해도 좋아요!

기본 레이아웃 방법

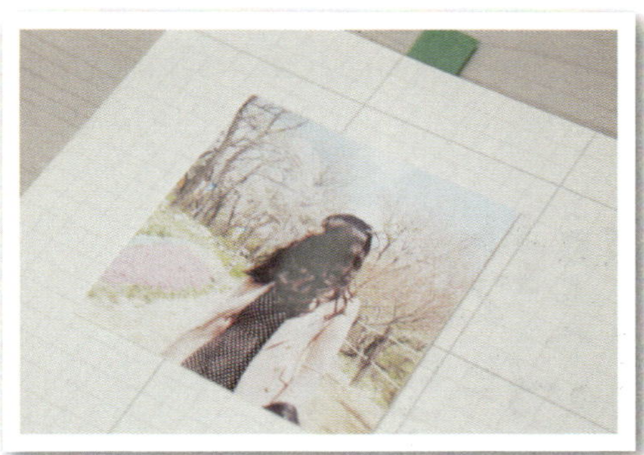

빈 공간에 사진을 붙이세요. 정말 소중히 잘 간직하고 싶은 사진을 붙이는 게 다이어리를 더 소중하게 대하는 방법 중에 하나예요.

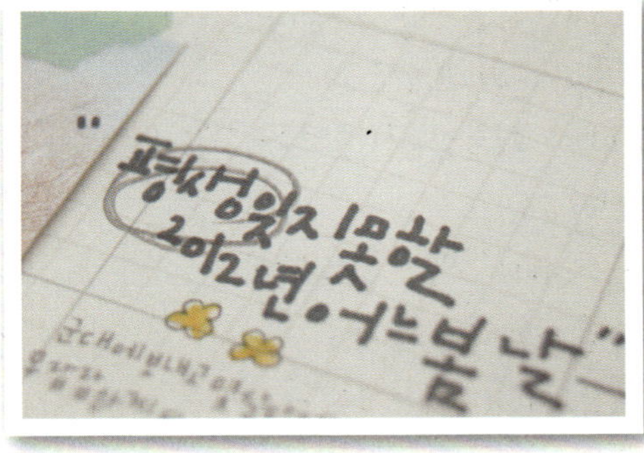

오른쪽에 펜촉으로 '평생 잊지 못할 2012년 어느 봄날'이라고 적었어요. 캘리그래피 글씨를 쓸 때는 가장 중요한 단어나 중심문구를 적으세요.

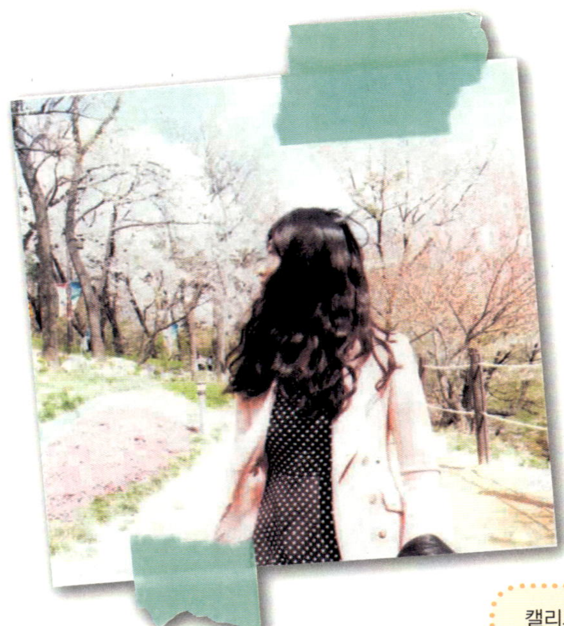

캘리그래피 아래 펜으로 지금 이 순간의 감정을 그대로 표현합니다.

주위에 글귀와 어울리는 손그림을 간단하게 추가해도 좋아요.

"평생잊지못할
2012년 어느 봄 날"

군대에 보내고 몇달만에 본 내동생 창구리
까무잡잡하게 탄 얼굴과 손이 그동안
너가 얼마나 힘들었는지 보여주는 것 같아

너무 너무 보고싶었어
널 보고있는 내내 마음이 울컥하고
뭔가 벅차오르더라~
건강히 잘 지내줘서 고마워

다양한 응용

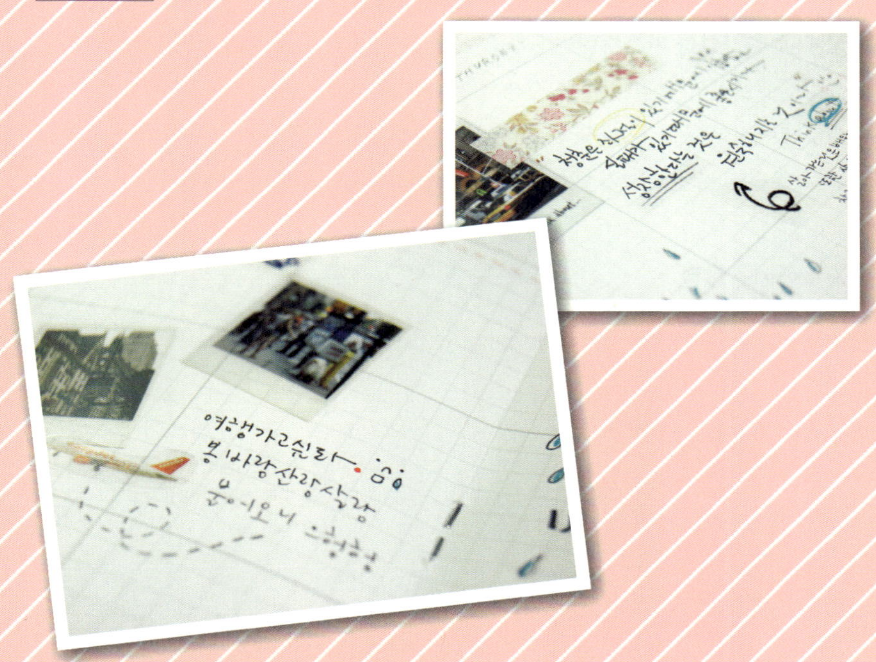

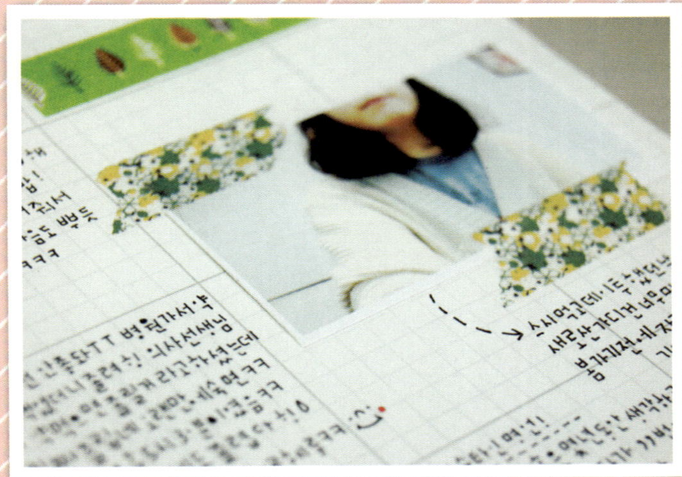

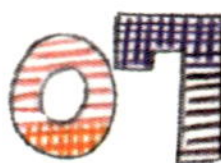 마스킹테이프와 배치하기

손글씨 & 손그림은 마스킹테이프와도 아주 잘 어울리게 꾸밀 수 있습니다. 하지만 마스킹테이프만의 성격이 너무 강해서 조화롭게 꾸미는 게 무엇보다 중요해요. 또 마스킹테이프의 종류가 워낙 다양하기 때문에 자신이 원하는 분위기의 마스킹테이프를 고르는 것도 중요하고요.^^ 마스킹테이프와의 배치 시작해볼까요?

기본 레이아웃 방법

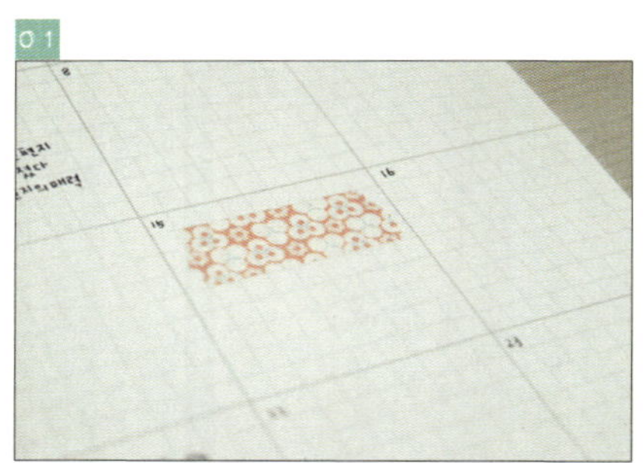

마스킹테이프로 꾸미는 가장 기본 레이아웃입니다. 꾸미려고 하는 공간 사이즈에 맞게 마스킹테이프를 손으로 찢어 붙입니다.

마스킹테이프 아래에 일기나 글귀를 적어줍니다.

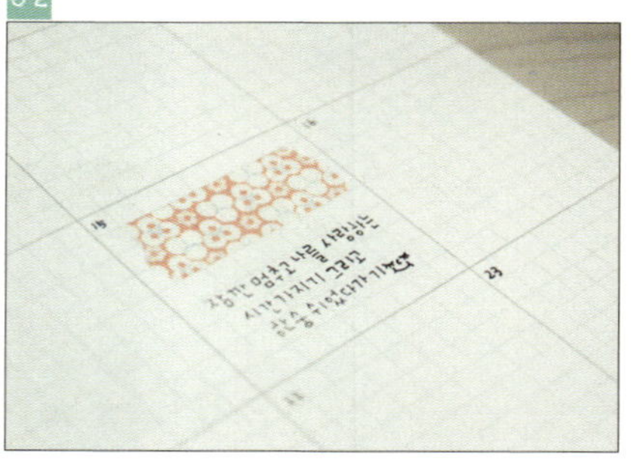

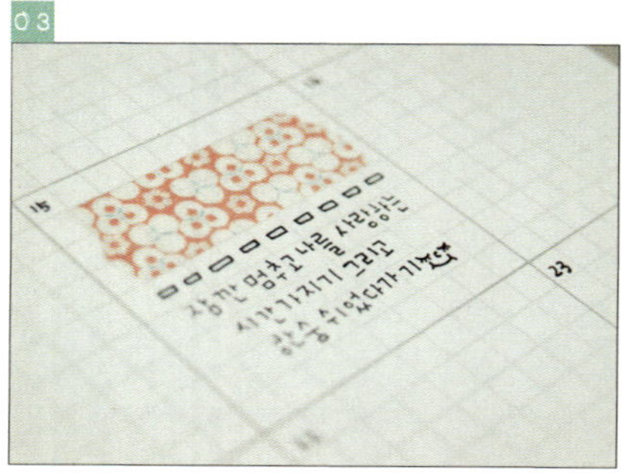

(2)번에서 끝나도 좋고 너무 허전하다 싶으면 마스킹테이프와 글 사이에 손그림을 그려줘도 좋습니다. 저는 점선을 그려봤어요. 회색 마커로 점선을 채우면 완성!

다양한 응용

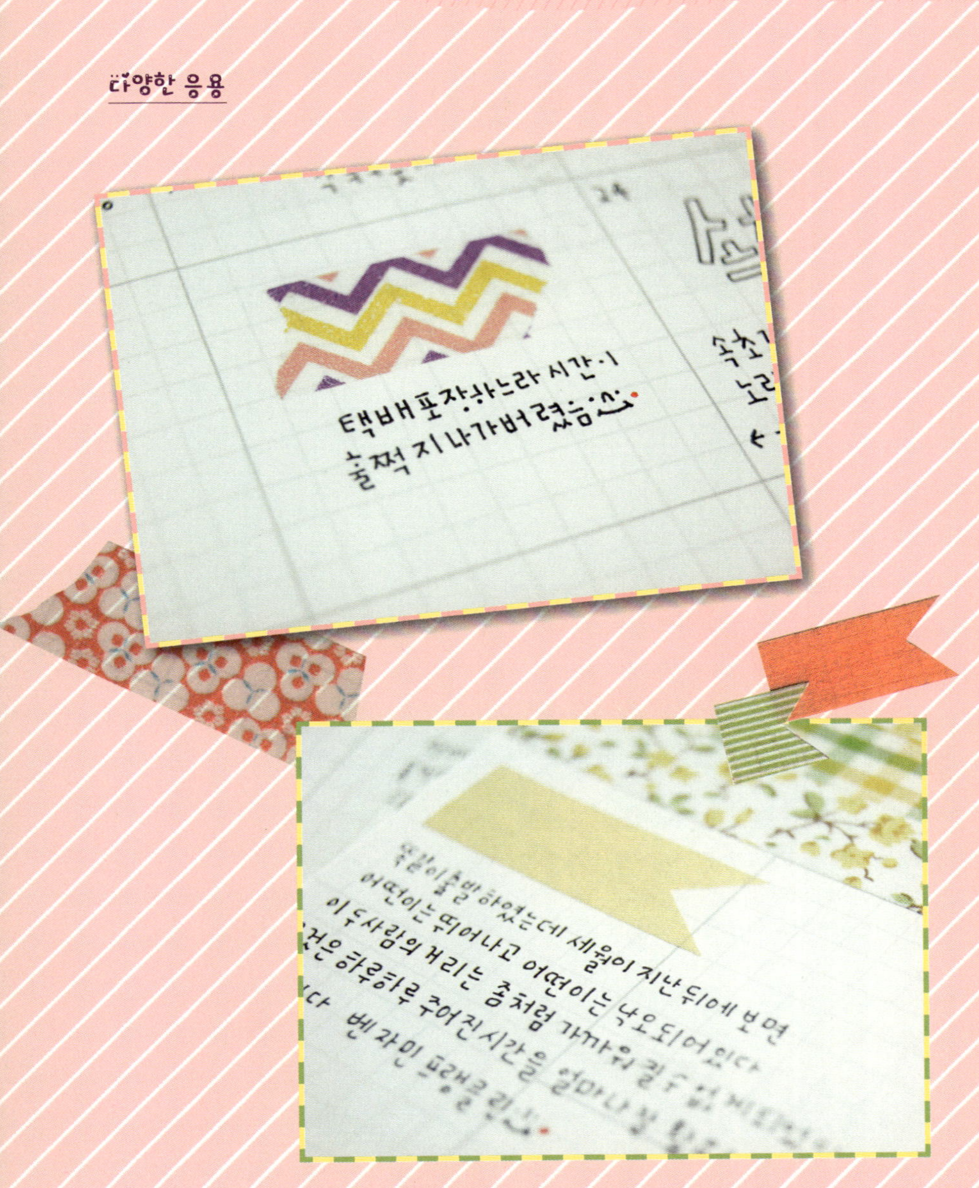

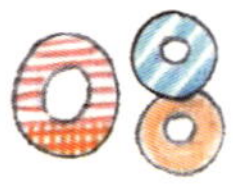 도형 스티커와 배치하기

요즘에는 캐릭터로 된 스티커뿐만 아니라 도형스티커도 참 쉽게 접할 수 있어요. 도형스티커를 붙이면 심플하고 깔끔한 느낌이 나지만 잘못 배치하면 단조로운 느낌이 나기도 하죠. 그럴 땐 손그림 & 손글씨를 살짝 추가해주면 멋진 데코를 할 수 있어요.

기본 레이아웃 방법

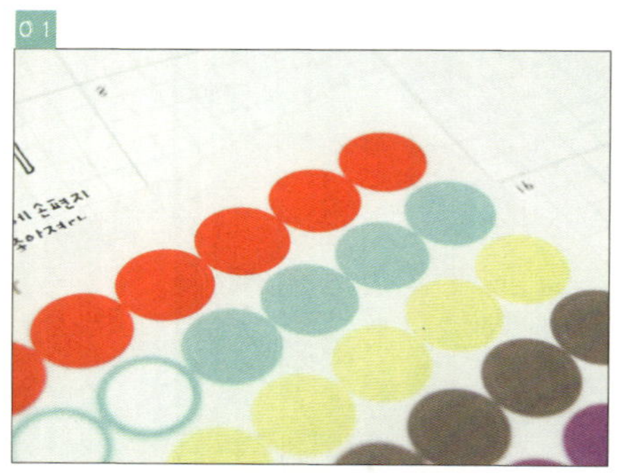

요즘에는 이렇게 도형으로 된 스티커를 쉽게 접할 수 있어요. 자신이 가지고 있는 도형스티커로 제가 알려드리는 배치팁을 이용해 꾸며보세요.

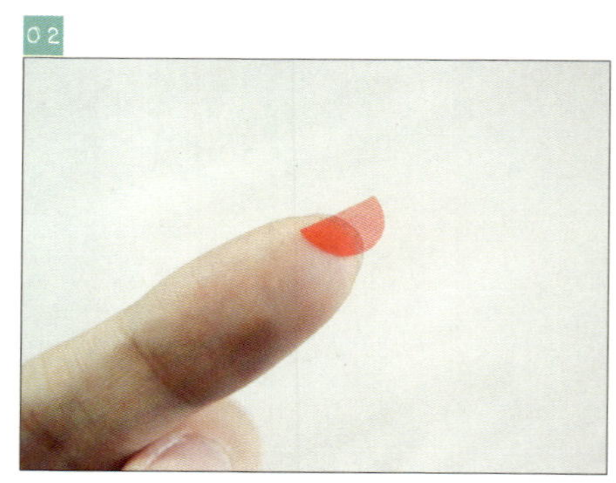

원형스티커는 원형 그대로 사용하기도 하지만 반으로 잘라 꾸미면 더 다양하게 쓸 수 있어요. 저도 다홍색의 원형을 반으로 잘랐습니다.

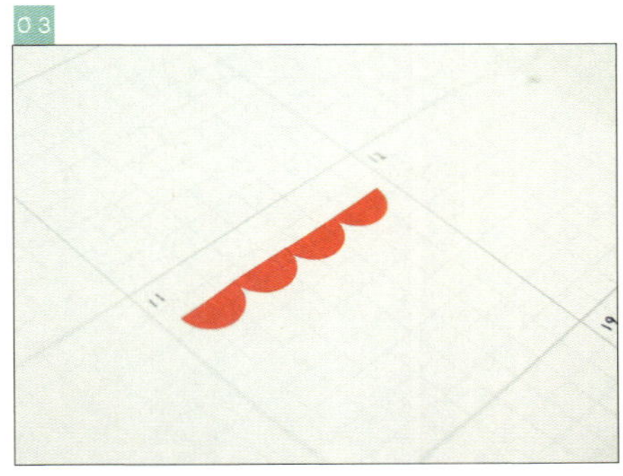

반으로 자른 원형을 이어 붙여서 레이스를 만듭니다. 이때 칸에 딱 붙이지 않고 0.5~1cm 정도 띄어서 붙여줍니다.

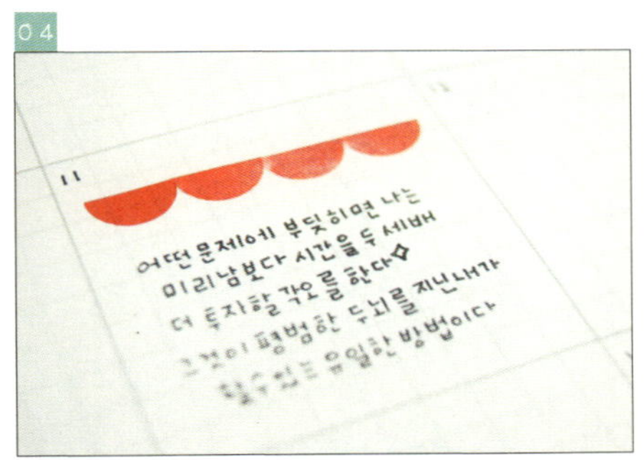

반원형 레이스 아래에 일기나 글귀를 적어줍니다.

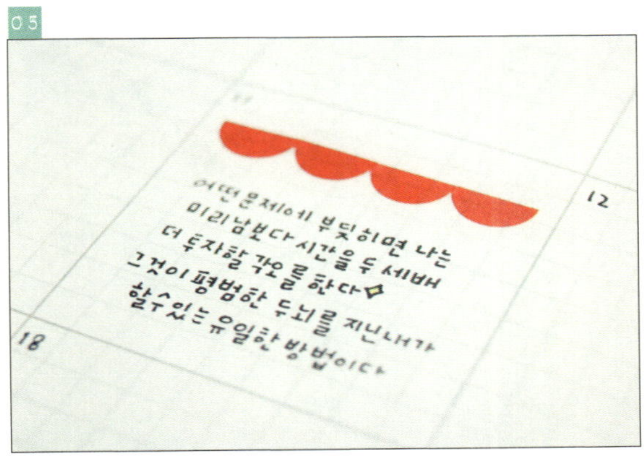

글자 중간중간에 있는 손그림에 컬러링을 하면 완성! 이때 컬러링은 스티커 색상과 너무 달라서 튀지 않게 잘 선택해서 칠해주세요.

다양한 응용

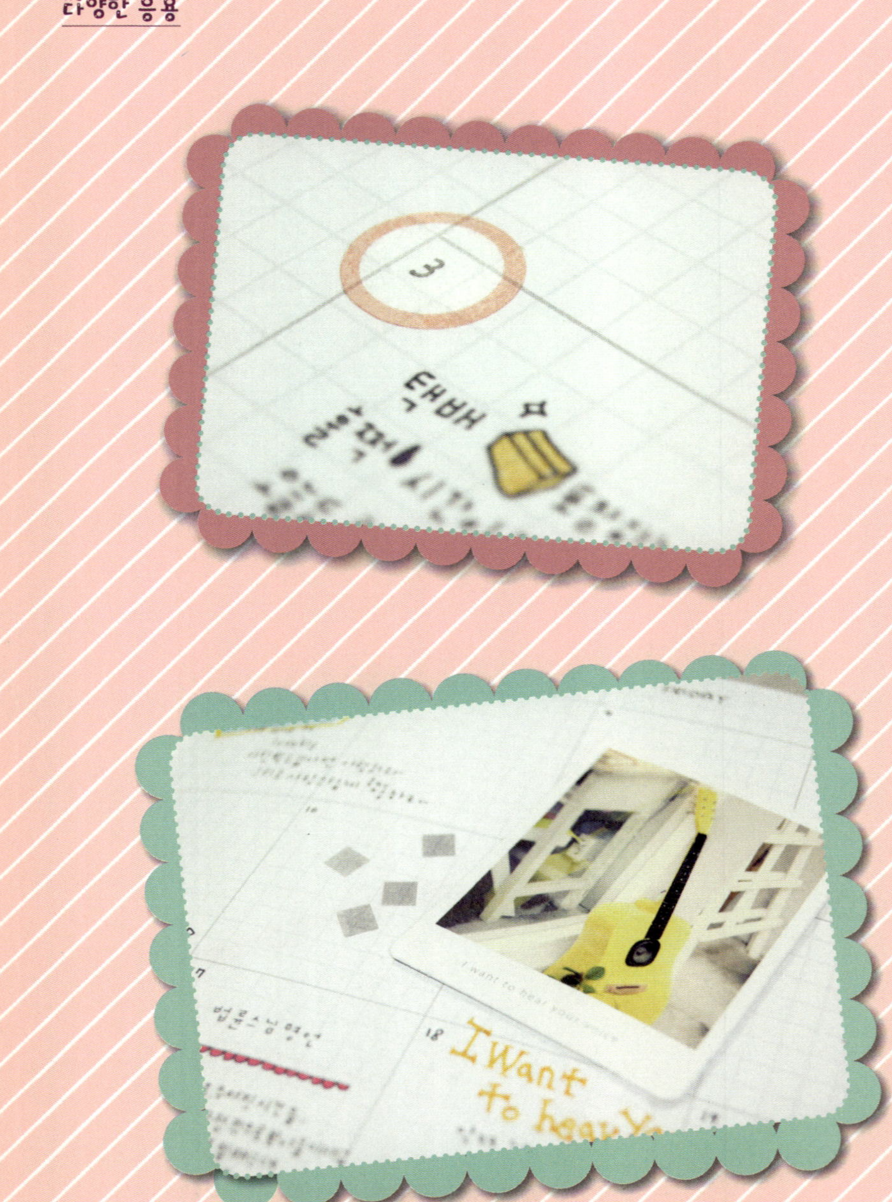

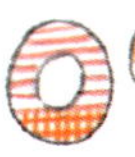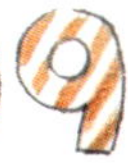 알록달록 스탬프와 어울리게 배치하기

꾸미기 재료 중에서 사용빈도가 살짝 낮은 스탬프를 손글씨 & 손그림과 함께 배치하는 방법이에요. 같은 스탬프도 어떻게 배치하느냐에 따라 깔끔한 분위기도~ 빈티지한 분위기도~ 아기자기한 분위기도 낼 수 있답니다.

기본 레이아웃 방법

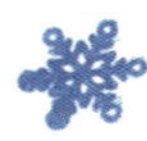

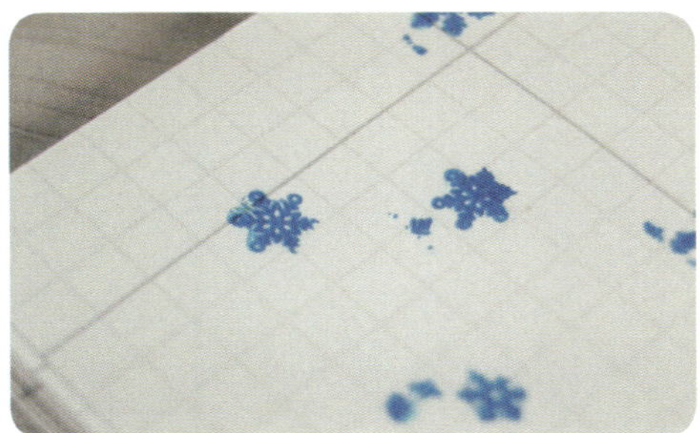

빈 공간에 원하는 모양의 스탬프를 자유롭게 찍습니다. 크기는 너무 크거나 작지 않은 1cm 정도가 적당합니다. 저는 다이어리의 전체적인 분위기와 잘 어울리도록 푸른색 잉크의 스탬프를 사용했어요.

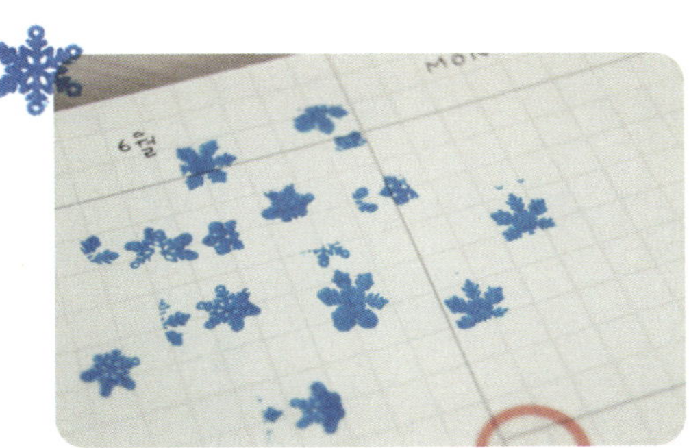

자신이 정한 범위 안에서 전체적으로 둥그렇게 자유롭게 찍습니다. 하나의 모양으로 된 스탬프는 일정한 모양으로 찍히는데 저는 자연스런 느낌을 연출하고자 롤로 된 스탬프를 사용했어요.

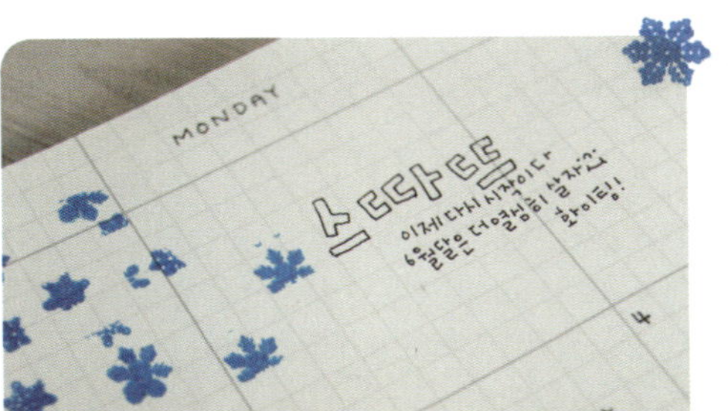

스탬프를 찍은 오른쪽 가운데에 글씨를 씁니다.

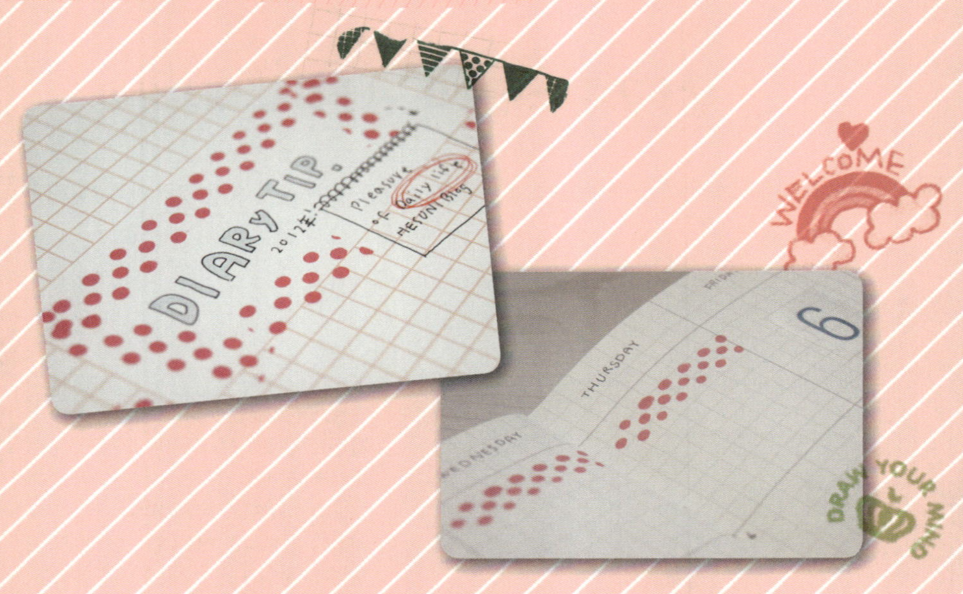

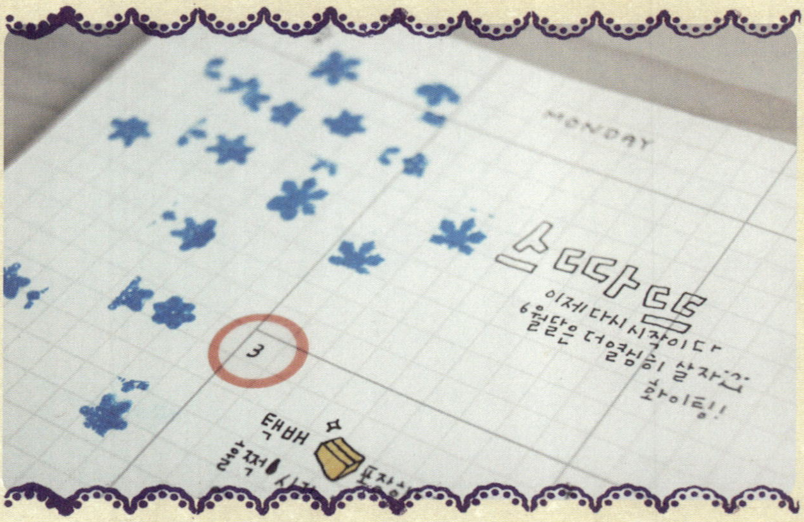

스탬프는 자유롭게 찍는 게 가장 자연스러운 분위기를 냅니다. 글씨를 쓰지 않는 쪽으로 스탬프가 치우치도록 배열한 후 스탬프와 글씨부분을 연결해줍니다. 글자 주위로 스탬프를 1~2개 정도 찍어 스탬프와 글씨가 동떨어지지 않게 자연스럽게 연결해주는 게 좋습니다.

 # 티켓과 배치하기

다이어리에 가장 많이 붙이는 것이 바로 티켓이죠! 달랑 티켓 한 장만 붙이기엔 뭔가 부족하고 스티커나 마스킹테이프는 너무 많이 해서 지겹고 뭔가 다른 방법 없을까? 생각하신 분들도 있을 거예요. 티켓을 붙이고 주위에 손그림을 그려주면 또 다른 데코방법이 된답니다.

기본 레이아웃 방법

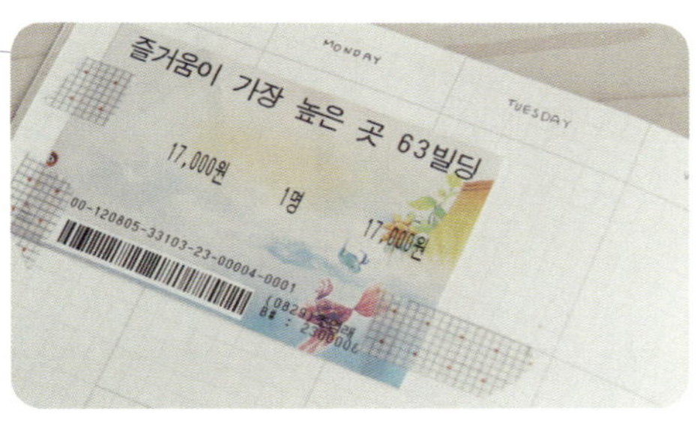

티켓을 원하는 위치에 붙여주세요. 티켓을 붙일 때는 뒷장이 울지 않도록 물풀보다는 딱풀이 좋아요. 많이 칠하면 종이가 울기 때문에 티켓 가운데만 딱풀로 붙여줍니다. 주위가 뜨는 것을 방지하고자 마스킹테이프를 조금씩 붙여주었어요.

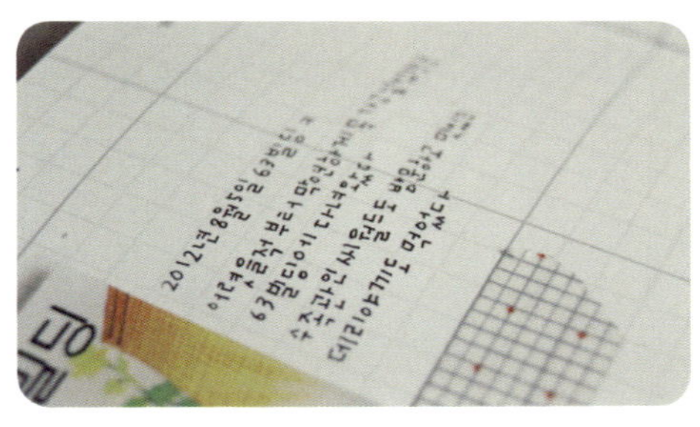

티켓 오른쪽에 일기를 써주세요.

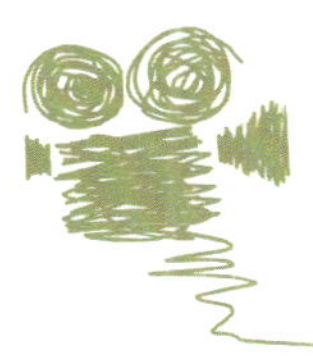

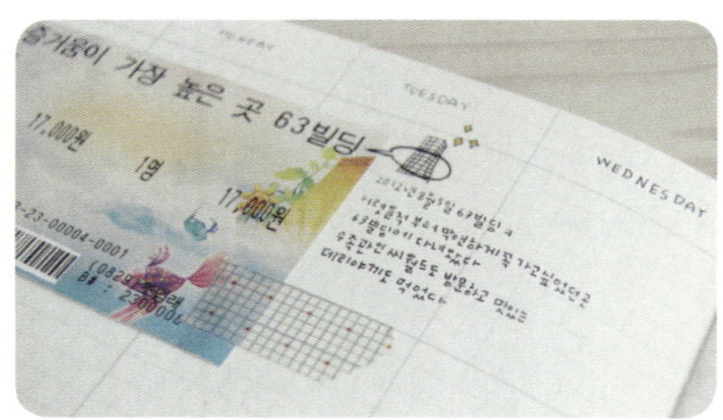

글자를 쓴 부분 위에 작은 손그림을 배치해줍니다. 손그림은 티켓 그리고 일기와 관련 있는 손그림이 좋겠죠? 저는 63빌딩에 다녀온 티켓을 붙였기 때문에 63빌딩을 아주 단순하게 손그림으로 그려주었어요.

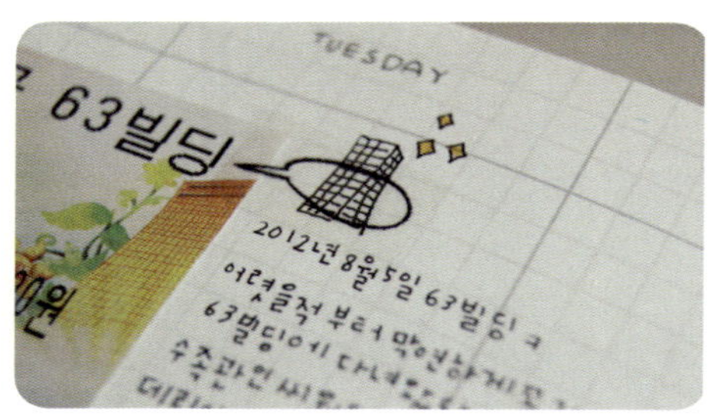

기본 배치방법에 조금 더 데코를 해줄게요. 투명스티커로 된 말풍선을 손그림에 붙이고 63빌딩으로 말꼬리표를 향하게 해줍니다.

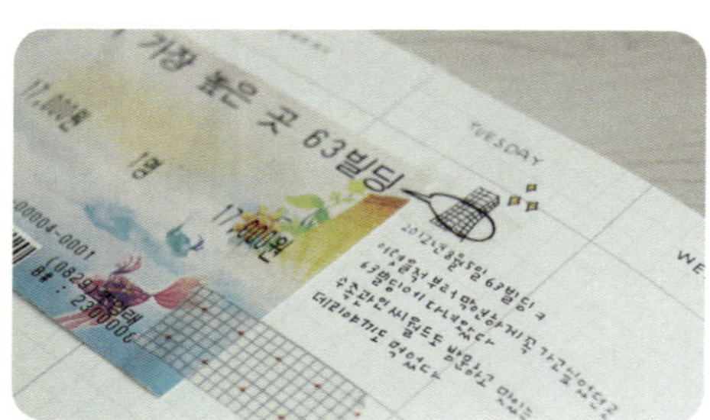

왼쪽에 티켓을 붙이고 오른쪽에 일기를 쓰고 그 위에 간단한 손그림을 그려 3개의 요소가 하나의 느낌이 나도록 꾸미면 다이어리가 혼잡해 보이지 않아요.

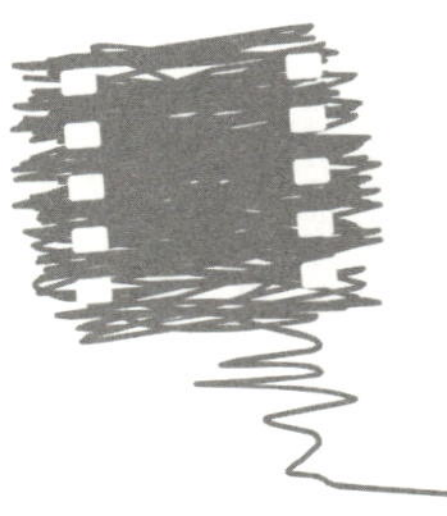

다양한 응용

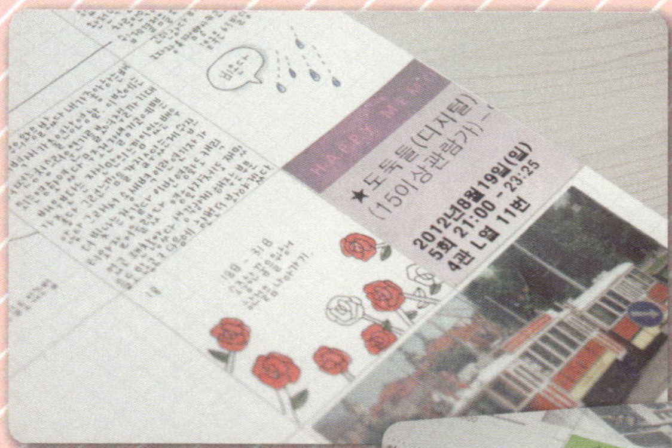

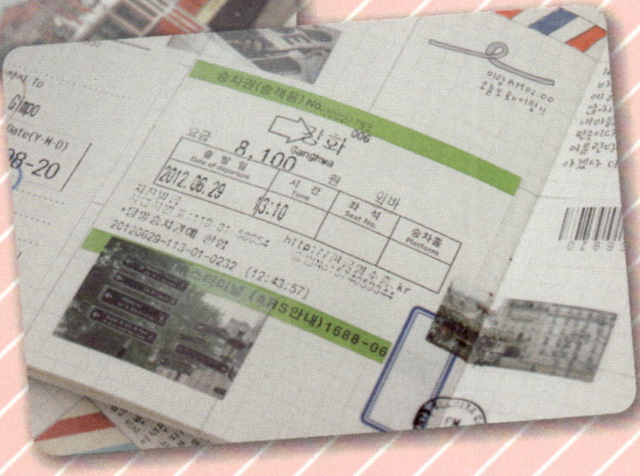

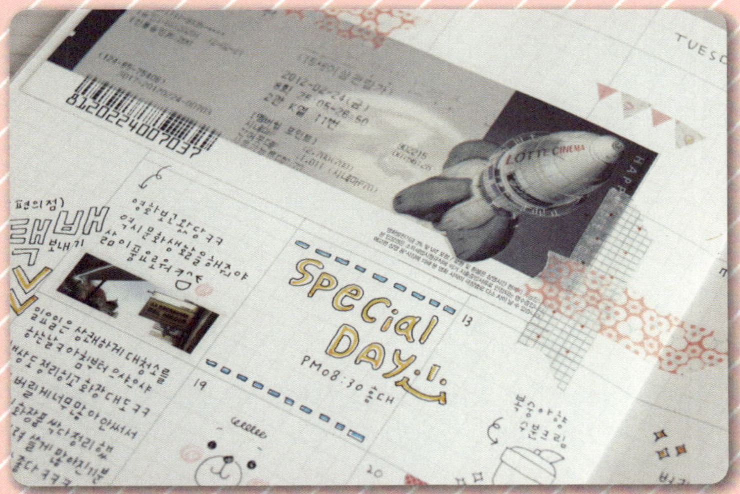

지금까지 본 손글씨 & 손그림을 다양한 콘셉트로 꾸며서 보여드릴게요. 같은 손글씨 & 손그림
도 콘셉트에 따라 다른 분위기를 연출할 수 있답니다.

PART6
콘셉트별로 꾸미기

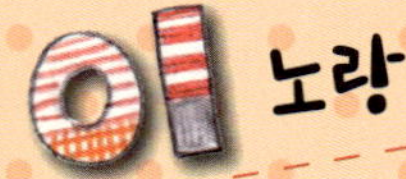 노랑

매월 똑같은 방법으로 꾸미는 다이어리가 지겨우셨나요? 그렇다면 하나의 콘셉트를 잡고 꾸며보세요. 나의 평소 다이어리꾸미기 방법을 이용하면서 콘셉트를 넣어주면 새롭고 다양한 느낌의 다이어리가 완성된답니다! 첫번째 콘셉트 다이어리는 노랑이에요. 귀엽고 상큼한 느낌의 다이어리를 꾸미고 싶다면 노랑으로 콘셉트를 잡아보세요.

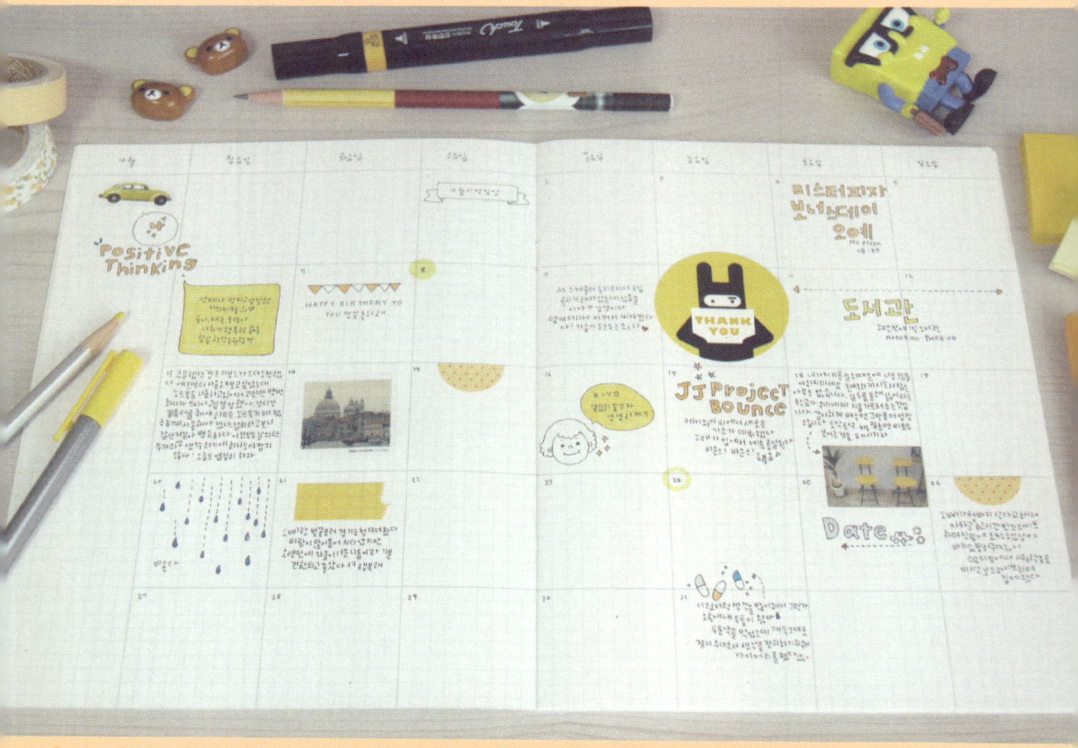

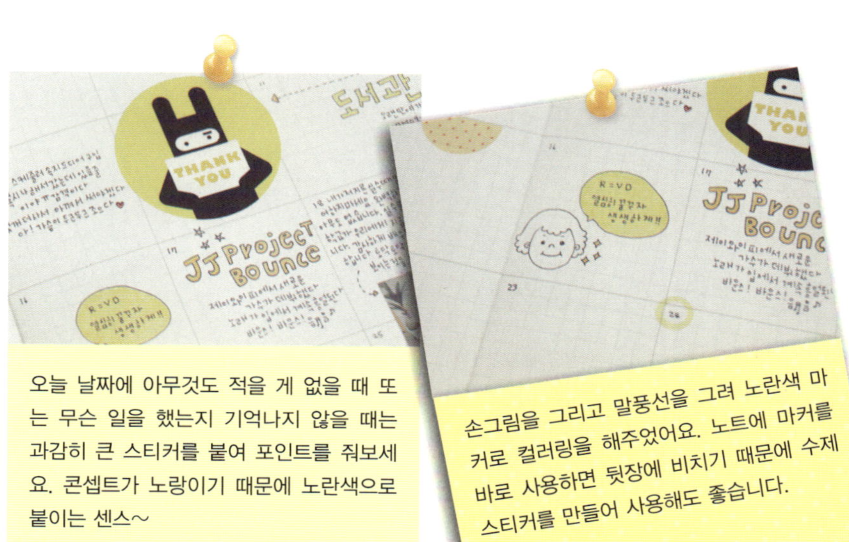

오늘 날짜에 아무것도 적을 게 없을 때 또는 무슨 일을 했는지 기억나지 않을 때는 과감히 큰 스티커를 붙여 포인트를 줘보세요. 콘셉트가 노랑이기 때문에 노란색으로 붙이는 센스~

손그림을 그리고 말풍선을 그려 노란색 마커로 컬러링을 해주었어요. 노트에 마커를 바로 사용하면 뒷장에 비치기 때문에 수제 스티커를 만들어 사용해도 좋습니다.

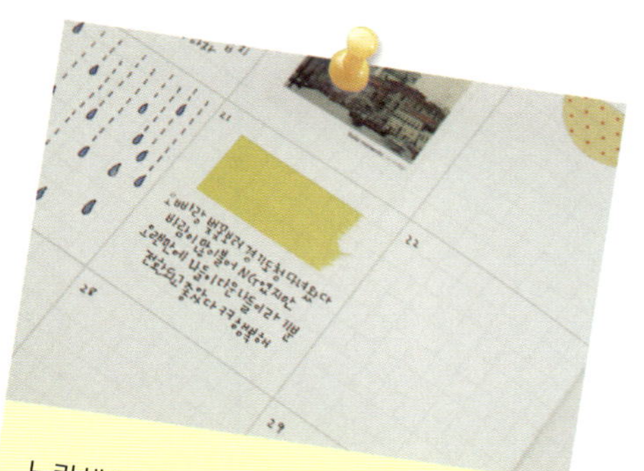

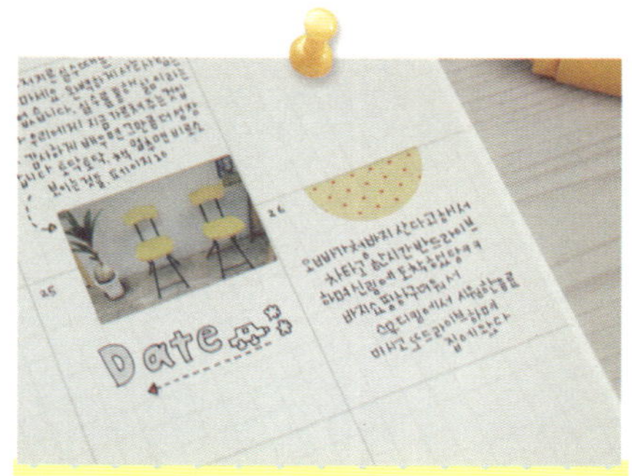

노란색 마스킹테이프를 한 마디 정도 손으로 잘라서 붙입니다. 마스킹테이프를 살짝 위에 배치하고 아래에 일기나 글귀를 써주면 쉽고 예쁜 레이아웃이 완성돼요.

사진을 잘 들여다보면 사진의 분위기가 가진 색상이 있어요. 그런 사진을 콘셉트에 맞게 배치해도 참 좋답니다.

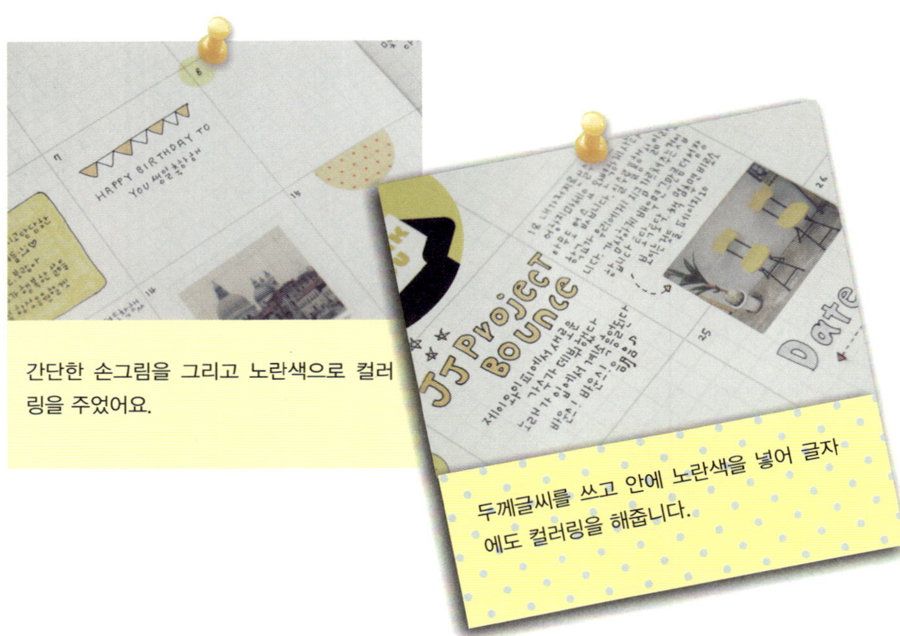

간단한 손그림을 그리고 노란색으로 컬러링을 주었어요.

두께글씨를 쓰고 안에 노란색을 넣어 글자에도 컬러링을 해줍니다.

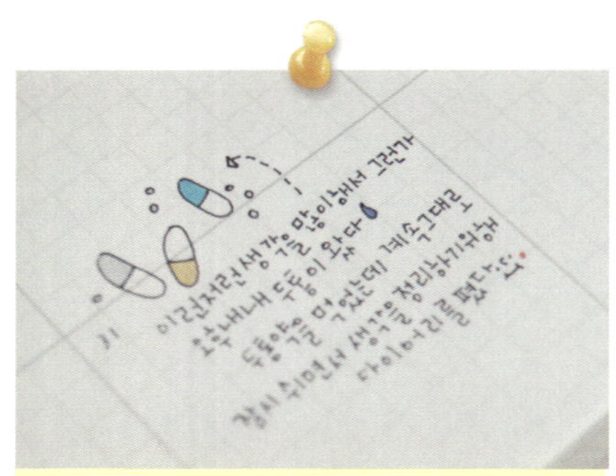

노란색과 잘 어울리는 회색과 푸른색을 배치해도 좋아요.

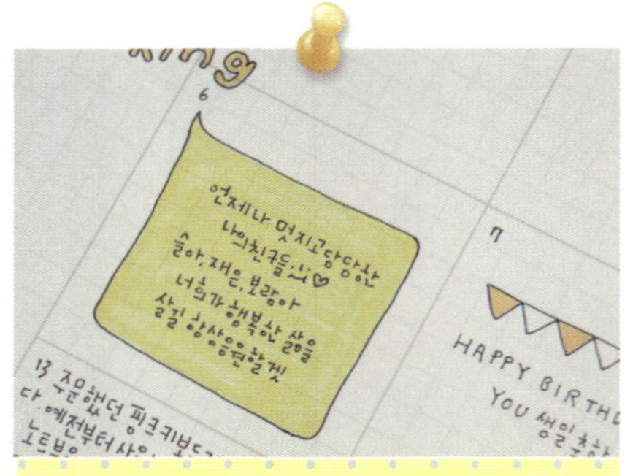

펜으로 먼슬리 안에 말풍선을 그리고 펜이 다 말랐으면 노란색으로 컬러링을 해주세요. 컬러링이 완전히 마를 때까지 기다렸다가 안에 글을 씁니다. 간단한 방법이지만 포인트가 확실히 되어 자주 이용하는 꾸미기 팁이에요.^^

02 사진

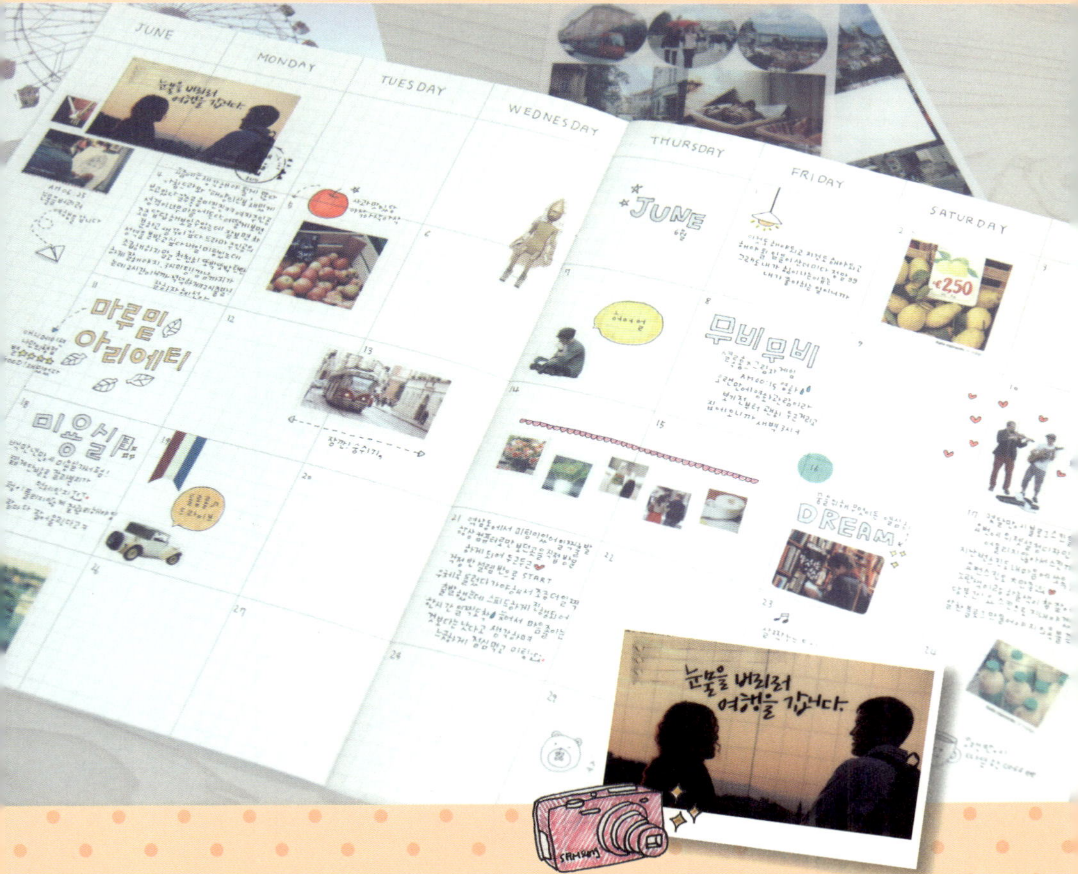

사진은 꾸밀 때 참 좋은 재료이고 많은 사람들에게 사랑받고 있죠?

그래서 사진으로 된 스티커도 많이 출시되고 있는 것 같아요. 이번에는 다양한 사진들을 모아 꾸며 보았어요. 사진이라고 해서 네모 반듯한 사진만 있는 게 아니기에 서로 잘 배치하면 다양하게 꾸밀 수 있답니다. 사진은 이미 그 자체로도 멋지기 때문에 큰 효과를 넣는 것보다는 살짝씩 포인트 위주로 꾸며주는 게 좋아요.

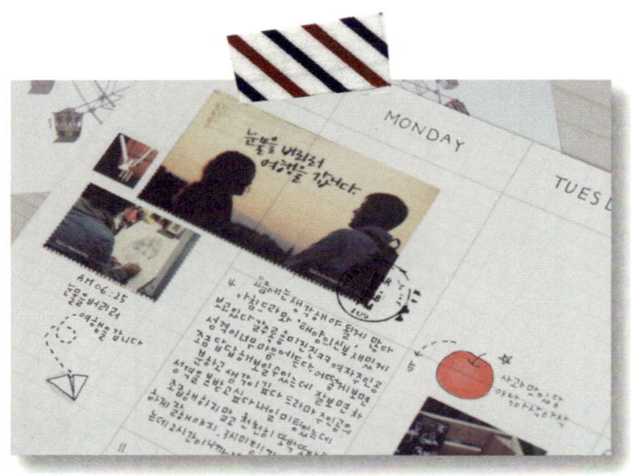

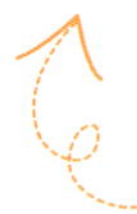

사진을 떠올리면 가장 먼저 생각나는 네모 사진이에요. 다른 사진에 비해 사이즈가 큰 사진은 처음 시작할 때 포인트로 딱! 붙여놓으면 처음에 '어떻게 꾸미기를 시작해야 하나'라는 고민을 없애줍니다. 워낙 사진 분위기가 좋고 그 자체로도 매력이 있기 때문에 별 다른 데코 없이도 좋은 분위기를 내줍니다.

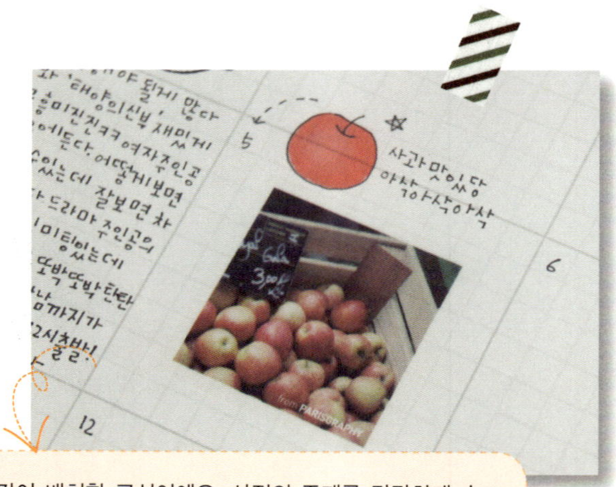

사진과 손그림을 같이 배치한 구성이에요. 사진의 주제를 간단하게 손그림으로 표현해줍니다. 손그림은 너무 멀리 그려놓으면 같은 내용이라는 느낌을 받기 어렵기 때문에 사진 주위에 가깝게 그려주는 것이 좋아요.

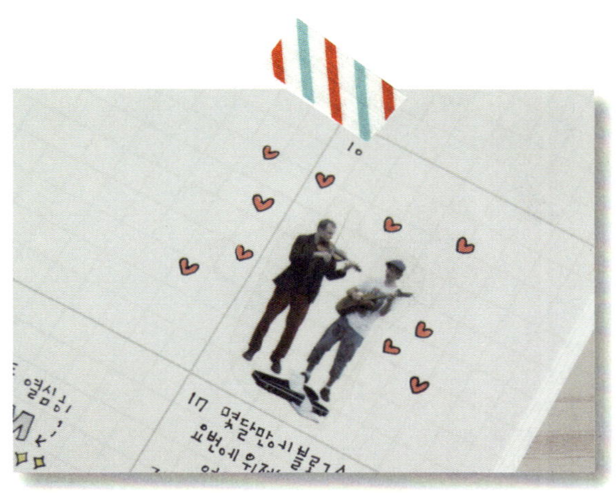

사진 스티커를 보면 주제만 있고 배경이 없는 재미있는 사진들이
있어요. 그런 사진들을 붙이고 직접 손그림으로 배경을 그리기도
합니다. 사진과 손그림이 제법 잘 어울리죠 ?

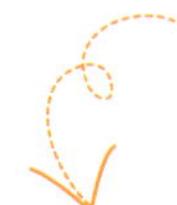

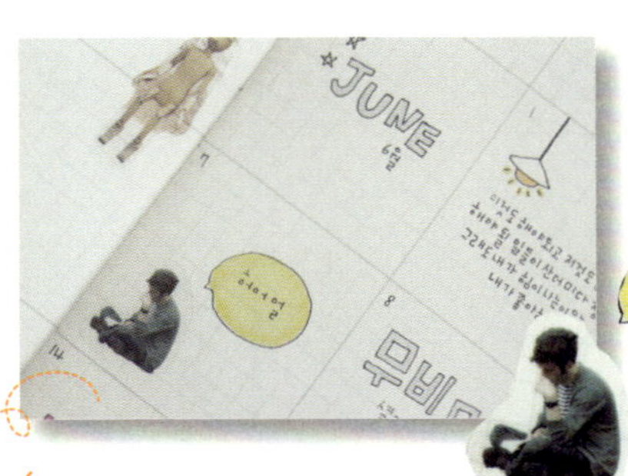

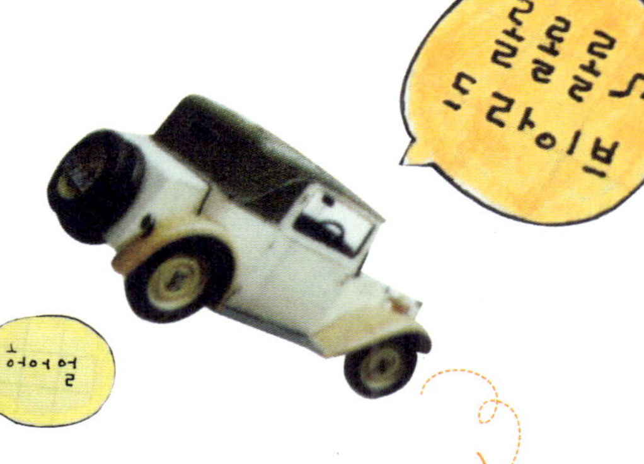

배경이 없는 스티커를 중간중간에 붙
이면 단순해 보이지 않고 다양한 느낌
을 줍니다. 다양한 포인트글씨와 응용
해보세요.^^

사진과 말풍선은 어디에 두어도 다양
한 콘셉트와 잘 어울려요.

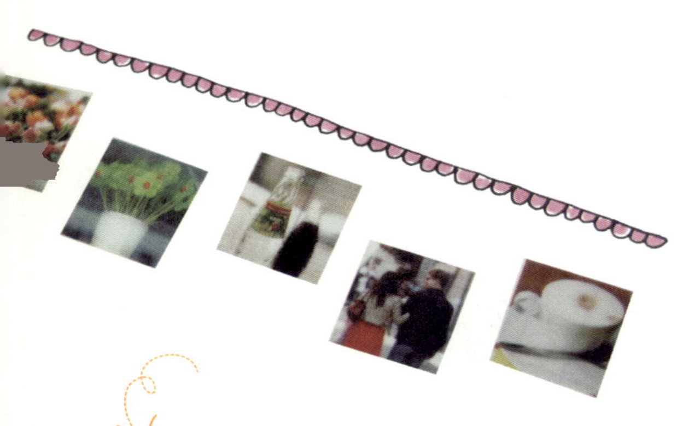

작은 사진을 가로로 쭉 붙이고 위에
레이스를 그렸어요.

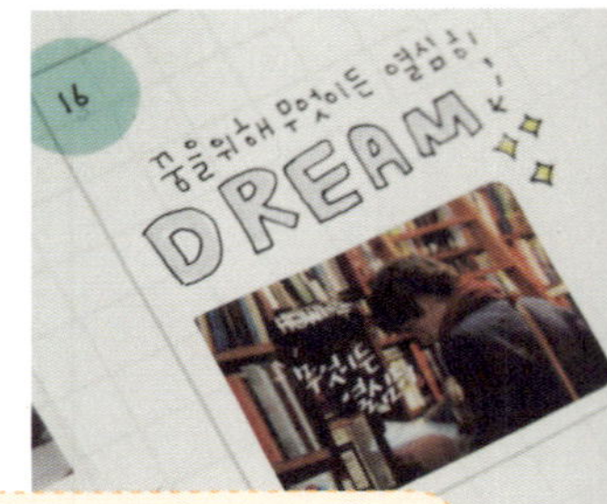

멋진 사진은 자신을 되돌아보게 하고
힘을 주기도 해요. 마음에 드는 사진
을 붙이고 좌우명이나 명언을 적어 다
시 한번 마음가짐을 바로하는 시간을
갖기도 합니다.

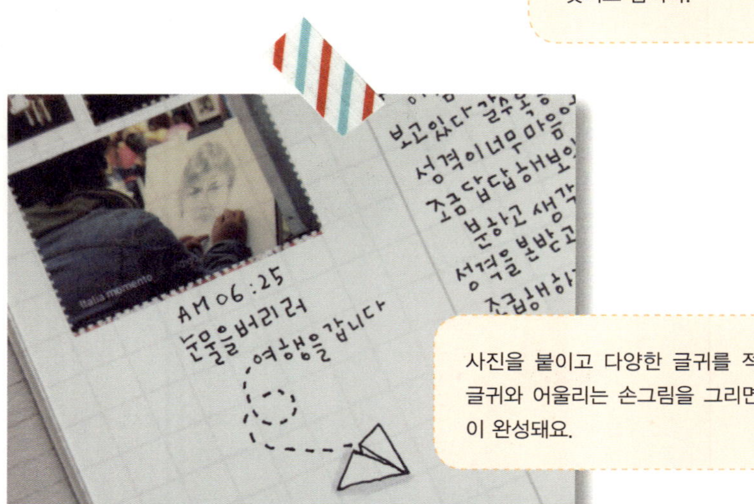

사진을 붙이고 다양한 글귀를 적습니다. 그리고
글귀와 어울리는 손그림을 그리면 멋진 레이아웃
이 완성돼요.

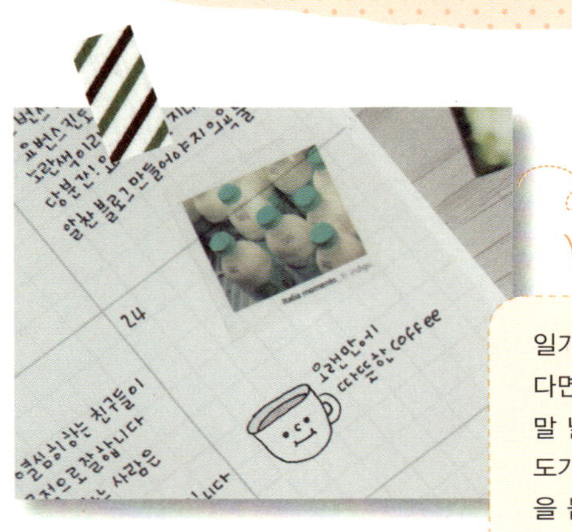

일기를 쓰다 중간에 빈 공간이 보인다면 작은 스티커를 붙여주세요. 정말 넓어 보이는 부분에만 채도와 명도가 낮아 눈에 잘 띄지 않는 사진을 붙이면 다이어리가 꽉 차 보이게 됩니다.

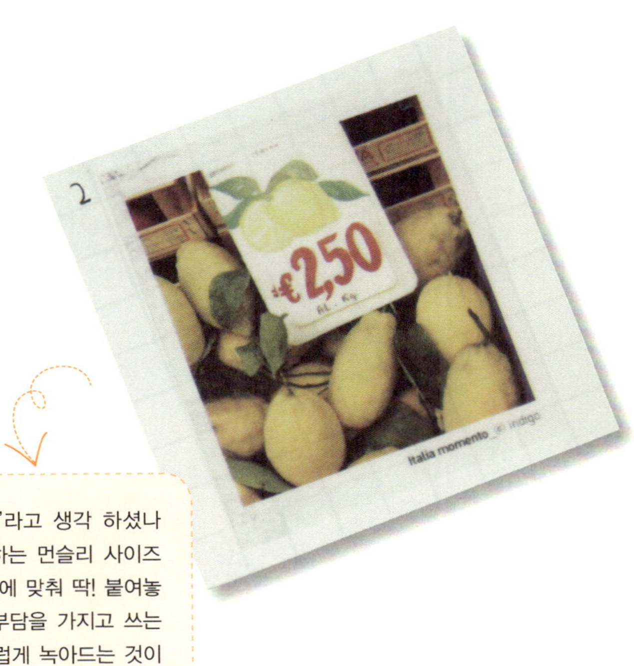

'오늘은 특히 적을 게 없네'라고 생각 하셨나요? 그렇다면 자신이 사용하는 먼슬리 사이즈에 맞는 스티커를 먼슬리 칸에 맞춰 딱! 붙여놓으면 오늘 다이어리는 끝! 부담을 가지고 쓰는 것보다 자신의 삶에 자연스럽게 녹아드는 것이 좋습니다.

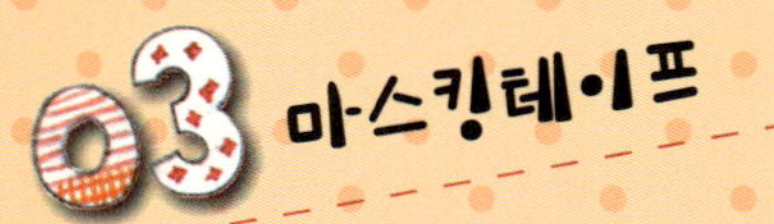 03 마스킹테이프

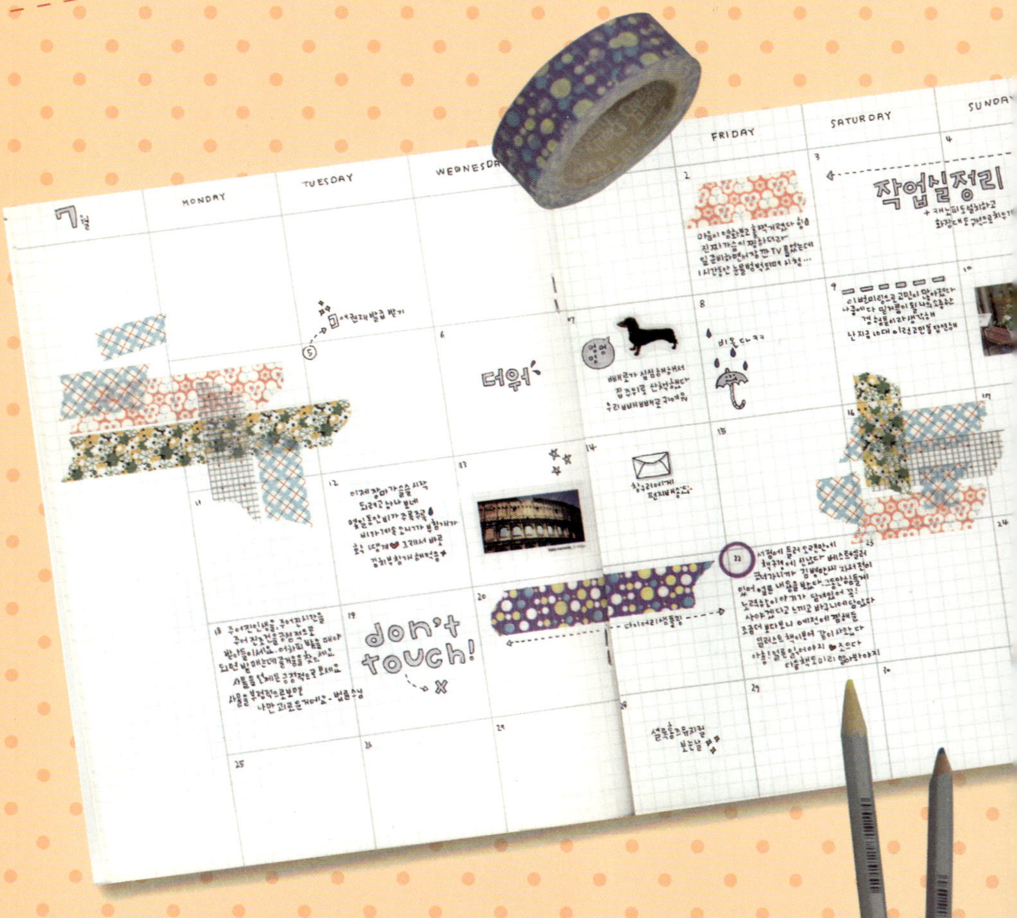

마스킹테이프를 사용해 꾸미는 사람들이 많기 때문에 마스킹테이프로 꾸민 다이어리들은 많이 보셨을 거예요. 제가 보여드리는 방법은 마스킹테이프와 손글씨 & 손그림을 잘 어울리게 꾸미는 방법이랍니다.

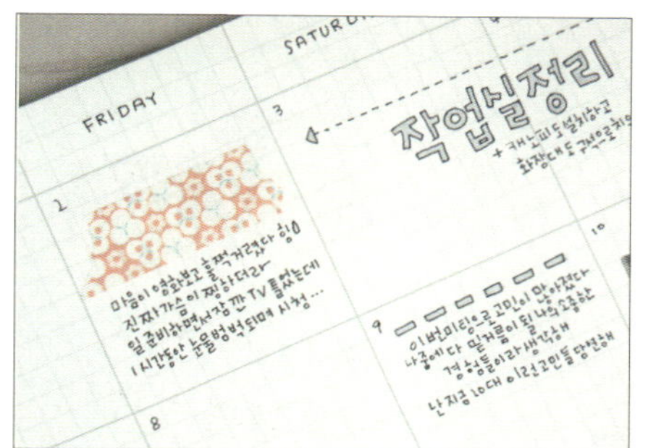

마스킹테이프를 가장 쉽게 사용
하는 방법은 역시 자신이 사용하
는 먼슬리 칸 사이즈에 맞게 손
으로 찢어서 위에 붙이고 아래
글씨를 쓰는 거예요.^^ 많이 보
셨죠 ?

이렇게 두 군데에 같은 배치로
마스킹테이프를 붙이면 전체적
인 분위기가 하나로 느껴져서 통
일감을 줄 수 있고 마스킹테이프
로 꾸민 부분이 튀지 않고 자연
스럽게 느껴져요

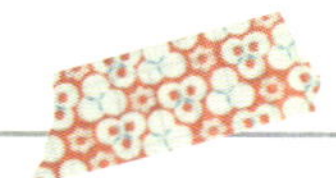

먼슬리 칸에 길게 화살표를 그려
야 되는데 화살표만 그리기엔 뭔
가 아쉽다고요? 그럴 때는 마스
킹테이프를 길게 잘라 칸에 상관
없이 쭈욱 붙여주세요. 그 아래
화살표를 그린다면 화살표 부분
이 허전하지 않아요.

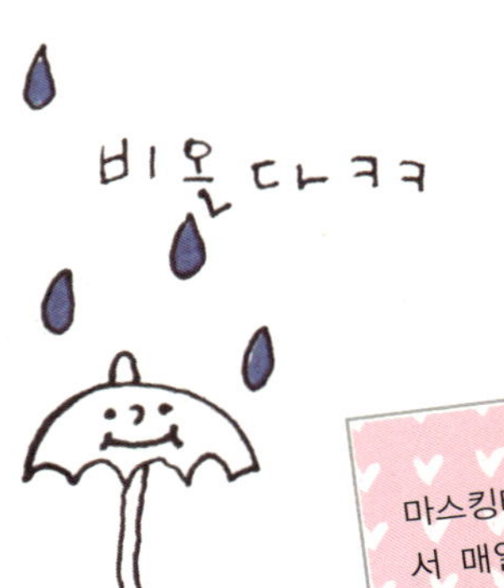

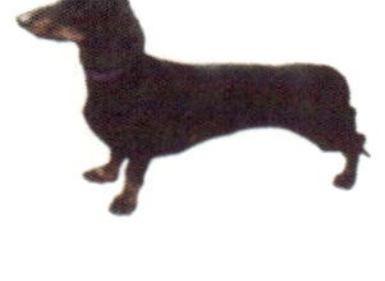

마스킹테이프로 꾸미기라고 해서 매일 마스킹테이프만 사용하는 것보다 중간중간 손글씨와 손그림도 써주세요. 훨씬 효율적이고 예쁘게 꾸밀 수 있을 거예요.

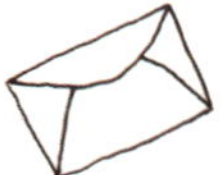

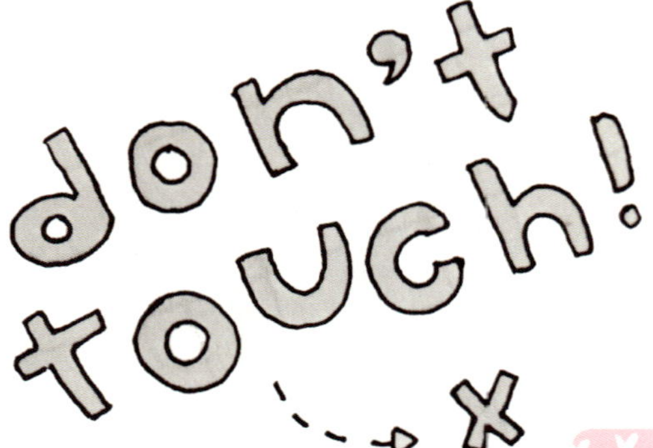

포인트글씨도 적절하게 사용하면 좋아요.

다양한 패턴의 마스킹테이프를 가로 세로 등 서로 어울리게 배치해보았어요. 최대 5개 이하로 사용해야 예쁜 데코를 할 수 있답니다. 다른 디자인의 마스킹테이프를 5개 이상 한 번에 붙이면 예쁘지도 않을 뿐더러 너무 많은 데코가 들어가기 때문에 혼란을 줄 수 있어요.

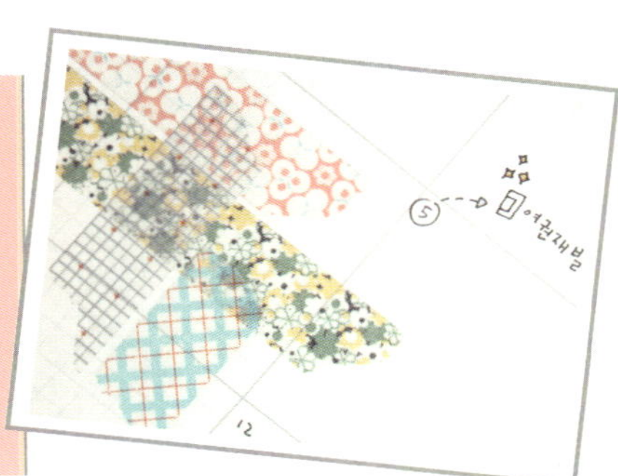

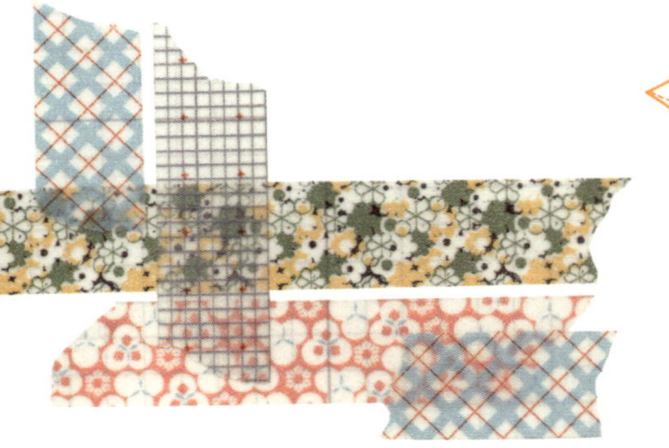

마스킹테이프를 3번 정도 겹쳐서 붙였는데 겹친 부분이 많이 튀어나오지 않죠? 하지만 너무 많이 붙이면 다음장에 글씨를 쓰기 힘들기 때문에 뒷장을 생각해 적당히 겹치는 것이 좋아요

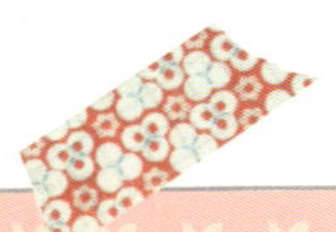

마스킹테이프의 패턴과 색상이 화려하기 때문에 전체적으로 펜의 색상을 다양하게 사용하지 않았어요. 마스킹테이프를 포인트로 꾸밀 때는 전체적인 조화를 위해서 펜의 색상을 1~2개로 사용하세요

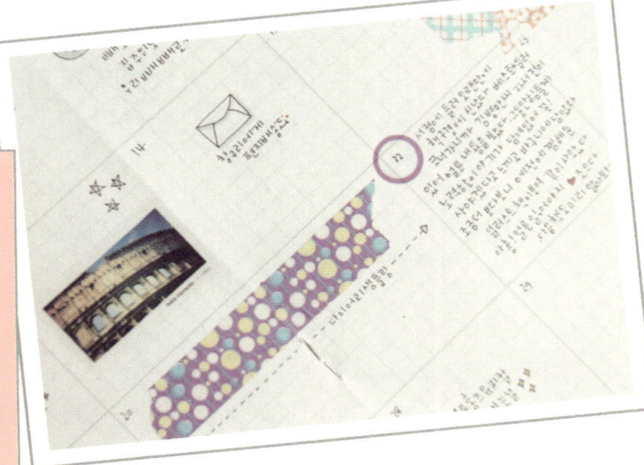

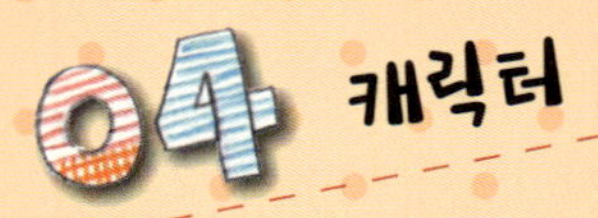 04 캐릭터

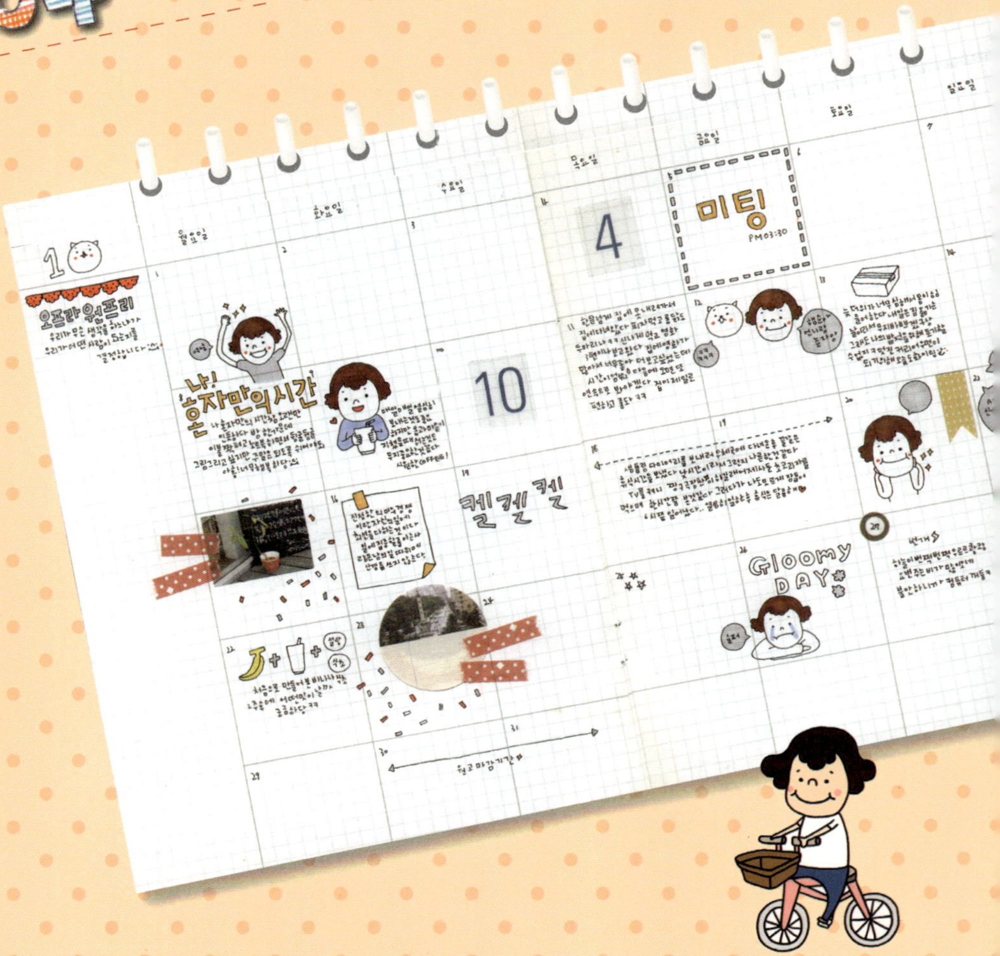

손그림으로 꾸미기를 생각할 때 가장 먼저 떠오르는 방법이 캐릭터로 꾸미기일 듯해요. 자신만의 캐릭터를 개발해 만들고 그 캐릭터를 다양하게 응용해서 꾸미는 거죠. 이번에는 혜수니 캐릭터를 이용해서 꾸민 다이어리를 보여드릴게요.

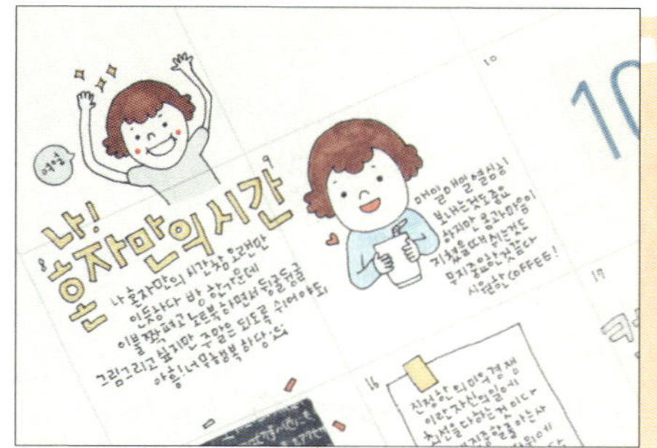

캐릭터는 손글씨와 참 잘 어울려
요. 기본손글씨뿐만 아니라 포인트
손글씨와도 적절히 배치해 사용해
보세요.

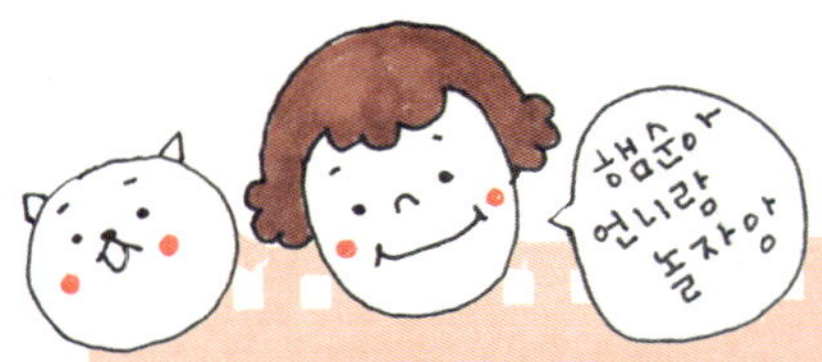

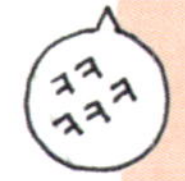

캐릭터의 얼굴을 그리고 말풍선을 만들어 오늘
의 일기나 좋은 글귀를 적어줍니다.

패턴으로 제작된 스티커와 함께
배치해봤어요. 손그림과 스티커
를 함께 배치할 때는 손그림에
비해 스티커가 튀면 안 돼요. 손
그림을 위해 옅은 컬러로 된 스
티커를 사용하면 좋아요.

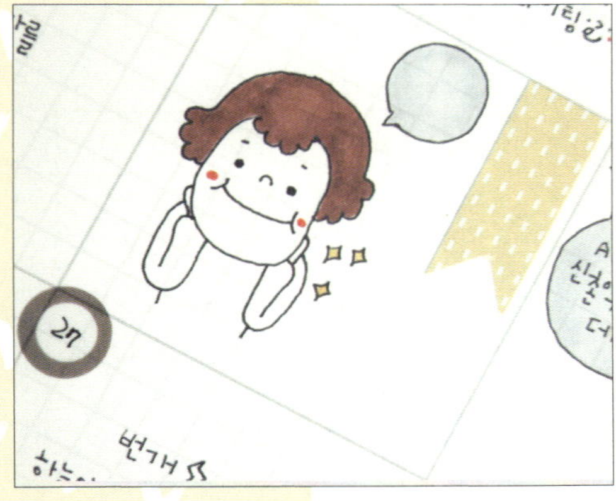

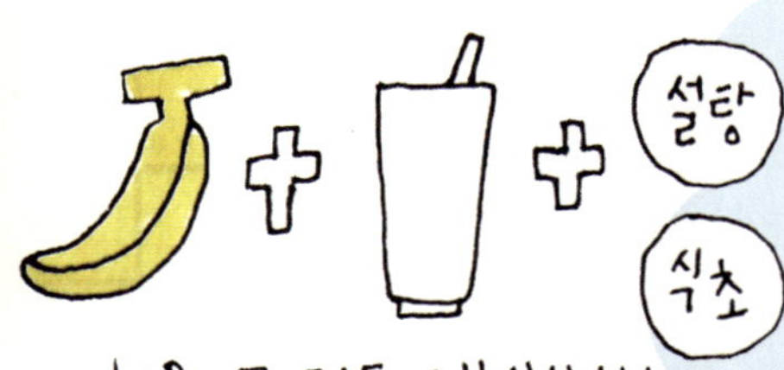

손그림은 자신이 쓴 일기의 내용과 일치해야 돼요. 전혀 상관없는 손그림을 그리면 나중에 봤을 때 왜 이런 손그림을 그렸는지조차 잊어버리게 된답니다.

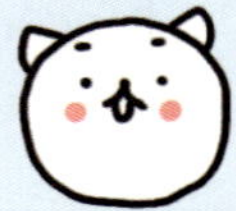

캐릭터는 나를 나타내기 때문에 모습이나 표정을 잘 관찰하고 생각해서 그려야 합니다. 내 모습이 그대로 깃든 캐릭터는 다이어리에 더 애착을 갖게 만들어요.

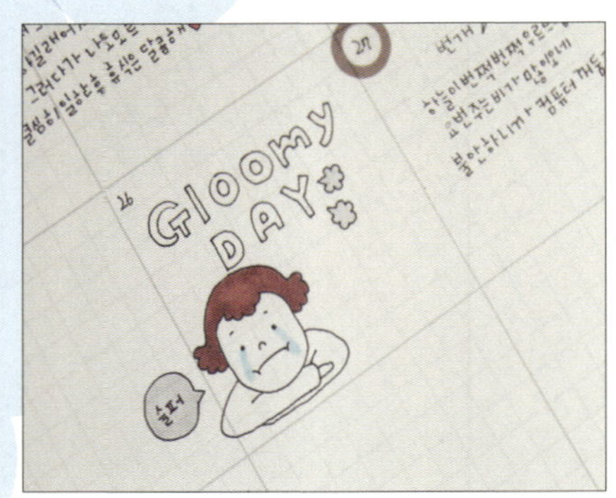

하지만 매일 캐릭터를 그려 쓸 필요는 없어요. 중간중간에 글씨만 쓰기도 하고 캐릭터와 전혀 상관없는 손그림을 그려주어도 좋습니다.

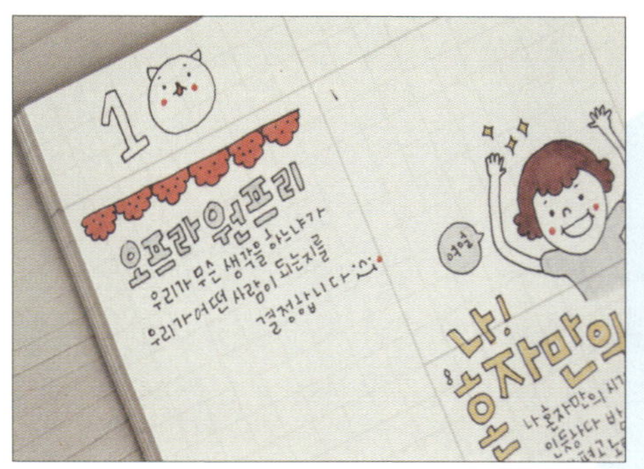

월이나 요일을 표시할 때도 살짝만 다르게 생각해보세요. 저는 '10'월의 '0'을 햄스터로 바꿔서 표현했어요.

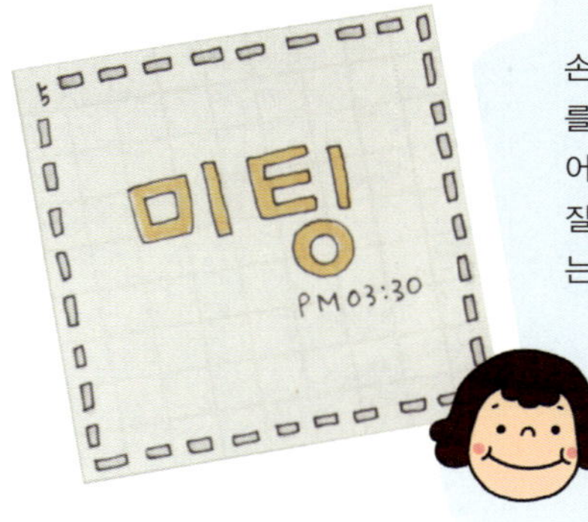

손글씨 & 손그림과 어울리는 테두리를 그려서 꾸며주기도 해요. 점선은 어떤 손글씨 & 손그림에도 대부분 잘 어울리기 때문에 쉽게 꾸밀 수 있는 방법이에요.

캐릭터로 꾸밀 때 오늘 써야 할 일기 내용을 캐릭터로 표현하기 힘들어하는 분들이 있어요. 그럴 때는 가장 기억에 남는 장면을 하나 설정하고 그 장면에서 나타내고자 하는 모습을 딱 하나만 생각하세요. 캐릭터로 꾸미는 또 다른 방법 하나는 나의 모습을 카메라로 찍어 두었다가 그 사진을 보고 캐릭터의 모습을 표현하는 거예요. 생각해서 그리는 것보다 보고 그리는 것이 훨씬 쉬우니 캐릭터로 꾸미기가 너무 힘든 분들은 한번 시도해보세요.^^

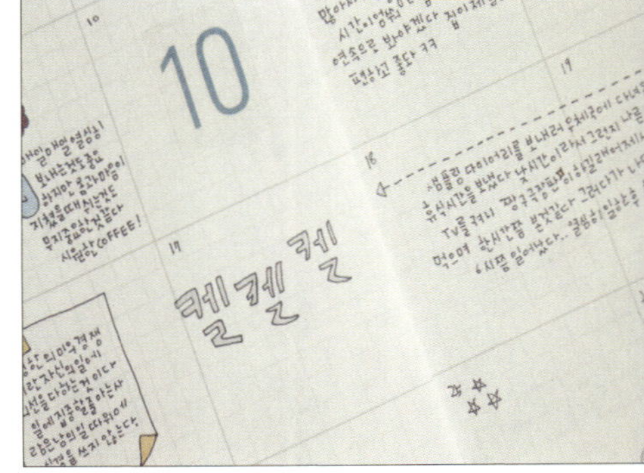

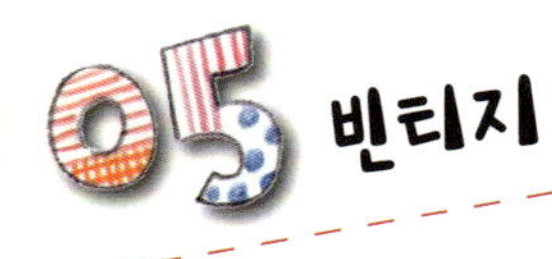 빈티지

손글씨 & 손그림과 빈티지 효과를 낼 수 있는 꾸미기 재료를 사용해 빈티지 콘셉트로 꾸며보았어요. 빈티지 효과를 가장 쉽고 강하게 낼 수 있는 방법은 붓펜을 사용하거나 빈티지풍의 그림이나 사진을 붙이는 거예요. 빈티지 콘셉트에 손글씨 & 손그림을 자연스럽게 사용하는 모습을 보여드릴게요.

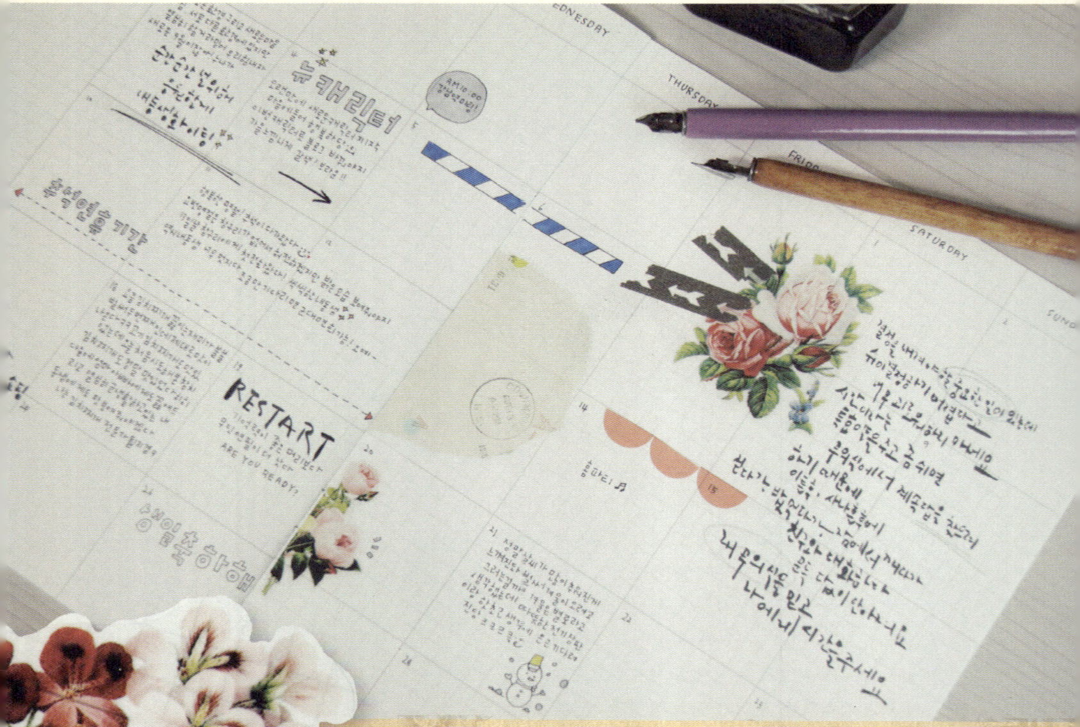

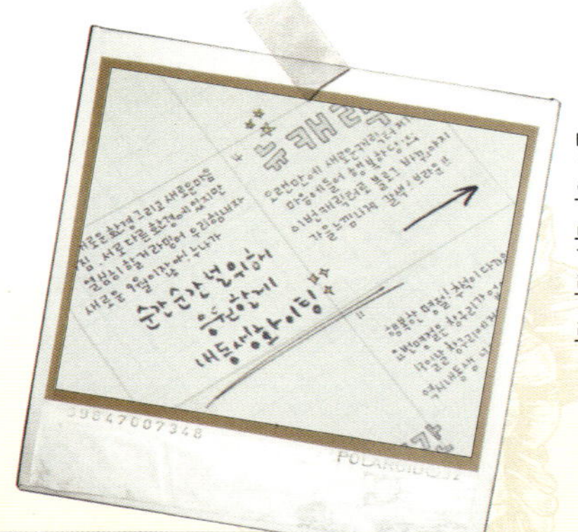

빈티지 느낌을 내기 위해 중간중간에 붓펜으로 글씨를 써주었어요. 처음부터 끝까지 붓펜으로 쓰는 것보다는 일기는 일반 펜으로 쓰고 주제가 되는 단어나 글귀를 붓펜으로 쓰는 게 효과가 좋습니다.

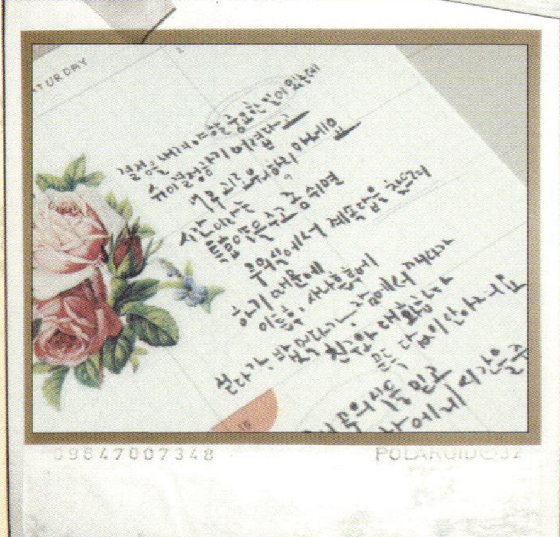

그래도 붓펜으로 큰 포인트를 주고 싶다면 빈 공간이나 밀려서 도무지 일기를 쓸 수 없는 부분을 이용해보세요. 저는 책에서 읽은 좋은 글귀를 붓펜으로 쭉— 써내려갔어요. 그리고 옆에 빈티지풍의 꽃 그림을 붙여주었습니다.

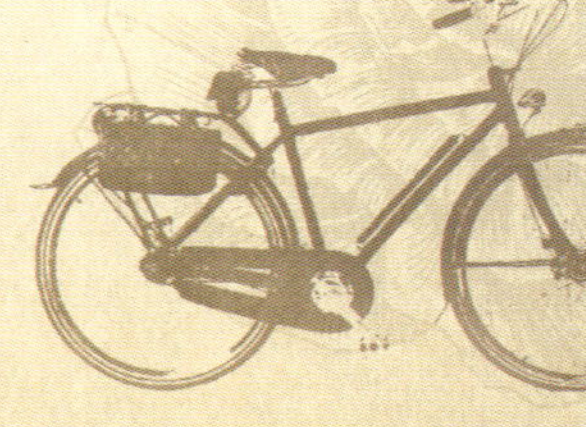

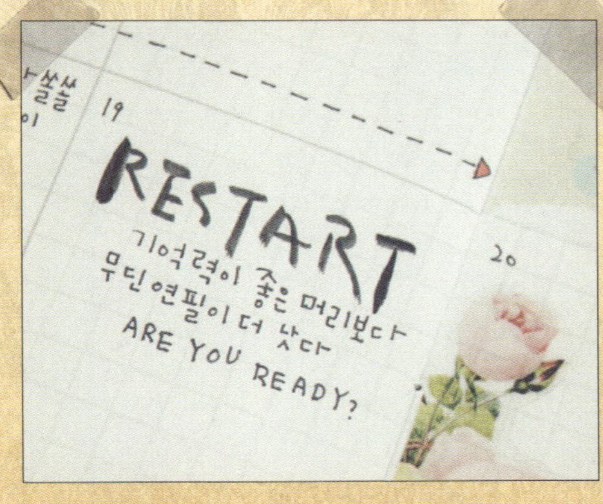

붓글씨와 일반글씨를 배치하는 가장 기본적인 방법이에요. 위에 주제가 되는 글귀나 단어를 붓글씨로 좀 더 크게 쓰고 그 아래 펜으로 일반글씨를 씁니다.

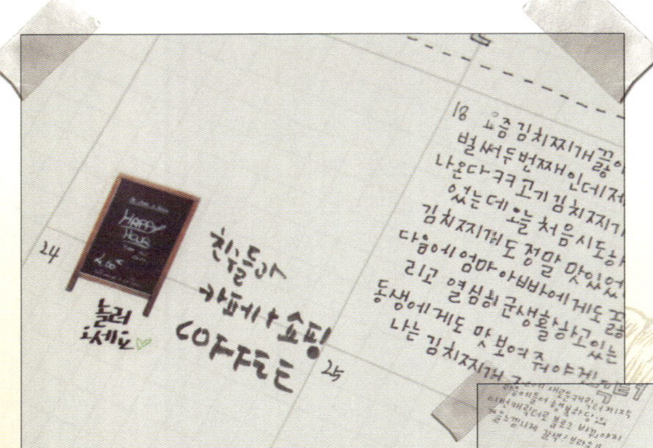

붓글씨를 꼭 글씨와 배치하지 않
아도 됩니다. 작은 사진이나 손그
림과도 배치가 가능해요. 카페와
관련된 스티커를 붙이고 그 옆에
붓펜으로 '친구들과 카페+쇼핑
COFFEE'라고 적었습니다.

빈티지 느낌을 더해줄 종이를 손
으로 찢어 붙였어요. 그리고 그
위에 라인을 그려 파란색으로 컬
러링을 했는데 빈티지한 분위기
와 잘 어울리죠?

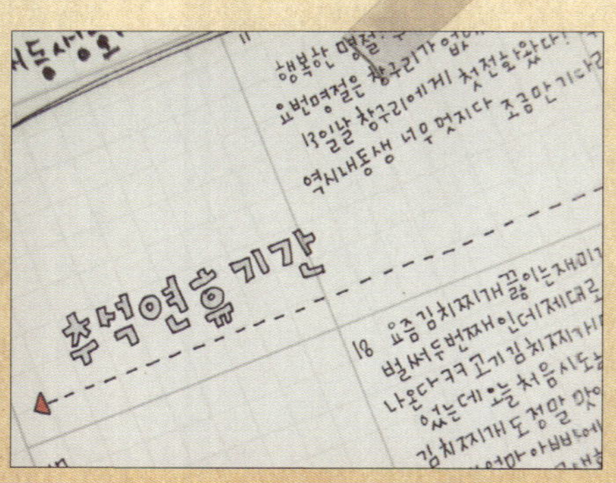

포인트글씨도 작게 넣어주었어
요. 빈티지 콘셉트와 전혀 어울
리지 않는데도 사이즈를 작게 해
서 넣으면 배경 효과를 주어 눈
에 띄지 않게 잘 어울려 조화롭
게 보입니다.

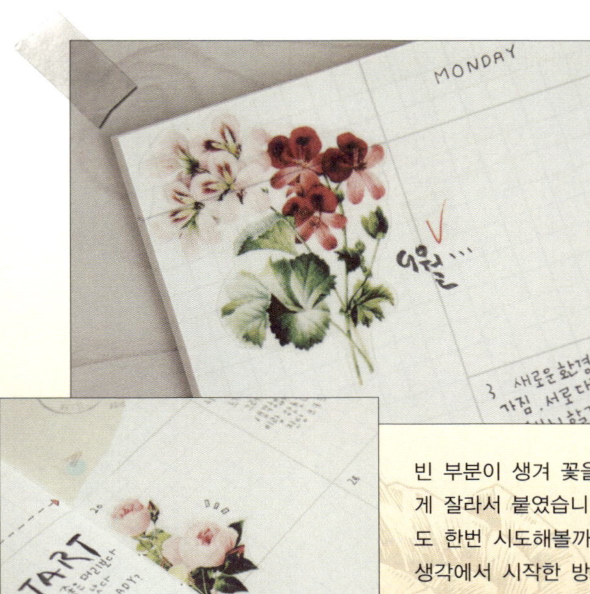

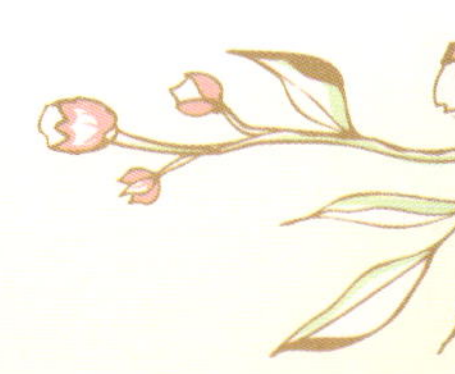

월을 표시하는 곳에 꽃을 붙여서 처음부터 빈티지 느낌을 주었어요.

빈 부분이 생겨 꽃을 라인에 맞게 잘라서 붙였습니다. '이 방법도 한번 시도해볼까?'라는 작은 생각에서 시작한 방법인데 지금은 다양한 효과를 주는 팁으로, 생각했던 것보다 자주 사용하고 있습니다. 스티커를 배치할 때 다양하게 시도해보세요.

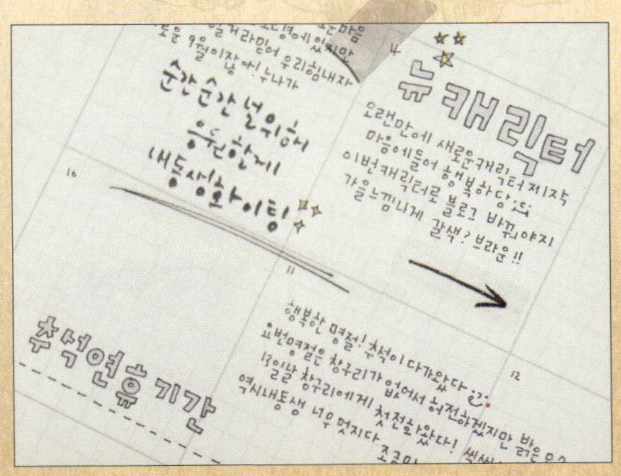

기호나 이모티콘을 사용해 분위기를 좀 더 표현해주었어요. 밑줄이나 화살표는 어느 분위기와도 잘 어울리니 색이나 펜으로 다양하게 응용해보세요. 나의 기록을 좀 더 풍성하게 도와주는 요소입니다.

06 블루

시원한 느낌을 주는 블루 콘셉트로 꾸며봤어요. 다양한 파란색의 펜들과 파란색 스티커나 사진을 이용해 꾸며주는 방법이에요. 파란색도 진한 파랑부터 옅은 파랑까지 색상이 다양하기 때문에 단조롭게 느껴지지 않아요.

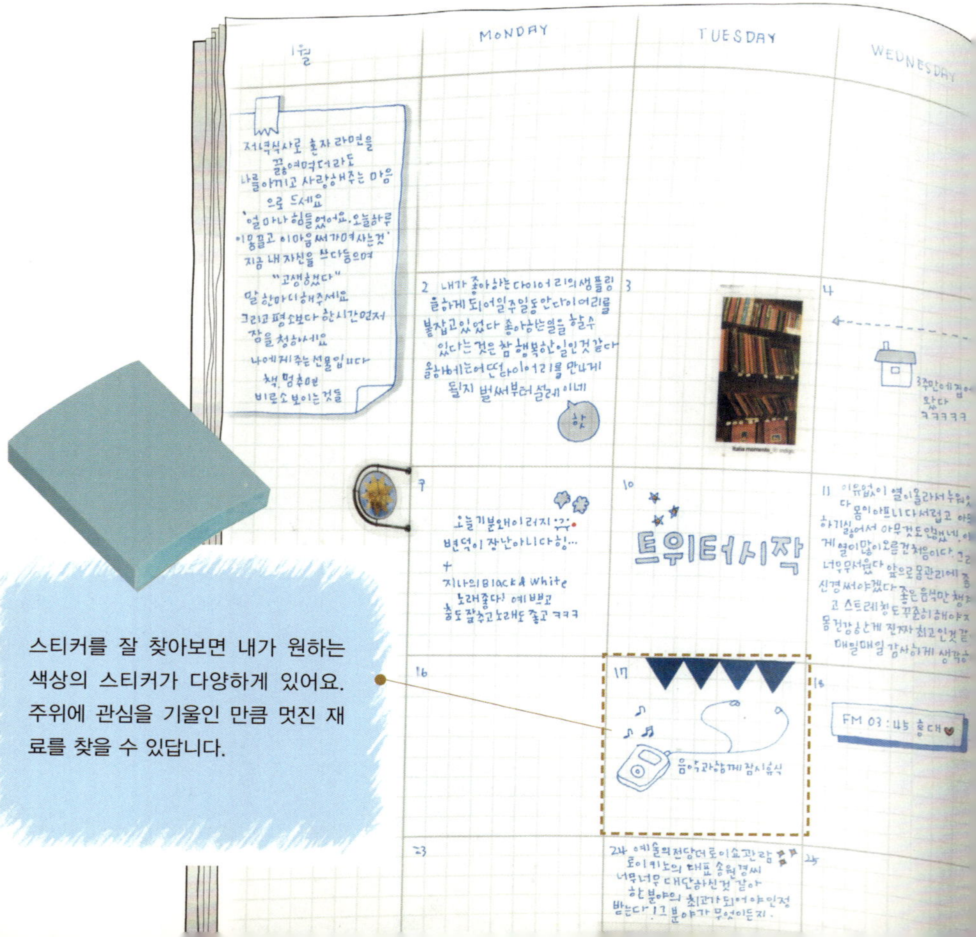

스티커를 잘 찾아보면 내가 원하는 색상의 스티커가 다양하게 있어요. 주위에 관심을 기울인 만큼 멋진 재료를 찾을 수 있답니다.

파란색과 비슷한 보라색을 함께 사용해도 좋아요. 같은 파란색만 계속 사용하는 것보다는 하늘색부터 군청색까지 다양하게 색상을 쓰는 게 다이어리가 풍성해 보이는 비결이에요.

파란색과 어울리는 색상은 회색이나 진한 노란색이니 손그림에 살짝 포인트를 주면서 컬러링을 해주어도 좋습니다.

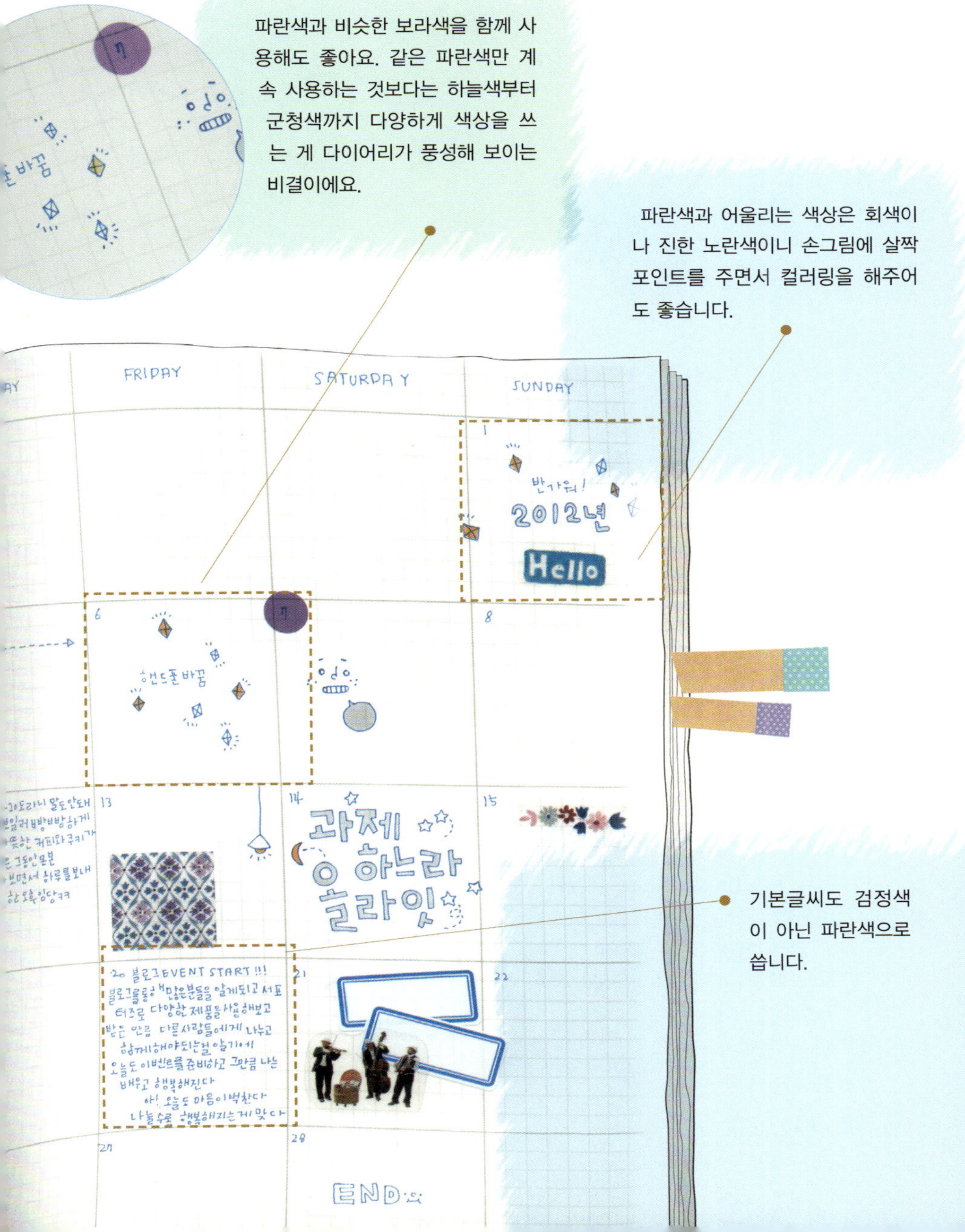

기본글씨도 검정색이 아닌 파란색으로 씁니다.

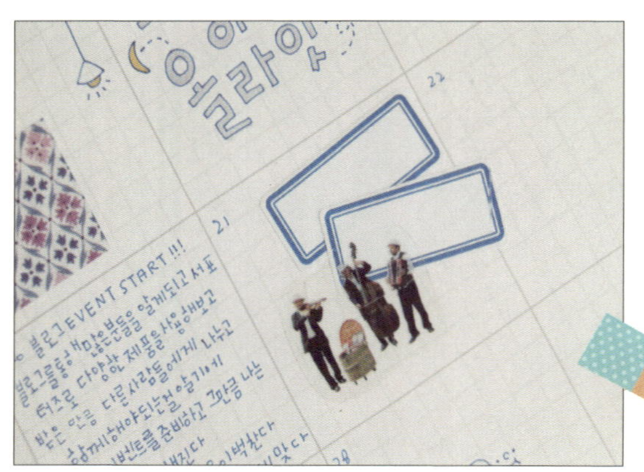

주위를 찾아보니 파란색으로 된 견출지가 있어서 스티커와 함께 배치했어요. 꾸미기 재료는 무궁무진하답니다. 주위를 한번 둘러보세요. 생각지도 못한 멋진 재료를 만날 수 있습니다.

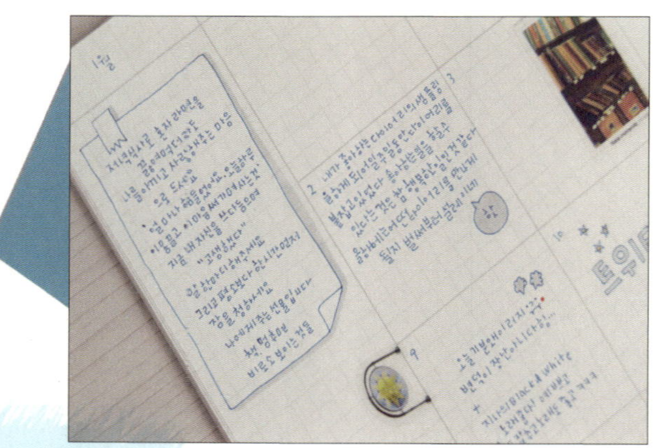

파란색 볼펜으로 빈 공간에 메모지 손그림을 그려줍니다. 손그림 안에 감명 깊은 책 글귀를 적고 한 달 동안 일기를 쓸 때마다 보았어요. 역시 나에게 힘을 주는 명언을 보는 것과 안 보는 것의 차이는 크네요.

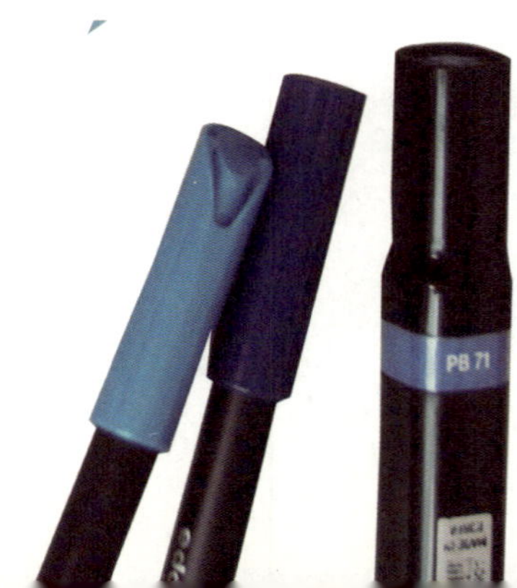

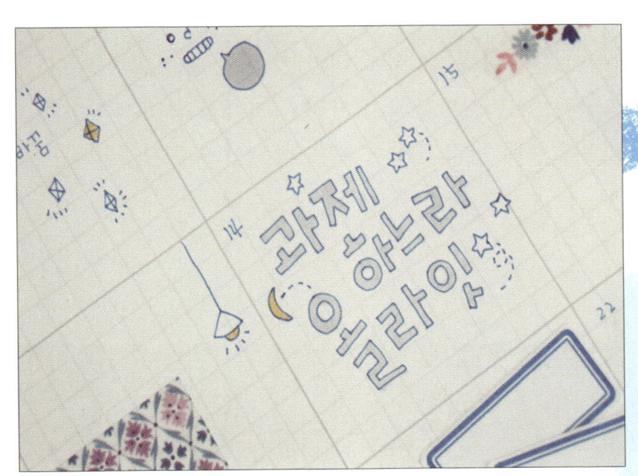

파란색 선으로 두께글씨를 써주
고 안에 회색 마커로 컬러링을
했어요. 글씨 주위에 작은 달과
별을 그려 손글씨와 손그림이 하
나로 보이도록 하였습니다.

파란색으로 꾸며도 자신의 본래 꾸미기 방법에서 조금만 응용을 한다
면 다이어리를 찢어버리는 일은 없습니다. 새로운 시도를 하는 것도
중요하지만 처음부터 '확! 100% 다른 방향으로 꾸밀 거야. 100% 새로
운 다꾸 콘셉트로 꾸밀 거야'라는 생각보다는 '조금씩 조금씩 바꿔봐
야지' 하는 가벼운 마음가짐으로 꾸며야 더 만족스러운 꾸미기를 할
수 있어요.

07 펜촉

블로그에 펜촉으로 꾸민 다이어리를 올렸을 때 펜에 대한 문의가 정말 많이
왔어요. 새로운 느낌이라서 그런지 닳은 사람들의 호기심을 자극했던 것 같
아요. 그 게시물이 1년도 훨씬 넘었는데 아직도 종종 펜촉에 대한 문의가 오
더라고요.

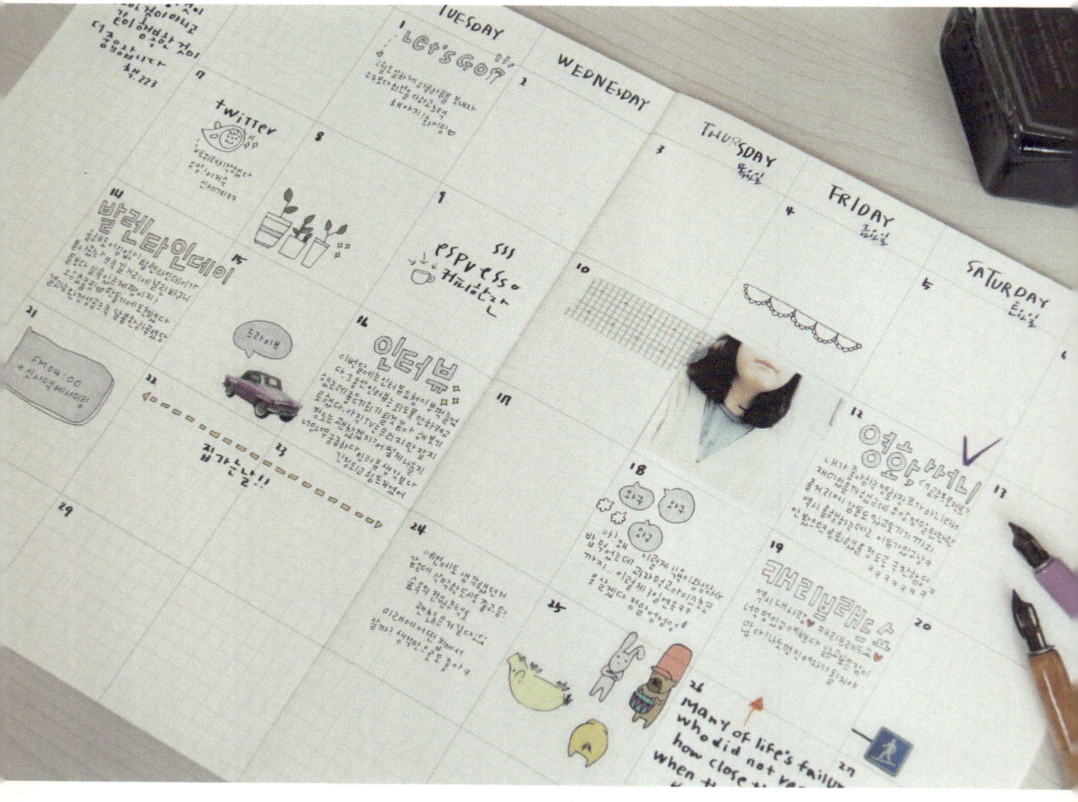

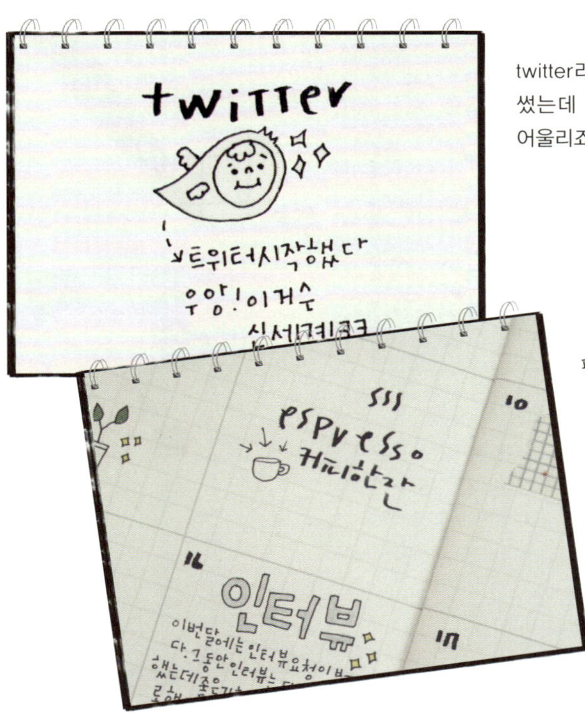

twitter라고 펜촉으로 글씨를 썼는데 손그림과 펜촉도 잘 어울리죠?

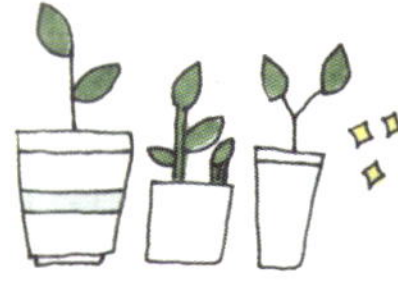

펜촉을 쓸 때 손에 힘을 꽉 주어서 쓰기도 하고 힘을 풀어 슬슬~ 날려 쓰기도 해요. 손에 힘을 풀어서 쓰면 귀여운 느낌보다 빈티지한 느낌이 더 난답니다.

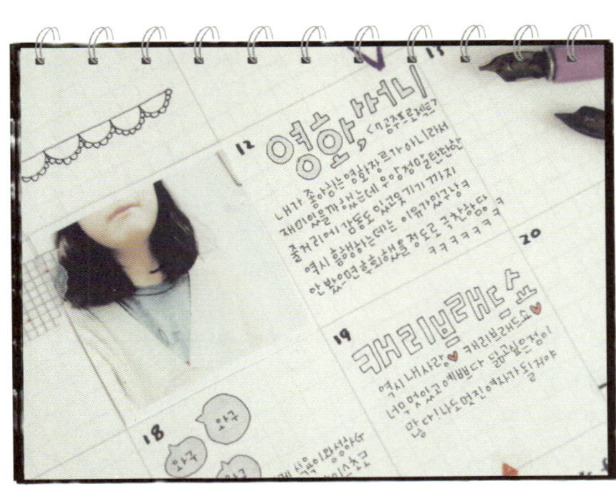

펜촉으로만 꾸미지 않고 평소 쓴 글씨도 중간중간에 써줍니다. 써야 할 내용이 많을 때는 펜촉보다 일반 펜을 사용해 쓰세요. 펜촉은 굵기가 있기 때문에 많은 내용을 쓰기엔 적합하지 않아요.

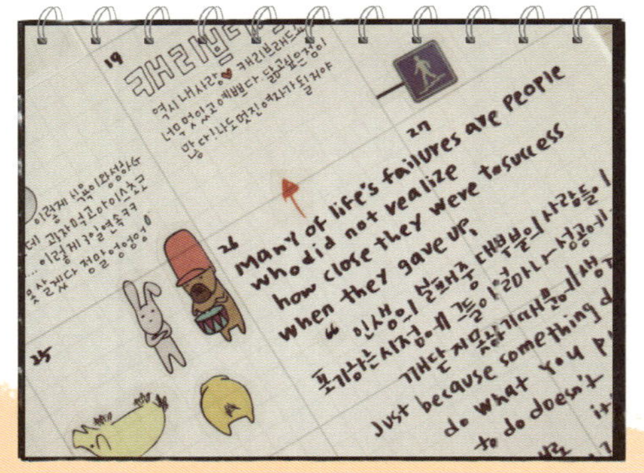

빈 공간이 생겼다면 펜촉으로 멋진 명언을 적어보세요. 사실 오늘 있었던 일은 오늘 날짜가 적힌 칸에 써야 하기 때문에 밀려서 생긴 빈 칸이나 날짜가 없는 칸에는 쓸 내용이 많지 않습니다. 그럴 때 펜촉의 굵은 촉을 사용하면 조금만 써도 빈 공간이 채워진 느낌을 낼 수 있어요. 왜 펜촉을 써야 하는지 혹은 쓰지 말아야 하는지 이유를 자세히 생각해보면 어렵지 않아요.

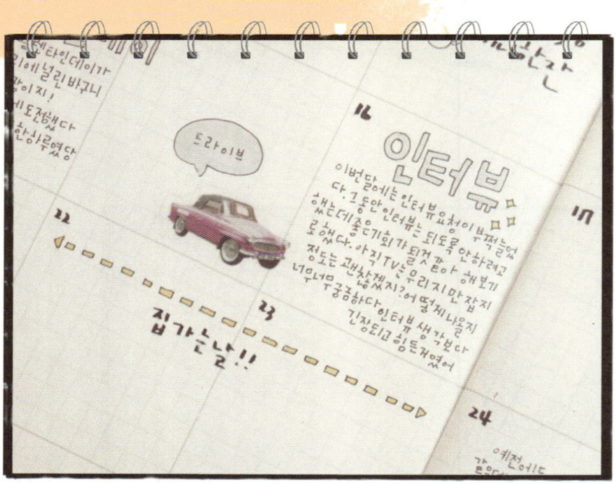

간단한 단어나 짧은 글귀는
펜촉으로 써서 펜촉 콘셉트의
분위기를 잘 살립니다.

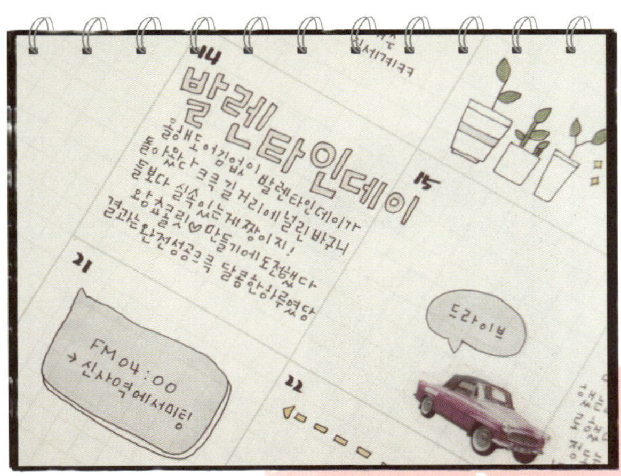

펜촉이 콘셉트라고 하면 펜촉으로 쓰는 손글씨만 생각하기 쉬운데 평소 즐겨 그렸던 손그림을 그려주어도 좋습니다.

요일과 날짜를 펜촉으로 써서 작은 부분들에 콘셉트를 위한 요소를 추가해주었어요.

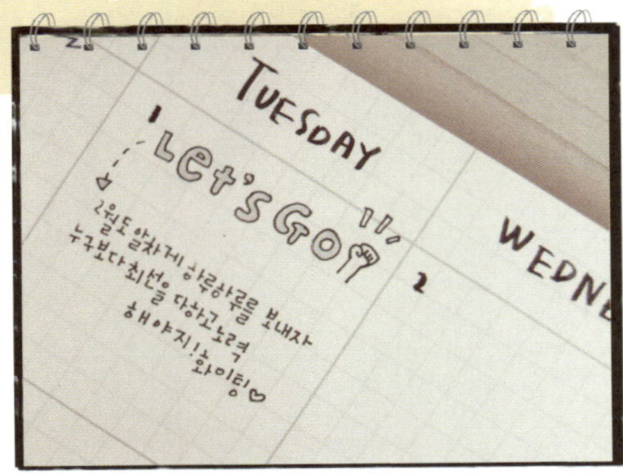

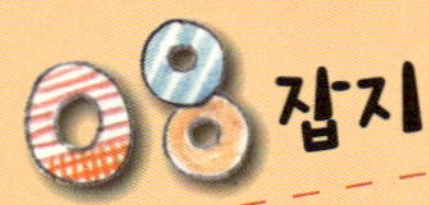

08 잡지

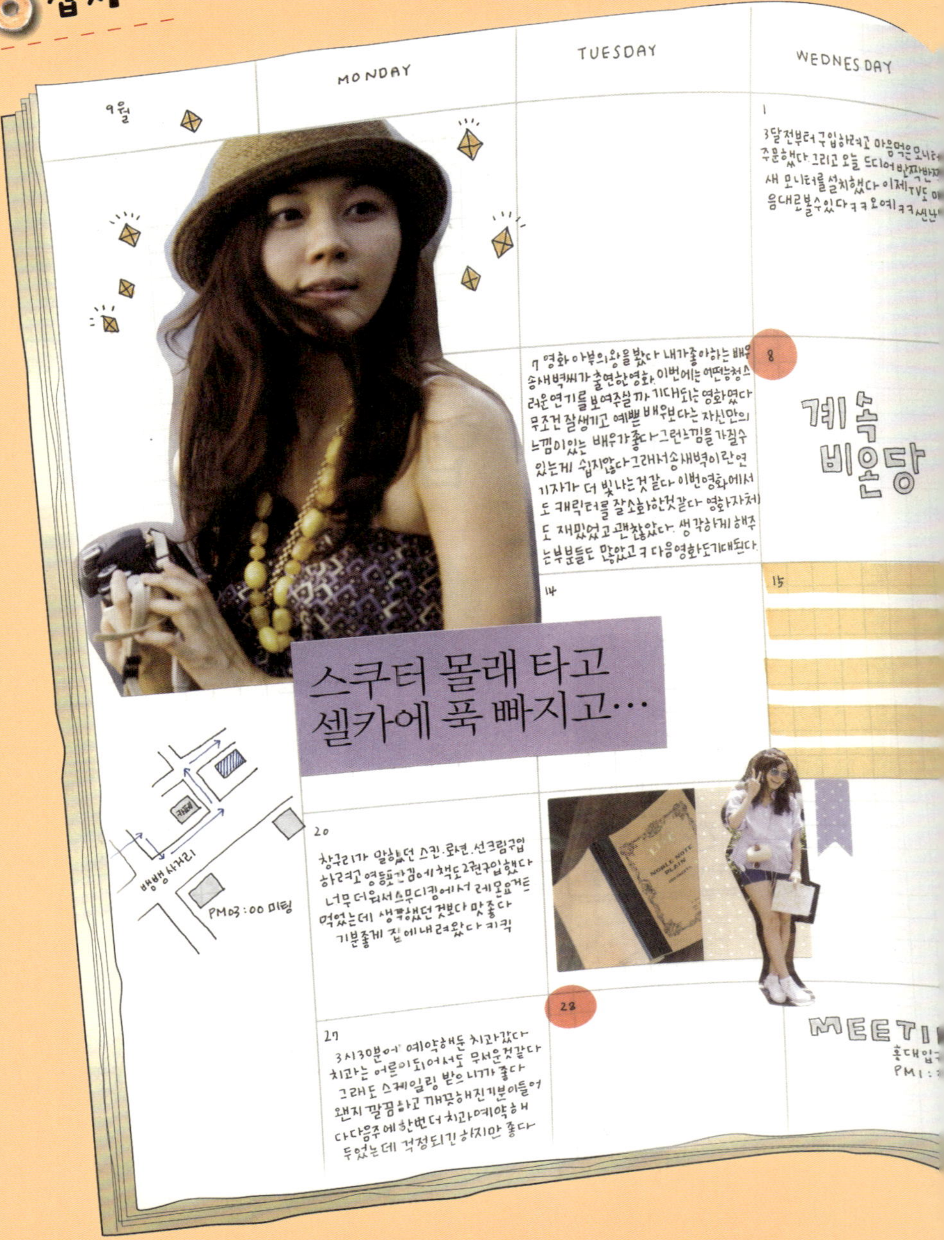

	MONDAY	TUESDAY	WEDNESDAY

9월

1
3달 전부터 구입하려고 마음먹은 모니터
주문했다 그리고 오늘 드디어 반짝반짝
새 모니터를 설치했다 이제 TV도
음대로 볼수있다 ㅋㅋ 요예ㅋㅋ 신난

7 영화 아부의 왕을 봤다 내가좋아하는 배우
송새벽씨가 출연한영화, 이번에는 어떤능청스
러운 연기를 보여주실까 기대되는 영화였다
무조건 잘생기고 예쁜 배우보다는 자신만의
느낌이있는 배우가좋다 그런느낌을 가질수
있는게 쉽지않다 그래서송새벽이란 연
기자가 더 빛나는 것같다 이번영화에서
도 캐릭터를 잘 소화한것같다 영화자체
도 재밌었고 괜찮았다. 생각하게 해주
는부분들도 많았고 ㅋ 다음영화도기대된다

8

계속
비온당

14

15

PM03:00 미팅

20
창구리가 말했던 스킨.로션.선크림구입
하려고 영등포간 김에 책도2권구입했다
너무 더워서스무디킹에서 레몬요거트
먹었는데 생각했던 것보다 맛좋다
기분좋게 집에내려왔다 키킥

28

27
3시30분에 예약해둔 치과갔다
치과는 어른이되어서도 무서운것같다
그래도 스케일링 받으니까 좋다
왠지 깔끔하고 깨끗해진기분이들어
다다음주에 한번더 치과예약해
두었는데 걱정되긴 하지만 좋다

MEETI
홍대입구
PM1:3

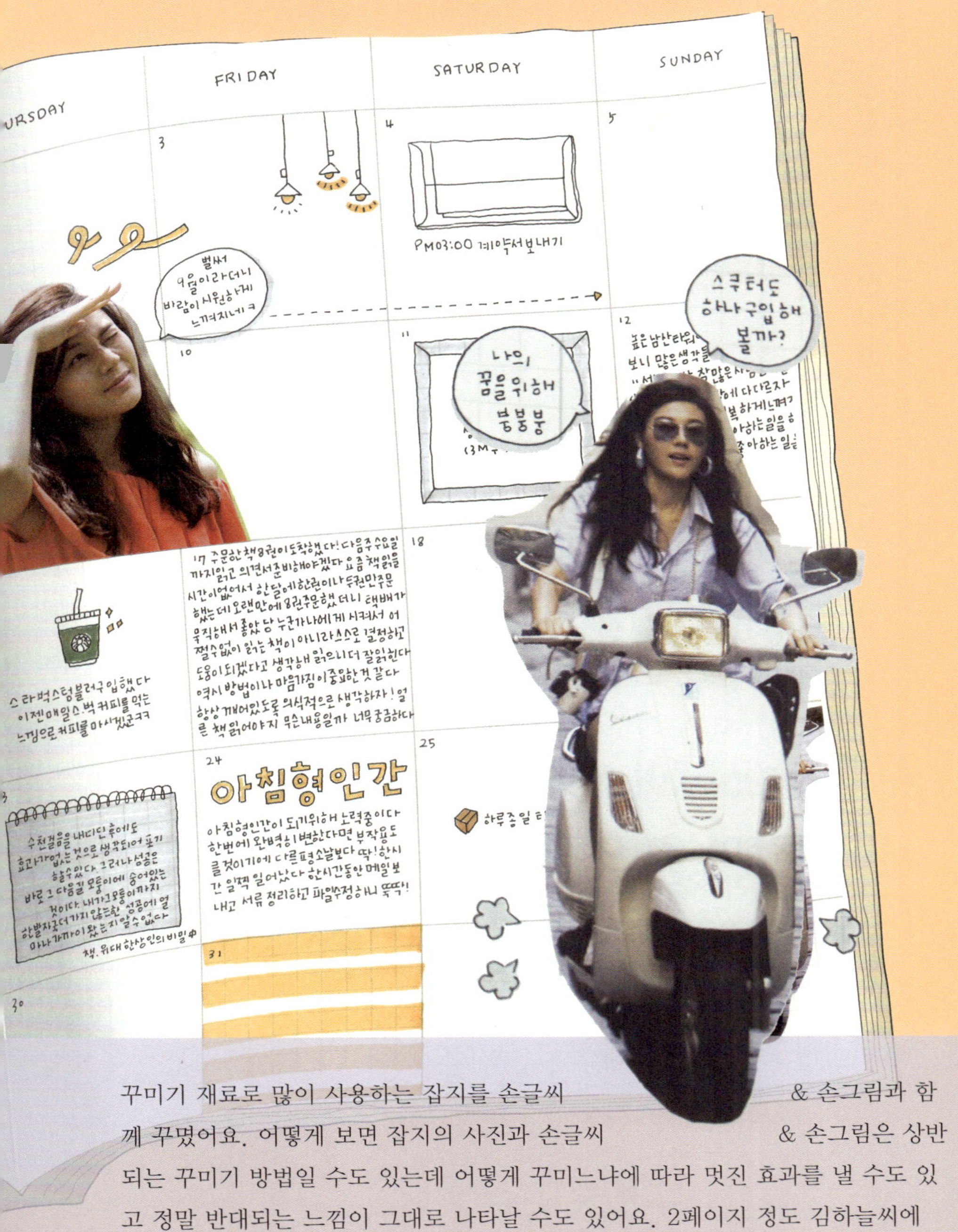

꾸미기 재료로 많이 사용하는 잡지를 손글씨 & 손그림과 함
께 꾸몄어요. 어떻게 보면 잡지의 사진과 손글씨 & 손그림은 상반
되는 꾸미기 방법일 수도 있는데 어떻게 꾸미느냐에 따라 멋진 효과를 낼 수도 있
고 정말 반대되는 느낌이 그대로 나타날 수도 있어요. 2페이지 정도 김하늘씨에
대한 기사가 실린 잡지의 사진을 오려서 사용했어요. (잡지출처 여성조선 2008.9월호)

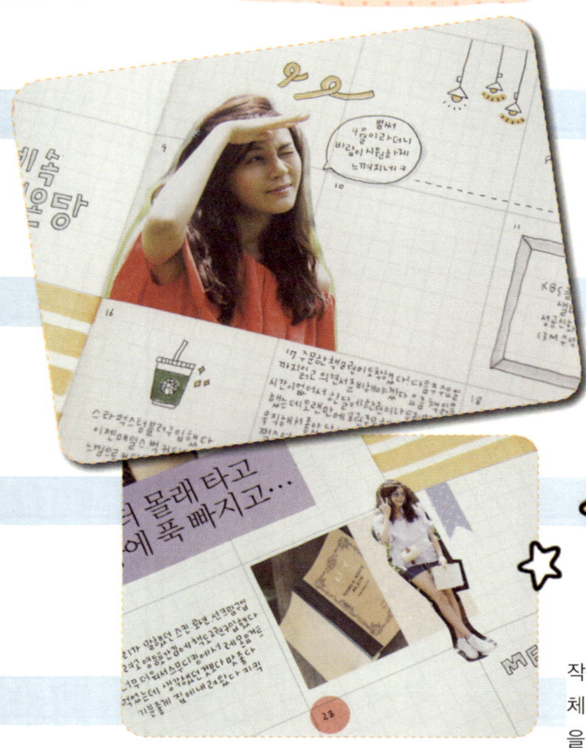

주제가 아닌 부분에 잡지에서
오린 사진을 사용할 경우 주제
보다 사진을 작게 잘라서 붙여
주세요. 사진을 붙이고 말풍선
손그림을 그려 사진에 효과를
줍니다.

작은 사진은 중간중간에 넣어 전
체적인 분위기에 잡지만의 느낌
을 더해주세요.

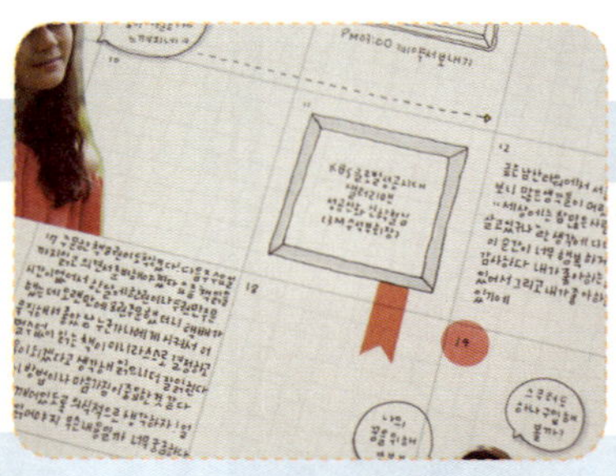

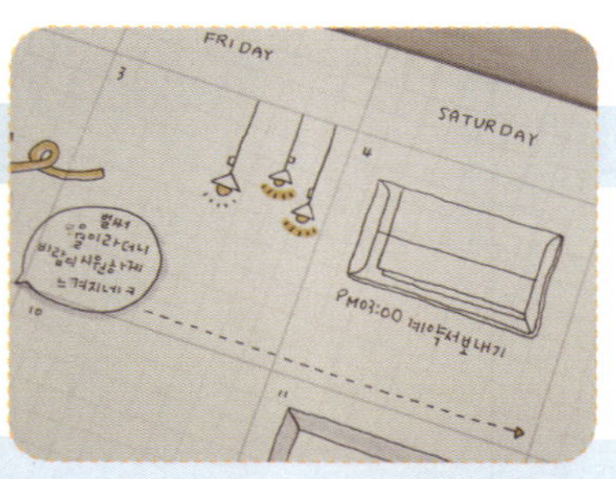

잡지로 꾸미는 콘셉트지만 사진을 붙이지 않는 부분
은 과감히 손그림을 그려줍니다. 잡지보다 손그림이
튀지 않게, 컬러링할 때 색상은 파스텔톤이나 채도가
강하지 않은 색으로 해주세요. 또는 아예 컬러링을 하
지 않아도 좋아요. 이렇게 주위 색을 낮추면 주제가
되는 사진이 더 강조가 되겠죠?

사진뿐만 아니라 이렇게 글씨를 오려서 붙여도 좋아요. 잡지에는 다양한 서체의 글자가 존재하기 때문에 글자를 붙이는 것도 좋은 효과를 낼 수 있습니다.

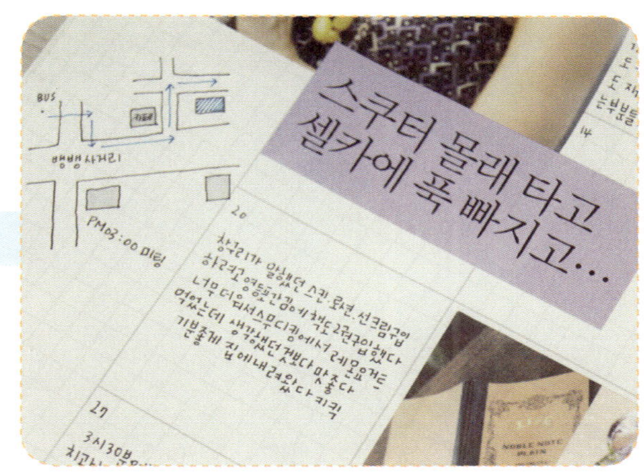

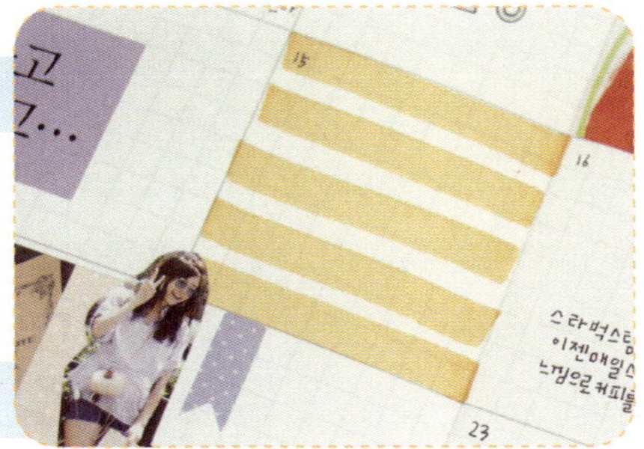

쓸 말이 없을 때는 마커를 이용해 슥─ 슥─ 선을 몇번 그려줘도 그 자체로도 멋진 데코가 됩니다.

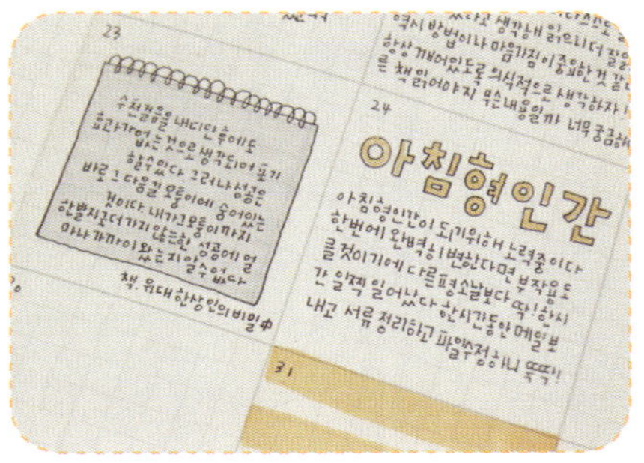

잡지로 꾸민다고 해서 사진만 잔뜩 오려 붙인다면 기록의 기능을 상실할 뿐 아니라 나중에 스크랩북이 될 거예요. 오늘 써야 할 내용이 많은 날은 잡지를 과감히 포기하고 글 위주로 꾸미고 잡지에서 오린 사진은 쓸 내용이 없는 날이나 빈 공간에 주로 붙여주는 게 좋습니다.

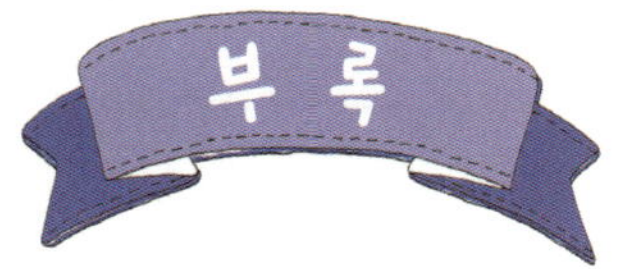

손글씨 & 손그림 외 자주 받는 질문

Q 혜수니님이 마커로 꾸민 다이어리를 보았습니다. 마커로 꾸미면 뒷장에 마커가 그대로 비치는데 혜수니님은 어떻게 다이어리를 쓰시나요?

A 네. 다이어리 종이에 마커를 사용하면 거의 대부분 뒷장에 마커 자국이 그대로 남아 뒷장을 사용할 수 없게 됩니다. 저 역시 마커로 컬러링하면 다이어리 뒷장이 마커 자국으로 얼룩덜룩하답니다. 한 군데나 두 군데 정도 마커를 사용했다면 그 부분의 뒷장은 스티커나 다른 종이로 가려주면 되지만 처음부터 끝까지 마커로 컬러링을 했다면 뒷장을 사용하지 않고 그 다음장에 다음달 일기를 씁니다. 한장을 건너띄고 사용하는 것이죠. 마커로 컬러링을 할 때 좋은 다이어리가 있습니다. 제가 2012년도에 사용한 프롬다이어리(ver.2)처럼 다른 다이어리에 비해 종이가 두껍고 일러스트가 그려져 있지 않은 심플다이어리가 좋습니다. 공간이 넉넉하기에 손그림을 그리기에도 좋고요. 마커는 컬러링할 때 번지기 때문에 다이어리 사이즈가 작다면 마커 사용이 용이하지 않습니다.

Q 다이어리에 쓴 글씨를 노트 필기나 다른 용도의 필기에도 그대로 쓰나요?

A 다이어리에 쓴 글씨는 노트 필기를 할 때나 메모할 때의 글씨와 거의 비슷합니다. 하지만 예외는 있습니다. 학교수업시간에 빠르게 받아적어야 할 때는 스스로 알아볼 수 있을 정도로 날려쓰기도 합니다. 하지만 나중에 노트에 정리할 때는 다이어리글씨와 마찬가지로 반듯하게 적었습니다. 앞에서도 언급했듯 저는 노트 필기를 하면서 정리하고 이해하기 때문에 한 글자 한 글자 정성들여 썼습니다. 정성들여 쓰면 시간이 오래 걸릴 것 같은데 나중에 그 글씨가 익숙해지면 어느 정도

속도가 붙습니다. 또 습관이 되면 또박또박 글자를 쓰는 것이 익숙해져 가장 편하게 쓸 수 있는 글씨가 됩니다.

Q 손글씨 & 손그림이 어렵습니다. 처음 어떻게 시작해야 하나요?

A 처음부터 '나는 이런 스타일의 그림을 그려야지' 라고 확신이 들면 얼마나 쉽고 편할까요? 하지만 노력없이 얻어지는 것은 없습니다. 먼저 다양한 스타일의 그림들을 주의 깊게 살펴보는 것이 좋습니다. 내가 원하는 그림 스타일이 무엇인지 아는 것이 가장 중요합니다. 내가 그리고 싶은 스타일과 무엇을 그리고 싶은지 고민하는 시간을 꼭 가지시길 바랍니다. 아직 학생이라면 시간은 충분합니다. 이 시간을 갖는 것과 갖지 않는것의 차이는 정말 큽니다. 그 다음 자신이 그리고 싶은 스타일을 찾았다면 그 스타일의 그림을 많이 그려보세요. 역시 시간과 노력이 필요합니다. 손그림에 대해 설명했지만 글씨도 마찬가지입니다. 먼저 원하는 스타일의 글씨를 살펴보고 자신에게 맞는 글씨를 정한 뒤 꾸준히 연습하면 자신이 원하는 글씨를 쓸 수 있을 거예요.

헤수니가 다이어리를 꾸미는 이유

헤수니가 다이어리를 꾸미는 가장 큰 이유는 시간이 지나면 잊혀지는 기억들을 잡아두고 싶어서예요. 지난 날들을 생각해보면 딱 떠오르는 기억은 몇 개밖에 안 되는데 다이어리를 펼쳐보면 그날 무엇을 했고 어떤 감정으로 다이어리를 썼는지까지 다 느껴져요. 내가 살아온 시간들을 그냥 흘려보내는 것이 아니라 되새기며 추억하고 그 기록들을 통해 더 발전하고 싶어요. 기록들을 글씨로만 기억하기엔 부족해서 관련된 사진을 붙이고 손그림을 그리고 분위기 있는 손글씨를 쓰고 좀 더 보기좋게 하고 싶어 다이어리를 꾸미고 있어요. 다이어리에 정성과 노력을 들일수록 다이어리는 나에게 점점 더 큰 존재가 되어가는 듯해요. 일 년 동안 겪었던 일들과 감정들이 한 권에 다 들어가 있다고 생각할 때면 항상 마음이 두근거려요.

저는 하루 일과를 기록하는 일기뿐만 아니라 앞으로의 계획도 다이어리에 세우고 있어요. 학생때부터 시간을 어떻게 쓸 것인지에 대해 자주 고민했던 것 같아요. 그냥 머릿속으로만 계획을 세우는 것보다는 하나하나 다이어리에 써서 하나씩 이룰 때마다 체크하고 또 계획을 세우면서 공부했어요. 목표가 눈에 보여서 더 집중이 잘 되고 내가 어느 정도까지 이루었는지 전체적인 진행과정도 알 수 있었어요. 학생때는 공부를 목표로 다이어리에 시간을 관리했는데 지금은 제가 좋아하는 일을 좀 더 효율적으로 알차게 하기 위해 다이어리에 계획을 세우면서 작업하고 있어요. 학생때는 대학교라는 목표가 뚜렷해서 크게 6년 동안 그에 맞게 시간을 관리했는데 사회생활 처음에는 최종목표 골인점이 멀게 느껴져 시간이 무한대로 있는 것처럼 느껴졌어요. 사실 시간은 무한대가 아니고 같은 시각이라도 어제와 오늘은 분명히 다른데 말이에요. 그래서 얼른 1년 계획, 5년 계획, 10년 계획, 인생 최종 계획을 세워서 다이어리에 정리를 했어요. 그랬더니 1분 1초가 정말 달라 보이더라고요. 시간은 눈에 보이지 않지만 항상 보려고 노력해요. 이렇게 세운 계획은 매년 말에 한 번씩 수정하고 새로운 한 해를 시작하고 있어요.

정리하자면 제가 다이어리를 꾸미는 이유는 저의 꿈을 위해서랍니다.

헤수니 블로그를 소개합니다

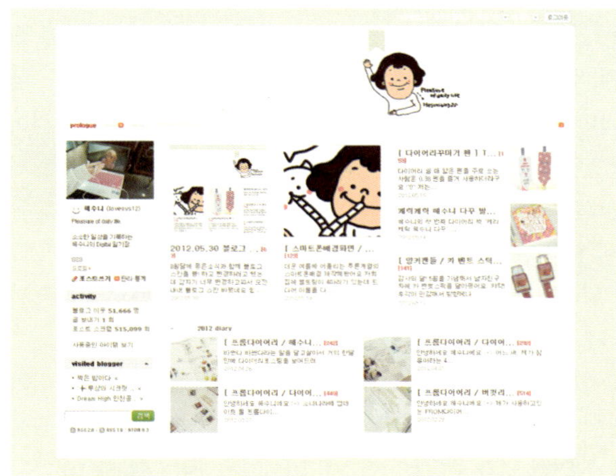

2009년 7월 5일 우연히 올리게 된 다이어리로 시작된 저의 소중한 digital 일기장입니다.

블로그에서는 매월 제가 꾸민 다이어리와 쉽게 다이어리를 꾸밀 수 있는 팁, 다이어리 칼럼, 수제 스티커, 디자인 문구 리뷰 등 다이어리와 관련된 다양한 이야기를 나누고 있어요.

아무도 보지 못하게 꽁! 꽁! 숨겨놓은 다이어리를 많은 사람들에게 오픈하는 일이 쉽지만은 않지만 함께 다이어리 정보를 공유함으로써 더 많은 행복을 느끼기 때문에 지금까지 꾸준히 다이어리 블로그를 운영하고 있습니다. 앞으로도 초등학생 때부터 다이어리를 쓰면서 알게 된 노하우를 다른 사람들에게 알려주고 그 노하우를 통해 많은 분들이 다이어리를 꾸준히 쓸 수 있도록 도움을 드리고 싶습니다. 그리고 저도 블로그를 운영하면서 많은 분들에게 배우고 있고요 하핫. 매년 올해는 끝까지 써야지 다짐하지만 막상 한두 달 쓰다 보면 초심을 잃고 다이어리를 방치하게 된다면 헤수니 블로그를 통해 저와 소통하면서 함께 다이어리를 써봐요. 혼자 쓰는 것보다는 함께 하는 것이 긴장도 되고 행복도 두 배가 될 거예요.^^

운은 계획에서 비롯된다는 말처럼 나 자신을 위해 파이팅!!

〈캐릭캐릭 헤수니 다꾸〉에 이은 저의 두 번째 책이 출판되네요. 불과 몇 년 전에 다이어리꾸미기 책을 출판하고 싶다는 막연한 꿈을 꾸었었는데 말이죠. 꿈을 꾸고 그 꿈을 바탕으로 목표를 세우고 하루하루 열심히 목표를 향해 걸어가다 보니 어느새 조금씩 제가 꿈꾸었던 모습에 가까워지고 있다는 것이 느껴져요. 목표를 이룬다는 것은 생각했던 것보다 많은 시간, 많은 노력이 필요한 일인 것 같아요. 제가 지금까지 목표를 잃지 않고 흔들림 없이 달려올 수 있었던 것은 아무래도 다이어리가 큰 도움이 된 것 같아요. 어렸을 때부터 지금까지 매년 다이어리 제일 앞 장에는 목표를 쓰고 있어요.

지금 이 글을 쓰고 있는 2012년 12월 4일… 2012년의 목표 중 하나인 '다이어리꾸미기 두 번째 책' 이라는 목록에 완료 체크를 표시할 시점이 왔네요. 올해 초 처음 이 목표를 적었던 때가 생각납니다. '꼭 이뤄야지' 하는 설레는 마음을 갖고 한 글자 한 글자 정성들여 썼어요. 그리고 힘이 들 때, '내가 지금 잘 가고 있는 걸까?' 라는 생각이 들 때는 다이어리를 펴고 다시 한 번 목표를 간절히 되새겼답니다.

다이어리는 내가 꿈을 꿀 수 있도록 도와주는 나의 든든한 꿈 지원군 같아요. 헤수니 다이어리꾸미기 두 번째 책에서는 이렇게 소중한 다이어리를 좀 더 즐겁게 쓸 수 있도록 다이어리를 기록하는 방법 중에 가장 기본인 손글씨 & 손그림을 다양하게 소개하며 보여드렸는데 나만의 기록을 하는 데 많은 도움이 되길 바랍니다.

저의 소중한 꿈을 이룰 수 있도록 도와주신 블로그 이웃님들, bmk출판사의 안광욱 실장님, 상현숙 편집자님, 김긴주 디자이너님 감사드립니다.

마지막으로 언제나 나의 꿈을 존중해주고 믿어주는 아빠, 엄마, 내 동생 창영이 정말 정말 사랑해 ♥

자, 이제 다음 꿈과 목표를 향해 출발해볼까~ ^0^

2012. 12. 04 박혜선 씀

진써니 원래 다꾸에 관심이 별로 없었는데 이번 혜수니님의 블로그를 계기로 다꾸에 관심을 많이 갖게 되었어요^^ 이번 책 대박나시길 기원하겠습니다. 별로 않남은 2012년 잘 보내시고 2013년에도 좋은일만 있길 기원하겠습니다^^ 응냥이 첫번째 책도 정말 재미있게 봤는데 벌써 두번째 책 출간을 하신다니 축하드려요!! 무슨 내용인지 매우 궁금한데 소장해서 봐야겠어요!! 우리 1권도 재밋게봤는데 요번책도 재밋게볼게요~두번째책 출간 축하드려요^.^ 오부기 축하드려요!! <캐릭캐릭 혜수니다꾸>도 유익한 내용이 많아서 참 좋다 생각했는데, 요번책도 기대되요:) 이번에도 나오면 꼭 한번 봐야야징♫ 이번에도 다 이어리 꾸미기를 엄두내지 못하시는 분들에게 많은 도움이 되었으면 좋겠어요! 펭아리 걍너무기대돼요!! 두번째책이라니…좋네요ㅋㅋㅋ출간너무너무축하드려요♥ 지혜 혜수니님 두번째책!!!많이 기대가 되네요ㅎㅎ첫번째책에 이어서 이번책도 정말 좋은책이겠죠??ㅎㅎ용^_^혜수니님 진심으로 축하드려요♥ 두유 우와~ 벌써 2권! 저번 1권도 좋았는데 2권도 어떨까요? 두번째 책 출간을 진심으로 축하드려요- 짝짝 :9 찡이 두번째 책 출간하신걸 진심으로 축하드려요^^ 벌써 두번째 책이라니… 첫번째 책도 재미있고 알차게 읽었는데, 요번에도 책 나오면 꼭 봐야겠어요:-) 혜수니님 항상 힘내세요♪ 라정 당신의 글씨와 그림을 보면 알록달록 놀이동산에 온듯 행복한 마음으로 붕붕뜹니다. 행복바이러스!!^^ 현이 아진짜혜수니블로그꾸준히보고잇고앞으로도응원할께요ㅎㅎ혜수니언니화이팅! 새로미야 책 출간 축하드려요! 혜수니님 다이어리 속 깨알같은 글씨에 담긴 고소한 재미들이 책에서도 돋보이길 ^^ 빠리죠 드뎌 두번째 책! 이날만 기다려 왔습니다! 부디 두번째 책도 대박 나시길~ 항상 힘내세요. ♪ 블랙엘 추카드려요 ^^ 림림 전 혜수니님 완전 팬인데 이번에 나오는 두번째 책도 응원하구요~ 제손으로 받아보는 날을 기대할게요 화이팅!! 담장위고양이 축하드려요~!!첫번째 책도 샀었는데, 두번째 책에는 어떤 내용이 들어있을까 궁금해요~!!! 행복 축하드립니다- 책 꼭 사서 보고 싶네요 손글씨 손그림이 아주 유용할 것 같아요. 꿈쟁이 우와~ 벌써 두번째 책을 내시네요♥ 아직 첫번째 책을 못사서 빨리 둘다 사야겟네요ㅎㅎ 좋은책 기대할게요~~> 마시 블로그로만봤었던 혜수니님 손그림과 손글씨를 책으로도 만나볼수잇다니 정말정말기대되요! 책출간축하드려요 !! 동글동글훈딩이 오아 두번째책출간 축하드립니당*ㅁ* 두번째책 기대할게영!! 화이팅!! 코야 혜수니님~ 2권출간축하해요 1권도샀으니 2권도 사야겠죠?히히 대박나세용~ 훼초비 혜수니님 덕분에 다꾸도 늘고 좋은 정보도 많이 얻게되어 정말 감사해요 그녀 두번째 책 내신다니 정말 축하드립니다ㅠㅠ 앞으로 세번째, 네번째 책 쭉 내시길 바랍니다~:) 천상유화 정말축하드려요~ 기대되네요ㅋㅋ 봄만바라봄 축하드립니다!! 벌써 두번째책이시라니!!저감동받았어요ㅠ_ㅠ 이번에도알찬내용으로돌아와오시겠죠*^^* 수고하셨고, 감사합니다^^ 라벨디 1권에이어서 2권까지! 대단하셔요 정말요.. 블로그를 통해 다이어리에 대해 많은 이야기를 들려주셔서 감사했는데 이번에 또 책으로 출간된다니 너무 기대되네요. 이번 책을 통해 단순한 꾸미기용이 아닌 다이어리만의 매력과 페이지 한장한장 넘어 갈때의 설레임, 추억을 더 멋지게 기록하는법 알려주시기 바랄께요 :) so happy 혜수니님 추카드려요~ 항상 혜수니 블로그 보며 손그림,손글씨 너무 부러워 했는뎅 책보며 열공 할 수 있게 됐네요! 열심히 준비하셨다고하니 빨리 사보고 싶어요ㅜ 축하해요~ 혜수니님 항상 화이팅하고 존경해요♥^^ 은혜 혜수니님은 못하는게 없으시네요!!! 책 출간 정말정말 추카드려요!! 하니 전1권째 책도 샀었는데! 이번에도 내용이 좋겠죠?특히나 옛날부터 혜수니님 손글씨교본 갖고 싶었는데♥ 축하드려요♥ 델리만쥬 우와!!두번째책!!축하드려요용ㅎ 혜수니님이 제 롤모델이신데 책을또 내신다니 완전기쁘네용ㅠ자마자 바로사야지~ 한땀두땀 언제나소녀감성이신 혜수니님 진심으로 축하드려요♥ 좋아하는일이 본인의직업이된다는건 정말축복이에요~ 행복한사람이신걸 꼭 마음속에 간직하시길 바라며 늘 화이팅입니다♥ 정소윤 우와! 언니 두번째 책 나오신거 정말 축하드려요!^^ 슈반 혜수니님의 꿈, 그리고 모든 독자분들의 꿈이 이루어지는 책이 되길:-D 밀고당겨비스트 혜수니님!!!! 두번째책 출간 축하드려요!! 항상 좋은 다이어리쓰는 정보들 가르쳐주셔서 너무감사드려요^^ 이번책도 홍하시길 바랍니다!!! 여리 두번째책! 멋지십니다^^ 축하드려요♥ 항상 유용하게보고있습니다! 앞으로도 기운내세요~<으쌰 차바이산가족 우와, 벌써부터기대가되는혜수니님의2번째책!!!아쉽게도사지는못하지만,이책을만드시느라수고하신혜수니님께감사인사를드립니다!! 완소천재 아기자기한 손그림들과 세련되고 귀여운 아이디어로 다이어리를 꾸미는 방법을 소개하는 혜수니의 블로그에서 많이 배워갑니다. 그 두번째 책 출간을 축하드립니다ㄱㄱ 항상 알찬 정보주시는 혜수니님의 두번째 책 출간을 진심으로 축하드립니다!! 대박나시길바래요^^ 다요 혜수니님 두번째 책 출간하신거 정말 축하드려요:> 첫번째 책도 여러모로 도움이 되었는데 두번째책도 되게 기대되요.' 0' 체리니 혜수니님 ♡ 항상 다이어리 꾸미기에 좋은 방법을 공유해서 감사해요 ♪ 혜수니님 축하드려요~ 손이나 우와! 저 1권 샀었는데… 더 좋은내용 기다릴게요 화이팅! 원디가진리 기대하던 두번째 책이 벌써나왔네요×출간축하드려요!!히힝♥ 찐이 우와 벌써 2째 책나온거에요? 우와우와 대단하세용ㅋㅋ어떤책인지 벌써부터 기대되는걸요 이힝힝 대박나세용ㅋㅋ 초코송이 우왕~<1권은 수제스티커가 많았는데 개인적으로 딱히 좋아하는 타입이 아니어서… 2권은 더 세련 됫음 좋겠어용♥ 축하드려용 MINT RIBBONG 첫번째도 남기고 요번에도 남깁니당~ 두번째 책 출판하신거 진심으로 축하드려요♥ 요번에도 대박나세요 아련과후준이 3번째권까지 나오면좋겠네요!혜수니님 화이팅!*^^* 드라큘라 혜수니 언니 축하합니다! 첫번째 책도 정말 잘 보고 도움도 많이됬어요^^ 역시 다꾸할때는 헤수니 언니책이 짱이에요! 미야비 다이어리 꾸밀때 항상 도움됐는데'^^' 정말 진심으로 축하드려요! 박디얀 조금 더 발전되있을것같은 두번째책 기대할게요!! 꽃개구리 혜수니블로그도 애용하고잇는데 2번째 책까지@.@!!! 정말 축하드리구요 앞으로도 3번째 4번째도 번창하시길바라요! 2번째도도 완판기원하겠습니다~ 곰돌이 책출간축하드려요~~!!이번꺼꼭지르고 말게요. 플로라 드디어혜수니님두번째책! 새로운다꾸팁으로의미잇는나만의다이어리도만들어지고, 출간축하드려요! 혀니 혜수니책1도잇는데이것도구매하고싶어요! 책출간하는거축하드려요ㅎㅎ늘배우고잇습니당 햐종 혜수니님 2번째 책 발간 축하드립니다! 블로그도 자주자주보고있어요 화이팅! 린아 2권도 나온다니 기대되네용× 축하합니다!! 2권도 꼭 읽어봐야징~ 항상 힘내세요!화이팅♥ 헤옹니 늘 다이어리를 꾸미게 될때마다 들어오는 혜수니님의 블로그, 책으로도 만나게 된다니^^ 두번째 출간도 축하드려요 깜까미해영 캐릭캐릭도 되게 알찬 내용이라 지금도 자주 보는데 ㅎㅎ 이번에도 기대되네영! 혜수니님흥해라! 꾸미 캐릭캐릭 혜수니 다꾸 2 출판하신것 축하드려요~ 권지은 책 출간 축하드리구요,이때까지 책 쓰시느라 고생 하셨을실텐데 꼭꼭 대박나시길 바라겠습니다!언제나 응원할게요^^ 양소잉 너무 기대되고 책 기대되요!!!! 책쓰시느라 고생많으셨으니 좀 편히 쉬시길바래요~!! 감기조심하시고 책 대박나시기리 바래요 ㅎㅎ 해롱해 책출간하시거축하드리고영요2번째책이라닝ㅎㅎ대단하세영손글씨손그림이라나유용한정보가많죠같앵요~ 친구 오 - 축하드려요 역시 이쁜다이어리쓰거나 다이어리를 이쁘게 만들고싶을때 혜수니님 포스팅을보는게 이제 또 새로운 스킬을 책으로 알수있겠네요 ㅎㅎㅎ 한쏘 ㅎㅎ 책출간 축하드려요 첫번째 책도 잘봤는데 요번 책도 기대되네요 !! 어진 저번 혜수니님 책을 제 생일선물로 선물받아서 너무 기분좋았는데 이번에 새로운 책이 또다시 출간 되었다니!다 혜수니님께서 열심히 노력하신 덕분일 거에요:)이 책을 통해 많은 다꾸팁을 얻을게요!감사합니다:D 하다솜 책 출간 축하드려요! 두번째 책도 첫번째 책처럼 대박나길 바랄게요! Boo 우와..! 두번째 책 출간이라니! 정말 축하드려요! 항상 유용한 정보 주시는 혜수니님 감사하고 축하드려요- 다밀라 혜수니님을 안지도 벌써 2년이네요^^ 그동안 열심히 하시는 모습이 정말 보기 좋아요^^저번책도 정말 좋은 내용이었는데 이번에도 정말 좋은 책출간축하드립니다 -김지수- 조코 오~~~~ㅎㅎ 축하드려용!!! 혜수니님이라면 할 수 있을꺼라고 생각했습니당^^ 앞으로도 계속 화이팅 이예용♥ 대박나세용♥ 루나신전 책출간하신거 축하드려요!! 책 꼭 사서 볼게요~ 혜수니의 두번째 책 ☆ 대박나길 기원해요~ 이번에는 손그림이라니까 기대되는데요! 혜수니님은 다꾸도 잘하시고 다이어리도 잘만드시고 그림도 잘그리시고 못하시는게 없으신것같아요^^ 박하 혜수니님 두번째 책 출간 정말 축하드립니다! 정말 멋지셔요! 다이어리도 직접 만드시고 책까지 출간하시고..정말 대박 났으면 좋겠어요! 화이팅입니다~ 젠 I've been reading your blog for a long time and now you are my inspiration. - Jenna 리정 오오!! 일권 사고나서 2권은 안나오나 하고 목빠지게 기다렸는데… 2권 출간 너무너무 축하드리구… 2권에는 어떤 새로운 내용이 담겨있을지 벌써부터 기다려지네요 ㅎㅎ 정말 축하드려요! 퐁당Holic 정달 축하드립니다!! 두번째 책이나오다니요!!! 이번에도 책 대박나시길 바랄게요!!! 앞으로도 쭈욱~ 세번째 네번째 다섯번째 그 이상까지 !! 흥하세요~ 아르젠 두번째 책 발매를 축하드립니당^^ 다꾸에 대해서 조금 더 관심을 갖고 해야겠다는 생각이 들었습니다 오정 발매 너무 축하드리구 다이어리에 대해 너무 많은것 알게해주셔서 감사합니당♥ JING 혜수니님♥정말축하드립니다! 정말다꾸너무잘하세요~ 그책 저도 한번 사서 다꾸 열심히 해봐야겠어요~♥ 돋승 전그동안 혜수니님의 손글씨가 가장부러웠는데 교본이 들어있다니 꼭한번사서봐야할것같아요♥ 대박나세요~ pagausagi 두번째 책 발매축하드려요♥ 얼른 서점에서 만나볼수 있기를~ 헤이즐넛 두번째 책 발매 축하드려요! 꼭 사서 보고 싶은 책 목록에 올려놔야겠어요^^ 냥요섭 기대되요♥♥이번책 대박나세요♥ 김초장 혜수니님정말축하드립니다~하고싶은일하시면서열심히하루하루를살아가는모습ㅠㅠ!넘보기좋아요 넥타이 혜수니님 두번째 책 출간 축

하드려요! 항상 예쁜 손글씨손그림!부러워요~^^※ **다이애나** 드디어 두번째 책이나왔네요!! 혜수님 너무좋아요ㅋㅋㅋㅋ이번책도 대박나세요;)) 파이팅!<3 **ㅎㅎ HYS** 정말 축하드려요!!ㅎㅎ 항상 좋고 유익한 팁 배워갑니다~ㅎㅎ **HAPPY GIRL** 혜수님이 하시는 일은 모두다 잘될거예요/^^/ 대박! **GOOD LUCK** 응듀 혜수니님언니 항상 잘 보고잇어요~본받을점이 많아서 부러워요ㅠ 앞으로도 예쁜다이어리들 많이 보여주세요♥ **이집트왕** 혜수니님의 예쁜 그림과 글씨가 가득할 책! 탐이나요 탐이나!!! **아로로** 축하드려요 ♥ 앞으로도 혜수님 승승장구하시길 ;-) **큰통이** 우와!님축하드려요ㅎ어서책만나보고싶어요~^^ **효지니** 와~혜수님 축하드려여~ 대박나실꺼에요~ ㅋㅋㅋ **눈송이** WOW 꼭 베스트 셀러가 되기 바라고 축하드려요 대박 나세요@ **버베인** 정성껏 준비한 두번째 혜수니님 책 언제 나올까 기다렸는데 드디어 만나게 되네요 - 수고하셨어요 또 대박나세요 - **행복한맘** 축하드리구요 대박나길 기원할게요. 혜수님의 이번책 빨리 만나고 싶어요~^^ 안녕 히히힛 설레는겨울에 책출간하셔서 서로도 설레네요~ 축하드려요~♥ **왕미미** 와 두번째 책 출간 진심으로 축하드려요~ㅎㅎ ㅎ 베스트셀러 스테디셀러 다 휩쓰시길!ㅋㅋㅋ **예니** 책 기대돼요! 축하드립니당^.^ **진령화** 드디어 나오는 건가요?? 두번째 책 정말 기대되요!! **보노보노** 혜수니씨 그림하구 손글씨하구 다구하시는 거 보면서 항상 정말 능력자시라고 생각이 들어요~ㅎㅎ 이번 출간, 대박나세요^^서점에서 꼭 찾아볼께요^^ **뽀랭** 축하하두려용:-) 항상 아기자기하고 깔끔한 아이디어로 사람들에게 사랑받으시는 혜수님 축하드려요! **gks1783** 늘 포스팅잘보고있어요!!책ბ간축하드려요!!이번책도 사는걸로 **골뱅이썩쏘** 첫번째 책을 볼때부터 엄청난 감동과 기대로 두번째책을 기대하고있었는데.. 너무나도!! 심지어 새해준비를 하는 이 시기에!! 너무 좋은 소식을 듣네요~ 축하드립니다 ㅎㅎ 꼭꼭꼬욕 내돈주고 사서 한번이고 열번이고 정독할게요!! **Black Panda** 혜수니님두번째채내시게된다 너무너무축하드려요~서점에 꼭한번 들러볼게요♥ **은성** 두번째 책이라니!!!축하드려요^^ **세롱이** 첫번째 책이 저에게 도움이 많이 되는데, 두번째 책도 저에게 많은 도움이 될것같아요. **카바치** 까악첫번째다구다꾸책도 너무 유용하게 잘 사용하는데 벌써 두번째 책이 나오네요!! 너무 기대 됩니다 혜수님 정말 축하드립니다^^ **유하** 책출간 축하드려요ㅎㅎ1째 책 읽었는데 2번째 책은 더욱 기대되네요 꼭 읽을게요. **애슈뇨** 오 이번에도 아주 멋진 책인거같아요 . 저 같은 다꾸 초보자에겐 이렇게 도움 되는 책은 혜수님 책뿐인듯 싶습니다※ 축하두려요 ㅎㅎ **lhj9160** 너무축하드려요♥ 항상 혜수니님 응원하고 책도 잘보고있답니다 **코코하라** 2번째 책도 대박나길 응원할게요 항상 힘내세요♥ 축하드려요♥ **따풀** 혜수니님정말축하드려요!!!허헝 **Linnie** 첫번째 책 정말 잘봤는데 이번 두번째책도 기대할게요!! 정말 축하드려요~!♥ **RhRhak** 혜수님 정말로 축하드려요~!^^정말정말기대되는거알죠?? **인스비** 혜수니님!! 항상 예쁜 그림 보여주셔서 고맙습니다! 너무 축하해요♥ **레고** 첫번째 아닌 두번째.. 언제나 첫 설레임 처럼 가득한, 그림과 글을 쓰시길 바랍니다. 축하드려요! >< **플로링** 안녕하세요;) 플로링이에요! 첫번째 책에 여러 내용이 차곡차곡 잘 담겨있어서 흥미롭게 보았는데 두번째 책은 어떨지 기대가 되네요! 히힣♥ **서점, 인** 터넷서점에서 베스트셀러로 거듭날 혜수니님의 책을 설레여하며 기대해볼게요^^~!! **또냥** 혜수니님책은항상기대된단말이죠:) 저번책구성도 참 탄탄하던데 이번건 얼마나 탄탄한 기본기를 갖췄을지.. 시간이 나면 꼭 구매해야겠어요 ㅎ_ㅎ **y3sol** 왠지모르겠지만 혜수님책은 나올때마다기대되여!!!!ㅎㅎ이번 꺼도 대박대박나시길!!>< **ChoCo** 우와~ 두번째 책도 완전 기대되요~♥ 두번째 책에서도 많은 정보 얻을 수 있겠죠!! 책 출간 축하드려요~♥ **도롱이** 우와~ 첫 번째 책사고, 두번째 책은 언제 나올까 궁금했었는데 드디어 나오는군요!! 특히나 손글씨교본♥.♥ 진짜 알차게 배울 수 있을거 같아요~~ 여여나오시길~ㅎ ㅎ **녹차** 축하한단 말밖에 할수가없군요 오랫동안 기다려왔는데 후덜덜한 덧글수 이게 지금 몇번째 축하인지 ~^_^ 저도 언젠가 다이어리의 꾸미기의 고수가 되있겠죠 흠흠 ㅋㅋㅋ 빨리 나왔으면 좋겠어요 **쑤롱이** 혜수니님 두번째 책 출간하신거 축하드려요!!!!!!!!!!다른사람들이 혜수님 책보구 다구하는데 엄청난 도움이 될껍니다!!!다시한번 축하드려요~~~※ **룽이** 너무너무축하드려요~^^무척이나기대되요~다구를즐겁게해줄손글씨와손그림도배우고싶네요~ **노래하람** 수고하셨네요..부럽고자랑스럽네요..빨리보고싶네요 **쪼** 넘님 축하드려요!!!! 혜수님 책보고 다구했었는데~ 도움될것같아요♡ **블루베리장동우** 1권재밌게봤는데2권나온다니꼭사서봐야겠어요! 축하드려요~^^ **사랑소망딛음맘** 혜수님.. 블로그보서 애들 일상을 다이어리에 따라 채우면서.. 늘 즐거움을 느끼고..하나하나 소중하게 느끼며 사는 세 아이 엄마입니다~책을 두권씩이나 내시다니::정말 대단하시고 고생 많으셨어요~아이들이 저의 육아다이어릴 보믄서 얼마나 즐거워하는지 아심 도 뿌듯하실껄요..이 책 읽어보고싶어요~ **블랭코** 우아~~~ 너무 기다려지네요~ 목차만 봤을 뿐인데 막 설레요 ^^히힛 1년동안 준비하셨다니 그 정성이 느껴집니다~정말 수고많으셨어요! 축하드려요~ **도나** 혜수님 보고 다구 제대로 시작했는데 두번째 책 내신다니 더욱더 설레요 :) 참고하여 더 이쁜 다이어리, 알찬 다이어리 쓸래요~ 축하드립니다 **햄** 우와 진짜 축하축하드려요^^ **아리** 벌써 두번째 책 출간! 너무너무 축하드려요♥ 이번 책 기대되요~ 꼭 소장하고 싶어지네요 ㅎㅎ **하늘** 항상 좋은정보, 좋은 글 너무너무 잘보고 있어요:) 두 번째 책 출간을 축하드려요~ **다술** 혜수님두번째책이라니~넘넘기대되네요^^ 축하드려요♥ **멀랭이** 캐릭캐릭혜수다꾸도도움이참많이됐어요 이번책도잘읽겠습니다축하드려요. **소다** 혜수님 출간축하드려요! 기대되는두번째책출간을 축하드립니다! **소녀엔젤** 이렇게 좋은정보도 공유해 주시구 !!완전 감사감사 유용하게 상용할게요 그리고 진심으로 축하드려요~짝짝짝짝 **햄이** 책 출간 축하드려요~ **김성규남자다잉** 드디어 나오네요! 기다리고 기다리던 혜수님의 두번째책ㅠ 항상 혜수니께 많은걸 배우는것 같아요 진짜감사합니다♥ 이번책도 대박나세요~ **하련** 어머 책출판 너무축하드려요♥ **뽀미** 혜수니님의 책 첫번째 책도 봤는데 재미있게 봤었어요 이번에도 기대됩니다 화이팅! ₩ 이번에도 꼭 소장해야겠어요!! **넙치** 으하~혜수님의다꾸2라니정말기대댑니다× 대박나시길:D **기미** 혜수니다꾸2로 새해 새롭게 새다이어리로 상큼하게시작하고싶어지네요 발간축하드려용 **Lovely Days** 드디어 두번째 책이 나왔군요!! 축하드리구요. 언제나 늘 정성들인 글들에 감명받는답니다. 수고하셨구 앞으로도 응원할게요 화이팅!!^^ **love** 벌써 두번째 책이 언제 나올까 했는데. 축하드려요× **삼보** 혜수님 정말 축하드려요♥ 좋은 글이랑 그림 잘 보고있어요~ 앞으로 더 기대 할 게요 **이모** 차근차근 꿈을 향해 한단계씩 밟아가시는 혜수님, 진심 부럽고 축하드려요!!대박나세요~ **앤쥬** 축하드려요 첫번째 책은 돈이없는데다가 엄마가 허락을 안하셔서 못 샀는데 이번엔 기회가 되면 꼭 사야겠어 **김톨s** 혜수니 두번째 책출간 축하드려요 앞으로도 많은사람들에게 도움이될만한 알찬정보 부탁드려요 :) 늘 열심히하는 모습 너무 보기좋네요. 늘 배우고갑니다 ~9 **버섯먹는이산들** 혜수니님 정말 축하드려요!! 정말 기대되네요 :-) 돈모으면 꼭 사야되겠어요 ㅎㅎ♥ **다영구** 항상 희망을 주시는 혜수님! 출간 축하드려요>< 앞으로 다구에 대한 애정이 더욱 넘칠 것 같네요. **시하** 혜수니님! 책 출간 축하드려요! 배울게 많아 좋은거같아요. 앞으로도 화이팅! **깔끔맘** 저번에도나오자마자사고이벤트신청하고탈락하고..ㅎㅎ다꾸책언제한번나오나?했는데 이제나오네요ㅎㅎ축하드려요~!! **열공소녀** 축하드립니다! 올 한해가 가기 전에 또 한 가지 이루셨네요^^ 앞으로도 좋은 문구 제작하세요! 축하드려요♡ **빨간머리소녀** 축하드려요~! 저도 꼭 사서 볼게요 손그림 꼭 그리고 싶었는데 와~! **별** 축하드려요~ 꼭보고싶네요ㅎㅎ 홧팅! **냥이** 혜수니님~ 두번째책 출간 정말 축하드려요~ 1권도 정말 유익한 내용이 많고 좋아서 2권도 엄청기대되네요^^ 꼭 사서 보구 싶어져요!! 혜수니님 포스트도 늘 잘 읽고 있구요 앞으로도 팟팅^^! **꼬꼬마빅뱅** 벌써 두번째 책이라니 축하드려요^^ 올해는 혜수니님의 제품을 많이 만나볼 수 있을것같아서 기쁩니다!! **빡시양** 축하드려요~ 출시되는 날 꼬옥 알려주세요! 서점으로 후다다다 달려가 집고 살꺼예요 ㅋㅋㅋ 전 프롬다을1하고 2도 있구, 캐릭캐릭다꾸도 있구~ 으하하우! 어쨌든 축하드리고요, 혜수니 님, 미리 클쑤마쑤~♥ **민율** 두번째책내는거 축하드려요! 꼭 살수있었으면좋겠어요ㅎㅎㅎ **요소푸XD** 벌써 두번 째 책을 출판하세요? 대단하시네요:-) 이번에는 어떤 내용이 들어 갈지 참 궁금해지네요ㅎㅎ 대박나세요~ 화이팅! **소하** 두번째 책을 내시는군요...^^ 늘 아기자기하고 재미있는 캐릭터와 예쁜 손글씨가 눈에띄는 혜수님의 두번째 책 출간을 미리 축하합니다. ^^ **해연** 벌써두번째책이네요 앞으로도더좋은다꾸정보부탁드려요 **맑은아이** 와~두번째 책을 내신다니!!축하드려요^^ 혜수님의 예쁜글씨체를 보기위해 사서 봐야겠어요. **롱이** 우와~혜수니님 첫번째 책 너무너무 좋아서 기대중이었는뎅~축하드려요~드디어 혜수-I언니의 손그림을 카피할 수 있는 좋은기회가 왔군요~ㅎㅎ **샤아** 우와~!!축하드려요!! 첫번째꺼는 몰랐지만 두번째거라도 출간된걸 알았으니 꼭 사서 봐야겠어요ㅎㅎ 언제나 화이팅!!하세요 **징송** 와 두번째 책을 내신다니 정말 축하드려요ㅎㅎ 책 나오면 꼭 사야겠어요 손그림 많이 궁금했는데..기대할게요♡ **츈** 캐릭캐릭혜수니다꾸는아쉽게못봤지만이번책은꼭보고싶네요ㅎㅎ꼭기다렸 겠습니다:-) **앤지** 혜수니님의두번째책출간을진심으로축하드립니다ㅎㅎ 1년이라는긴시간동안준비하신만큼대박나실거라믿습니다!:) **써내플** 이번에 두번째꺼 나오면 첫째이랑 두번째 책 모두 사야겠어요, 항상 다이어리 사진과 함께 설명도 해주셔서 훨씬 따라하기 쉽고 여러가지 아이디어랑 팁을 제공해주는 혜수니 블로그!! 이번 두번째 책 출간 축하드리고 앞으로도 예쁜 다이어리 많이많이 꾸미셔서 소개해주세요♥ **꼬마** 언니!책출간을 추카드려요!!이번책에 저의축하 글도 올라가게 되니 정말 좋아요->^^이번것두 챙겨볼게요!! **마야** 혜수님 항상 쉽게 설명해 주셔서 감사했는데 책이 하나 더 나왔군요!ㅎㅎ 꼭 잘 되실거에요 축하드립니다 :-) **KIMI** 두번째 책출간축하드려요 첫번째책도 잘보고있는데 기대되네요^^ **유지니** 열심히 준비하신 두번째 책 출간 정말 축하드려요~^^ 이번에 어떤 내용이 들어있을까 정말 궁금하네요!! 기대할게요!!!! **케찹** 두번째 책 출간 정말 축하드립니다. 혜수님의 다이어리꾸미기 방법을 블로그 뿐만 아니라 책으로도 볼 수 있다니 정말 기쁩니다. 두번째 책 출간 다시 한번 축하드리고 대박나세요!! **해리스타일스 짜세** 정말 축하드려요 첫번째 책 고이고이 모셔두고 있는데, 두번째 책도 고이고이 모셔야겠어요 ㅎㅎ **시또** 정말 축하드려요~열심히 노력하시는 모습이 보기 좋아요*^^* **민트지용** 축하드려요~첫번째책처럼 기대 많이많이ㅣ 할게여~:~) redmin10 캐릭캐릭헤수니다꾸도 정말도움이 많이되고있는데 이번책도 사서 다이어리꾸밀때 더참고해야겠어용! 정말 축하드려용!! **오렌지** 정말 축하드립니다~^^ **BLACKBUNNY** 벌써 두번째 책이라니 기대되네요 제가 혜수님의 다이어리를 볼때마다 마음이 편해져요 책을 볼때도 마음이 다시 편해졌으면 좋겠어요~ㅎㅎ **즐거운하루** 두번째책축하드려요. 항상첫번째책만보고있었는데...... 꼭 사서보겠습니다. 아! 그리고 친구한테 추천도해줘야겠어요. **봄아**~축하드려용♥ 돈생기면 꼭 사보겠습니다◁!㉠꽃다륜 축하드려요 혜수님♥ 1번째 책은 못샀지만... 살 수 있다면 꼭 살께여~ 축하드려영!(一)(__)ㄲ꾸벅 **민트캔디** 혜수님 정말축하드려요! 앞으로 더 응원하겠습니다!♥사랑해요!요^^ **박현정** 이번에도 꼭꼭사서 즐겁게 볼수있을거같아요 ㅎㅎ 정말축하드려요 **은요** 오늘 프롬다이어리가 배달왔어요!잘쓸게요~이번 책도 대박나세요:) **초코우유** 축하드려요!ㅎㅎ혜수님,이번책도꼭대박나시길...제가꼬옥살게요^^♥ **잉여** 벌써 두번째책이 나오셨네요! 정말 축하드리고 앞으로도 노력하는 모습보여주세요:) **닐로** 와 축하드려요!!ㅎㅎ **안경잡이** 완전축하드려요 많은도움될것 같아요 **카시오브** 우와 벌써 2권이 나오네요!! 저번에 '캐릭캐릭 헤수니 다꾸' 정말 유용하게 봤어요. 이번에도 기대해 볼게용~!!. **빠나나** 1권 살때 정말 기쁘고 너무 좋았는데.또 나온다니까 무조건 사야죠♥♥ㅋㅋ 아 진짜 혜수님이 짱이예요ㅎㅎㅎ 빨리 나오길 기다릴게요^^헤수님이라니까 절로 기대가되네요♥♥ **바나나우유** 정말기대되요계속캐릭캐릭헤수니다꾸보면서열씨미다여리ㄲ적ㄲ적하고있어요ㅎㅎ두번째책출간축하드려요♥³ **심심이** 좋은 책 빨리 기대합니다~^^ **윤교** 축하드리고 완전 기대되네요ㅎ 이번에도 좋은 정보 알려주실거 같네요! **랑이** 아 저도 사고 싶네요!! 하지만 살수있을지..... 어쨌든 축하축하!!!!드려요!! **코코넛** 축하드려요^^ 안 비싸면 당장 질러야 겠네요ㅎㅎ 비싸도 지를꺼지만.... **성종이부인** 두번째책!!!!!!!!!축하드려요~얼릉나왔으면좋겠네요 빨리사야죵!! **비** 혜수니다꾸로 제다이어리를 더 소중하고 예쁘게 꾸밀수 있었어요@@ 두번째 책 축하드려요 :-) **차선부인** 정말축하드려용!!책 캐릭터다꾸도 사서봤는데 정말 잘꾸미시더라고요! 이번에도 꼭 출시되면 사서볼게요~^^ **까만빼빼로** 오오 축하드려용♥ **달걀** 이번에 정말 사고싶네요~ 혜수님덕분에 지금다이어리 알차게 꾸미고 있습니다 ^^많은도움감사드려요~ㅎㅎ **사랑빛** 진짜 사고싶어용!!!! 혜수님 앞으로도 좋은 작품기대할게요^^ **현준을수호** 두..두번째책! 정말 축하드려요~ 이번에 출시되면 사서 잘활용할게요!!ㅎㅎ **온이** 우와 ♥ 항상 제게 예쁜 다꾸 팁 알려주시는 혜수님! 두번째 책 출간 축하드려요 이번엔 꼭 사야겠어요:-) **애플민트** 두번째책 대단하신데요! 정말 축하드립니다 세요닝 좋은책 기대할게요~◀:^) **펜** 다꾸를 좋아해서 자주 검색해보곤 하는데 혜수님블로그처럼 자세하고 이쁘게 설명이 나와있는 곳은 드물더라구요 ㅎㅎ늘 잘 보고있습니다!^^♥ **도리희** 같은 다꾸인으로써 축하드려요♥♥ 앞으로 많은 다꾸인들의 여왕이 되어주세요 **순대** 1권도 사서 또읽고 또읽고했는데 너무기대되요~!! 항상 예쁜 다꾸로 좋은정보주셔서 감사합니다 **유이피** 항상 열심히 생활하시면서 다이어리 꾸미고, 좋은 정보 나누셔서 감사드려요!!! 잘 보고 있구요 두번째 책 나오신거 축하드려요♥ **꼬마** 혜수님~ 축하드려요~ **솜애** 두번째책출간이라니늠축하드려요^^♡손그림은제가요즘에관심많은분야라꼭사서챙겨보아야겠네요:^)늠축하드리고,대박나시길바래요@@ **리미** 혜수님~ 두번째 책 정말 축하드려요♥ 혜수님은 저에게 다이어리에 대해 많은 것을 깨닫게 해주신 분이세요~ 감사드리고 항상 대박나시길 기원할게요~ 파이팅!! **행복한스마일걸** 드디어 따끈따끈한 2번째 책이 나오는군요^^ '캐릭캐릭 헤수니 다꾸' 도 잘 읽었는데... 이렇게 또 책을 출판하신다니 너무나 기대가되네용 혜수님의 책 읽으면서 다꾸 공부 많이해야겠어요 ㅎㅎ 언제나 화이팅하시구여 기대 많이 할게요^^ **빵** 두번째 책 축하드려요~ 꼭 읽을게요~ **깐따삐야** 정말 팬이에요~-!!! 두 번째 책 출간임박!! 축하드려요♡^^♪ 하고 싶은 일 하면서 꿈도 이루고, 계속해서 꿈꾸고 즐기시는 모습 정말 멋집니다~< **화이팅!!** **세상의꽃** ㅋㅋ 우왕! 매일꼼꼼히 블로그에 새소식이 올라왔나 체크하는 중2 여학생이에요! 이번책으로 저의 다꾸실력을 up^! 할수 있을 거 같아요! 책 출간 축하드리고요.. 기대 됩니다! 없는 용돈 탈탈 털어 꼭 살께요! 혜수니 스토어에 내 다이어리를 당당히 올릴수 있을 그 날까지! 혜수니 화이팅!! **향긋한딸기** 두번째 책 넘넘 축하드려용ㅎㅎ^^ 한번 사봐야겠어여영;)< **서윤** 일권에 댓글써져있는 봤는데!ㅎ.ㅎ저두 거기에 조그맣게라도 들어갈수있는건가용ㅋ캣>.<♥너무기쁨용>o<드디어 2권이 나왔군요!!2권은 어떤내용이있고 스타일이 어떤지 벌써부터 궁금하네요 기대해두돼죠??^^2권나오면 꼭 구입하도록하겠습니다!!제일 기대가되는건 제가 매일 관심있게봤던 글씨체ㅋㅋㅋ꼭 비법을 터득(!!)해가도록 하겠습뭥♥ **늬앙** 우와 축하드려요! 저도 다꾸하는걸 좋아하는데♥혜수님의두번째책이나온다니 엄마꼬셔서 사달라구해야대겟네요:-] **하얀토끼** 혜수님 손그림 손글씨 매번 즐감하고 있어요~ 책 출간 축하드려요! **Erica** 이야! 이제 2권이 나왔군요^_^ 축하드려요! 꼭 한 번 사서 읽어봐야겠어요 ㅎㅎ **힝향** 항상 응원하고 기대했던 책인데 너무너무 좋아요! 첫번째 책에서도 정말 많은 도움이 되었는데 이것도 몇번이나 다시 읽고 읽을지 벌써부터 신나요! 항상 화이팅이요!! 축하드립니다ㅜㅜ **세로니** 너무 축하드려요! 전 혜수님의 캐릭캐릭헤수니다꾸만 가지고 있는데 교보문고로 능능 가서 사야겠어요 ㅎㅎ **기린** 드디어!!기다리고기다리던 혜수님책2번째가나오네용^^ 콩그레이츄레이션~축하드리구요!대박나시길바랄게용>< **해바림** 첫번째 캐릭캐릭헤수니다꾸보며다꾸하던게읔그제같은데벌써두번째책이네요!하나하나혜수님의꿈을이뤄나가시는모습통해서저도더더열심히하는것같아요~두번째책출간너무너무축하드리구요!앞으로세번째네번째계속계속흥하시길바랄게요~ **다크노빵** 오오옷!!책이출간되었군요!!추카드려염~ 저도살려고노력하고있습당~~~ㅎㅎ <돈이엄서서..> **띵띵띵똥** 캐릭캐릭헤수니다꾸처럼 얼마나 새콤달콤한 다꾸 비법이 들어있을지 궁금하군요 :) 1권처럼 흥하셔서 대박나시길 바래요~ **햄찌럽럽** 캐릭캐릭헤수니다꾸책을 사지못해서 아쉬웠는데.....이번엔 꼭 사서 혜수님의 정성이 가득(?)담긴 다꾸 비법들을 빨리 만나보고 싶네요 ^^이번에도 대박 나시길바래요~♥ **하늘** 1권도 유용하게 보고있고 얼마전에도 또 꺼내서 봤는데 2권이나온다니 반갑네요! 이번에도 알찬구성의 다꾸책을 만나길바래요 흥하세요 :-) !! **Lime** 혜수님의 두번째책출간을 축하드립니다~ **슈바병아리** 너무 유용한 1권에 이은 2권!! 출간 축하드려요!! 대박나라~♥♥ **아삭** 존경하는 혜수님! 1권 정말 도움되었는데 이번 2권도 기대합니다! 이번에도 대박나세요♥ **맨디** 혜수님 책 출간 축하드려요:) 다꾸에 많은 도움이 될거 같아요^^ **레몬** 두번째 책 출간 너무너무 축하드려요♥³ 이번에도 지난번처럼 잘 되길 바래요:) chllovs 책 나오신 거 축하드려요♥³ 저가 다꾸 할때 혜수님 책으로 도움을 많이 받은 것 같아요♥ **천애** 두번째책출간하신것축하드려요(/^^)/♥ **하노** 축하드려옷!~ㅎㅎ 교보에서 살 일만 남았네요ㅎㅎ **꽝토벤** 첫번째 책에서 많은 도움을 받았는데, 두번째에 대한 기대가 큽니다♥ 축하드려요! 화이팅♥ **lacoco** 축하드려요~일년을준비하신만큼좋은성과잇길바래여~^^ **키티짱** 두번째 혜수니 책 축하해요~ 저도 한번 손글씨 따라해봐야 겟어요~^^ **메리크리스마스** **채채팝** 우와~ 드디어 나왔네요!! 혜수님 책은 다이어리꾸미기에 정말 유용한 도움이 되죠! 2탄도 기대기대~^^ **반구니** 우와축하드려요!!꼭사고말겠어요흐흐! 12월잘보내시고 해피크리스마스~ **나퍼** 혜수님 다꾸 항상 보면서 참고하고 있는데 책으로 나왔다니 기쁘네요^^ 얼른 사서 제 다이어리도 블링블링하게 꾸며줘야겠어요~ **지니하** 혜수니님! 다이어리 꾸미기는 혜수니님이 최강이신듯♥ 최고!! **고사향** 우와 우선 너무 축하드리고, 앞으로도 자신의 꿈을 이뤄나가면서 살아가시길 바랄게요^^ **코다** 캐릭캐릭헤수니다꾸는 구입하지못했지만ㅜ 이번엔 꼭 사야겠어요!!^^ **계란후라이** 축하드려요ㅎㅎ이번책도 꼭 살게요ㅎ^^ **꼬꼬마별** 축하드려요 ! 벌써 두번째 책이네요 ㅎㅎ 2권도 꼭 사서 읽겠습니다 !! 앞으로도 힘내세요^^ **별이** 첫번째 책도 많이 이용햇는데 두번째 책!!도 많이 이용하겠습니다 **루니아** +▲+또 책을 내신다구요?!첫번째책과 두번째책 모두 사고 싶어요!!(활활) 엄청 축하드려요! **마법같은순간** 다이어리꾸미기를못해서혜수님의팁이도움이많이되요~2번째책출간축하드려요! **부하곰** 축하드려요! 책나오자마자바로사읽을게요~진심으로축하드려요!!^^ **보라돌이** 축하드려요~ 앞으로도 계속 좋은다꾸보여주세요~ **엔나** 와 정말 축하드립니다~~~ 혜수님 다꾸팁들 항상 잘 참고하고있어요~~ **오이** 혜수님의 두번째 책 출간!! 꼭 사서 두고두고 읽어야겠사와용◀:^) **클리에츠** 첫번째 책에도 남겼었는데 혜수님이니까 믿고 읽으세요!, 최고의 손그림 손글씨 책이 될거에요 :) **왈라살라** 우왕! 축하드려요 !!!!대박 나셨음 좋겠네요~ **단발소녀** 두번째책이시라니 정말 만능이신거같네요 다이어리도,문구도,거기다책도 언니는욕심쟁이우후훗 **세이즈** 늘 색다른 모습으로 열심히 일하시는 혜수니 두번째 책도 축하해요 **블베** 혜수님축하드려요^^ㅎㅎ혜수님의 손글씨와손그림은누구보다도 제일 이뻐요~책나오신거축하드려요~ **민트색연핑** 우와 정말 축하드려요!!첫번째 책도 샀었는데 두번째책도정말기대가되요용♥³ 나오자마자 바로살게영!!! 아흑흑 사랑해요 항상힘내시고

용-ㅜㅜㅜ 새아 우와ㅜㅜㅜ1권캐릭캐릭헤수니다꾸에서도다른친구들이막이쁘다꾸빌려달랬는데ㅜㅜㅜ이번엔얼마나이쁘게만드실지기대가됩니다♡헤수니님 글씨자체가 이뻐서책도완전이빨드슈ㅜㅜ어쨌든책나온거정말정말하늘만큼땅만큼축하드려요~ **쿄비** 헤수니님이랑 이웃 전에 1권을 본적이 있었는데 정말 좋더라구요^^ 그래서 사고싶다는 생각 많이했는데 2권도 나왔으니 주변 서점에서 팔면 1권이랑 2권이랑 같이 사봐야 겠어요 ^^ 책 나온거 정말 축하드리고~ 3권 4권 계속 나오고 책 흥하세요 !! **코고리** 캐릭캐릭헤수니다꾸책이있긴한데 2권이나왔다니 꼭 사야겠네용~!이번 크리스마스 선물로 2권 꼭 살게요~! **서여니** 헤수니님, 출간을 진심히 축하드려요:D꼭 사서 읽어볼게요. 대박나세요♥ **텔라** 헤수니님 항상 좋은 정보를 감사드리고 새 책 출간 진심히 축하드려요 **훈훈뽕뽕** 축하드려용 1권은 못샀는데 2권은 꼭 살꺼에용>3< 헤수니님 화이팅!♥ **아눙** 축하해용~ 항상 읽으려고 하는데 잘안되더라고요. 이번에 1권,2권, 다살려고요~☆ **카디아리** 축하드려요~나오면 꼭 사야겠어요 **꼬미** 축하합니다! 저번 헤수니다꾸처럼 알찬 내용 많이 잇엇으면 좋겠어요~ **청국장** ㅋ 우와~축하드려요~ **kje970909** 축하드려요.!!너무기대되요*.*꼭사러갈게요.!!! **치노** 1권처럼 2권도 유용한 정보가 가득가득했으면 좋겠어요~ 진심히 출간 축하드려요! **yjy2884** 2013년부터는 다이어리 쓸 예정이라 여기저기 둘러보고 있어요. 나오면 꼭 사야겠어요.!!ㅎㅎ:^) **민트맛아이스크림** 으악!저두저두 너주세요ㅠ **수진** 저는2013년부터 진짜로맘잡고 다이어리쓰기위해 이것저것준비하고있는데요^^ 잔짜 헤수니님두번째 출간되면 엄마한테조르더라도 꼭!사야겠어요~ 그리고정말로축하드려요+ +)bb **thinkingirl** 1권에서 앞 첫장를 축하메세지 보면서 되게 부러웠는데요ㅎㅎ정말정말 축하드려요!! **시안** 우와 진짜 축하드려요 두번째 책도 나오시는군요!! 돈모아야겠어요 ㅎㅎ **듀오** 헤수니님 진심히 축하드려요 앞으로도 대~박 나시길 바래요! 행쇼! **dldbsal88** 헤수니님@ @축하드려요~손글씨에대해서 많이 궁금했었는데 꼭 살게요~ **여울** 헤수니님 2번째 책 출간 축하드려요^^책 구매해서 유익한 정보 얻겠습니다♥ **레몬나라훈녀** 헤수니 님 진심으로 축하드립니다~ **단미소아** 빨리저두 책사구 열심히열심히 다이어리써야겠어요 ~ 헤수니 홧팅 **꼬꼬마** 두 번째 책도 기대할게요~^^ **소율** 헤수니언니 책 출간 축하드려요~ 앞으로도 좋은 책 많이 만들어서 다이어리 쓰는데 도움 많이 주세요♥ 헤수니언니 화이팅!! **땅땅이** 오~정말요? 저 헤수니 팬이에요.+.+ 얼른얼른 사야겠어요~ 흥해라흥해~ **하을** 진짜축하드려요~저도 꼭 책 사서 읽어보겠습니다~ **서윤** 친구들이랑 다꾸하기로 했는데 1권에서 참고 많이 한것같아요 ㅎㅎ 축하드립니다!! **초코푸딩** 정말정말 축하드려요~ 기대할게요~! **4차원레몬뷰티** 와~1권도 너무 좋았는데~.2권도 너무 기대되네요!꼭사야겠어요!^축하드려요♥♥ **낭만소녀** 우왕!!전에나왔던 책두 가지구있는데 나오면 바로 사야겠네요~너무너무 축하드려요! 늘 많은 정보를 주셔서 유용하게 쓰고있어요. 감사합니다!!ㅎ **유아팡** 꺄아~시즌2라니 진심히 축하드려요! 저도 덩달아 기분이 좋네요:) **소담히** 축하드립니다~ 항상잘보고있어요 ㅎㅎ **인스피릿 로로** 첫번째 책도 잘 보구있는데 두번째 책도 나온다니!!! 꺄아>_< 진짜 기대되네요..헤헤 기대하겠습니다!! **느꼬** 다꾸계의 떠오르는 샛별 헤수니님!! 제가 특히 다이어리 꾸미기를 좋아하는 지라 항상 멀리서 동경하고 있었어요..ㅎㅎ 2권 발간도 너무 축하드리고 저처럼 많은 분들이 다꾸를 헤수니님을 통해서 많이 알았으면 하네요~^^ **땅콩이** 아 다이어리원래별루줄 안썼는데 반했어웃♥♥♥♥ **허수니홧팅ㅋㅋㅋㅋ** **우헤헹낭** 헤수니다꾹책1도 너무너무 유용하게 잘읽엇는데 2도 너무기대가 됩니다 이제는 손그리과 손글씨가 중점이라니 더욱 기대되고 꼭 사서 읽어보야겠어요 **미솔2** 헤수니다꾸두번째책 출간 축하드려요!!ㅎㅎㅎ **여우굴DJ내꺼** 헤수니님 언제나 이뿐 손그림 감사해요! 책 나오자마자 꼭 사야겠어용~ **낌나** 헤수니님의 두번째 책 축하드려용~ㅎㅎ **지용성 비타민** 왕!축하들어용~저는이글이올라온날!공포의 시험을치고있었네용, .. 이야~참 말로올만에들어왔구꾸머~마이변했구멍~요즘다꾸를용안하다능~어쨌든~정말축하들여운! ! !꼭사서볼께용!축하글올려라. 온갓잡다한소리를..ㅡ-; **이리아** 오아 ㅎㅎ 진짜 축하드려 *^^*1년동안 수고하셨어여 ㅎㅎ **응아** 쩌번에도 헤수니책1샀었댕!! 너무너무갖고싶어서 인터넷으로샀어요~@ 두번째발간하신거 정말축하드려요!!:9 **보너** 우왕~! 축하드려요 책이발행되면 바로 서점에가서 살 생각이에요~힛! **송죠** 우와 올해 수능 본 고3인데 중3때부터 블로그에 자주 방문해서 좋은 자료 얻어가고했는데…… 벌써 2번째 출간이라니…. 꼭 구입해서 소장해야겠어요! **라따까보노** 와!!2번째 책 출간 축하드려요!! 첫번째 책은구입하지못했는데 이번책은 꼭 사야겠어요♥ **이쿠** 어릴 때부터 많이봐오는데~앞으로도 많은책내주시구 좋은 다꾸하주세요~ **lovely girl** 헤수니님책 출간을축하드립니다♥대박나시길바라겠습니다♥ **수지큐** 헤수니님의 다꾸신공! 배우고 싶은 게 참 많은데 드디어 나왔네요 :^D 출간 너무너무 축하드려요! 별디니 우와! 축하드려요♥ 1년동안…! 대단하세요~ **닐라** 언니책 출간진심으로축하드려요♥대~박터지세요!빵빵! **semaeng97** 다이어리를 쓴다는 일은 내 스스로를 발전시키고 과거를 돌아보며 좀 더 성숙한 인간이 되기 위한 과정이다. 헤수니는 다이어리를 통해 스스로가 발전시키는 온라인 인생멘토이다. **ILP** 축하드려용^^ 사야 겠어요!! **alice3772** 우왕~지난번에 아빠 졸라서 샀는데~.축하드려요 행복하시겠어요~. 바로 살게용!!헤수니님 홧팅!>3< **버섯신** 와~축하드려요 저희집에 헤수니님 책이있는데 한권더 늘겠네요 기대되네요 다시한번 축하드려요 **반유** 축하드립니다^^ **nusin_0517** 헤수니님축하드려요항상와서보고있지만..댓글달기는처음이네요첫번째책에서보엿던헤수니님의개성을두번째책에서역시봤으면좋겠습니당축하드려요 **듀희** 역시 일러스트이신분들은 멋있으시네요*^^*두번째 책발간 축하드려요♥ **병아리** 축하드려요~제가 그 책 나오면 일빠로 사서 읽었으면 좋겠네요~ **아낙내인슆** 정달 축하드려요!!1권에서 2권까지!!정말 대단하시네요~ **권칩스아가** 정말축하드리고 안그래도 무슨책을살가 고민중이었는데 이렇게 나오게됏네요♥ 힘내시고 감사합니당 **네모** 헤수니님 두번째 책 발간하게 되신것 축하드려요~ **허니** 두번째 책 발간하시는거 정말 축하해요. 꼭 챙겨봐야겠어요. 대박나세요~♥ **제나** 축하드려요~ **뿌잉** 축하드려여~ **가릴린** 첫 번째 책 재밌게 봤는데 두 번째 책도 나온다니 기쁘네요♡ 꼭 읽을게요.!!^^ 축하드려요!!♥ **알로에맛우유** 첫번째 책 너무 소중히 간직하고 있는데 두번째 책 내용이 너무 너무 궁금해요~ 나오자마자 졸라야겠어요 ㅎㅎ **해쁜이는B1A4홀릭** 그동안 많이 배웠어요~ 벌써!! 우와~ 다꾸인들이여! 파이팅! **99** 첫번째 책도 많은 도움이 되었는데 두번째 책이 나오다니! 정말 기대됩니다 ㅎㅎ **Arin** 매번 다이어리 쓸때 어떻게 해야할지 우왕좌왕했는데요 정말 많은 도움이 됐어요! 두번째 책 빨리 나왔으면 좋겠어요! 정말 기대되요~^^ **jiyuni106** 와 제가 다꾸 잘못하는데요 이거 보고 잘 다꾸 할게요~ 대박나세여 **sue8665** 헤수니님의 손글씨. 손그림을 드디어 배울수 있게 되었네요!! 이번에도 꼭 헤수니님책사서 열심히 다이어리 꾸며봐야겠어요.^.^♥ **여니** 두 번째 책, 너무너무 기대되요:D꼭 읽어볼게요. 책 대박나세요~♥ **퓨어** 헤수니님의 책 정말 짱이에요~ 다꾸 보고 열시미 할게용ㅎㅎ 그리구 다꾸 앞으로도 열시미~이쁘게~해주세용ㅎㅎ **디우** 우왓♥시험기간이라 증말 오랫만에 들린건데~. 두번째 책 출간!진짜 축하드려요~ 항상 포스트들 보면서 연습하고 있는데 도움 진짜 많이되네요ㅎ 이번엔 꼭 한번 사서봐야겠어용 **순종토끼** 전에 못남겨서 아쉬웠는데,출간 축하드려요! 언제나 좋은정보 주시는 헤수니님:D **파파걸람이** 책 출간 축하드려요ㅎㅎ 이웃인데도..제가 블로그 활동을 잘 안하는편이라 **lovelyheo** 책 출간 축하드려요~ 책 대박 나세요~^^ **서울** 우와두번째책이라니벌써기대되요..꼭사서읽어보고싶네요책준비하느라수고하셨어요♡♡!! **엘라이트** 축하드려요. 헤수니님.^^ 오랜만에 들어왔는데 좋은 소식이 있네요.^^ 대박나세요.^^ 책 준비하시느라 수고하셨습니다.^^ 좋은책 기대할게요. **세인** 축하드려요!! 책너무나기대됩니다!!! 수고하셨어요!! **봄유** 책출간 축하하고, 베스트셀러못지않게 대박나세요☆★☆★ **윤배** 헤수니님의 캐릭캐릭다꾸도 잘 봤는데 두번째 책이 나온다니 정말 기대가 되요~ 많이많이 기대하고 나오면 꼭 사볼게요 **jour** 두번째 책 출간되는거 정말 축하드려요 :) 이번 겨울에는 헤수니님 책으로 따뜻하게 겨울 나겠네요 얼른얼른 나왔으면 좋겠어요 ^0^ **다해랑** 벌써 두번째 책이라니^0^! 헤수니님 첫번째 책 구매해서 매일 읽었던것이 엊그제 같은데ㅜㅜ 이번에도 출간되면 당연히 살예정입니다:) 책 출간 축하하구요 대박나세요! **서연6 이현미** 두번째 책 넘 기대가 됩니다. 축하합니다 **rhkdtnqkfkrl** 첫번째 책도 신나서 구매했었는데 벌써 두번째 책이라니!!정말 기대됩니다♥ 책 출간 정말 축하드립니다 벌써 두근두근♥ 대박나세요!!ㅎ **서혂니** 참말로 축하드립니더 나오면 바로 사겠습니더 **Seoung Eun은숭** 정말축하드리고요 요즘다꾸에재미들었는데꼭봐야겠네요ㅎ **쇼로롱** 축하드려요!!!헤수니님…지금행복하십니까??ㅡ **죠렐루야** 덕분에 다이어리에 대해 많이 알아가요~ 애들한테도 칭찬도 받았어요 좋은 정보 늘 감사합니다~!! **다솜이** 전에 책에는 못남겨서 아쉬웠는데~ 2권에는 댓글을 남길수있어서 정말 영광인것 같네요! 2권 출시 축하드리고, 앞으로도 꾸준히 책 내시길 바랄게요!! **쏘히** 다꾸에 관심 많았었는데 이렇게 책 내신다니 축하드려요! 앞으로 더욱더 멋진 다꾸 기대할게요! **에이브나** 이번에는 헤수니스타일이아닌 모두가셉고따라하기쉽게써으면좋겠네요~^^ 1권도있는데 아이디어는좋아도 딸라하기 쫌어렵네용~☆ **홍설아** 우와!! 완전 추카드려요@@ 2권도 대박나셨으면 조케써여 ㅜㅜ!! ㅎㅎ **썬z** 축하드려요*.* 앞으로도 꾸준이 계속 적으로 쭈———옥! 책이 나오길 간절히 바랍니다~ 늘 많은 정보에 감사드려요 **농농이** 책도쓰시다니!!놀라워요~ 저도갖고싶은데요??ㅋㅋㅋ축하드려요~ **클로버** 와!! 정말로 축하드려요!! 꼭 사서 보고싶어요 손글씨 잘 쓰고 싶거든요!! ㅎㅎ 대박나세요!!^^ **로이킴않이** 우와~저 꼭 사려고요!!